Escritos Esotéricos

A Sabedoria do Ocultismo da Antiga Índia

T. Subba Row

Escritos Esotéricos

A Sabedoria do Ocultismo da Antiga Índia

Editora Teosófica
Brasília - DF

The Theosophical Publishing House,
Adyar, Madras, 600 020, Índia, 1895

EDITORA TEOSÓFICA
Sig Sul Qd. 06 Lt. 1.235
70.610-460 - Brasília-DF - Brasil
Tel.: (61) 3322-7843
E-mail: editorateosofica@editorateosofica.com.br
Site: www.editorateosofica.com.br

R 876 Row, Subba (1856-1990)

Escritos esotéricos - A sabedoria do ocultismo da antiga Índia / Subba Row:
Tradução, Cristiane Szynwelski, 1. ed. - Brasília: Editora Teosófica, 2019.
492 p.

Tradução de: Esoteric Writings

ISBN 978-85-7922-122-4

CDD 212

Diagramação: Reginaldo Mesquita - Fone (61) 3341-3272
Capa: Marcelo Ramos
Impressão: Grafika Papel e Cores fone (61) 3344-3101
E-mail: comercial@papelecores.com.br

Sumário

Esboço biográfico do falecido T. Subba Row, Bacharel em Artes e em Direito, Membro da Sociedade Teosófica

Pelo Cel. H. S. Olcott, em *The Theosophist*

O comunicado, que agora sou obrigado a fazer, da morte desse jovem filósofo místico indiano, abalará o público leitor teosófico. Sua reputação alastrou-se para onde quer que nosso trabalho fosse estendido. Ele era um fenômeno intelectual, e seu histórico intelectual serve bem como algo concebível para apoiar a teoria da reencarnação. Aqui, os fatos relacionados ao caso serão apresentados assim como os obtive de sua venerável mãe no dia da sua cremação. Quando ele visitou a Sede Central pela última vez, na primeira semana do último mês de abril, a misteriosa doença cutânea da qual ele, por fim, sucumbiu, começou a aparecer num surto de furúnculos. De modo algum, nem ele nem qualquer um de nós imaginou que isso fosse algo grave. Mas, logo depois, ele teve de permanecer em seu quarto para repouso, e nunca mais saiu, exceto uma vez, quando foi levado para outra casa para mudança de ares. No início de junho, ele enviou-me um pedido comovente para ir vê-lo, o que, naturalmente, eu fiz. Foi uma visão comovente, seu corpo era uma massa de feridas da cabeça aos pés, e ele não podia suportar nem mesmo um lençol sobre si, nem deitar em qualquer posição confortável, nem dormir profundamente. Ele estava deprimido e desesperado, e implorou para eu tentar ajudá-lo um pouco com mesmerismo. Eu tentei com toda a minha vontade e, pareceu-me, com algum sucesso, pois ele começou a melhorar a partir daquela noite e, em minha terceira visita, ele e eu pensamos que ele estava convalescente, e informamos isso à sua triste família. Mas, repentinamente, teve uma recaída, sua doença chegou ao fim rapidamente, e ele faleceu na terça-feira, dia 24 de junho, às dez horas da noite, sem uma palavra ou sinal para os que estavam próximos a ele.

O último assunto mundano do qual ele cuidou foi declarar, na manhã do dia 24, na presença de seus parentes e amigos, entre eles, Dewan Bahadur P. Srinivasa Rao, que ele autorizava sua esposa a adotar um filho após sua morte, não havendo descendentes de seu casamento.

Ao meio-dia de tal data, ele disse que seu guru chamou-o, ele iria morrer, e agora estava prestes a começar seu *tapas* (invocações místicas) e não queria ser perturbado. A partir daquele momento, ele não falou com ninguém. Com sua morte, caiu uma grande estrela do firmamento do pensamento indiano contemporâneo. Subba Row, H. P. Blavatsky, Damodar e eu tínhamos uma amizade próxima. Ele foi especialmente útil ao ter-nos convidado para visitar Madras em 1882 e induzir-nos a escolher essa cidade como a Sede permanente da Sociedade Teosófica. Subba Row tinha um entendimento reservado conosco a respeito da peregrinação mística de Damodar em direção ao Norte, e mais de um ano após esse último ter entrado no Tibete, ele escreveu-lhe uma carta sobre si mesmo e seus planos. Subba Row falou-me sobre isso há muito tempo, e retornou ao assunto outro dia em uma de minhas visitas a seu leito de enfermo. Houve uma controvérsia sobre certas questões filosóficas entre ele e H. P. B., devida, em certa medida, a terceiros, que resultou em um rompimento, mas no final ele falou dela, para nós e sua família, da velha forma amigável. Quando nos vimos pela última vez, tivemos uma longa conversa sobre Filosofia Esotérica, e ele disse que, assim que pudesse sair, voltaria à Sede e elaboraria várias questões metafísicas que gostaria de discutir com o Sr. Fawcett em *The Theosophist*. Seu interesse em nosso movimento foi inabalável até o fim, ele lia *The Theosophist* regularmente e era assinante do "Lúcifer", de H. P. B.

Nosso grande vedantino era da seita Niyogi dos brâmanes *smarta* (advaita). Ele nasceu em seis de julho de 1856. No momento de sua morte ele tinha quase 34 anos. Sua terra natal era o Distrito de Godavari, na Costa de Coromandel da Índia, sua língua vernácula era o Telugu. Seu avô era o "Sheristadar"[1] do distrito e seu tio materno era o "Diwan" (primeiro ministro) do Rajá de Pithapur. Seu pai faleceu quando ele ainda era um bebê de seis meses de idade, e seu tio o criou. Ele primeiro frequentou a Escola Hindu de Coconada, onde ninguém suspeitou, de forma alguma, que ele tivesse algum talento surpreendente. Ele passou no seu primeiro exame de admissão à Escola Hindu, em Coconada, na época sob a direção do Sr. J. Kenny. Dali ele passou, em 1872, para o "Presidency College" de Madras, onde teve uma carreira brilhante, que terminou em sua aprovação como Bacharel em Artes, em 1876, como o primeiro da Universidade em sua área. Na última parte do mesmo ano, o estadista perspicaz, o Sr. Madhava Row, então primeiro ministro de Baroda, ofereceu-lhe o cargo de escrivão da Alta Corte daquele estado, e Subba Row ficou lá por cerca de um ano, então retornou a Madras, preparou-se e passou no exame para Bacharel em Direito, como o quarto da classe. Tendo adotado o Direito como sua profissão, ele fez seu estágio com os Srs. Grant e Laing e foi inscrito como *Vakil* (advogado que atua em litígios) da Alta Corte no final do ano de 1880. Sua prática tornou-se lucrativa, e poderia ter sido muito mais se ele tivesse dado menos atenção à filosofia; no entanto, ele foi alvo de uma atração irresistível, conforme me disse. Como exemplo de sua extraordinária inteligência, seus amigos citaram sua exitosa aprovação na prova de Geologia para o Serviço Público Estatutário em 1885, embora esse fosse um assunto novo para ele, e ele teve apenas uma semana para preparação. Ele deixou uma jovem viúva de 24 anos e uma mãe

[1] Chefe administrativo do Tribunal. (Nota da trad.)

idosa, uma senhora brâmane instruída, que lamenta amargamente a perda de seu grande filho, o orgulho da sua alma. A cremação ocorreu às nove horas da manhã seguinte à sua morte. Seu irmão, Judge P. Srinivasa Row, estava com ele ao final, e T. Vijiaraghava Charlu viu-o duas horas antes do acontecimento.

Foi observado acima que T. Subba Row não deu sinais precoces de possuir conhecimento místico. Nem mesmo o Sr. T. Madhava Row desconfiou disso quando estava trabalhando com ele em Baroda. Eu perguntei a sua mãe sobre esse ponto, especificamente, e ela disse-me que seu filho começou a falar sobre metafísica após estabelecer uma ligação com os fundadores da Sociedade Teosófica, uma ligação que iniciou com uma correspondência entre ele, H. P. B. e Damodar, e tornou-se pessoal depois que o encontramos em Madras em 1882. Era como se um depósito de experiência oculta, há muito esquecido, tivesse sido aberto repentinamente sobre ele; lembrou-se de seu último nascimento, reconheceu seu guru, e desde então estabeleceu uma relação com ele e os outros *Mahātmas*; com alguns, pessoalmente, em nossa Sede, com outros, em outros lugares e por correspondência. Ele disse à sua mãe que H. P. B. era uma grande iogue, e que ele tinha visto muitos fenômenos estranhos em sua presença. Seu conhecimento armazenado de literatura sânscrita retornou a ele, e seu cunhado disse-me que se você recitasse qualquer verso da *Gitā*, dos *Brahma Sūtras* ou das *Upanishads*, ele imediatamente poderia dizer-lhe de onde ele foi tirado e em que contexto estava empregado. Aqueles que tiveram a sorte de ouvir suas palestras sobre a *Bhagavad-Gitā* antes da Convenção da Sociedade Teosófica de 1886, em Adyar, podem bem acreditar nisso, de tão perfeito que parecia seu domínio sobre essa obra inigualável. Para um homem com a sua capacidade, ele não deixou uma obra monumental em forma de publicação. Os textos com os quais ele contribuiu para estas páginas e o relatório de um volume com suas quatro palestras em Adyar são quase todo o seu legado literário. Para uma conversa, era o mais brilhante e interessante, e sentar-se com ele à noite era tão edificante quanto ler um livro denso. Mas esse lado místico do seu caráter, ele mostrou apenas às almas afins. O que pode parecer estranho para alguns é o fato de que, enquanto era obediente como uma criança à sua mãe em assuntos mundanos, era estranhamente reservado em assuntos espirituais, com ela e com todos os seus parentes e conhecidos. Sua constante resposta às importunações dela para receber instrução oculta era que ele "não se atrevia a revelar qualquer dos segredos confiados a ele por seu guru". *Ele viveu sua vida oculta sozinho*. O fato de ser normalmente tão reservado dá mais peso às declarações confidenciais que fez aos membros de sua própria casa.

H. S. Olcott

O texto acima, tendo sido avaliado em reunião de família, foi aprovado assim: "Lido e considerado correto – D. T. R., cunhado de T. Subba Row." – *The Theosophist*.

Prefácio à primeira edição

Ao apresentar este pequeno livro ao público, não podemos deixar de prestar o devido tributo à memória daquele que prestou tão bons serviços à causa da ciência oculta. O saudoso Sr. T. Subba Row, Bacharel em Artes e Bacharel em Direito pela Universidade de Madras, foi um dos maiores ocultistas do sul da Índia. Nós fizemos o máximo para coletar, com seus parentes e amigos, a maior quantidade possível de fatos sobre sua vida, para podermos escrever um curto esboço biográfico para acompanhar este livro. Mas, infelizmente, nossos esforços nessa direção foram infrutíferos. Nós não tivemos, portanto, outra alternativa que não reproduzir, em seu lugar, a notícia de sua morte, publicada pelo Cel. H. S. Olcott, em *The Theosophist.*

O Sr. Subba Row foi membro da Sociedade Teosófica e era muito respeitado, não apenas por todos os seus membros, mas também pela Madame H. P. Blavatsky, por sua grande erudição e proficiência em quase todos os ramos da ciência oculta. Madame Blavatsky sempre costumava consultá-lo toda vez que havia problemas difíceis e complicados a serem resolvidos. Sabemos que ela, em certo momento, enviou-lhe os manuscritos de sua obra mais valiosa, *A Doutrina Secreta*, para correção e alteração, mas ele recusou o trabalho porque acreditava que o mundo ainda não estava preparado para a divulgação daqueles segredos que, até então e por um bom motivo, tinham sido guardados entre o conhecimento de uma minoria consagrada.

O Sr. Subba Row não escreveu nenhum livro sobre ciência oculta, mas deixou atrás de si uma série de palestras e artigos que ele usou, de vez em quando, para contribuir para *The Theosophist*, e que revelam a verdadeira profundidade de seu conhecimento e de seu valor como ocultista. Em 1887, na Convenção da Sociedade Teosófica, que ocorreu em Adyar, Madras, ele ministrou um ciclo de palestras para auxiliar os teósofos e outros em seu estudo sobre a Filosofia da *Bhagavad-Gitā* Todos nós sabemos como é difícil entender a Filosofia do *Gitā*, não obstante os comentários escritos sobre ela em sânscrito, assim como em muitas línguas modernas orientais e mesmo ocidentais. A razão disso é óbvia. Todos os que estão familiarizados com a descrição da grande guerra entre os Pandavas e os Kauravas sabem que a *Bhagavad-Gitā* foi pregada por Bhagavan Shri Krishna a seu amigo e discípulo Arjuna, por causa da relutância expressa por este último em lutar no campo de batalha. É claro que essa descrição, como não havia tempo a perder, deve ter sido recitada em um curto intervalo de tempo, na forma de aforismos em frases curtas, carregando um profundo significado oculto. Sri Krishna sabia que Arjuna era capaz de compreender, precisamente e em toda a sua plenitude, o significado desse ensinamento.

O Sr. Subba Row escreveu um comentário sobre essa filosofia e fez o seu melhor para torná-la tão elucidativa, consistente e clara quanto possível. Essas palestras estão disponíveis em um livro separado, e os leitores perceberão, em seu estudo, a quantidade de conhecimento que o palestrante deve ter possuído.

Essas mesmas palestras são notáveis pelo fato de terem criado, entre o Sr. Subba Row e a Madame Blavatsky, uma diferença de opinião a respeito dos *Koshas*, ou princípios dos quais o ser humano é formado. Isso resultou em um debate por escrito entre os dois, que o leitor encontrará reimpresso neste livro.

Embora a maioria dos artigos reproduzidos aqui sejam de caráter polêmico, o leitor descobrirá seu genuíno valor e mérito por causa da originalidade de pensamento revelada e do hábil tratamento dado aos vários pontos controvertidos. E, além disso, eles são abundantes em sugestões sábias e úteis para o progresso dos estudantes de ciência oculta. Aqueles que tinham lido e estudado esses artigos nas várias edições de *The Theosophist*, já que elas eram publicadas periodicamente, tinham-nos solicitado, mais de uma vez, para reimprimi-los em uma coletânea para auxiliar os estudantes do ensinamento oculto.

Além desses artigos, nós temos várias anotações de caráter heterogêneo a respeito das instruções privadas dadas pelo Sr. T. Subba Row a "alguns escolhidos", que tiveram a sorte de estar em contato próximo com ele. Mas lamentamos dizer que elas estão incompletas, e só foram dadas por ele sob promessa de sigilo. Portanto, foi considerado desejável não publicá-las. O Sr. Subba Row também fez contribuições aos jornais e às revistas locais, mas nós consideramos desnecessário reimprimi-las, uma vez que elas tratam apenas de questões políticas e sociais.

Não podemos deixar de agradecer a nosso respeitado irmão, o honorável Sr. Subramania Iyer, pelo valoroso auxílio pecuniário, entre outros, que ele nos prestou na publicação de algumas de nossas obras.

T. T.
Bombaim, 01 de abril de 1895.

Prefácio da Tradutora Brasileira

Árdua e, por fim, gratificante é a tarefa de traduzir para o português uma obra dessa densidade, que trata de assuntos tão antigos quanto abstratos, escrita na Índia do século XIX, em inglês, por pessoas não nativas desse idioma. A profundidade e seriedade de seu conteúdo, no entanto, nos impõem a atitude respeitosa de tentar manter a máxima fidelidade ao texto original, apesar dos problemas linguísticos, reproduzindo mesmo os períodos excessivamente longos, as ambiguidades e as lacunas que ali estão. Em outras palavras, não tentamos "consertar" o que foi dito pelos autores, apesar de termos buscado a maior clareza possível de modo geral. Além do que, devido ao caráter reservado das informações, o próprio Sr. Subba Row declara-se, muitas vezes, impedido de apresentá-las com total clareza e completude.

Agradecemos a todos os que colaboraram para essa tradução, em especial ao teósofo Marcelo Luz, ao nosso amigo linguista Patrick Petiot e ao professor de sânscrito Carlos Eduardo G. Barbosa, pela paciência, gentileza e boa vontade com que sempre compartilharam seus conhecimentos.

Cristiane Szynwelski
Brasília, janeiro de 2015.

Seção I

Artigos Originais

Capítulo I

Os doze signos do Zodíaco

A divisão do Zodíaco em diferentes signos data de uma antiguidade imemorial. Ela alcançou uma fama mundial e pode ser encontrada nos sistemas astrológicos de várias nações. A invenção do Zodíaco e seus signos tem sido atribuída a diferentes nações por diferentes historiadores. Alguns afirmam que, primeiro, havia apenas dez signos, que um desses signos foi, subsequentemente, dividido em dois signos distintos, e que um novo signo foi acrescentado a fim de tornar o significado esotérico da divisão mais profundo e, ao mesmo tempo, ocultá-lo melhor do público não iniciado. É bem provável que a real concepção filosófica da divisão deva sua origem a alguma nação específica, e que os nomes dados aos vários signos possam ter sido traduzidos para línguas de outras nações. O principal objetivo deste artigo, no entanto, não é decidir qual nação teve a honra de inventar os signos em questão, mas indicar, *em certa medida,* o real significado filosófico ali envolvido e o modo de descobrir o resto do significado que ainda permanece não revelado. Mas a partir do que aqui se afirma, pode-se fazer, corretamente, uma inferência: assim como muitas outras alegorias e mitos filosóficos, a invenção do Zodíaco e seus signos deve sua origem à Índia antiga.

Então qual é a verdadeira origem desses signos, a concepção filosófica que o Zodíaco e seus signos visam representar? Os vários signos meramente representam a forma ou configuração das diferentes constelações incluídas nas divisões, ou são simplesmente máscaras projetadas para encobrir algum significado oculto? A primeira proposição é completamente insustentável por duas razões, a saber:

I. Os hindus estavam familiarizados com a precessão dos equinócios, como pode ser facilmente visto em suas obras sobre astronomia e nos almanaques publicados pelos seus astrônomos. Consequentemente eles estavam plenamente cientes do fato de que as constelações nas várias divisões zodiacais não eram fixas. Eles não poderiam, por isso, ter atribuído formas específicas para esses grupos móveis de estrelas fixas com referência às divisões do Zodíaco. Mas tem-se admitido que os nomes indicando os signos do Zodíaco permanecem inalterados. Deduz-se, portanto, que os nomes dados aos vários signos não têm qualquer ligação com as configurações das constelações incluídas neles.

II. Os nomes atribuídos a esses signos pelos antigos escritores sânscritos e seus significados esotéricos ou literais são os seguintes:

O nome dos signos	Os significados esotérico e literal
1. *Meṣam*	Carneiro ou *Aries*
2. *Ṛṣabham*	Touro ou *Taurus*
3. *Mithunam*	Gêmeos ou *Gemini* (macho e fêmea)
4. *Karkaṭakam*	Caranguejo ou *Cancer*
5. *Siṃham*	Leão ou *Leo*
6. *Kanyā*	Virgem ou *Virgo*
7. *Tulā*	Balança ou *Libra*
8. *Vṛścikam*	Escorpião ou *Scorpio*

9. *Dhanus*	Arqueiro ou *Sagittarius*
10. *Makaram*	Crocodilo ou *Capricornus*
11. *Kumbham*	Aguadeiro ou *Aquarius*
12. *Mīnam*	Peixe ou *Pisces*

As figuras das constelações incluídas nos signos no momento em que a divisão foi feita pela primeira vez não se assemelham, absolutamente, às formas de animais, répteis e outros objetos indicados pelos nomes dados a eles. A verdade dessa afirmativa pode ser verificada pelo exame das configurações das várias constelações. A não ser que a forma do crocodilo[2] ou do caranguejo seja evocada pela imaginação do observador, há bem pouca chance das próprias estrelas sugerirem a ele tal figura sobre a abóbada azul do firmamento estrelado.

Se, então, as constelações nada têm a ver com a origem dos nomes pelos quais as divisões do Zodíaco são indicadas, nós precisamos buscar outra fonte que possa ter originado essas denominações. Torna-se meu objetivo elucidar uma parte do mistério ligado a esses signos zodiacais, como também revelar uma parte da sublime concepção da antiga filosofia hindu que deu origem a eles. Os signos do Zodíaco têm mais de um significado. De um ponto de vista eles representam os diferentes estágios da criação até o momento do presente Universo material com os cinco elementos passar à existência fenomênica. Como a autora de *Isis Unveiled*[3] afirmou no segundo volume de sua obra admirável, "a chave deve ser girada sete vezes" para se entender toda a filosofia subjacente a esses signos. Mas eu devo girá-la apenas uma vez e apresentar os conteúdos do *primeiro capítulo* da história da Criação. Felizmente os nomes sânscritos atribuídos às várias divisões pelos filósofos arianos contêm, dentro deles mesmos, a chave para a solução do

[2] Essa constelação nunca foi chamada de crocodilo pelos antigos astrônomos ocidentais que a descreveram como uma cabra cornuda e a chamaram de Capricórnio. *The Theosophist.*

[3] Publicado em português pela Ed. Pensamento, São Paulo. (N.E.)

problema. Aqueles dentre os meus leitores que estudaram até certo ponto o antigo *mantra* dos *Tantra Shāstras*[4], da Índia, puderam ver que muitas vezes as palavras sânscritas são feitas para transmitir um certo significado oculto por meio de certos métodos predeterminados bem conhecidos e de uma convenção tácita, enquanto que seu significado literal é bem diferente do sentido implícito. As seguintes são algumas das regras que podem ajudar o pesquisador a investigar o significado profundo da antiga nomenclatura sânscrita usada nos antigos mitos e alegorias arianas:

1. Descubra os sinônimos da palavra usada, os quais tenham outros significados.
2. Descubra o valor numérico das letras que compõem a palavra de acordo com os métodos dados nas antigas obras tântricas.
3. Examine os antigos mitos ou alegorias, se houver, que tenham alguma ligação especial com a palavra em questão.
4. Permute as diferentes sílabas que compõem a palavra e examine as novas combinações assim formadas e seus significados, etc. Agora eu vou aplicar algumas das regras acima aos nomes dos doze signos do Zodíaco.

I. *Meṣam*. Um dos sinônimos dessa palavra é ***Aja***. Ora, ***Aja*** significa literalmente aquilo que não tem nascimento e é aplicada ao Eterno *Brahman* em certas partes das *Upanishads*. Assim, o primeiro signo tem a finalidade de representar *Parabrahman*, a autoexistente, eterna e autossuficiente causa de tudo.

II. *Ṛṣabham*. Essa palavra é usada em vários lugares nas *Upanishads* e nos Vedas para significar *Pranava* (*Aum*). Shankaracharya a interpretou assim em várias partes de seu comentário.[5]

III. *Mithunam*. Como a palavra claramente indica, o signo tem a finalidade de representar o primeiro andrógino, o *Ardhanārīś vara*, a Sefira bissexual Adão Kadmon.

[4] Obras sobre encantamento e magia.

[5] Exemplo: "*Ṛṣabhasya – candasām ṛṣabhasya pradhānasya Praṇavasya*".

IV. *Karkaṭakam*. Quando as sílabas são convertidas nos números correspondentes conforme o modo geral de transmutação tão frequentemente mencionado no *Mantra Shāstra*, a palavra em questão será representada por ////. Então, este signo tem, evidentemente, a finalidade de representar o sagrado Tetragrama; o *Parabrahmatārakam*, o *Pranava* decomposto em quatro entidades separadas correspondentes às suas quatro *Mātrās*; os quatro *Avasthas* indicados por *Jāgrat* (vigília) *Avasthā*, *Svapna* (sonho) *Avasthā*, *Suṣupti* (sono profundo) *Avasthā*, e *Turīya* (o último estado, isto é, Nirvāna) *Avasthā*, (ainda em potência); *os quatro estados de Brahman* chamados *Vaiśvānara*, *Taijasa* (ou *Hiraṇyagarbha*), *Prajñā*, e *Ishvara* e representados por *Brahmā*, *Vishnu*, *Maheśvara, e Sadāśiva; os quatro aspectos de Parabrahman* como *Sthūlam*, *Sūkṣhmam*, *Bījam* e *Sākṣi;* **os quatro estágios ou condições da palavra sagrada** chamados *Parā*, *Paśyanti*, *Madhyama* e *Vaikharī*; *Nādam*, *Bindu*, *Śakti* e *Kalā*. Este signo completa o primeiro quaternário.

V. *Siṃham*. Essa palavra contém em si um mundo de significado oculto; e pode não ser prudente da minha parte revelar todo o seu significado neste artigo. Será suficiente, para o propósito do artigo, dar uma indicação geral de seu significado.

Dois de seus termos sinônimos são *Pañcāsyam* e ***Hari***, e seu número na ordem das divisões zodiacais (sendo o 5º signo) aponta claramente para o primeiro sinônimo. Esse sinônimo – *Pañcāsyam* – mostra que o signo visa representar os *cinco Brahmās*, a saber – *Īśānam*, *Aghoram*, *Tatpuruṣam*, *Vāmadevam*, e *Sadyojātam – os cinco Budas*. O segundo sinônimo mostra-o como *Nārāyana*, o *Jīvātmā* ou *Pratyagātma*. (A *Sukharahasya Upanishad* mostrará que os antigos filósofos arianos consideravam *Nārāyana* como *Jīvātmā*.[6] Os *vaishnavas* podem não admitir isso. Mas como um advaita eu consi-

[6] Em seu estado mais baixo ou mais material, como o princípio vital que anima os corpos materiais dos mundos animal e vegetal, etc. *The Theosophist*.

dero *Jīvātmā* como idêntico a *Paramātmā* em sua verdadeira essência quando removidos seus atributos fictícios criados por *Ajñānam* ou *Avidyā* – ignorância.) O *Jīvātmā* está corretamente situado no quinto signo contado a partir de *Meṣam*, pois o quinto signo é o *putrasthānam*, ou a casa do filho, conforme as regras da astrologia hindu. O signo em questão representa *Jīvātmā* – o filho de *Paramātmā,* por assim dizer. (Eu também posso acrescentar que ele representa o verdadeiro Cristo, o espírito puro sagrado, embora os missionários possam desaprovar essa interpretação)[7]. Eu apenas acrescentarei, aqui, que a não ser que a natureza desse signo seja completamente compreendida, será impossível entender a verdadeira sequência dos próximos três signos e seu pleno significado. Os elementos ou entidades que, neste signo, têm apenas uma existência potencial tornam-se entidades distintas, separadas, nos próximos três signos. Sua união em uma entidade simples leva à destruição do Universo fenomênico e ao reconhecimento do puro espírito, e sua separação tem o efeito contrário. Isso leva à existência material confinada na Terra e traz à vista a galeria de imagens de *avidyā* (ignorância) e *māyā* (ilusão). Se a verdadeira ortografia do nome pelo qual o signo em questão é indicado for corretamente compreendida, ver-se-á que os próximos três signos não são o que deveriam ser. *Kanyā* ou Virgem e *Vṛścikam* ou Escorpião deveriam formar um único signo, e *Tulā* deveria seguir o tal signo se for realmente necessário ter um signo separado do nome. Mas uma separação entre *Kanyā* e *Vṛścikam* foi efetuada pela interposição do signo *Tulā* entre

[7] Entretanto, é uma interpretação verdadeira. O *Jīvātmā* no microcosmo (homem) é a mesma essência espiritual que anima o macrocosmo (Universo), a diferenciação, ou diferença específica entre os dois *Jīvātmās* apresenta-se apenas nos dois estados ou condições da mesma e única Força. Por isso "esse filho de *Paramātmā*" é uma eterna correlação da Causa-Pai. *Purusha* manifesta-se como *Brahman* do "ovo dourado" e torna-se *Virāḍjā* – o Universo. Nós somos "todos nascidos de *Aditi* a partir da água" ("Hymns of the Maruts", X, 632) e "O ser nasceu do não ser" (*Rig Veda*, Mandala 1, *Sūkta* 166) *The Theosophist.*

os dois. O objeto dessa separação será entendido ao se examinar o significado desses três signos.

VI. *Kanyā* significa uma virgem e representa *Shakti* ou *Mahāmaya*. O signo em questão é o 6º *Rāśi* ou divisão e indica que há seis forças primárias na Natureza. Essas forças têm diferentes conjuntos de nomes na filosofia sânscrita. De acordo com um sistema de nomenclatura eles são chamados pelos seguintes nomes: (1) *Parāśakti*; (2) *Jñanashakti*; (3) *Icchāakti* (força de vontade). (4) *Kriyāshakti*; (5) *Kundalinīshakti*; e (6) *Mātṛkāśakti*[8]. As

---

[8] *Parashakti*: Literalmente a grande ou suprema força ou poder. Significa e inclui *os poderes da luz e do calor*.

Jñanashakti: literalmente o poder do intelecto ou o poder da verdadeira sabedoria ou conhecimento. Tem dois aspectos:

I. As seguintes são algumas das suas manifestações *quando colocadas sob influência ou controle das condições materiais*:

(a) O poder da mente em interpretar nossas sensações, (b) seu poder em evocar ideias do passado (memória) e criar expectativas do futuro. (c) seu poder como exibido no que é chamado pelos psicólogos modernos "as leis de associação", que a habilita a formar associações *duradouras* entre vários grupos de sensações e possibilidades de sensações e assim gerar a noção ou ideia de um objeto externo. (d) Seu poder de associar nossas ideias pelo misterioso elo da memória e assim gerar a noção de eu ou individualidade.

II. As seguintes são algumas de suas manifestações *quando liberadas dos limites da matéria*:

(a) Clarividência. (b) Psicometria.

Icchāśakti: Literalmente, a força de vontade. Sua manifestação mais comum é a geração de certas correntes nervosas que colocam os músculos em movimento conforme são demandados para a realização do objetivo desejado.

Kriyāshakti: O misterioso poder do pensamento que o habilita a produzir um resultado fenomênico externo e perceptível por meio de sua própria energia inerente. Os antigos sustentavam que qualquer ideia manifestar-se-á externamente se a atenção for profundamente concentrada nela. Similarmente, uma vontade intensa será seguida do resultado desejado.

Um iogue geralmente realiza seus prodígios por meio de *Icchāśakti* e *Kriyāshakti*.

Kundalinīshakti: Literalmente, o poder ou força que se move em um curso serpentino ou curvo. É o princípio vital universal que se manifesta em todo lugar na Natureza. Essa força inclui em si as duas grandes forças de atração e repulsão. Eletricidade e magnetismo são apenas manifestações dela. Esse é o poder ou força que acarreta aquele "contínuo ajuste das *relações internas às relações externas*", que é a essência da vida segundo Herbert Spencer, e aquele "contínuo ajuste *das relações externas* às *relações internas*" que é a base da transmigração das almas ou *punarjanman* (renas-

seis forças estão, em sua unidade, representadas pela Luz Astral.[9]

VII. *Tulā*. Quando representado por números, conforme o método acima mencionado, essa palavra é convertida em 36. Esse signo, portanto, evidentemente visa representar *os 36 tattvas*. (O número de *tattvas* difere conforme as visões dos diferentes filósofos; mas pelos *shakteyas*[10] em geral e por vários dos antigos *Rishis* como Agastya, Dūrvāsa e Paraśurāma, etc., o número de tatvvas tem sido declarado como 36.) *Jīvātmā* difere de *Paramātmā*, ou, para dizer as mesmas coisas em outras palavras, "*Baddha*" difere de "*Mukta*"[11] ao ser encaixado, por assim dizer, entre os trinta e seis *tattvas*, enquanto o outro é livre. Esse signo prepara o caminho para o Adão terrestre, para *Nara*. Como símbolo de *Nara* ele é corretamente situado como o sétimo signo.

VIII. *Vṛścikam*. Os antigos filósofos afirmaram que o Sol, quando localizado nesse *Rāśi* ou divisão, é chamado de *Vishnu* (veja a 12º seção do *Bhāgavata*). O signo tem a finalidade de representar *Vishnu*. *Vishnu* significa literalmente *aquele*

---

cimento) conforme as doutrinas dos antigos filósofos hindus.

Um iogue deve subjugar completamente esse poder ou força antes que possa atingir *Moksha*. Essa força é, de fato, a grande serpente da Bíblia.

Mātṛkāśakti: Literamente, a força ou poder das letras, ou fala ou música. Todo o antigo *Mantra Shāstra* tem, como seu tema, essa força ou poder em todas as suas manifestações. O Poder da Palavra sobre o qual Jesus Cristo falou é a manifestação desse *Shakti*. A influência da música é uma de suas manifestações comuns. O poder do maravilhoso nome inefável é a perfeição desse *Shakti*.

A ciência moderna tem investigado apenas parcialmente a primeira, a segunda e a quinta das forças ou poderes nomeados acima, mas está totalmente no escuro em relação aos demais poderes.

[9] Até o próprio nome de *Kanyā* (Virgem) mostra como todos os antigos sistemas esotéricos concordavam em todas as suas doutrinas fundamentais. Os cabalistas e filósofos herméticos chamam a Luz Astral de "virgem divina ou celestial". A Luz Astral em sua unidade é o sétimo (princípio). Assim os sete princípios difundidos em cada unidade ou o seis e UM – dois triângulos e uma coroa. *The Theosophist*.

[10] *Shakteya* – devoto da deusa *Shakti*. (Nota da trad.)

[11] Como o Infinito difere do Finito, e o Incondicionado do Condicionado. *The Theosophist*.

que é expandido – expandido como *Vishvam*, ou Universo. Precisamente falando, *Vishvam* é o próprio *Vishnu* (veja o comentário de Shankaracharya no *Viṣṇnusahasranāmam*). Eu já sugeri que *Vishnu* representa o *Svapnavāstha* ou o estado de sonho. O signo em questão significa exatamente o Universo em pensamento ou o Universo na concepção divina. Ele é corretamente situado como o signo oposto a *Ṛṣabham* ou *Pranava*. A análise a partir de *Pranava*, para baixo, leva ao Universo do pensamento, e a síntese a partir do último, para cima, leva a *Pranava (Aum)*. Agora nós chegamos ao estado ideal do Universo precedente à sua existência material. A expansão de *Bījam* ou germe primitivo em Universo só é possível quando os trinta e seis *tattvas*[12] são interpostos entre *māyā* e *Jīvātmā*. O estado de sonho é induzido por intermédio desses *tattvas*. É a existência desses *tattvas* que traz *Haṃsa* à existência. A eliminação desses *tattvas* marca o começo da síntese em direção a *Pranava* e *Brahman* e converte *Haṃsa* em *Soham*. Como se pretende representar os diferentes estágios da criação a partir de *Brahman* até o Universo material, os três signos *Kanyā*, *Tulā*, e *Vṛścikam* são colocados na ordem em que agora se encontram como três signos separados.

IX. *Dhanus* (*Saggitarius*). Quando representado em números, o nome é equivalente a nove, e a divisão em questão é a nona divisão contando a partir de *Meṣam*. O signo, por isso, indica claramente os nove *Brahmās* – os nove *Prajāpatīs* que assistiram o *Demiurgo* na construção do Universo material.

X. *Makaram*. Existe certa dificuldade na interpretação dessa palavra, no entanto ela contém em si mesma a chave para a sua correta interpretação. A letra ***ma*** é equivalente ao número cinco e ***kara*** significa "mão". Agora, em sânscrito ***tribhujam***

[12] 36 é três vezes 12, ou 9 *Tetraktis*, ou 12 Tríades, o número mais sagrado dos numerais cabalísticos e pitagóricos – *The Theosophist.*

significa triângulo, ***bhujam*** ou ***karam*** (ambos são sinônimos) significam "lado". Assim, *Makaram* ou *Pañkaram* significa "pentágono".[13]

Makaram é o décimo signo e o termo *Daśadiśā* é geralmente usado por escritores sanscritistas para denotar as faces ou lados do Universo. O signo em questão visa representar as faces do Universo e indica que a figura do Universo é limitada por pentágonos. Se nós tomarmos os pentágonos como pentágonos regulares (na presunção ou suposição de que o Universo é simetricamente construído) a figura do Universo material será, é claro, um dodecaedro, um modelo geométrico imitado pelo *Demiurgo* ao construir o Universo material. Se *Tulā* foi inventado posteriormente e se, ao invés dos três signos *Kanyā*, *Tulā* e *Vṛścikam*, ali existisse outrora apenas um signo combinando em si *Kanyā* e *Vṛś cikam*, o signo agora em consideração seria o oitavo signo sob o sistema antigo, e é um fato significativo que os escritores sanscritistas geralmente falam também de *aṣṭadiśā* ou oito faces limitando o espaço. É bem possível que o número de *diśā* possa ter sido alterado de oito para dez quando o anteriormente existente Virgem-Escorpião foi dividido em três signos separados.

Novamente, ***kara*** pode ser tomado para representar os triângulos projetados da estrela de cinco pontas. Essa figura também pode ser chamada de um tipo de pentágono regular (veja a *Spherical Trigonometry* de Todhunter, p. 143). Se essa interpretação for aceita, o *Rāśi* ou signo em questão representa o "microcosmo". Mas o "microcosmo", ou mundo do pensamento, é realmente representado por *Vṛścikam*. A partir de um ponto de vista objetivo, o "microcosmo" é re-

[13] Veja o artigo na edição de agosto (1881), "A Estrela de Cinco Pontas", onde nós afirmamos que a estrela de cinco pontas ou pentagrama representava os cinco membros do homem. *The Theosophist.*

presentado pelo corpo humano. *Makaram* pode ser tomado para representar simultaneamente o microcosmo e o macrocosmo, como objetos externos da percepção.

Em relação a este signo, vou declarar aqui alguns fatos importantes que eu submeto à apreciação daqueles que estão interessados em examinar as antigas ciências ocultas da Índia. Geralmente os antigos filósofos sustentam que o macrocosmo é similar ao microcosmo por ter um *Sthūla Sharīra* e um *Sūkshma Sharīra*. O Universo visível é o *Sthūla Sharīra* ou *Viśvam*; os antigos filósofos sustentavam que, como um substrato para esse Universo visível há outro Universo – talvez possamos chamá-lo de o Universo da Luz Astral – o real Universo do númeno, a alma, por assim dizer, desse Universo visível. É sutilmente aludido em certas passagens dos Vedas e das *Upanishads* que esse Universo oculto de Luz Astral pode ser representado por um icosaedro. A conexão entre o icosaedro e o dodecaedro é bem peculiar e interessante, embora as figuras pareçam ser bem diferentes uma da outra. A conexão pode ser entendida pela construção geométrica descrita abaixo. Desenhe uma esfera em volta de um icosaedro, trace as perpendiculares a partir do centro da esfera sobre suas faces até encontrar a superfície da esfera. Então, se os pontos de interseção forem ligados, um dodecaedro será formado dentro da esfera. Por um processo similar, um icosaedro pode ser construído a partir de um dodecaedro. (veja a *Spherical Trigonometry* de Todhunter, p.141, art. 193). A figura construída como descrito acima representará o Universo da matéria e o Universo da Luz Astral como eles realmente existem. Porém, agora eu não vou seguir mostrando como o Universo da Luz Astral pode ser considerado à luz de um icosaedro. Eu vou apenas afirmar aqui que essa concepção dos filósofos arianos não é para ser considerada como mera "tagarelice teológica" ou como o resultado da imaginação desgovernada. O verdadeiro significado da concepção em questão pode, eu creio, ser explicado pela referência à psicologia e ciência física dos antigos. Mas eu devo parar aqui e seguir com as considerações sobre os dois signos restantes.

XI. *Kumbham* (ou *Aquarius*). Quando representada por números, a palavra é equivalente a 14. Pode-se perceber facilmente, então, que a divisão em questão visa representar o *caturdaśa bhuvanam* ou os catorze *lokas* mencionados nos livros sânscritos.

XII. *Mīnam* (ou *Pisces*). Esta palavra também é representada por cinco quando escrita em números e é evidentemente destinada a transmitir a ideia de *pañcamahābhūtams* ou os cinco elementos. O signo também sugere que a água (não a água comum, mas o solvente universal dos antigos alquimistas) é o mais importante entre os tais elementos.

Agora eu terminei a tarefa a que me propus nesse artigo. Meu objetivo não é explicar a antiga teoria da criação em si, mas mostrar a ligação entre essa teoria e as divisões do Zodíaco. Esclareci aqui apenas uma pequena parte da filosofia inserida nesses signos. O véu que foi habilmente jogado sobre certas partes do mistério associado a esses signos pelos antigos filósofos *nunca será levantado para o divertimento ou instrução do público não iniciado.*

Para resumir os fatos apresentados nesse artigo, os conteúdos do primeiro capítulo da história do Universo são os seguintes:

(1) O autoexistente, eterno *Brahman.*

(2) *Pranava (Aum).*

(3) O *Brahman* andrógino, ou a Sefira bissexual – Adão Kadmon.

(4) O Tetragrama sagrado – as quatro *mātrās* de *Pranava* – os

quatro *avasthās* – os quatros estados de *Brahman* – o sagrado *Tārakam*.

(5) Os cinco *Brahmās* – os cinco Budas – em sua totalidade, representando o *Jīvātmā*.

(6) A Luz Astral – a Virgem Santa – as cinco forças na Natureza.

(7) Os trinta e seis *tattvas* nascidos de *Avidyā*.

(8) O Universo em pensamento – o *Svapna Avasthā* – o microcosmo visto de um ponto de vista subjetivo.

(9) Os nove *Prajāpatis* – os assistentes do *Demiurgo*.[14]

(10) A forma do Universo material na mente do *Demiurgo* – o Dodecaedro.

(11) Os catorze *lokas*.

(12) Os cinco elementos.

A história da criação desse mundo a partir de seu início até hoje é composta de *sete* capítulos. O *sétimo* capítulo ainda não está completo.

Triplicane, Madras
14 de setembro de 1881.

[14] Os nove Sefirot Cabalísticos emanados da Sefira; o décimo e o Sefirot-cabeça são idênticos. Três trindades ou tríades com seu princípio emanante formam a Década mística pitagórica, a soma de *tudo* que representa todo o Cosmos. *The Theosophist*.

Capítulo II

Data de nascimento e doutrina de *Shri* Shankaracharya

É sempre difícil determinar com precisão a data de algum evento particular na história antiga da Índia; e essa dificuldade é consideravelmente aumentada pelas especulações dos orientalistas europeus, cujo trabalho nesse sentido tem apenas aumentado a confusão já existente nas lendas e tradições populares, as quais foram muitas vezes alteradas ou modificadas para satisfazer as necessidades de controvérsias sectárias. As causas que têm produzido esse resultado serão plenamente averiguadas aqui ao examinarmos as suposições em que essas especulações se baseiam. Os escritos de muitos desses orientalistas são frequentemente caracterizados por um conhecimento imperfeito da literatura, filosofia e religião da Índia e das tradições hindus, e por uma desdenhosa desconsideração pelas opiniões de escritores e eruditos hindus. Com muita frequência, fatos e datas são tirados, por esses escritores, de textos de seus predecessores ou contemporâneos, com a suposição de que eles estão corretos, sem qualquer investigação adicional feita por eles mesmos. Mesmo quando um escritor apresenta uma data com uma expressão de dúvida a respeito de sua precisão, seu seguidor frequentemente cita a mesma data como se ela fosse absolutamente correta. Uma data errada é dependente de outra data errada, e uma má inferência é muitas vezes deduzida de outra inferência igualmente injustificável e ilógica. E, consequentemente, se há alguma data específica, dada por esses escritores, para ser verificada, toda a estrutura da cronologia indiana construída por eles precisará ser cuidadosamente examinada. É conveniente enumerar algumas das suposições acima mencionadas, antes de se proceder ao exame de suas opiniões concernentes à data de nascimento de Shankaracharya.

I – Muitos desses escritores não estão, em geral, livres dos preconceitos gerados pela perniciosa doutrina, deduzida da Bíblia, correta ou incorretamente, de que este mundo tem apenas seis mil anos de existência. Nós não queremos dizer que algum desses escritores pensaria seriamente, hoje, em defender essa doutrina. No entanto, ela exerceu uma considerável influência sobre as mentes dos escritores cristãos quando eles começaram a investigar as afirmações da cronologia asiática. Se uma antiguidade de cinco ou seis mil anos for atribuída a algum evento particular relacionado à história antiga do Egito, da Índia ou China, com certeza ela será imediatamente rejeitada por esses escritores sem qualquer investigação a respeito da veracidade da afirmação.

II – Eles são extremamente relutantes em admitir que qualquer parte dos Vedas pode ser datada de um período anterior ao do Pentateuco, mesmo quando os argumentos trazidos para demonstrar a precedência dos Vedas seriam convincentes à mente de um investigador imparcial isento de preconceitos cristãos. O limite máximo da antiguidade indiana é, então, para eles, fixado pelo Velho Testamento, e é praticamente suposto por eles que cada livro de toda extensão da literatura védica e sânscrita e quase todo evento da história da Índia deveria ser datado entre o período que vai da origem do Velho Testamento até os dias de hoje.

III – É frequentemente presumido, sem motivo, que cada passagem dos Vedas que contém ideias filosóficas ou metafísicas deve ser considerada como uma inserção posterior, e que cada livro que trata de algum assunto filosófico deve ser considerado como tendo sido escrito após a época de Buda, ou após o início da Era Cristã. Na opinião desses escritores, a civilização, a filosofia e a investigação científica tiveram sua origem entre seis ou sete séculos antes da Era Cristã, e a humanidade lentamente emergiu, pela primeira vez, das "profundezas da brutalidade animal" nos últimos quatro ou cinco mil anos.

IV – É também suposto que o Budismo surgiu com Gautama Buda. A existência prévia do Budismo, do Jainismo e da Filosofia Arhat é rejeitada como uma invenção absurda e ridícula dos budistas que tentaram, com isso, atribuir uma grande antiguidade à sua religião. Como consequência dessa impressão errônea por parte deles, cada livro hindu relacionado às doutrinas dos budistas é declarado como escrito posteriormente à época de Gautama Buda. Por exemplo, o Sr. Weber é da opinião de que Vyāsa, o autor dos *Brahma Sūtras*, os escreveu no século cinco depois de Cristo. Essa é, realmente, uma revelação surpreendente para a maioria dos hindus.

V – Sempre que diversos trabalhos que tratam de vários assuntos são atribuídos a um mesmo autor pelos textos e tradições hindus, é frequentemente suposto, e aparentemente sem qualquer razão, na maioria dos casos, que tais escritos deveriam ser considerados como produção de diferentes autores. Por esse raciocínio eles descobriram dois Bādarāyanas (Vyāsas), dois Patañjalis, e três Vararucis. Nós não queremos dizer que em todos os casos a identidade dos nomes é equivalente à identidade das pessoas. Mas nós não podemos deixar de protestar contra tais suposições quando elas são feitas sem qualquer evidência que as fundamentem, meramente com o objetivo de embasar uma conclusão prévia ou uma hipótese preferida.

VI – Muitas vezes esses autores tentam determinar a ordem cronológica dos eventos da antiga história indiana por meio dos vários estágios do crescimento ou desenvolvimento da língua sânscrita e da literatura indiana. O tempo necessário a esse crescimento é frequentemente estimado do mesmo modo que um geólogo tenta fixar o tempo necessário ao desenvolvimento gradual dos vários estratos que compõem a crosta terrestre. Mas nós não conseguimos perceber qualquer método adequado na elaboração desses cálculos. É um erro supor que o desenvolvimento de uma língua requer o mesmo tempo que o de outra dentro das mesmas fronteiras. As características peculiares da nação à qual uma linguagem pertence devem ser cuidadosamente levadas em consideração ao se tentar fazer tal cálculo. A história de tal nação é igualmente importante. Qualquer um que examine a estimativa de Max Müller dos assim chamados períodos *Sūtra*, *Brahmana*, *Mantra* e *Kānda* será capaz de perceber que nenhuma atenção foi dada a essas considerações. O tempo atribuído para o desenvolvimento desses quatro "estratos" da literatura védica é puramente arbitrário.

Nós enumeramos essas falhas nos textos dos orientalistas europeus com o propósito de mostrar a nossos leitores que nem sempre é seguro confiar nas conclusões desses autores a respeito das datas da história antiga da Índia.

Ao se examinar as várias citações e tradições selecionadas pelos orientalistas europeus, com o propósito de fixar a data de nascimento de Shankaracharya, deve-se ter um cuidado especial para ver se a pessoa mencionada é o próprio primeiro Shankaracharya, que instituiu a Doutrina Advaita, ou um de seus seguidores que se tornou o ***adhipati*** dos vários monastérios[15] instituídos por ele e por seus sucessores. Muitos dos ***mathadhipatis*** advaitas que o sucederam (especialmente no Monastério de Shringeri) eram homens de reputação considerável e eram bem conhecidos por toda a Índia durante seu tempo. Eles são frequentemente mencionados sob o nome genérico de Shankaracharya. Consequentemente, qualquer referência feita a algum desses *mathadhipatis* pode ser confundida com uma referência feita ao próprio primeiro Shankaracharya.

O Sr. Barth, cuja opinião sobre a data de nascimento de Shankara é citada pelo *London The Theosophist* em oposição à data informada no livro do Sr. Sinnett, *Esoteric Buddhism*, não parece ter examinado cuidadosamente o assunto por si mesmo. Ele não deu qualquer razão para a data adotada por ele e nem mesmo alude à existência de outras autoridades e tradições que discordam dela. A data que ele atribui a Shankara aparece em uma insignificante nota de rodapé na página 89 do seu livro *The Religions of India*, que diz assim: "Shankaracharya é geralmente situado no século oito; talvez nós devêssemos aceitar o século nove como preferível. A tradição mais acreditada o descreve como nascido no dia dez do mês Madhava[16] em 788 d.C. Outras tradições, é verdade, situam-no nos séculos dois e cinco. O autor do *Dabistan*, por outro lado, o traz para tão longe quanto o começo do século catorze." O Sr. Barth está claramente errado ao dizer que Shankara é geralmente situado no século oito. Há tantas tradições para situá-lo em algum século antes da Era Cristã quantas para situá-lo em algum século depois dessa era, e também será visto a seguir que, na realidade, as evidências preponderam em favor da primeira afirmação. Não se pode asseverar que a maioria dos orientalistas tem alguma opi-

[15] No original: *Mathams*. *Maṭha* é o termo sânscrito para estabelecimento monástico do Hinduísmo. (Nota da trad.)

[16] Os meses de primavera do antigo calendário hindu. Abril-Maio, conforme consta na nota de rodapé do texto original do *The Religions of India*, que está digitalizado no site Internet Archive, disponível em: <http://www.archive.org/stream/religionsofindia00bart#page/88/mode/2up> Acesso em 05 jan. 2010. (Nota da trad.)

nião própria definida sobre o assunto em questão. Max Müller não aparenta ter, alguma vez, direcionado sua atenção a esse assunto. Monier Williams simplesmente copia a data dada pelo Sr. Wilson, e o Sr. Weber parece confiar na mesma autoridade sem se preocupar com qualquer investigação adicional sobre o tema. O Sr. Wilson é provavelmente o único orientalista que investigou o assunto com algum cuidado e atenção; e ele francamente confessa que o período exato em que "ele (Shankara) surgiu não pode ser determinado de modo algum" (página 201 do vol. I do seu *Essays on the Religion of the Hindus*). Em tais circunstâncias, a nota de rodapé acima citada é certamente muito enganosa. O Sr. Barth não informa a seus leitores de onde ele obteve a tradição mencionada e quais razões ele tem para supor que ela se refere ao primeiro Shankaracharya e que ela é "a tradição mais acreditada". Enquanto o assunto ainda está aberto à discussão, o Sr. Barth não deveria ter adotado qualquer data específica, se ele não está preparado para fundamentá-la e prová-la com argumentos apropriados.

As outras tradições aludidas não são inclinadas, é claro, a fortalecer a autoridade da tradição invocada. Mas a redação da nota de rodapé em questão parece mostrar que todas as autoridades e tradições relacionadas ao assunto estão abrangidas ali, quando, na verdade, a mais importante delas foi desconsiderada, como será mostrado a seguir. Não se encontra nenhum argumento de apoio à data de nascimento atribuída a Shankara em outras partes do livro do Sr. Barth, mas há algumas passagens isoladas que podem ser tomadas como inferências da afirmação em questão ou argumentos em seu apoio, as quais será necessário examinar neste contexto.

O Sr. Barth descobriu algumas relações entre o aparecimento de Shankara na Índia e o começo da perseguição aos budistas, que ele aparenta situar nos séculos sete e oito. Na página 89 do seu livro, ele fala da "grande reação na ofensiva contra o Budismo que começou no Decão nos séculos sete e oito pelas escolas de Kumarila e Shankara"; e na página 135 ele afirma que os "discípulos de

Kumarila e Shankara organizaram-se em grupos militares, constituíram-se eles mesmos nos fanáticos defensores da ortodoxia". A força dessa afirmação é, no entanto, consideravelmente enfraquecida pelas observações do autor nas páginas 89 e 134 a respeito da ausência de quaisquer traços de perseguição ao Budismo por Shankara nos autênticos documentos até agora examinados e do absurdo das lendas que o representam exterminando budistas desde o Himalaia ao Cabo Comorin.

A associação de Shankara com Kumarila nas passagens acima citadas é ridícula. É bem sabido por quase todos os hindus que os seguidores da Purva Mimamsa (Kumarila comentou os *Sūtras*) eram os maiores e mais pungentes oponentes de Shankara e sua doutrina, e o Sr. Barth parece ser totalmente ignorante sobre a natureza da visão de Kumarila e da Purva Mimamsa e do escopo e objetivo da Filosofia vedântica de Shankara. É impossível dizer qual evidência o autor tem para afirmar que a grande reação contra os budistas começou nos séculos sete e oito e que Shankara contribuiu para originá-la. Há algumas passagens em seu livro que tendem a mostrar que essa data não pode ser considerada como muito correta. Na página 153 ele diz que a perseguição aos budistas começou mesmo na época de Ashoka[17].

Assim sendo, é realmente surpreendente que os hindus ortodoxos tenham mantido silêncio por quase dez séculos sem retaliar seus inimigos. A ascendência política conquistada pelos budistas durante o reinado de Ashoka não durou muito tempo, e os hindus tiveram o apoio de todos os reis poderosos antes e depois do começo da Era Cristã. Além disso, o autor afirma, na página 132 do seu livro, que o Budismo estava em estado de decadência no século sete. É difícil supor que a reação contra os budistas começaria

[17] Ashoka foi um imperador indiano que reinou entre 269 e 232 a.C. (Thapur (1973), p. 51). Essa menção a Ashoka encontra-se na p. 135 (e não 153) do livro do Sr. Barth disponível em <http://www.archive.org/details/religionsofindia00bart> Acesso em 18 de set. 2013. (Nota da trad.)

quando sua religião já estivesse decadente. Nenhum grande instrutor ou reformador religioso desperdiçaria seu tempo e energia na demolição de uma religião já em ruínas. Mas que prova existe para mostrar que Shankara esteve alguma vez engajado nessa tarefa? Se o objetivo principal da sua pregação fosse incitar uma reação contra o Budismo, ele teria, sem dúvida, nos deixado alguns textos especialmente destinados a criticar suas doutrinas e expor seus defeitos. Por outro lado, ele nem mesmo menciona o Budismo em suas obras independentes. Embora ele fosse um escritor produtivo, com exceção de algumas observações sobre a teoria defendida por alguns budistas a respeito da natureza da percepção contida em seus comentários sobre os *Brahma Sūtras*, não há uma só passagem, em toda a extensão dos seus escritos, a respeito dos budistas ou suas doutrinas; e a inserção até dessas poucas observações em seu comentário tornou-se necessária pelas alusões contidas nos *Sūtras* que ele estava interpretando.

Como, em nossa modesta opinião, esses *Brahma Sūtras* foram compostos pelo próprio Vyāsa (e não por um Vyāsa imaginário do século cinco depois de Cristo, criado pela imaginação do Sr. Weber), as alusões ali contidas referem-se ao Budismo que existia antes de Gautama Buda. A partir dessas poucas observações fica claro, para nossos leitores, que Shankaracharya nada tinha a ver com a perseguição aos budistas. Nós podemos citar, aqui, algumas passagens do prefácio do Sr. Wilson à primeira edição do seu *Sanskrit Dictionary* para embasar nossas observações. Ele escreve o seguinte a respeito da ligação de Shankara com a perseguição aos budistas: "Embora a crença popular atribua a Shankaracharya a origem da perseguição aos budistas, neste caso nós temos alguma razão para desconfiar de sua correção. Em oposição a ela temos o caráter brando do reformador, que é descrito como constantemente gentil e tolerante, e falando a partir da minha própria limitada leitura de obras de Vedanta, e do testemunho mais satisfatório de Ram Mohun Roy, que ele me permite aduzir, não parece que qualquer sinal de ele ter contribuído para alguma perseguição possa ser encontrado em seus próprios textos, todos os que ainda existem, e o objetivo desses, de forma alguma, não é a correção dos budistas ou de alguma outra divisão, mas a refutação de todas as outras doutrinas além da sua própria, e a reforma ou o restabelecimento da quarta ordem religiosa." Mais adiante, ele observa que "é um erro comum atribuir-lhe o trabalho de perseguição; ele não parece ocupado, de forma alguma, com essa tarefa odiosa, nem está envolvido em qualquer controvérsia específica com algum dos budistas."

A partir das informações precedentes vê-se que a data de nascimento de Shankara não pode ser determinada pelo tempo do início da perseguição ao Budismo, mesmo se fosse possível precisar tal período.

Parece que o Sr. Barth descobriu alguma conexão entre os sistemas filosóficos de Shankara, Ramanuja e Anandatirtha, e os mercadores árabes que vieram à Índia no primeiro século da Hégira[18], e ele tem, sem dúvida, todo direito a qualquer crédito que lhe possa ser dado pela originalidade de sua descoberta. O elo oculto e misterioso entre a Filosofia Advaita e o comércio árabe é apontado na página 212 do seu livro, e pode ter alguma influência na presente questão, se ele for algo mais que um produto da sua imaginação. A única razão dada por ele em apoio à sua teoria é, no entanto, em minha modesta opinião, sem valor. Os hindus tinham, na vida de Buda, um proeminente exemplo de um grande movimento religioso sob a direção de um único professor, e não lhes era necessário imitar as aventuras de um profeta árabe. Há apenas uma outra passagem no livro do Sr. Barth que contém alguma referência à data de nascimento de Shankara. Na página 207 ele escreve o seguinte: "*Shiva*, por exemplo, que é invocado no começo do drama de Shakuntala, que é, ao mesmo tempo,

[18] *Hégira* – a emigração de Maomé de Mecca para Medina em 622 que marcou o início da Era Muçulmana; o calendário muçulmano começa neste ano. (Nota da trad.)

Deus, sacerdote e oferenda, e cujo corpo é o Universo, é uma ideia vedantina. Essa evidência parece ser esquecida quando se sustenta, como às vezes é feito, que todo vedantismo sectário começa com Shankara." Mas essa evidência parece ser igualmente esquecida quando se sustenta, como às vezes é feito, por orientalistas como o Sr. Barth, que Shankara viveu em algum século depois do autor de Shakuntala.

A partir das observações feitas é evidente que a opinião do Sr. Barth a respeito da data de nascimento de Shankara é muito insatisfatória. Como o Sr. Wilson aparenta ter examinado o assunto com algum cuidado e atenção, nós temos agora que comentar a sua opinião e ver o quanto ela está fundamentada em provas adequadas. Na tentativa de fixar a data de nascimento de Amara Simha (tentativa que, por fim, terminou em um fracasso infeliz), ele teve que averiguar o período em que Shankara viveu. Consequentemente suas observações a respeito de tal período aparecem em seu prefácio à primeira edição do seu *Sanscrit Dictionary*. Nós vamos agora reproduzir aqui tais passagens de seu prefácio, conforme tenham ligação com o assunto em consideração, e comentá-las. O Sr. Wilson escreve o seguinte:

"O nascimento de Shankara apresenta a mesma divergência que qualquer outro incidente notável entre os hindus. Os Brâmanes de Kadali (deveria ser Kudali), que formam uma instituição que segue e ensina seu sistema, afirmam que seu aparecimento ocorreu há dois mil anos; alguns estimam que foi perto do início da Era Cristã, outros no século terceiro ou quarto d.C.; um histórico manuscrito dos reis de Konga, na coleção do Coronel Mackenzie, o faz contemporâneo de *Tiru Vikrama Deva Cakravarti*, soberano de Skandapura no Decão, 178 d.C; em Shringeri, à beira do Gate ocidental, e hoje na região de Mysore, lugar em que se diz que ele fundou um colégio que ainda existe e assumiu o controle superior dos Brâmanes Smarta da península, atribui-se a ele uma antiguidade de 1.600 anos, e a tradição popular lhe atribui cerca de 1.200 anos. O

Bhoja Prabandha[19] relaciona Shankara entre suas personalidades e como contemporâneo de tal príncipe, sua antiguidade então estaria entre os séculos oito e nove. Os seguidores de Madhvacharya em Tuluva parecem ter tentado reconciliar esses relatos contraditórios com a suposição de que ele teria nascido três vezes: primeiro há cerca de 1.500 anos em Sivuli, Tuluva; novamente em Malabar, alguns séculos depois; e finalmente, há não mais de 600 anos de então, em Padukakshetra, Tuluva; sendo a última afirmação evidentemente destinada a honrar seu próprio fundador, cuja data de nascimento era essa, habilitando-o a triunfar sobre Shankara em supostas controvérsias. Os Brâmanes *vaishnavas* de Madura dizem que Shankara apareceu no nono século de *Śālivāhana* ou décimo século de nossa era.

O Dr. Taylor pensa que, se o situarmos há cerca de 900 anos, nós não estaremos longe da verdade, e o Sr. Colebrook tende a dar--lhe uma antiguidade de cerca de 1.000 anos. Essa última é a idade com que meu amigo Ram Mohun Roy, um aplicado estudante das obras de Shankara, e professor filosófico de suas doutrinas, está inclinado a concordar, e ele infere que " a partir de uma estimativa das gerações religiosas dos seguidores do *Swami* Shankara, de sua época até hoje, parece que ele viveu entre os séculos seis e oito da Era Cristã," um período de tempo coincidente com as afirmações feitas pelo Dr. Buchanan em sua jornada pela terra natal de Shankara, Malabar, e em consonância com a asserção do *Kerala Utpatti*, uma obra que contém informações históricas e estatísticas dessa região, e que, conforme a citação do Sr. Duncan, menciona os regulamentos das castas de Malabar feitas por esse filósofo para serem efetuadas cerca de 1.000 anos antes de 1798. Ao mesmo tempo, deve-se observar que uma tradução de um manuscrito da

[19] *Bhoja-Prabandha* é um livro que contém uma coleção de anedotas relacionadas ao reinado do Rajá Bhoja, escrito pelo *Pandita* Ballala. Fonte: <http://chestofbooks.com/health/india/Sushruta-Samhita/Introduction-To-Nidana-Sthana-Sarira-Sthana-Chikitsita--Sthana-Part-4.html> acesso em 13 jan. 2010. (Nota da trad.)

mesma obra, de posse do Coronel Mackenzie, afirma que Shankaracharya nasceu aproximadamente em meados do século cinco, ou entre treze ou catorze séculos atrás, divergindo, a esse respeito, da afirmação do Sr. Duncan – uma diferença de menor importância, já que o manuscrito em questão apresenta alguns erros substanciais, tanto no original como na tradução, e, consequentemente, não pode ser confiável. O peso da autoridade é, portanto, de modo geral, em favor da antiguidade de cerca de dez séculos, e eu estou disposto a adotar essa estimativa para a data de nascimento de Shankara, e situá-la no final do século oito e início do século nove da Era Cristã."

Nós vamos acrescentar mais algumas autoridades à lista do Sr. Wilson antes de prosseguir com comentários sobre a passagem anterior.

Em um trabalho chamado *The Biographical Sketches of Eminent Hindu Authors*, publicado em Bombaim, em 1860, por Janardan Ramachanderjee, é dito que Shankara viveu há 2.500 anos, e que, na opinião de algumas pessoas, viveu há 2.200 anos. Os registros do Monastério de Kumbakonam contêm uma lista de quase sessenta e seis *mathadhipatis* desde Shankara até os dias de hoje, e mostram que ele viveu há mais de 2.000 anos.

O Monastério de Kudali mencionado pelo Sr. Wilson, que é um ramo do Monastério de Shringeri, dá a mesma data que esse último, suas tradições são idênticas. Pode-se confiar seguramente em seus cálculos, na medida em que são embasados nas datas dadas nos locais de *Samādhi* (algo como uma tumba) dos sucessivos Gurus do Monastério de Shringeri; e isso nos leva ao começo da Era Cristã.

Nenhuma informação precisa é dada pelo Sr. Wilson a respeito da natureza, origem e confiabilidade das informações que situam Shankara no terceiro ou quarto século da Era Cristã ou no seu início; e nem aparece de modo claro que a referida história dos reis de Konga alude, inequivocamente, ao primeiro Shankaracharya. Essas tradições são evidentemente opostas à conclusão a que chegou o Sr. Wilson, e não aparece com que fundamento ele desacredita no testemunho delas. O Sr. Wilson está claramente errado ao afirmar que o Monastério de Shringeri atribui uma antiguidade de 1.600 anos a Shankara. Nós já nos referimos às informações prestadas pelo Monastério de Shringeri em Madras, e elas são precisamente similares às explicações dadas pelos Brâmanes de Kudali. Nós verificamos isso a partir de um representante do Monastério de Shringeri em Madras, que publicou, há apenas alguns dias (1883), a lista de instrutores preservada nesse monastério com seus respectivos períodos de vida. E, além disso, não conseguimos identificar qual "tradição popular" atribui a Shankara "a antiguidade de cerca de 1.200 anos". Até onde vai o nosso conhecimento, não há tal tradição popular na Índia. A maioria do povo do Sul da Índia tem, até hoje, confiado nas informações de Shringeri, e no Norte da Índia parece não haver tradição popular. Nós temos apenas uma massa de informações contraditórias.

É, de fato, surpreendente que um orientalista com as pretensões do Sr. Wilson possa confundir o poeta chamado Shankara mencionado no *Bhoja Prabandha* com o grande instrutor advaita. Nenhum hindu jamais cometeria um erro tão ridículo. Nós ficamos surpresos ao encontrar alguns desses orientalistas europeus citando, de vez em quando, alguns relatos contidos em livros tais como *Bhoja Prabandha*, *Kathā-sarit-sāgara*, *Rāja-taraṅgini* e *Pañcatantra* como se eles fossem obras históricas. Em alguma outra parte do seu prefácio, o próprio Sr. Wilson diz que esse *Bhoja Prabandha* é, no geral, indigno de confiança, como algumas das afirmações ali contidas não se harmonizam com sua teoria sobre a data de nascimento de *Amarasiṃha*; mas agora ele *cita erroneamente* afirmações dessa obra visando fundamentar suas conclusões sobre a data de nascimento de Shankara. Certamente, a coerência não é uma das características proeminentes dos textos da maioria dos orientalistas europeus. A pessoa mencionada no *Bhoja Pra-*

bandha é sempre referida com o nome de Shankara Kavi, e nunca Shankaracharya, e o professor advaita nunca é mencionado em qualquer obra hindu como Shankara Kavi.

É desnecessário dizer qualquer coisa sobre as tradições *Madhva*, ou a opinião dos Brâmanes *vaishnavas* de Madura, a respeito da data de nascimento de Shankara. Na nossa humilde opinião, é infrutífero esperar, dos *madhvas* e *vaishnavas*, qualquer coisa além de falsidade a respeito da história e da Filosofia de Shankara. Eles estão sempre ansiosos por mostrar ao mundo em geral que suas doutrinas existiam antes da época de Shankara, e que a Doutrina Advaita era um desvio do seu Hinduísmo ortodoxo preexistente. E, consequentemente, eles atribuíram a ele uma antiguidade de menos de 1.500 anos.

Não é demonstrado por que o Dr. Taylor pensa que pode atribuir a Shankara uma antiguidade de cerca de 900 anos, ou com que base o Sr. Colebrooke tende a lhe dar cerca de 1.000 anos. Não se pode confiar em tais afirmações antes que as razões atribuídas a elas sejam minuciosamente examinadas.

Felizmente, o Sr. Wilson nos mostra as razões da opinião de Ram Mohum Roy. Nós tendemos a acreditar que os cálculos de Ram Mohum Roy foram feitos com base na lista de instrutores ou gurus de Shringeri, já que essa era a única lista publicada até essa época, e nenhum outro monastério, exceto talvez o Monastério de Kumbakonam, tem uma lista de gurus chegando aos dias de hoje em sucessão ininterrupta. Não há necessidade de depender dos seus cálculos (que por sua própria natureza não podem ser nada mais que mera adivinhação) quando a antiga lista preservada em Shringeri contém a datação atribuída aos diversos instrutores. Como essas datas não foram publicadas até hoje, e como Ram Mohun Roy tinha, diante dele, simplesmente uma série de nomes, ele foi obrigado a apurar a data de nascimento de Shankara atribuindo um certo número de anos, em média, para cada instrutor. Consequentemente, sua opinião é sem importância no momento em que nós temos a declaração do Monastério de Shringeri que, como já dissemos, situa Shankara em alguns séculos antes da Era Cristã. As mesmas observações aplicam-se aos cálculos em questão, mesmo que eles tenham sido feitos com base no número de instrutores contidos na lista preservada no Monastério de Kumbakonam.

Muito pouca importância pode ser dada aos testemunhos orais apresentados por algumas pessoas desconhecidas perante o Dr. Buchanam em suas viagens por Malabar; e nós apenas temos que considerar as inferências que podem ser feitas a partir das informações contidas no *Kerala Utpatti*. As diversas cópias manuscritas dessa obra parecem diferir na data atribuída a Shankaracharya, e ainda que assim não fosse, não podemos confiar nessa obra pelas seguintes razões, entre outras:

I. É um fato bem conhecido que os costumes de Malabar são muito peculiares. Seus defensores, consequentemente, apontam a sua origem a algum grande *Rishi* ou algum grande filósofo da antiga Índia. Alguns deles afirmam (provavelmente a maioria) que Parashurama criou alguns desses costumes e deixou um *Smriti*[20] para a orientação do povo de Malabar; outros dizem que foi Shankaracharya quem sancionou esses costumes peculiares. Não é muito difícil perceber por que essas duas pessoas foram selecionadas por eles. De acordo com os *Purānas* hindus, Parashurama viveu em Malabar por algum tempo, e de acordo com a tradição hindu, Shankara nasceu nessa região. Mas é extremamente duvidoso se qualquer um deles tinha algo a ver com tais costumes dessa região. Não há qualquer menção a esses costumes na obra de Shankara. Ele parece ter dedicado toda a sua atenção à reforma religiosa e é muito improvável que tenha alguma vez

[20] *Smṛti* significa, literalmente, "aquilo que foi lembrado". São textos religiosos de hierarquia inferior aos textos de Revelação, ou *Śruti*. (Nota da trad.)

dirigido sua atenção aos costumes locais de Malabar. Não é provável que ele, enquanto tentava restaurar a Filosofia dos antigos *Rishis*, tenha sancionado os costumes de Malabar, que estão em desacordo com as regras estabelecidas nos *Smritis* desses mesmos *Rishis*; e até onde sabemos, ele não deixou nenhuma regulamentação escrita sobre as castas de Malabar.

II. As afirmações contidas no *Kerala Utpatti* são opostas às informações sobre a vida de Shankara contidas em quase todos os *Śaṅkara Vijayams*[21] examinados até hoje, denominados *Śaṅkara Vijayam* de Vidyāranya, *Śaṅkara Vijayavilasam* de Citsukhacarya, *Śaṅkara Vijayam Baihat*, etc. Conforme as informações contidas nessas obras, Shankara deixou Malabar aos oito anos e retornou à sua aldeia natal quando sua mãe estava em seu leito de morte, e permaneceu lá por alguns dias. É difícil verificar em qual período de sua vida ele esteve envolvido em elaborar regulamentos para as castas de Malabar.

III. A obra em questão representa Malabar como o local dos triunfos de Bhattapada sobre os budistas, e diz que esse instrutor estabeleceu-se em Malabar e expulsou os budistas da região. Só essa informação é suficiente para mostrar aos nossos leitores o caráter fictício das informações contidas nesse livro. De acordo com todas as outras obras hindus, esse grande instrutor da Purva Mimamsa nasceu no norte da Índia; quase todos os seus famosos discípulos e seguidores viviam naquela parte do país e, de acordo com o relato de Vidyāranya, ele morreu em Allahabad.

Por essas razões nós não confiamos nessas informações de Malabar.

A partir das tradições e outros relatos que nós examinamos até

[21] *Śaṅkara Vijayam* – publicação biográfica sobre Shankara. (Nota da trad.)

aqui, o Sr. Wilson chega à conclusão de que Shankaracharya viveu ao final do século oito e início do século nove da Era Cristã. As informações dos Monastérios de Shringeri, Kudali e Kumbakonam, e as tradições atuais na Presidência de Bombaim, como mostram os esboços biográficos publicados em Bombaim, situam Shankara em algum século antes da Era Cristã. Por outro lado, o *Kerala Utpatti*, as informações obtidas pelo Dr. Buchanam em suas viagens por Malabar, e a opinião expressa pelo Dr. Taylor e o Sr. Colebrooke concordam em atribuir a ele uma antiguidade de cerca de 1.000 anos. As demais tradições mencionadas pelo Sr. Wilson são contrárias tanto à sua opinião quanto à conclusão de que Shankara viveu antes de Cristo. Nós deixaremos agora os nossos leitores dizerem se, e sob quais circunstâncias, o Sr. Wilson está justificado ao afirmar que "o peso da autoridade está, no geral, em favor" de sua teoria.

Nós já nos referimos aos textos de quase todos os orientalistas europeus que opinaram sobre o tema em discussão, e nem precisamos dizer que a data de nascimento de Shankara ainda precisa ser apurada.

Somos obrigados a comentar, detalhadamente, as opiniões dos orientalistas europeus a respeito da data de nascimento de Shankara, já que não é provável que qualquer atenção venha a ser prestada aos Iniciados indianos e tibetanos, ao passo que geralmente se acredita que a questão tenha sido resolvida pelos textos europeus. Os Adeptos mencionados pelo *London The Theosophist* estão certamente em condição de esclarecer alguns problemas na história religiosa da Índia. Mas há bem pouca chance de as opiniões deles serem aceitas pelo público em geral nas atuais circunstâncias, a menos que elas sejam apoiadas por evidências ao alcance do mundo externo. Como nem sempre é possível obter tais evidências, há bem pouca utilidade em publicar as informações que eles possuem até que o público esteja disposto a reconhecer e admitir a antiguidade e a confiabilidade de suas tradições, a extensão dos seus poderes e a vastidão do seu conhecimento. Na ausência de tais provas, há toda probabilidade de suas opiniões serem rejeitadas como absurdas e insustentáveis; seus motivos seriam, sem dúvida, questionados, e algumas pessoas poderiam ser tentadas a negar até mesmo o fato de sua existência. É frequentemente questionado pelos hindus, bem como pelos ingleses, por que esses Adeptos são tão relutantes em publicar ao menos alguma parte das informações que possuem sobre as verdades da ciência física. Mas ao perguntar isso, não parecem perceber a diferença entre o método pelo qual eles obtêm seu conhecimento e o processo da moderna investigação científica, pelo qual os fatos da Natureza são apurados e suas leis descobertas.

A menos que um Adepto possa provar suas conclusões pelo mesmo tipo de raciocínio que é adotado pelos cientistas modernos, elas permanecerão não demonstradas ao mundo externo. É claro que é impossível para eles desenvolver em um número considerável de seres humanos tais faculdades que os habilitariam a perceber a veracidade delas; e nem sempre é viável estabelecê-las pelo método científico normal a menos que todos os fatos e leis que embasam sua demonstração já tenham sido descobertos pela ciência moderna. Não se pode esperar que um Adepto antecipe as descobertas dos próximos quatro ou cinco séculos e prove alguma grande verdade científica para a completa satisfação do público educado, após terem descoberto cada fato e Lei da Natureza necessários para tal propósito por um processo de raciocínio que fosse aceito por eles. Eles devem encontrar dificuldades semelhantes ao dar qualquer informação sobre os eventos da história antiga da Índia.

No entanto, antes de dar a data de nascimento exata atribuída a Shankaracharya pelos Iniciados indianos e tibetanos, nós indicaremos algumas circunstâncias pelas quais sua data pode ser determinada aproximadamente. É nossa humilde opinião que se pode confiar nos *Śaṅkara Vijayams* até hoje publicados na medida em que eles são coerentes entre si a respeito das linhas gerais da vida de Shankara. Nós não podemos, entretanto, confiar em qualquer coisa do *Śaṅkara Vijayam* de Anandagiri publicado em Calcutá. A edição de Calcutá não apenas difere em alguns pontos bem substanciais das cópias manuscritas da mesma obra encontrada no sul da Índia, mas se opõe a todos os outros *Śaṅkara Vijayam* até hoje examinados. É bastante claro, por seu estilo e algumas das afirmações ali contidas, que ela não foi produção de Anandagiri, um dos quatro principais discípulos de Shankara e comentador da sua *Upanishad Bhashya*. Por exemplo, ele descreve Shankara como o autor de um certo verso que se encontra no *Adhikaraṇaratnamālā* de Vidyāranya, escrito no século 14. Ele representa Shankara ordenando dois de seus discípulos a pregar as doutrinas *Vishishtadvaita* e *Dvaita*, que são frontalmente opostas à sua própria. O livro em questão diz que Shankara foi vencer Mandanamiśra em um debate acompanhado por Sureśvarācārya, embora Mandanamiśra tenha adotado o último nome no momento da iniciação. É desnecessário apontar todas as tolices e absurdos desse livro. É suficiente dizer que, em nossa opinião, ele não foi escrito por Anandagiri, e foi a produção de um autor desconhecido que parece que não era sequer razoavelmente familiarizado com a história da Doutrina Advaita.

O *Śaṅkara Vijayam* de Vidyāranya (ou de Shayanacharya, o grande comentador dos Vedas) é decididamente a fonte mais confiável de informação a respeito dos principais aspectos da biografia de Shankara. Sua autoria tem sido universalmente aceita e as informações ali contidas foram obtidas por seu autor, como se pode ver em suas próprias declarações, a partir de certas biografias antigas de Shankara existentes na época de sua redação. Levando em consideração o vasto conhecimento e informações do autor e as oportunidades que ele teve de coletar material para seu trabalho quando era o chefe do Monastério de Shringeri, há toda razão para crer que ele incorporou em seu trabalho a informação mais confiável que pôde obter. O Sr. Wilson, no entanto, diz que o livro em questão é "demasiado poético e lendário" para ser reconhecido como uma grande autoridade. Nós admitimos que o estilo é altamente poético, mas negamos que a obra seja lendária. O Sr. Wilson não está justificado ao caracterizá-lo como tal por causa de sua descrição de alguns dos maravilhosos fenômenos exibidos por Shankara. Provavelmente os doutos orientalistas não tenderiam a considerar, à mesma luz, a explicação bíblica sobre Cristo. Ter um produtor de milagres como seu primeiro propagador não é privilégio especial da cristandade. Nas observações seguintes nós tomaremos tais fatos dessa obra, conforme for necessário.

Geralmente se acredita que uma pessoa chamada Iogue Govinda era Guru de Shankara, mas não se sabe se esse iogue era, de fato, Patañjali – o grande autor do *Mahabhashya* e dos *Yoga-Sūtras* – sob um novo nome. Uma tradição em voga no sul da Índia o representa como um dos chelas de Patañjali; mas é muito duvidoso se essa tradição possui algo como um fundamento adequado. Mas é bem claro, a partir dos 94º, 95º, 96º e 97º versos do quinto capítulo do *Śaṅkara Vijayam* de Vidyāranya, que o Iogue Govinda e Patañjali eram idênticos. De acordo com o costume antiquíssimo observado entre os Iniciados, Patañjali adotou o nome de Iogue Govinda no momento de sua iniciação por Gaudapada. Não se pode afirmar que Vidyāranya apresentou Patañjali como Guru de Shankara meramente com objetivo de atribuir alguma importância a Shankara e seus ensinamentos. Shankara é considerado, pelos advaitas, como um homem de maior importância do que Patañjali, e nada pode ser acrescentado à reputação de Shankara com afirmação de Vidyāranya. Além do mais, as concepções de Patañjali não são, no todo, idênticas às de Shankara; pode-se ver nos textos de Shankara que ele não deu importância alguma às práticas de *Hatha Yoga*, assunto sobre o qual Patañjali escreveu em seus *Yoga-Sūtras*. Sob tais circunstâncias, se Vidyāranya tivesse a opção de escolher um Guru para Shankara, ele sem dúvida teria retratado o próprio Vyāsa (supostamente ainda vivo). Nós não vemos razão, portanto, para duvidar da veracidade dessa declaração. Portanto, como

Shankara era *chela* de Patañjali e Gaudapada era Guru deste, sua data de nascimento nos habilita a determinar as datas de Shankara e Gaudapada. Nós podemos apontar, aqui, a nossos leitores, um erro, que aparece na página 148 do livro *Esotheric Buddhism* do Sr. Sinnett, a respeito desse último personagem. Ele é apresentado no livro como Guru de Shankara; nós acreditamos que o Sr. Sinnett foi informado de que ele era *Paramaguru* de Shankara, e não tendo entendido corretamente o significado dessa expressão, o Sr. Sinnett escreveu que ele era Guru de Shankara.

Os orientalistas, em geral, admitem que Patañjali viveu antes do começo da Era Cristã. O Sr. Barth o situa no século dois antes da Era Cristã, aceitando a opinião de Goldstucker, e Monier Williams faz a mesma coisa. W. Weber, que parece ter examinado cuidadosamente as opiniões de todos os outros orientalistas que têm escrito sobre o assunto, chega à conclusão de que "nós precisamos, no momento, nos contentar em colocar a data de elaboração do *Bhashya* entre 140 a.C. e 60 d.C., um resultado que, considerando o estado lamentável da cronologia da literatura indiana em geral, é, a despeito de sua indefinição, de nenhuma importância." E até mesmo essa data baseia-se (em inferências feitas a partir de uma ou duas expressões sem importância contidas no *Mahabhashya* de Patañjali. É sempre perigoso fazer tais inferências, especialmente quando se sabe que, de acordo com a tradição corrente entre os gramáticos hindus, algumas partes do *Mahabhashya* foram perdidas e as lacunas subsequentemente preenchidas por escritores posteriores. Mesmo supondo que nós devêssemos considerar as expressões citadas como escritas pelo próprio Patañjali, não há nada em tais expressões que nos habilitaria a fixar a data do escritor. Por exemplo, a relação entre a expressão "*arunād yavanah sāketam*" e a expedição de Menander contra Ayodhya, entre 144 e 120 a.C., na qual Goldstucker acredita, é meramente imaginária. Não há nada na expressão que diga que a alusão ali contida indica necessariamente a expedição de Menander. Acreditamos que Patañjali está se referindo à expedição de Yavanas contra Ayodhya durante a vida do pai de Sagara descrita no *Harivamsha.* Essa expedição ocorreu bem antes da época de Rama e não há nada para associá-la a Menander. A inferência de Goldstucker é baseada na suposição de que não havia outra expedição de Yavana contra Avodhya conhecida por Patañjali, e será facilmente visto no *Harivamsha* (escrito por Vyāsa) que tal hipótese não é comprovada. Consequentemente, toda a teoria construída por Goldstucker a partir desse frágil fundamento cai por terra. Nenhuma inferência válida pode ser feita a partir dos meros nomes de reis contidos no *Mahabhashya,* mesmo se eles seguirem até o próprio Patañjali, já que havia vários reis com o mesmo nome na mesma dinastia.

Com base nas observações anteriores fica claro que nós não podemos fixar, como fez Weber, 140 a.C. como o limite máximo de antiguidade que se pode atribuir a Patañjali. Agora é necessário ver se qualquer outro limite foi averiguado pelos orientalistas. Como a data de Panini ainda permanece indeterminada, ela não pode ser usada como referência para fixar o limite. Mas é suposto por alguns orientalistas que Panini deve ter vivido em algum tempo posterior à invasão de Alexandre, pelo fato de que Panini explica em sua gramática a formação da palavra *yavanāni.* Nós lamentamos muito que os orientalistas europeus tenham se esforçado para construir teorias sobre essa base sem averiguar o significado atribuído à palavra *yavanāni* e a época que os hindus tiveram os primeiros contatos com os gregos. Não é razoável admitir, sem provas, que esse contato começou na época da invasão de Alexandre. Por outro lado, há boas razões para acreditar que os gregos foram conhecidos pelos hindus bem antes desse evento. De acordo com as tradições correntes entre os indianos Iniciados, Pitágoras visitou a Índia e ele é mencionado nas obras astrológicas indianas sob o nome de Yavanacharya. Além disso, não é bem certo que a palavra *yavanāni* restringia-se estritamente aos gregos para os antigos escritores hindus. Provavelmente ela foi primeiro aplicada aos egípcios e etíopes, estendida aos gregos alexandrinos e depois aos gregos, persas e árabes. Além da invasão de Yavana a Ayodhya, descrita no *Harivamsha*, houve outra expedição posterior à Índia por Kala Yavana (Yavana Negra) durante a vida de Krishna descrita na mesma obra. Essa expedição foi provavelmente empreendida pelos etíopes. De qualquer modo, não há quaisquer razões, até onde podemos avistar, para afirmar que os escritores hindus começaram a usar a palavra *yavanāni* após a invasão de Alexandre. Nós não podemos atribuir qualquer importância a qualquer inferência que possa ser feita a respeito das datas de nascimento de Panini e Katyayana (ambos viveram antes de Patañjali) a partir das afirmações contidas no *Kathā-Sarit-Sāgara*, que é nada mais que uma mera coleção de fábulas. Agora foi percebido pelos orientalistas que não se pode chegar a uma conclusão apropriada considerando as datas de Panini e Katyayana retiradas das afirmações feitas por Hiuan Thsang, e por isso nós não precisamos dizer qualquer coisa sobre essas afirmações. Consequentemente, as datas de Panini e Katyayana ainda permanecem indeterminadas pelos orientalistas europeus. Goldstucker provavelmente está correto em sua conclusão de que Panini viveu antes de Buda, e os relatos dos budistas concordam com as tradições dos Iniciados ao afirmarem que Katyayana foi um contemporâneo de Buda. Partindo do fato de que Patañjali deve ter escrito seu *Mahabhashya* após a redação dos *Sūtras* de Panini e do *Vārtika* de Katyayana, nós apenas podemos inferir que ele foi escrito após o nascimento de Buda. Mas há algumas considerações que podem nos ajudar a concluir que Patañjali deve ter vivido por volta do ano de 500 a. C.. Max Miller fixou a época do *Sūtra* entre 500 e 600 a.C. Nós concordamos com ele em supor que o período provavelmente terminou em 500 a.C., embora seja incerto o quanto ele se estendeu nas profundezas da antiguidade indiana.

Patañjali foi o autor dos *Yoga-Sūtras*, e até hoje nenhum escritor hindu duvidou desse fato. O Sr. Weber pensa, no entanto, que o autor dos *Yoga-Sūtras* poderia ser uma pessoa diferente do autor do *Mahabhashya*, embora ele não se arrisque a dar qualquer razão para a sua suposição. Nós duvidamos muito de que algum orientalista europeu possa um dia encontrar a conexão entre o primeiro Āhnika do *Mahabhashya* e os verdadeiros segredos do *Hatha Yoga* contidos nos *Yoga-Sūtras*. Ninguém, exceto um Iniciado, pode entender o completo significado de Āhnika; e a "eternidade do *Logos*", ou *Śabda*, é uma das principais doutrinas dos antigos gimnosofistas da Índia que normalmente eram *Hatha* iogues. Na opinião dos *panditas* e escritores hindus, Patañjali foi o autor de três obras, chamadas *Mahabhashya, Yoga-Sūtras*, e um livro sobre medicina e anatomia, e não há a menor razão para questionar a certeza dessa opinião.

Nós precisamos, portanto, situar Patañjali no período do *Sūtra*, e essa conclusão é confirmada pelas tradições dos Iniciados indianos. Como Shankaracharya foi um contemporâneo de Patañjali (sendo seu chela), ele deve ter vivido na mesma época. Nós, assim, mostramos que não há razões para situar Shankara no século 8 ou 9 d.C., como alguns orientalistas fizeram. Além disso, nós mostramos que Shankara foi chela de Patañjali e que sua data de nascimento deveria ser verificada tendo como referência a data de Patañjali. Nós também mostramos que nem o ano de 140 a.C. nem a data da invasão de Alexandre podem ser aceitas como limite máximo da antiguidade que pode ser atribuída a ele, e, por fim, nós apontamos algumas circunstâncias que justificam a nossa opinião de que Patañjali e seu chela Shankara pertenciam ao período do "*Sūtra*". Talvez nós possamos agora ousar colocar diante do público a exata data atribuída a Shankaracharya pelos Iniciados tibetanos e indianos. De acordo com as informações históricas que eles possuem, ele nasceu no ano de 510 a.C. (51 anos e 2 meses após a data do *Nirvāna* do Buda), e nós cremos que evidências satisfatórias em apoio a essa data podem ser obtidas na Índia se as inscrições em Kanchipuram, Shringeri, Jagganath, Benares, Kashmere e vários outros lugares visitados por Shankara forem corretamente decifradas. Shankara construiu Kanchipuram, que é considerada uma das cidades mais antigas no sul da Índia; e pode-se verificar a data de sua construção se investigações adequadas forem feitas. Mas até as evidências agora trazidas diante do público apoiam a opinião dos Iniciados acima indicada. Como Gaudapada foi Guru do Guru de Shankaracharya, sua data depende totalmente da data de Shankara, e há toda razão para supor que ele viveu antes de Buda. Como esse artigo já está muito longo, nós agora encerramos. Nossas observações sobre a data de Buda e a doutrina de Shankaracharya aparecerão a seguir.

Capítulo III

A Época da Morte do Senhor Buda

Inscrição descoberta pelo General A. Cunningham

Temos examinado cuidadosamente a nova inscrição descoberta pelo General A. Cunningham, com base na qual a data atribuída para a morte de Buda pelos escritores budistas tem sido declarada como incorreta; e nós somos da opinião de que tal inscrição confirma a veracidade da tradição budista ao invés de provar o seu erro. O arqueólogo mencionado acima escreve o seguinte, a respeito dessa inscrição, no primeiro volume do seu relatório: "A inscrição mais interessante (em *Gaya*) é uma inscrição extensa e perfeita datada da época do *Nirvāna* ou morte de Buda. Eu leio a data da seguinte forma: *Bhagavati parinirvritti samvat* 1819 *karttike badi* 1 *budhi* – que significa 'no ano 1819 da Emancipação do Bhagavata, na quarta-feira, o primeiro dia da lua minguante de Kartik'. Se a era usada aqui é a mesma que a dos budistas do Ceilão e da Birmânia, que começa em 543 a.C., a data dessa inscrição será 1819-593 = 1276 d.C.. O estilo dessas letras é condizente com essa data, mas é bastante incompatível com aquela derivável da datação chinesa da época. Os chineses situam a morte do Buda além de 1000 anos antes de Cristo, de modo que, de acordo com eles, a data da inscrição seria de cerca de 800 d.C., um período antigo demais para o estilo dos caracteres usados na inscrição. Mas como o dia da semana, felizmente, foi acrescentado ali, a data pode ser confirmada por meio de cálculos. De acordo com meus cálculos a data de inscrição corresponde à quarta-feira, 17 de setembro de 1342 d.C. Isso situaria o *Nirvāna* de Buda em 477 a. C., que é o mesmo ano que foi primeiramente proposto por mim mesmo como a data mais provável desse evento. Essa data corrigida tem sido, desde então, adotada pelo professor Max Müller."

As razões apontadas por alguns orientalistas para considerar essa denominada "data corrigida" como a verdadeira data da morte de Buda já foram mencionadas e criticadas em um artigo anterior[22]; e agora nós temos apenas que considerar se a inscrição em questão refuta a data antiga.

O Major-General Cunnigham evidentemente parece tomar como certo, até onde diz respeito ao seu cálculo em questão, que o número de dias em um ano é contado, no país Magadha, pelos escritores budistas em geral, na mesma base em que se conta o número de dias em um ano corrente inglês; e essa suposição errada viciou seu cálculo e o levou a uma conclusão errada. Três diferentes métodos de cálculo estavam em uso na Índia na época que Buda viveu, e eles ainda estão em uso em diferentes partes do país. Esses métodos são conhecidos como *Sauramānam*, *Cāndramānam* e *Bārhaspatyamānam*. De acordo com as obras hindus sobre astronomia, um ano *Sauramānam* consiste de 365 dias, 15 *ghaḍias* e 31 *vighaḍias*; um ano *Cāndramānam* tem 360 dias; e um ano baseado no *Bārhaspatyamānam* tem 361 dias e 11 *ghaḍias* aproximadamente. Assim sendo o caso, o General Cunningham deveria ter se dado ao trabalho de averiguar, antes de ter feito o cálculo, o *mānam* específico empregado pelos escritores de Magadha e Ceilão para determinar a data da morte de Buda, e o *mānam* usado para calcular os anos da Era Budista mencionada na inscrição cita-

[22] Veja "Replies to Inquiries suggested by *Esoteric Buddhism*," *The Theosophist*, vol. V, pp.35-43.

da acima. Ao invés de colocar-se na posição do escritor de tal inscrição e fazer os cálculos necessários a partir daquele ponto de vista, ele fez os cálculos com a mesma base em que um cavalheiro inglês do século 19 calcularia o tempo de acordo com seu próprio calendário.

Se os cálculos tivessem sido feitos corretamente, isso teria mostrado a ele que a inscrição em questão é perfeitamente consistente com a afirmação de que Buda morreu no ano de 543 a.C., de acordo com o *Bārhaspatyamānam* (o único *mānam* usado em Magadha e pelos escritores páli em geral). A correção dessa afirmativa será claramente vista ao se examinar os seguintes cálculos.

543 anos conforme o *Bārhaspatyamānam* são equivalentes a 536 anos e 8 meses (aproximadamente) conforme o *Sauramānam*.

Do mesmo modo, 1891 anos de acordo com o primeiro *mānam* são equivalentes a 1798 anos, aproximadamente, de acordo com o último.

Como a Era Cristã começou em 3102 do ano do *Kali Yuga* (de acordo com o *Sauramānam*), Buda faleceu no ano de 2565 do *Kali Yuga* e a inscrição foi feita no ano de 4362 do *Kali Yuga* (de acordo com o *Sauramānam*). E agora a questão é saber se, de acordo com o almanaque hindu, o primeiro dia da lua minguante de Kartik coincidiu com uma quarta-feira.

De acordo com o *Sūryasiddhānta*, o número de dias do começo do *Kali Yuga* até a meia-noite do décimo quinto dia da lua crescente de *Aśvini* é 1.593.072 (Sendo 1608 o número de *Adhikamāsas* (meses extra) durante o intervalo e sendo 25.323 o número de *Kṣayatithis*).

Se dividirmos esse número por sete, o número restante seria cinco. Como o *Kali Yuga* começou numa sexta-feira, o período de tempo definido acima encerrou numa terça-feira, pois, de acordo com o *Sūryasiddhānta*, um dia é contado de meia-noite à meia-noite.

Nota-se que no lugar onde *Bārhaspatyamānam* está em uso, *Kṛṣṇapakṣam* (ou metade negra), começa em primeiro lugar e é seguida por *Śuklapakṣam*.

Consequentemente o próximo dia depois do décimo quinto dia da lua crescente de *Aśvini* será o primeiro dia da lua minguante de *Kārtik* para aqueles que se orientam pelo calendário *Bārhaspatyamānam*. E, portanto, a última data, que é a data mencionada na inscrição, foi quarta-feira no ano 4362 do *Kali Yuga*.

A longitude geocêntrica do Sol no momento de sua passagem pelo meridiano em tal data é de 174° 20' 16" e a longitude da lua é de 7° 51' 42" (de acordo com *Sūryasiddhānta*), pode-se ver facilmente que, em *Gaya*, houve *Pāḍyamitithi* (primeiro dia da lua minguante) por aproximadamente sete *ghaḍias* e 50 *vighaḍias* a partir do momento do nascer do sol.

A partir dos cálculos anteriores, fica claro que o "*Kārtik* nº 1 *Badi*" coincidiu com a quarta-feira do ano 4362 do *Kali Yuga* ou o ano 1261 da Era Cristã, e que tal ano foi o 1819º da Era Budista do ponto de vista da pessoa que escreveu a inscrição. E consequentemente essa nova inscrição confirma a correção da data atribuída à morte de Buda pelos escritores budistas. Teria sido melhor se o Major General Cunningham tivesse examinado cuidadosamente a base de seus cálculos antes de proclamar ao mundo todo que as explicações budistas não são confiáveis.

Capítulo IV

O Budismo e a antiga Religião-Sabedoria

(Nota acrescentada em resposta a um correspondente)

Nós podemos afirmar que o Sr. Sinnett nunca pretendeu sustentar que o Budismo, como popularmente compreendido, é a abordagem que mais se aproxima da antiga Religião-Sabedoria. Sua assertiva significa simplesmente que a forma tibetana do Budismo exotérico está, no momento, numa relação mais próxima com a Doutrina Esotérica que qualquer outra religião popular, por causa da presença da grande Fraternidade do Himalaia no Tibete, e de sua constante orientação, cuidado e supervisão. O nome dado ao livro do Sr. Sinnett não será enganoso ou questionável no momento em que for claramente percebida a similaridade entre as doutrinas ali expostas e aquelas dos antigos *Rishis* da Índia. Como o autor do artigo anterior parece estar em dúvida quanto à posição ocupada pela constituição setenária do homem, como exposta pelo Sr. Sinnett, no Sistema Oculto Hindu Ariano, nós apresentaremos a seguir uma tabela com a correspondência entre os princípios, reconhecida pelos instrutores vedantinos:

<table>
<tr><th>Classificação no Esoteric Buddhism</th><th>Classificação Vedantina</th><th>Classificação no Tāraka Rāja Yoga</th></tr>
<tr><td>1. Sthūla Sharīra</td><td>Annamaya kosha</td><td rowspan="3">Sthūlopādhi</td></tr>
<tr><td>2. Prāna</td><td rowspan="2">Prānamaya kosha</td></tr>
<tr><td>3. O Veículo de prāna</td></tr>
<tr><td>4. Kāma rūpa</td><td rowspan="2">Manomaya kosha</td><td rowspan="3">Sukshmopādhi</td></tr>
<tr><td rowspan="2">5. Mente: a) Volições e sentimentos, etc.
b) Vijñānam</td></tr>
<tr><td>Vijñānamaya kosha</td></tr>
<tr><td>6. Alma espiritual</td><td>Ānandamaya kosha</td><td>Kāranopādhi</td></tr>
<tr><td>7. Ātmā</td><td>Ātmā</td><td>Ātmā</td></tr>
</table>

Nessa tabela pode-se ver que o terceiro princípio na classificação budista não é mencionado na divisão vedantina, já que é meramente o veículo de *prāna*. Também se pode ver que o quarto princípio está incluído no terceiro *kosha*, pois ele é apenas o veículo da força de vontade, a qual é apenas uma energia da mente. Também se deve notar que *Vijñānamaya kosha* é considerada como distinta de *Manomaya kosha*, já que, após a morte, ocorre uma separação entre a parte inferior da mente, que tem uma maior afinidade com o quarto princípio do que com o sexto, e sua parte superior, que se liga a esse último e que é, de fato, a base da individualidade espiritual superior do homem.

Podemos, também, aqui destacar que a classificação mencionada na última coluna é, para todos os efeitos práticos relacionados ao *Rāja Yoga*, a melhor e a mais simples. Embora existam sete princípios no homem, há apenas três *upādhis* distintos, em cada um dos quais o seu *Ātmā* pode trabalhar de forma independente do resto. Esses três *upādhis* podem ser separados por um Adepto sem que ele se mate. Ele não pode separar os sete princípios uns dos outros sem destruir a sua constituição.

Capítulo V

Nadigranthams e seus Intérpretes

Faz algum tempo que eu tenho ouvido falar de *Nadigranthams* e suas previsões. Mas os relatos que chegaram até mim, de várias regiões, a respeito desses livros maravilhosos, e as respostas, ali descobertas, para uma variedade de questões colocadas por diferentes pessoas, me deram pouca ou nenhuma informação sobre sua verdadeira origem e a base sobre a qual eles foram construídos. Alguns dizem que eles foram escritos pelo próprio *Brahmā*, enquanto outros atribuem sua autoria a Vyāsa, e um terceiro relato diz que eles foram escritos pelas deidades regentes dos vários planetas por cujos nomes elas são chamadas, enquanto que aqueles que não têm relação com determinados planetas são supostamente a produção de uma variedade de autores, humanos e divinos.

Juntando os vários relatos recebidos, parece que há quinze tipos diferentes de *Nadigranthams,* denominados: (1) *Sūryanāḍi*, (2) *Candranāḍi*, (3) *Kujanāḍi*, (4) *Budhanāḍi*, (5) *Śukranāḍi*, (6) *Gurunāḍi*, (7) *Śanināḍi*, (8) *Rāhunāḍi*, (9) *Ketunāḍi*, (10) *Sarvasangrahanāḍi*, (11) *Bhāvanāḍi*, (12) *Dhruvanāḍi*, (13) *Sarvanāḍi*, (14) *Śukanāḍi*, e (15) *Devīnāḍi*. Há talvez mais um ou dois *Nādis*, mas todos aqueles normalmente mencionados estão incluídos nessa lista. Eu posso mencionar, nesse contexto, que os livros atribuídos ao célebre Bhimakavi de Vegidesa (Distrito de Godavari) também podem ser considerados como outra variedade de *Nadigranthams*. Não é possível dizer quantos volumes de livros manuscritos em folha de palmeira estão incluídos em cada título, já que os possuidores desses *granthams* são relutantes em dar informações precisas sobre esse assunto, mas eu realmente não vi, com eles, mais de um livro de cada categoria.

Parece inacreditável, no entanto, que quinze livros de folha de palmeira de tamanho normal deveriam conter informações detalhadas a respeito dos horóscopos e das vidas de cada homem e mulher neste planeta para qualquer período de tempo, ou dar respostas para qualquer pergunta que possa ser feita sobre eventos passados, presentes e futuros. Eu tentei, por isso, averiguar se os conteúdos desses livros estranhos têm algo como limites relativos a tempo e espaço. Diferentes astrólogos me deram diferentes respostas. Aqueles que declararam encontrar, nesses livros, respostas para qualquer questão que pudesse ser feita, por meio de cálculos feitos com referência ao tempo do questionamento, ou *ārūḍhalagnam*, como isso é geralmente chamado, e outras circunstâncias relacionadas à questão e aos incidentes concernentes ao ato de questionar, acharam difícil atribuir quaisquer limites razoáveis para o alcance das informações contidas em seus livros. Um deles disse que os livros referem-se aos acontecimentos que ocorreram durante os quatro *yugas,* e que há certos sinais ali que indicam o *yuga* em que qualquer pergunta específica foi feita. Aparentemente, qualquer pessoa vinda de qualquer parte do mundo pode ter acesso ao astrólogo e perguntar a ele quaisquer questões que quiser. Os autores dessas obras não poderiam ter escrito os livros para o uso e benefício especial de qualquer astrólogo em particular e limitado suas respostas a questões que poderiam ser feitas a ele durante sua vida. Mas esses astrólogos não admitem que toda a história da raça humana por um período de 4.320.000 anos está contida nesses volumes.

Nós precisamos, portanto, supor que os autores previram a que mãos seus livros chegariam durante os quatro *yugas*, e conheciam, de antemão, perfeitamente bem, as circunstâncias relacionadas às pessoas que fariam perguntas a eles, e que eles, assim, forneceriam em seus livros tanta informação quanto seria realmente utilizada pela raça humana. Mesmo se tal façanha fosse possível, poder-se-ia, naturalmente, esperar encontrar milhões de volumes nas mãos de tais astrólogos, já que muitos deles estão obtendo uma renda mensal bem grande com os honorários pagos por um grande número de consulentes durante esses poucos anos de *Kali Yuga*. Mesmo supondo-se que todos os livros que satisfizeram as necessidades das gerações passadas já foram destruídos, deve ter restado um número considerável para o benefício das futuras gerações, já que o *Kali Yuga* ainda tem que prosseguir por mais 427.000 anos, aproximadamente. Mas esse grande número de volumes está longe de ser encontrado, embora a lógica rigorosa às vezes obrigue esses astrólogos a admitir que eles deveriam existir. Acontece, no entanto, que cada um desses homens tem em sua posse justamente o número de volumes necessário para satisfazer às demandas dos consulentes que recorrem a eles, e não se preocupam com o resto.

Os astrólogos que professam encontrar nesses *Nadigranthams* os horóscopos de qualquer pessoa que escolha ir até eles, e as previsões baseadas neles, têm, de vez em quando, tentado estabelecer um limite às pretensões de seus *granthams*, especialmente quando o exagero de tais pretensões parece perturbar as mentes dos inquiridores e os faz assumir uma atitude mental cética. Alguns disseram que apenas os horóscopos de pessoas de casta seriam encontrados nesses livros, enquanto outros afirmaram que apenas os horóscopos de homens importantes seriam encontrados em seus misteriosos volumes. Um deles é da opinião de que apenas um hindu ortodoxo devoto pode esperar encontrar seu horóscopo nessas folhas, enquanto outro sugeriu que os horóscopos descritos nesses livros são relativos a um período de cem anos, do qual uma parte considerável já expirou. Na prática, no entanto, eu tenho verificado que todo homem que possa pagar generosamente pela pesquisa pode esperar encontrar seu horóscopo ou algum tipo de descrição dele, seja inteligível ou não, nesses volumes.[23]

Eu poderia ainda declarar aqui que a linguagem usada nesses livros é o sânscrito e que a fraseologia técnica da astrologia hindu pode ser encontrada em quase todo *Shloka*. Eles são escritos em todos os tipos de caracteres, Nagari, Telugu, Grantha, Kanarese [Kannada] e os caracteres Malayalam são empregados indiscriminadamente na transcrição desses livros. Julgando pela aparência, muitos desses livros parecem ser muito velhos, mas esse fato não tem qualquer importância. Mesmo se o livro for novo, sempre será afirmado que ele foi copiado de algum velho manuscrito, e nenhuma importância é atribuída a qualquer livro em particular.

A partir da descrição anterior dos *Nadigranthams*, não é muito fácil, evidentemente, explicar sua existência e examinar seus fundamentos para ver se eles têm algo como uma base científica. Um completo conhecimento de todos os sistemas existentes de astrologia não habilita uma pessoa a descobrir o processo pelo qual eles poderiam ter sido escritos, muito menos a produzir obras similares em qualquer escala limitada.

Esses astrólogos não alegam ter alguma base oculta ou que quaisquer poderes ocultos sejam necessários para interpretá-los. Não há sequer espaço para a suposição de que, por algum processo oculto misterioso, esses chamados astrólogos verificam o horóscopo de um consulente e os incidentes passados, presentes e futuros de sua vida, e apenas usam esses *Nadigranthams* como um véu para esconder seu verdadeiro segredo e iludir o público. E, além disso, todas as circunstâncias ligadas a eles são planejadas para criar desconfiança na mente de um investigador honesto. No entanto, por causa de algumas explicações exageradas e incorretas de previsões bem-sucedidas, a crença nesses livros está gradualmente

[23] Disseram-me que um truque dos astrólogos espertos é inserir, em um *Nādi*, folhas extras, especialmente preparadas, com referência ao cliente esperado; e gravar fatos sobre sua história, conforme sejam acessíveis, sobre as folhas, dando a estas uma aparência antiga, molhando-as em água lamacenta. H.S.O.

aumentando. Em um artigo escrito pelo Sr. Chindambaram Iyer, e publicado na edição de *The Theosophist* de junho de 1883, foi afirmado que esses *Nadigranthams* têm considerável importância científica e que seria possível, com seu auxílio, fixar o primeiro ponto de Áries, a partir do qual se calcula o *Ayanāmśam*. Desde então, nada mais se ouviu a respeito das investigações do Sr. Chidambaram Iyer nesse sentido. Esses livros novamente têm sido trazidos, com destaque, à atenção do público, pelo artigo *Indian Sibylline Books*, publicado na edição de *The Theosophist* de maio de 1885, e por algumas notícias recentes de previsões maravilhosas que têm circulado. Por isso julguei necessário investigar cuidadosamente um ou dois desses astrólogos e verificar o verdadeiro valor desses livros – uma determinação reforçada pela solicitação do meu amigo Coronel Olcott. O resultado de minhas investigações é apresentado nos parágrafos seguintes.

Será desnecessário dizer algo sobre astrologia em geral, nesse contexto, e eu não pretendo adiantar agora quaisquer considerações teóricas para mostrar que esses *Nadigranthams* não podem ser genuínos e que tais livros não podem ser escritos de jeito nenhum. Nenhuma razão teórica, embora sólida e convincente a partir de um ponto de vista científico, produzirá qualquer impressão em uma mente comum que acredite nas afirmações feitas a respeito desses livros, com base nos relatos maravilhosos de suas previsões. Na medida em que se acredita em tais relatos com base em boatos, todas essas considerações seriam recusadas com o fundamento de que nada seria impossível para um ser divino ou um *Rishi* como Vyāsa. A seguinte explicação mostrará, no entanto, que esses *Nadigranthams* não são sempre confiáveis e que uma investigação rigorosa é absolutamente necessária antes que se possa confiar neles e recomendá-los ao público como autênticas fontes de informação. Se esses livros são elaborações espúrias de homens que estão tentando tirar alguma vantagem da credulidade e superstição da massa de pessoas sem instrução, todo esforço deve ser feito para revelar sua verdadeira natureza ao público.

Antes de seguir em frente, eu posso mencionar aqui que o astrólogo brâmane telugo, mencionado no artigo *Indian Sibylline Books,* ainda não me deu a oportunidade de consultar seu livro de Bhimakavi ou seus *Nadigranthams*, embora eu tenha feito várias tentativas de obter uma entrevista.

O outro astrólogo com quem eu tinha uma entrevista no dia 16 de maio (1885) é conhecido pelo nome de Auritavak Balakrishna Josyulu e está no momento residindo na Rua Mint em Black Town[24]. Ele tem vivido aqui nos últimos quatro ou cinco anos, obtendo uma renda muito boa por meio de seus *Nadigranthams* e tem reputação de ser um dos mais célebres e instruídos astrólogos do sul da Índia. Sabendo de algumas de suas previsões, eu esperava descobrir a verdade real sobre esses *Nadigranthams* ao visitá-lo, e sugeri a um bem conhecido e respeitável cavalheiro indiano daqui que ambos deveríamos ir até esse astrólogo, na data acima mencionada, para consultar seu livro. Meu amigo enviou um aviso ao astrólogo de que ele chegaria e o veria no dia seguinte. Então nós fomos à casa do astrólogo e lhe pedimos para fazer certas perguntas pelo preço normalmente cobrado. Como ele não estava me esperando lá com meu amigo, o astrólogo imediatamente fez algumas perguntas sobre mim e fez os preparativos necessários para nos conceder uma sessão.

As paredes da sala em que sentamos estavam cobertas com figuras de deuses e deusas, e uma caixa cheia de *Nadigranthams* foi colocada no lado esquerdo do astrólogo. Ele começou seu discurso cumprimentando-nos e assinalando a importância de seus sagrados *Nadigranthams*. Explicou-nos que um astrólogo tinha que saber de cor e reter na memória milhares de signos e símbolos e milhares de versos sânscritos antes que pudesse tornar-se um intérprete competente desses livros misteriosos. Após nos beneficiar com essas observações, ele pediu para todos os seus empregados saírem, para garantir a privacidade, exceto um garoto a quem ele pediu

[24] Atualmente chamada de George Town.

para anotar nossas perguntas. Então ele perguntou sobre o presente trazido por nós, que consistia de folhas de bétele, nozes-de-areca, pedaços de açafrão, e bananas. Após contar o número de coisas trazidas com uma grande demonstração de precisão, e nos explicar o método de selecionar o *nādi* aplicável à pergunta em mãos, ele ordenou ao garoto que registrasse em um livro o endereço do consulente, o número de coisas trazidas por ele e as questões propostas, após se assegurar, no entanto, de que uma nota de cinco rúpias fosse colocada em suas mãos, a qual ele teve o prazer de chamar de *aśurapatram* (papel dos *Rākṣhasas* ou demônios). Ele aparentou ser bastante minucioso sobre o momento exato em que as questões foram apresentadas, embora não tenha ficado claro qual foi o uso desse fato para encontrar ou interpretar o *nādi*. Então ele me perguntou se eu tinha perguntas a fazer, e quando eu falei que queria propor minhas questões depois de ver o resultado das perguntas do meu amigo, ele pareceu ficar insatisfeito e disse que seria muito conveniente para ele se eu também fizesse minhas perguntas imediatamente e pagasse a consulta. Eu assim fiz, e o mesmo processo de cálculo se deu no meu caso.

Depois que esses preparativos terminaram, dois livros foram retirados da caixa e colocados em um suporte chamado *Vyāaphīṭham*. Então foi aberto um desses livros, que pareciam ser velhos, após olhar para ele por um momento, o astrólogo abriu sua caixa e retirou um terceiro livro que parecia ser novo, dizendo que a explicação no livro velho começava com as respostas, mas que a introdução necessária tinha que ser lida em outro livro. Meus leitores ficarão satisfeitos em perceber aqui que nenhum cálculo foi necessário para selecionar esse novo livro e que é de todo provável que esse único livro contenha os comentários introdutórios a toda resposta dada a cada consulente, já que nenhuma tentativa foi feita pelo astrólogo para selecionar um livro entre os outros.

Quando o astrólogo começou a ler esse novo livro, nós percebemos que a cena começava em Vaikuntham com Narayana sentado ali com suas três esposas e uma hoste de *Rishis*. Uma parte considerável da explicação foi dedicada à descrição da dança dos *Apsaras* e deidades planetárias. Eu poderia mencionar aqui que, em resposta a uma de minhas questões, o astrólogo me informou que Vyāsa foi o autor do livro que ele estava lendo. Mas Vyāsa nada sabia sobre a terceira esposa de Narayana que foi inserida, como é bem sabido, no panteão hindu pelos escritores *vaishnavas* da Índia meridional nos últimos tempos. A dança ou *nṛtyam* de *grahams* ou deidades planetárias é uma ideia nova que não aparece em qualquer outro livro hindu.

Então foi explicado que, no presente ano do *Kali Yuga*, na mesma data em que foram feitas as perguntas do meu amigo, certas indagações seriam feitas por um brâmane *madhva*. O astrólogo prosseguiu dando longas explanações sobre o significado do texto sânscrito até chegar à descrição do autor da pergunta e à enumeração das questões. Depois de chegar nesse ponto ele começou a propor explicações e tentou discutir o assunto conosco, com o objetivo de averiguar o verdadeiro significado do seu texto. Meu amigo rapidamente apresentou seu horóscopo e o colocou diante do astrólogo para sua orientação. Percebendo, no entanto, as reais dificuldades da situação do astrólogo, e estimando o tamanho de sua ansiedade para ter a sua interpretação confirmada e livre de suas ambiguidades à luz de nossas declarações, eu solicitei que ele prosseguisse na leitura do texto até o fim sem se preocupar em explicar seu significado para nós, já que poderíamos entender por nós mesmos. Essa proposta não foi muito agradável para ele que, no entanto, prosseguiu descrevendo meu amigo e seus antepassados. A descrição foi extremamente pobre e não continha nada além do que um número considerável de pessoas em Madras sabia sobre ele. A descrição estava errada, no entanto, ao afirmar que meu amigo era um seguidor do Monastério de Vyasaraya, já que ele era um seguidor do Monastério de *Swami* Raghavendra. Ele também errou ao afirmar que seu pai foi casado três vezes. Eu descobri que em quatro ou cinco afirmações distintas e inequívocas que ele fez, duas estavam claramente erradas, e um dos erros cometidos era justamente um tipo de erro que um investigador apressado cometeria.

Como a maioria dos *madhvas* são os seguidores do Monastério de Vyasaraya, Vyāsa parece ter dado um palpite perspicaz de que o consulente seria um seguidor do mesmo monastério. Quando ele chegou àquela parte da explicação que descreveu o horóscopo do meu amigo, o astrólogo tinha a vantagem de ter diante dele o diagrama do mesmo e espremeu do texto sânscrito sem sentido algumas das afirmações aplicáveis àquele horóscopo. Mas seria interessante notar, em relação a isso, que nada foi afirmado que não fosse claramente visível na própria configuração do diagrama, e que sempre que eu detectava uma palavra ou frase no obscuro texto que indicava uma referência ao horóscopo em questão, eu percebia uma perturbação na métrica do verso sânscrito. Então perguntei a ele em qual métrica o texto havia sido composto, e a resposta dada foi significativa. Ele me disse que os versos não tinham uma métrica estabelecida, mas que eram assim compostos de uma forma que seria impossível mesmo para o maior *pandita* substituir uma sílaba por outra, e que esse fato foi comprovado por ele em uma assembleia de *panditas* em Shringeri. Eu nem preciso dizer que essa explicação é mais prejudicial aos *Nadigranthams* que qualquer outra coisa relacionada a essa entrevista. Assim, após descrever o consulente de um modo bastante insatisfatório, ambíguo e duvidoso, Vyāsa deu-se ao trabalho de assinalar detalhadamente as coisas trazidas pelo meu amigo e reparar nas outras coisas que ele deveria ter trazido, mas não trouxe.

Vyāsa também afirmou que meu amigo traria *Rākṣasapatram* (o mesmo que *Asurapatram*), mostrando assim que ele claramente anteviu, cinco mil anos atrás, a introdução do papel-moeda na Índia pelo governo britânico, embora o nome dado por ele a uma nota da moeda inglesa não tenha sido apropriado. Foi ainda afirmado, em seu livro, que um garoto tomaria nota da questão proposta pelo meu amigo. É espantoso descobrir que, ao lidar com a história da raça humana por vários milhões de anos, o autor desses livros teve o trabalho de registrar tais detalhes desnecessários e eventos insignificantes.

Quando chegamos às esperadas respostas, o velho livro foi aberto e os versos ali encontrados foram lidos. A primeira questão era relativa à Sociedade Teosófica. Mas, infelizmente, o astrólogo foi incapaz de compreender o significado da expressão. Como se poderia esperar sob tais circunstâncias, ele não estava muito animado para dar explicações claras e comentar o texto como ele fez ao lidar com as coisas trazidas e a dança em *Vaikunṭham*, apesar do meu pedido de que ele deveria prosseguir com o texto e não desperdiçar seu tempo com coisas tão triviais. O texto era o palavrório mais ridículo que eu já ouvi. Cada verso continha três ou quatro verbos contraditórios de vários significados e uma série de outras palavras que pareciam se referir a uma variedade intrigante de assuntos. A combinação deles não transmitia qualquer significado e poderia ter sido feita para significar tudo e qualquer coisa, possibilitando ao intérprete fazê-lo do seu próprio jeito. Mas como poderia o astrólogo interpretar o texto de uma forma que associasse sua explicação com a questão, já que ele era incapaz de entendê-la, apesar de termos oferecido a ele um dicionário sânscrito e uma gramática de sua própria escolha? Ele deu o melhor de si para captar qualquer comentário que nós pudéssemos fazer e prosseguiu de um modo muito prudente e cauteloso. Por isso, eu pedi a meu amigo, em inglês, que não fizesse qualquer comentário que pudesse ajudá-lo, o mínimo que fosse. O resultado, como se poderia prever em tais circunstâncias, foi um fracasso ridículo. Por mais alguns minutos o astrólogo continuou lendo, de vez em quando pegando uma palavra e olhando para nossos rostos para ver se nós seríamos bobos o suficiente para sugerir um significado, e logo afastando seus olhos quando suas expectativas eram desapontadas. Nesse contexto, eu posso relatar um incidente interessante que ocorreu.

Em um dos versos, meu amigo percebeu a expressão *māyāśakti* e, esperando encontrar algo nela, perguntou ao astrólogo o que ela significava. Ele a interpretou em um modo usual, mas o meu amigo disse que ela não tinha relação com a sua pergunta. O esperto astrólogo, então, disse que ela poderia ter algum outro significado em seus livros; assim dizendo ele repentinamente abriu sua caixa, tirou outro livro de folha de palma, pareceu encontrar a expressão em questão em um piscar de olhos e nos disse que ela significava algo mais. Então ele colocou o livro de lado e eu achei que não era nem um dicionário e nem um glossário, e que a pretensa busca pelo significado correto visava meramente criar um efeito dramático.

Completamente desapontado com as respostas dadas, meu amigo esperava que pudéssemos ser mais felizes em obter respostas para minhas questões. Quando chegou a minha vez de ter minhas dificuldades resolvidas, eu pedi ao astrólogo para omitir aquela parte da explicação relativa à dança em *Vaikuṇṭham* ou *Kaisālam* e imediatamente começasse a ler as respostas para minhas questões. Ele, no entanto, começou sua explicação com o que parecia ser uma descrição da questão e a posição dos planetas no momento da pergunta. O astrólogo disse que eu deveria primeiro assegurar-me de que as respostas referiam-se às próprias questões propostas por mim, com a ajuda da descrição dada de mim mesmo e de minhas circunstâncias. Eu agradeci por seu gentil conselho, dado tão generosamente e esperei pela confirmação oferecida. Fiquei, no entanto, consternado ao descobrir que a explicação referia-se a outra pessoa, e não se harmonizava com meu ambiente, em absoluto. Eu chamei a atenção do astrólogo para isso e sugeri que ele poderia não ter selecionado a parte certa do livro. Ele prontamente aceitou a sugestão, e depois de virar mais algumas páginas, começou a ler novamente. Mas pareceu-me que, por mais que o astrólogo se interessasse, a dificuldade de se chegar ao meu horóscopo permanecia a mesma. Ele me perguntou se eu tinha o meu horóscopo comigo, mas eu não estava querendo repetir o erro do meu amigo, portanto, informei-o de que não tinha. Em total desespero, o astrólogo quis superar a dificuldade com uma afirmação audaciosa e destemida. Então ele começou a ler um verso que afirmava que eu nasci quando Leão estava ascendendo, que minha carreira futura seria próspera, e que eu seria um homem muito perspicaz e sensato, ou algo nesse sentido. Mas aqui, mais uma vez, o *Nadigrantham* parecia irremediavelmente desajeitado. Leão não estava no meu ascendente e, portanto, informei novamente ao astrólogo que ele provavelmente estava lendo a página errada. Minha sugestão foi novamente aceita e algumas páginas mais foram viradas. Desta vez o astrólogo não arriscou a se intrometer no meu horóscopo, mas leu algo que aparentava indicar o momento em que apresentei as minhas perguntas. Ele me informou de que o horóscopo do consulente não seria dado em todos os casos e que, pelo momento do questionamento ter sido devidamente definido, eu deveria inferir que as respostas que se seguiam destinavam-se a responder às minhas perguntas.

Mas uma nova dificuldade apareceu em minha mente. Em dois lugares distintos no seu livro, o astrólogo pareceu ter encontrado uma indicação da hora em que eu apresentei minhas questões para ele, mas era claro que, naquele instante específico, eu era a única pessoa que o questionava. Por que, então, o mesmo momento foi mencionado em dois lugares diferentes no *Nadigrantham* e aparentemente associado a duas personalidades distintas? Se fosse afirmado que, naquele exato momento, alguma outra pessoa poderia estar fazendo perguntas a um astrólogo *Nadigrantham* em algum outro lugar, e que, consequentemente, a segunda explicação poderia referir-se a ele, então, seria necessário encontrar uma correta indicação do tempo bem como uma descrição apropriada do consulente para se garantir que as respostas estavam sendo procuradas no lugar certo. Sendo assim, a descrição do horóscopo seria indispensavelmente necessária em cada caso se, por outro lado, fosse admitido que poderia haver apenas um consulente naquele momento, a descoberta da descrição do mesmo momento ou *ārūḍhalagnam* em dois lugares diferentes poderia ser totalmente inexplicável e muitíssimo suspeita. Eu coloquei abertamente as minhas objeções para o astrólogo e pedi explicações satisfatórias. Ele ficou mudo por alguns segundos, então começou a ficar nervoso e disse ao meu amigo que eu tinha estragado todo o negócio. Eu imaginei que o caso chegaria a um final desagradável se eu insistisse em obter uma explicação que, do ponto de vista do astrólogo, era claramente impossível. Portanto eu disse, delicadamente, que ao fazer tais perguntas a ele eu estava agindo conforme o seu próprio conselho e que ele poderia prosseguir lendo as respostas sem se preocupar com o assunto. Então ele leu algum palavrório que não fazia qualquer sentido e que era incapaz de explicar.

Plenamente convencido de que nós não deveríamos perder mais tempo com ele, e desejando concluir o assunto rapidamente, pedi-lhe para explicar o último verso que ele tinha lido. Ele seguiu dizendo que a palavra *lokādhya* significava as pessoas do mundo ou aquelas que têm o mundo e assim por diante. Novamente fui obrigado a dizer a ele que o verso nada tinha a ver com a minha pergunta. Então ele olhou para minha pergunta e achou que ela tinha algo a ver com Shankaracharya. Voltando-se, ele disse que a palavra em questão significava Shankaracharya; após olhar para a pergunta, meu amigo argumentou que seria absurdo forçar tal significado no contexto de modo arbitrário, e sugeriu que nos versos seguintes alguma referência inequívoca àquele grande instrutor provavelmente poderia ser encontrada; é claro que tal referência foi encontrada imediatamente bem no próximo verso, no qual uma expressão apropriada foi inserida desafiando a gramática, a lógica e a métrica. Quando chegamos a esse ponto, até meu amigo perdeu toda a sua confiança e ficou esperando por uma oportunidade de levar a entrevista a um fim decente. Tivemos que esperar por mais alguns segundos, tempo durante o qual eu mal pude segurar o riso ao descobrir que o astrólogo informou ao meu amigo que eu conhecia "*Vātarāyaṇa Yogam*" e que eu era um "*Sākya*" de coração, enquanto que a segunda questão tinha algo a ver com *Yoga*. É claro que essas palavras não fazem qualquer sentido. Finalmente, preparamo-nos para sair, e o astrólogo, percebendo nosso estado mental, se ofereceu para atender nossos desejos. Ainda assim, não solicitamos a devolução da tarifa paga, mas calmamente nos despedimos dele com nossas mentes livres de todas as dúvidas a respeito desses notórios *Nadigrahthams*.

Capítulo VI

Lugares de Peregrinação na Índia

A seguinte comunicação, enviada a mim por um estudante de ciência oculta, trará algum esclarecimento sobre o significado atribuído à antiga simbologia hindu, como ilustrado nos diversos lugares de peregrinação, abundantes na Índia, e explicará a grande veneração das massas da população hindu por esses lugares. Falando de "peregrinação como um meio de educação espiritual", o mencionado correspondente escreve o seguinte:

"A insistência das escrituras bramânicas tardias em mencionar peregrinações como um meio de educação espiritual é bem conhecida. Atualmente, é difícil haver um hindu devoto, de qualquer sexo ou de qualquer parte da Índia, que considere os deveres da sua religião cumpridos sem visitar os principais lugares de peregrinação. A respeito disso, o hindu moderno difere tão completamente de seus contemporâneos cristãos, que esses últimos dificilmente acreditariam no grande número de peregrinos que circulam anualmente no país para cumprir suas obrigações religiosas, e em quantos problemas e despesas eles arrumam em função desse propósito. O presente artigo não se ocupa do aspecto social da questão. Sua proposta é examinar qual é o verdadeiro bem que a peregrinação na Índia produz na educação espiritual do povo, e qual é a razão de ser dessa instituição. Os lugares de peregrinação são tão numerosos e seu significado esotérico tão profundo, que o autor deste texto não espera abordá-los de maneira completa. Ao mesmo tempo, espera-se que as linhas de investigação indicadas aqui possam ser seguidas por místicos e estudiosos competentes, de modo que o caráter altamente benéfico das peregrinações possa ficar evidente a todas as pessoas de mente aberta, e a grande sabedoria de seus ancestrais possa ser mostrada aos hindus dos dias atuais.

Em primeiro lugar, pode-se observar que as cidades sagradas dos hindus são centros espirituais poderosos e bem organizados, e a partir deles irradia uma influência elevadora que não é menos ativa por ser despercebida pelo filisteu comum. Lugares de peregrinação são seminários verdadeiramente espirituais que, embora completamente fechados para o ocioso e para o supersticioso em busca egoísta de santidade e salvação pessoais, são sempre abertos para receber o sincero e devotado buscador da verdade. Pode-se afirmar, com coragem e com confiante expectativa de apoio de todos os verdadeiros místicos, que não há lugar importante de peregrinação na Índia que não aproveite a presença, em muitos casos, permanente, de algum Adepto ou Iniciado de uma ordem superior, que está sempre pronto para apontar o caminho para a vida superior na qual ele mesmo entrou. É uma experiência notória que os olhos espirituais das pessoas têm sido abertos nessas cidades santas sob a influência benigna de algum grande *sādhu* (homem sem pecado). Mas, por razões que serão facilmente compreendidas, a mão devota não deve buscar retirar o véu de obscuridade que cobre os homens santos e seu trabalho. Os Membros da Fraternidade silenciosa falarão apenas com aqueles que, por seu *Karma*, mereçam. Shankaracharya diz:

"दुर्लभं त्रयमेवैतत् देवानुग्रहहेतुकं ।
मुमुक्षत्वं मनुष्यत्वं महापुरुषसंश्रय: ।

durlabhaṃ trayam evaitat devānugrahahetukam
mumukṣutvaṃ manuṣyatvaṃ mahāpuruṣasaṃśrayaḥ

'Estes três são difíceis de alcançar e são devidos ao favor dos deuses[25] *(isto é, o bom Karma de nascimentos anteriores): humanidade, desejo por liberação, e contato com grandes homens de mentalidade espiritual'.*

As cidades sagradas foram construídas ou, seja como for, concluídas em épocas tardias da história bramânica. Quando a espiritualidade da humanidade começou a ser obscurecida pela materialidade progressiva, em consequência do desejo de satisfação egoísta, a reclusão dos Adeptos tornou-se maior, e a sagrada língua sânscrita tornou-se, a cada dia, menos compreendida. Como um remédio para esse grande mal cíclico, os santos da Terra deixaram ao profano comum a arquitetura simbólica dos grandes templos, que, todavia, servem como indicações para o estudante místico. Bem poucas pessoas estão cientes de que, enquanto o peregrino está sobre a ponte de barcos no Ganges, diante de Benares, ele está face a face com um mistério mais sublime e impressionante, a plena importância disso ninguém, a não ser os Iniciados, compreende. Esse mistério é representado pelo aspecto geral da cidade sagrada, cujos dois nomes sânscritos – *Kashi* e *Varanasi* – renderão uma mina de verdades para o buscador sincero. Não cabe a nós elucidar esse assunto, no momento é suficiente sugerir ao leitor um campo frutífero de investigação, onde cada um será recompensado conforme sua dedicação e sagacidade espiritual.

O que é *Kashi*?

A questão já foi respondida em um tratado bem conhecido de um célebre místico, Satya Jñanananda Tirtha Yati. Ele diz que *Kashi* é o poder supremo do grande Deus *Shiva*, que é a bem-aventurança, consciência e ser[26] indiferenciados. *Shiva*, ou Paz, representa aqui o quarto estado, ou estado imanifestado do Universo.

[25] Essa interpretação do termo "deuses" é aceita por todos os místicos.

[26] A palavra *Sat* tem sido toscamente traduzida como "ser" (*being*), já que a língua inglesa não dispõe de uma palavra melhor; seidade (*be-ness*), se permitida no inglês, seria uma tradução mais adequada.

Ele é o *Cidākāśa*, seu outro nome é *Vyoma*, ou espaço, o pequeno círculo ou ponto que é situado no topo do símbolo místico sânscrito *Om*. Que relação ele tem com a força localizada, no corpo humano, acima das sobrancelhas, e representada pelo ponto acima da Lua crescente, os místicos sabem muito bem. *Kashi* é chamada a deusa que personifica sabedoria e bem-aventurança, e é a mesma que *Shakti* ou poder a quem são dedicados os versos sagrados de Shankaracharya: *Ānandalahari*. O grande instrutor diz que se *Shiva* não estiver unido a *Shakti*, ele não pode produzir nem mesmo um adejo de bem-estar. *Shakti* é adorada de *Hari*, *Hara* e *Viriñci*. Girando uma vez a chave da simbologia aqui adotada, descobrimos que *Hari* ou *Vishnu* é o estado de sonho do Universo, o primeiro aspecto diferenciado da escuridão, o destruidor ou removedor *Hara*. Embora *Hara* seja usualmente tomado como um sinônimo imperfeito de *Shiva*, ele é usado aqui com o propósito deliberado de sugerir que o estado transcendental do Universo, simbolizado por *Shiva*, está além do estado do destruidor, assim como o estado *Turīya* está além de *Sushupti*. *Shiva* é *Paranirvāna*, enquanto *Hara* é *Nirvāna*. É facilmente inteligível o quanto, para a mente comum, nenhuma distinção é observável entre *Nirvāna* e *Paranirvāna*. *Hari*,como já dissemos, é a primeira condição diferenciada percebida pelo ego humano. Ele é, portanto, o filho representado pelo signo de Leão no Zodíaco (veja o artigo de valor inestimável de T. Subba Row, "Os Doze Signos do Zodíaco", em *The Theosophist*, vol. III). *Viriñci*, ou *Brahmā*, o Criador, é a agregação do Universo perceptível. *Shakti* está, portanto, acima desses três, e é consorte de *Shiva*. Isso explica por que *Kashi* é chamada de Tripuraraidhavi [Tripuraraivati?], a residência real do destruidor das três cidades, a condição sintética indiferenciada dos três estados mencionados acima. Em relação ao ego humano, as três cidades são os três corpos, grosseiro, sutil e causal, além dos quais está o espírito. A partir disso, também fica claro que *Kashi* é a *Chinmātra* eterna, que foi bem explicada pelo Sr. Subba Row em seu artigo "Deus Pessoal e

Impessoal" (*The Theosophist*, vol. IV). A partir disso também se torna evidente que em um de seus aspectos *Kashi* é *prajñā*, em que é realizada a grande fórmula Tu és Isto (*Thou art It*). Esse *prajñā* é a mãe da *mukti* ou liberação, como todos os vedantinos sabem. O *Tirthayati* diz: "Eu saúdo aquela *Kashi* por cujo favor eu sou *Shiva*", e eu conheço *Shiva* como sendo o espírito de tudo o que é. *Kashi* é *Prajñā*, *Buddhi*, *Shakti* ou *Māyā*, os diferentes nomes do poder divino que domina todo o Universo; de fato, ele é um aspecto da Alma Una. Os místicos acima citados afirmam ainda: "Essa *Kashi* é o poder de *Shiva*, a consciência suprema, mas não diferente dele. Saiba que *Kashi* é o mesmo que *Shiva* e a suprema bem-aventurança. *Kashi* é aquilo pelo qual a suprema realidade do espírito se manifesta ou *em* que ela é assim manifestada. Ela é também cantada como a *Chinmātra*; eu a saúdo, o Conhecimento supremo. Em outra parte o mesmo escritor chama *Kashi* de escuridão (*Śyāmā*)." Essa Escuridão é a matéria indiferenciada do Cosmo, além do qual habita o uno colorido pelo sol, o espírito. Nos "Salmos", esse *Asat* ou *Prakṛiti* é mencionado em uma passagem altamente poética: "Há escuridão em volta de seu pavilhão."

Krishna, o espírito supremo, é escuro em sua forma humana. Nenhum olho humano pode penetrar além dessa escuridão divina. Em alguma obra *vaishnava* é dito que, em certa ocasião, Krishna transformou-se em *Śyāmā*, em Kali (escuridão em seu aspecto feminino), aludindo, assim, à verdade que se revela ao olho espiritual da intuição. Inconscientemente guiada pela luz superior, a Igreja cristã acredita que Jesus Cristo era "negro e gracioso" embora a passagem no "Cântico de Salomão", na qual a expressão ocorre, não tenha nenhuma relação com Cristo.

Retornando à *Kashi* em seu aspecto *Buddhi*, deve-se lembrar que *Buddhi* é a primeira diferenciação de *Prakṛiti*. De acordo com Kapila, *Buddhi* é a parte final (*adhyavasāya*) na natureza de *Prakṛiti*, para desenvolver o egocentrismo. *Buddhi* tem três condições ou aspectos. Sua própria condição essencialmente pura é aquela na qual ele é idêntico a *Prakṛiti*, em que as três qualidades substanciais de bondade (*sattva*), atividade passional (*rājas*) e ilusão (*tamas*) estão em um estado de equilíbrio e, nesse sentido, não existentes. Esse *Buddhi* é a mãe da salvação, de fato ele é salvação. Quando, sob a influência de *rājas*, a qualidade de *sattva* predomina, quatro coisas são geradas: a prática da virtude (*dharma*), desapego (*vairāgya*), os poderes espirituais (*aiśvarya*), e finalmente a salvação, quando pelo excesso de bondade *Buddhi* retorna ao seu estado original de pureza. Quando, sob alguma influência, *tamas* predomina, os quatro opostos do que foi dito acima são produzidos. *Tamas*, por seu poder envolvente (*āvaraṇa śakti*), faz a realidade única do Universo aparecer como o Universo diferenciado de matéria, e então *rājas*, por seu poder expansivo (*vikṣepa śakti*), produz as paixões que são a causa da escravidão.

Essas três condições de *Buddhi* o *Tirhayati* dá como aspectos de *Kashi*: *Nirviśeṣa* (indiferenciado), *śuddha* (puro, quando a qualidade *sátvica* predomina), e *jaḍa* (quando *tamas* predomina). Aquele sob o domínio de *tamas* considera a *Kashi* geográfica como a realidade:

> दोषारूपा जडा काशी ।
> ***doṣārūpā jaḍā kāśī*** |[27]
>
> "A *śuddha Kashi* é a consciência abstrata ainda limitada por formas:
>
> मूर्तिरूपा तु या काशी शुद्धा सा चिन्मयी सती ।
> ***mūrtirūpā tu yā kāśī śuddhā sā cintāmayī satī*** |[28]

[27] Original no alfabeto *devanāgarī*. Tradução e transliteração de Carlos Eduardo G. Barbosa: "*Kashi* é insensível, na forma da noite escura." (Nota da trad.)

[28] Original no alfabeto *devanāgarī*. Tradução e transliteração de Carlos Eduardo G. Barbosa: "No entanto, aquela que é *Kashi*, a pura, na forma manifestada (materializada), essa é [a deusa] *Sati*, produzida pela imaginação (pela mente)." (Nota da trad.)

"Aquele sobre o domínio da qualidade *satva* pratica a virtude, ainda atribuindo bem e mal para a Natureza ao seu redor."
"Em sua condição *Nirviśeṣa*, *Kashi* é autoexistente em sua glória, e é o supremo Deus de *Shiva* e de todas as almas liberadas:

पूर्णरूपा स्वमाहात्म्यं स्वयमेव विचारयेत् ।
निर्विशेषा तु मुक्तानां शिवस्य च परा गतिः ॥

pūrṇarūpā svamāhātmyaṁ svayameva vicārayet |
nirviśeṣā tu muktānāṁ śivasya ca parā gatiḥ ||[29]

Agora vamos entender por que geralmente se acredita que residir em *Kashi* remove todos os pecados cometidos em outro lugar, mas um pecado cometido no templo do Senhor, a própria *Kashi*, torna alguém incapaz de receber a graça – refere-se ao mal espiritual, o pecado contra o Espírito Santo – para o qual não há remissão. O infeliz que conhece a verdade e segue o caminho da mão esquerda é condenado à miséria inominável no *Nirvāna Avichī*.

O *Tirthayati* diz: "Realmente terrível é o sofrimento de quem comete um pecado em *Kashi*. Ai! O estado de *Rudra-piśāca* que o pecador atinge é mais intolerável que o sofrimento de todos os infernos."

Pela aquisição do verdadeiro conhecimento todos os pecados são consumidos pelo fogo aceso na fornalha do coração (*cidāgni kuṇḍam*), mas não há esperança para a alma condenada que assassina seu espírito, até onde é possível, pela prática da magia negra.

Sem prolongar o presente artigo, recomenda-se ao estudante o *Skandha-purāṇa* para mais informações sobre esse assunto, e em

[29] Original no alfabeto *devanāgarī*. Tradução e transliteração de Carlos Eduardo G. Barbosa: "Aquela que tem a forma da plenitude, que por si mesma pode conduzir cada um para a sua própria grandiosidade (dignidade), aquela que não faz distinção, porém, [ela] é o caminho final daqueles que se libertaram e de *Shiva*." (Nota da trad.)

conclusão, pode-se afirmar que o ocultista prático vai extrair grande benefício de um estudo apropriado do tratado de *Tirthayati*, que aqui tem sido tão amplamente citado.

Eu vou acrescentar algumas observações à comunicação anterior. Não será nenhum exagero dizer que os segredos da ciência arcaica, os quais o buscador vai procurar em vão nos livros místicos do Oriente, são frequentemente representados simbolicamente em alguns dos mais famosos locais de peregrinação na Índia. As ideias misteriosas geralmente associadas com a posição de Benares (*Kashi*), sua história passada e seus inumeráveis deuses e deusas, contêm indicações mais claras dos segredos da iniciação final do que uma carroça de livros sobre Filosofia *Yoga*. Olhe novamente para Chidambaram e examine cuidadosamente o plano em que seu célebre templo foi construído por Patañjali, à luz das doutrinas cabalistas, caldaicas, egípcias e hindus, relativas ao grande mistério do *Logos*. É bem mais provável que você descortine esse mistério por tal método de estudo do que examinando todas as obscuras declarações dos antigos Iniciados a respeito da sagrada voz da grande profundidade e do impenetrável véu de Ísis. Os maçons estão buscando, em vão, o Delta dourado perdido de Enoch, mas um buscador sincero da verdade que tenha compreendido as regras de interpretação que são aplicáveis a tais assuntos não achará muito difícil descobrir esse delta em Chidambaram. Similarmente, vários segredos ocultos encontram sua verdadeira interpretação e explicação em Shrishailam, Rameswaram, Jagganath, Allahabad e outros lugares, justamente considerados sagrados, devido às suas várias associações, pelos seguidores da religião hindu. Seriam necessários vários volumes para explicar detalhadamente os símbolos sagrados relacionados a esses lugares e seu significado místico, e interpretar de maneira apropriada os *Sthala Purānas* relativos a esses lugares. Como nenhum escritor foi autorizado, em tempos antigos, a divulgar, em linguagem clara, os segredos da ciência oculta ao público, e como livros e bibliotecas poderiam facilmente ser destruídos pelos estragos do tempo ou pelo vandalismo de invasores bárbaros, achou-se apropriado preservar, para o benefício da posteridade, em fortes e resistentes edifícios de granito, alguns dos maiores segredos conhecidos pelos projetistas de tais construções, na forma de sinais e símbolos. A mesma necessidade que trouxe à existência a Esfinge e a Grande Pirâmide levou os antigos líderes do pensamento religioso hindu a construir esses templos, e expressar em pedra e metal o significado oculto de suas doutrinas. Algumas explicações e sugestões serão suficientes para justificar as afirmações acima, e indicar o modo pelo qual esses símbolos deveriam ser interpretados.

Os hindus muitas vezes repetem um verso sânscrito que diz que as viagens aos sete lugares de peregrinação garantirão *Moksha* ao devoto. Esses lugares são enumerados assim: (1) Ayodhya, (2) Mathura, (3) *Māyā*, (4) *Kashi* (Benares), (5) Kanchi (Conjeeeveram), (6) Avantika (Ujjain), e (7) Dvaraka. Agora, esses lugares visam representar os sete centros de energia no ser humano, conhecidos como (1) *Sahasrāra*, (2) *Ājñā*, (3) *Vishuddha*, (4) *Anāhata*, (5) *Svādhisthana*, (6) *Manipūra*, e (7) *Mūladhāra*, respectivamente. As ideias associadas a esses lugares serão compreensíveis quando examinadas à luz das doutrinas associadas com esses centros de força pelos iogues.

Geralmente os hindus acreditam que a morte em Benares garante a emancipação final da necessidade de um renascimento. Essa crença é tão forte nas mentes das pessoas comuns que leva um número considerável delas a recorrer a esse lugar, todos os anos, com o propósito de permanecerem lá até a morte. Isso certamente parece ser uma superstição ridícula. Mas uma grande verdade espiritual está escondida por trás dessa estranha crença. Essa verdade tornar-se-á evidente quando nós averiguarmos o que a morte em Benares, realmente, pretende significar.

A partir da organização acima mencionada dos sete lugares sagrados citados, ver-se-á que Benares corresponde ao coração no corpo humano, no centro do qual está localizado o *Anāhata chakra* dos iogues, e a verdade dessa inferência é adicionalmente fortalecida pela maneira como *Kashi* é descrita no *sankalpam* (recitação preliminar antes do banho ou do início de algum culto). Ali é dito que Benares está entre Ashi e Varuna; que está situada em Anandavana; que está em Mahashmasana (ou o grande cemitério ou local de enterro); que fica em frente a Gauri, que é mantida pelas três pontas do tridente de *Shiva*, que está no meio de *Brahma-nālam* (a estreita passagem de *Brahmā*), em direção ao norte, e que está no final de *Mani* (*Manikarnika* significa *Pranavakarnika*). Agora se pode ver facilmente o quanto isso é uma representação simbólica do *Anāhata chakra* dos iogues. Esse *chakra* está entre os dois *Nādis*, *Idā* e *Pingalā*, no corpo humano, os quais são representados pelos dois pequenos riachos, Ashi e Varuna, mencionados na descrição precedente. O estado de êxtase ocorre quando a consciência está centrada no germe de *prajñā*, que é situado nesse *chakra*, e por isso Benares é um *Anandavana*, que literalmente significa um jardim de prazer. Quando essa centralização de consciência no germe de *prajñā* é assegurada, a consciência objetiva dos corpos físico e astral cessa inteiramente; consequentemente, antes que a consciência espiritual do espírito regenerado (o Cristo após a ressurreição) seja desperta, a condição realizada pode ser comparada com aquela do sono profundo ou *sushupti* – a morte do Cristo encarnado, a morte do homem individual. Esse é o momento da grande paz e calma após a tempestade. Por isso, *Kashi* ou *Anāhata chackra*, onde essa condição é realizada, é o grande cemitério ou crematório, já que tudo – o ego e o não ego – parece estar morto e enterrado por um tempo. Gauri é a Sofia dos gnósticos e a Ísis dos egípcios. Quando essa condição – a de *prajñā* – é alcançada, o espírito está diante da luz e sabedoria divinas, e pronto para ver a misteriosa Deusa sem o véu, tão logo seus olhos espirituais forem abertos no outro lado do Cosmo.

Portanto, Benares está em Gaurimukham. Essa condição novamente marca o término das três condições de consciência experimentadas pelo espírito encarnado, isto é, a condição ordinária, a clarividente e a *devachânica*. Esses três estados de *prajñā* diferenciada são as três pontas do tridente de *Shiva*. Novamente, o *Anāhata chakra* está no *Nādi Sushumnā* – uma misteriosa e estreita passagem que atravessa a coluna vertebral até a coroa da cabeça, através da qual a eletricidade vital flui – e por isso se diz que Benares está em *Brahma-nālam*, que é outro nome para o *Nādi Sushumnā*. Além disso, a condição acima mencionada é representada pelo ponto sobre o *Pranava*, como diz nosso correspondente e, por isso, Benares é descrita como Manikarnika.

Ver-se-á, assim, que Benares é uma representação simbólica externa do *Anāhata chakra* dos iogues. Morte em Benares, portanto, significa a concentração de *prajñā* no germe da consciência original, o qual constitui a verdadeira individualidade do homem. Além disso, deve-se perceber que o *Sahasrāra* representa o polo positivo e o *Mūladhāra*, o polo negativo no corpo. A partir da misteriosa união de outras energias no coração, a sagrada e irreprimível (*anāhata*) voz é gerada no *Anāhata chakra*. Essa voz é ouvida quando a atividade tempestuosa da existência consciente termina na morte de *sushupti* e, das cinzas do homem individual, brota na existência o homem regenerado, eletrificado por esta "canção da vida". Por isso afirma-se que quando um homem morre em Benares, Rudra (uma forma de manifestação de Thoth, o Iniciador) comunica a ele o segredo do *Logos* e garante *moksha* para ele. Está claro agora que a crença popular é cheia de significado para um estudante de ciência oculta. Similarmente, as tradições ligadas a todos os outros lugares importantes de peregrinação renderão informações muito valiosas quando corretamente interpretadas.

Capítulo VII

Bhagavad-Gītā[30]

Ao se estudar a *Bhagavad-Gitā*, ela não deve ser tratada de forma isolada do resto do *Mahābhārata*, como ela está atualmente. Ela foi inserida, por Vyāsa, no lugar certo, com referência especial a alguns dos incidentes desse livro. Deve-se primeiro entender a verdadeira posição de Arjuna e Krishna para apreciar o ensinamento deste último. Entre outras denominações, Arjuna tem um nome muito estranho – ele é chamado em diferentes momentos por dez ou onze nomes, a maioria dos quais são explicados por ele mesmo no *Virataparva*. Um nome é omitido da lista, que é *Nara*. Essa palavra significa simplesmente "homem". Mas, à primeira vista, pode parecer estranho por que um homem particular deveria ser chamado de "homem" como um nome próprio. No entanto, aqui se encontra uma pista que nos habilita a entender não apenas a posição da *Bhagavad-Gitā* no texto e sua relação com Arjuna e Krishna, mas o curso completo que perpassa todo o *Mahābhārata*, contendo as verdadeiras visões de Vyāsa sobre a origem, as provações e o destino do homem. Vyāsa considerava Arjuna como um homem, ou melhor, como a verdadeira Mônada no homem; e Krishna como o *Logos*, ou o espírito que vem para salvar o homem. Para alguns parece estranho que esse ensinamento altamente filosófico tenha sido inserido em um lugar pelo visto totalmente inadequado para

[30] Anotações de uma palestra apresentada na Convenção da Sociedade Teosófica, em 1885, pelo Sr. T. Subba Row, como introdução a uma série de palestras que ele prometeu que daria no aniversário seguinte.

ele. Afirma-se que a conversa entre Arjuna e Krishna ocorreu pouco antes de a batalha começar. Mas quando você começar a entender o *Mahābhārata*, verá que esse foi o lugar mais adequado para a *Bhagavad-Gitā*.

Historicamente a grande batalha foi uma luta entre duas famílias. Filosoficamente é a grande batalha em que o espírito humano tem que lutar contra as paixões inferiores no corpo físico. Provavelmente muitos de nossos leitores já ouviram falar sobre o chamado Morador do Umbral, tão vividamente descrito no romance *Zanoni*, de Lytton. Conforme a descrição desse autor, o Morador do Umbral parece ser um elemental ou um monstro de forma misteriosa, que aparece diante do neófito no exato momento em que ele está prestes a entrar na terra misteriosa, e tenta abalar a sua resolução com ameaças de perigos desconhecidos se ele não estiver completamente preparado.

Não existe tal monstro na realidade. A descrição deve ser tomada em um sentido figurado. Porém, existe um Morador do Umbral, cuja influência no Plano Mental é bem mais penosa do que possa ser qualquer terror físico. O verdadeiro Morador do Umbral é formado pelo desespero e desânimo do neófito, que é chamado a abandonar suas antigas afeições por parentes, pais e filhos, bem como suas aspirações por objetos das ambições mundanas, que talvez tenham sido seus companheiros por muitas encarnações. Quando convidado a abandonar essas coisas, o neófito sente uma espécie de vazio, antes que ele perceba suas possibilidades superiores. Depois de ter desistido de todos os seus envolvimentos, sua própria vida parece dissipar-se no ar. Ele parece ter perdido toda a esperança, e não ter nenhum objetivo pelo qual viver e trabalhar. Ele não vê sinais do seu próprio progresso futuro. Tudo diante dele parece escuridão, e um tipo de pressão surge sobre a alma, sob a qual ela começa a inclinar-se, e em muitos casos ele começa a recuar e a desistir de progredir. Mas no caso de um homem que realmente luta, ele batalhará contra aquele desespero, e será capaz de prosseguir na Senda. Eu posso, aqui, referir-me a algumas passagens da autobiografia de Mill. É claro que o autor não sabia nada de Ocultismo, mas houve uma fase em sua vida mental, em um determinado ponto de sua carreira, que parece assemelhar-se bastante ao que eu descrevo. Mill foi um grande filósofo analítico. Ele fez uma exaustiva análise de todos os processos mentais – mente, emoções e vontade.

"Agora eu vi, ou penso que vi, o que antes eu sempre tinha admitido com incredulidade – que o hábito da análise tende a desgastar os sentimentos, como de fato acontece, quando, para outros hábitos mentais, é cultivado.... Assim, nem os prazeres egoístas nem os altruístas são prazeres para mim."

Por fim, ele chegou a reduzir o homem todo a nada. Nesse momento, um tipo de melancolia, que tinha algo de terror, o encobriu. Nesse estado mental ele continuou por alguns anos, até ler a cópia de um poema de Wordsworth cheio de simpatia pelos objetos da Natureza e pela vida humana. "A partir deles", diz ele, "parece que aprendi quais seriam as fontes perenes de felicidade, quando todos os maiores males da vida deviam ter sido removidos." Isso é um frágil indício do que um *chela* deve experimentar quando estiver determinado a renunciar a todos os velhos envolvimentos e chamado a viver por um futuro brilhante em um plano superior. Essa fase de transição era mais ou menos a posição de Arjuna perante o discurso em questão. Ele estava prestes a se engajar em uma guerra de extermínio contra adversários liderados por alguns de seus parentes mais próximos, e ele, de modo não anormal, recuou diante da ideia de matar parentes e amigos. Cada um de nós é chamado a matar nossas paixões e desejos, não que eles sejam todos necessariamente maus em si mesmos, mas porque sua influência precisa ser aniquilada antes de nos estabelecermos em planos superiores. A posição de Arjuna tem o propósito de caracterizar a de um *chela* que é chamado a enfrentar o Morador do Umbral. Assim como o guru prepara seu *chela* para os desafios da iniciação por meio de ensinamento filosófico, nesse momento crítico, Krishna procede à instrução de Arjuna.

A *Bhagavad-Gitā* pode ser considerada como um discurso dirigido por um guru a um chela que está plenamente determinado à renúncia das aspirações e dos desejos mundanos, mas ainda sente certo desânimo, causado pelo aparente vazio de sua existência. O livro contém dezoito capítulos, todos intimamente ligados. Cada capítulo descreve uma fase ou aspecto particular da vida humana. O estudante deve ter isso em mente ao ler o livro e se empenhar em fazer as correspondências. Ele encontrará o que parecem ser repetições desnecessárias. Essas eram uma necessidade do método adotado por Vyāsa, sua intenção era representar a Natureza em diferentes modos, vista a partir dos pontos de vista de várias escolas filosóficas que floresceram na Índia.

A respeito do ensinamento moral da *Bhagavad-Gitā*, aqueles que não apreciam os benefícios do estudo oculto afirmam frequentemente que o mundo ficaria paralisado se todos seguissem esse caminho e, por isso, esse ensinamento pode ser útil apenas para algumas pessoas incomuns. Isso não é assim. É claro que é verdade que a maioria dos homens não está em condições de abandonar seus deveres de cidadãos e membros de família. Mas Krishna afirma claramente que esses deveres, se não são conciliáveis com a vida ascética na floresta, podem certamente ser conciliados com aquele tipo de abnegação mental que é bem mais poderosa na produção de efeitos nos planos superiores do que qualquer separação física do mundo. Pois embora o corpo do asceta possa estar na floresta, seus pensamentos podem estar no mundo. Por isso Krishna ensina que a verdadeira importância não está no isolamento físico, mas no isolamento mental. Todo homem que tem deveres a cumprir deve devotar sua mente a eles. Mas, diz o instrutor, uma coisa é executar uma ação como um dever, e outra é executar a mesma com inclinação, interesse ou desejo. Assim é evidente que está ao alcance do homem fazer determinado progresso no desenvolvimento de suas faculdades superiores, enquanto não há nada perceptível em seu modo de vida para distingui-lo de seus companheiros. Nenhuma religião ensina que os homens deveriam ser escravos do interesse e do desejo. Algumas apontam a necessidade de reclusão e ascetismo. A grande objeção que tem sido trazida contra o Hinduísmo e o Budismo é que, por recomendarem tal modo de vida aos estudantes de Ocultismo, elas tendem a desvalorizar as vidas dos homens engajados em ocupações ordinárias. Essa objeção, no entanto, embasa-se em um mal-entendido. Pois essas religiões ensinam que o que importa não é a natureza do ato, mas a atitude mental de quem o executa. Esse é o ensinamento moral que percorre toda a *Bhagavad-Gitā*.

O leitor deveria observar cuidadosamente os vários argumentos com os quais Krishna fundamenta sua proposição. Ele vai encontrar uma explicação sobre a origem e o destino da Mônada humana, e sobre a maneira pela qual ela alcança a iluminação por meio da ajuda e iluminação derivada de seu *Logos*. Alguns tomaram os conselhos de Krishna a Arjuna para adorá-lo com exclusividade como apoio à doutrina de um deus pessoal. Mas isso é uma conclusão errônea. Pois, apesar de falar de si mesmo como *Parabrahman*, Krishna ainda é o *Logos*. Ele descreve a si próprio como *Ātmā*, mas sem dúvida é uno com *Parabrahman*, pois não há diferença essencial entre *Ātmā* e *Parabrahman*. Certamente o *Logos* pode falar de si mesmo como *Parabrahman*. Assim, todos os filhos de Deus, inclusive Cristo, têm falado de si como um com o Pai. Seu provérbio, de que ele existe em quase todas as entidades no Cosmo, expressa estritamente um atributo de *Parabrahman*. Mas um *Logos*, sendo uma manifestação de *Parabrahman*, pode usar essas palavras e assumir esses atributos. Assim, Krishna apenas convoca Arjuna à adoração de seu próprio espírito superior, somente por meio da qual ele pode esperar alcançar a salvação. Krishna está ensinando a Arjuna o que o *Logos* no curso da iniciação ensinará à Mônada humana, ressaltando que apenas por meio dele a salvação pode ser obtida. Isso não implica nenhuma ideia de um deus pessoal.

Novamente observe a visão de Krishna a respeito da Filosofia *Sānkhya*. Circulam algumas ideias estranhas sobre esse sistema. Supõe-se que os *sūtras* que nós possuímos representam os aforismos originais de Kapila. Mas isso tem sido negado por muitos dos grandes instrutores, inclusive Shankaracharya, que dizem que eles não representam suas verdadeiras visões, mas aquelas de algum outro Kapila, ou do autor do livro. A verdadeira Filosofia *Sānkhya* é idêntica ao sistema pitagórico de numerais, e à filosofia incorporada no sistema caldaico de números. O objetivo do filósofo era representar todos os poderes misteriosos da Natureza em algumas fórmulas simples, que ele expressa em numerais. O livro original não deve ser encontrado, embora seja possível que ainda exista. O sistema agora apresentado sob esse nome contém pouco mais que uma explicação sobre a evolução dos elementos e algumas combinações do mesmo que entram na formação dos vários *tattvas*. Krishna concilia a Filosofia *Sānkhya*, o *Rāja Yoga* e até mesmo o *Hatha Yoga*, primeiramente apontando que a filosofia, se corretamente entendida, leva à mesma fusão da Mônada humana no *Logos*. A doutrina do *Karma*, que abrange um campo maior do que o admitido pelos *panditas* ortodoxos, que têm limitado sua significação às observâncias religiosas, é a mesma em todas as filosofias, e é feita por Krishna para incluir quase todo ato, ou mesmo pensamento, bom e mau.

O estudante deve primeiro percorrer a *Bhagavad-Gitā* e depois tentar diferenciar os ensinamentos nas dezoito partes diferentes sob diferentes categorias. Ele deve observar como esses diferentes aspectos se ramificam a partir de nosso centro comum, e como os ensinamentos nesses capítulos são destinados a acabar com as objeções de diferentes filósofos à teoria oculta e ao caminho de salvação ali apontado. Se isso for feito, o livro mostrará a verdadeira intenção dos ocultistas ao considerarem a natureza do *Logos* e da Mônada humana. Desse modo, combina-se quase tudo aquilo que é considerado sagrado em diferentes sistemas. Com tal ensinamento, Krishna consegue dissipar o desânimo de Arjuna e dar a ele uma ideia mais elevada da natureza da força que atua através dele, embora ela se manifeste como um indivíduo, por certo tempo. Ele vence a indisposição de Arjuna para lutar analisando a ideia do eu, e mostrando que está errado o homem que acha que *ele* está fazendo isso, aquilo e outras coisas. Quando se descobre que aquilo que ele chama de "eu" é um tipo de ficção, criada por sua própria ignorância, uma grande parte da dificuldade deixa de existir. Depois, ele prossegue demonstrando a existência de uma individualidade superior, da qual Arjuna não tinha conhecimento prévio. Então ele ressalta que essa individualidade está conectada ao *Logos*. Ele também expõe a natureza do *Logos* e mostra que ela é *Parabrahman*. Essa é a essência dos primeiros onze ou doze capítulos. Nos subsequentes, Krishna dá a Arjuna um ensinamento adicional, a fim de lhe dar firmeza de propósito, e explica a ele como todas as entidades têm sido trazidas à existência por meio das qualidades inerentes de *Prakṛiti* e *Purusha*.

Deve-se observar que o número dezoito é constantemente recorrente no *Mahābhārata*, tendo em vista que ele contém dezoito Parvas, os exércitos combatentes foram divididos em dezoito corporações, a batalha durou dezoito dias, e o livro é chamado por um nome que significa dezoito. Esse número é misteriosamente ligado a Arjuna. Eu o tenho descrito como homem, mas mesmo *Parabrahman* se manifesta como um *Logos* em mais de uma maneira. Krishna pode ser o *Logos*, mas apenas uma forma específica dele. O número dezoito é para representar essa forma específica. Krishna é o sétimo princípio no homem, e a doação de sua irmã, em casamento, a Arjuna, caracteriza a união entre o sexto e o quinto. É digno de nota que Arjuna não queria que Krishna lutasse por ele, mas apenas que agisse como seu cocheiro e fosse seu amigo e conselheiro. A partir disso, percebe-se que a Mônada humana deve lutar sua própria batalha, auxiliada por seu próprio *Logos*, quando começa a trilhar o verdadeiro caminho.

Capítulo VIII

Comentários sobre o *Hatha Yoga*[31]

O *Sushumnā* é conectado ao canal que percorre o centro da espinha dorsal. É um tipo de veia de eletricidade magnética, e a energia que passa através do *Sushumnā* é uma corrente de eletricidade vital. O canal mencionado acima é conectado aos ventrículos do cérebro.

O *Sushumnā* começa com o *Mūladhāra* e termina no *Sahasrāra*. O primeiro *chakra* está na base da espinha, onde ele forma um triângulo.

O *Brahmarandhra* é situado em diferentes locais de acordo com diferentes livros, mas ele deveria ser considerado como o topo da cabeça.

Você pode conhecer a ação do *Sushumnā* ao sentir uma ascensão de fogo para cérebro – como se uma corrente quente de ar fosse soprada através do canal a partir da base em direção ao topo.

Os *Hatha* iogues dizem que *Idā* e *Pingalā* atuam alternadamente, mas se você parar os dois, a corrente quente é forçada através do *Sushumnā*. O *Sushumnā* também é ativado independentemente de *Idā* e *Pingalā* – só pela prática de *kumbhaka* – mas um *Rāja* iogue tem uma maneira de despertar a *Kundalinī* sem usar qualquer um desses métodos. O meio que o *Rāja* iogue emprega pertence aos mistérios da iniciação.

[31] Anotações de uma conversa com "Esfinge Solar".

A razão pela qual o *Sushumnā* é considerado como o mais importante dos *Nādis* é que é apenas através dele que a Mônada sai no caso de um iogue, e no caso de um Adepto, no momento de sua morte, sua alma sai através do *Sushumnā*. Além disso, ele é a sede da circulação da alma ou *kārana sharīra*.

Diz-se que *kārana sharīra* está em um estado de sono, não o sono ordinário, mas o sono do *yoga*. É a calma após a tempestade, mencionada em *Luz no Caminho*[32] (Regra 21).

Samādhi inclui a realização de *yoga-anadam*, mas esse é um termo genérico usado para designar vários estados.

É absurdo supor, como se afirma em alguns livros, que o sistema Solar está contido no *Sushumnā*. O que se quer dizer é que quando a consciência é fixada, por um período de tempo, na Mônada circulando no *Sushumnā*, o iogue entra em conexão com a luz astral e a mente universal, e assim é capaz de ver todo o Cosmos.

Os seis *chakras* estão localizados no *Sthūla Sharīra*, mas não são visíveis quando o corpo é dissecado, porque as folhas e pétalas descritas nos livros não têm existência objetiva, mas representam muitas forças ou energias.

Por exemplo, o *Sahasrāra* é considerado como tendo oito pétalas principais, o que significa que o cérebro tem oito polos. Similarmente, as letras, caracteres, símbolos, deusas, etc., que os livros dizem existir nesses *chakras*, todos simbolizam diferentes forças.

A razão da diferença entre os *chakras* é que nos sete centros localizam-se sete forças, e diz-se que como a *Kundalinī* abre cada *chakra*, isso induz o homem a dominar aquele *chakra*.

À medida que a *Kundalinī* vai abrindo os *chakras* um por um, ele ganha controle sobre muitas forças associadas aos elementos, cujas contrapartes astrais estão localizadas nos respectivos *chakras*. Os *Hatha* iogues dizem que a localização da mente é entre as sobrancelhas.

---

[32] COLLINS, Mabel. Brasília: Editora Teosófica, 1999. (N. E.)

O *chakra Sammelana*, mencionado nos livros, significa que quando a *Kundalinī* atravessa um *chakra*, ela leva a essência ou energia de cada um deles e, ao final, junta tudo em um tipo de corrente unificada.

Os sete *chakras* estão ligados aos sete planetas na seguinte ordem, começando com o *Mūladhāra*: Saturno, Júpiter, Marte, Vênus, Mercúrio, Lua, Sol. A lua está ligada à mente do homem, por isso é tão instável e vacilante.

A mente do homem nunca penetra (como às vezes se afirma) nos *chakras*, mas a *Kundalinī* penetra, e a própria mente, por fim, vai se ligar à *Kundalinī*, quando esta última chegar perto do *Ājñā Chakra*, e então o homem torna-se clarividente.

Kundalinī é uma força ou energia no *Mūladhāra* às vezes chamada de serpente astral. Ela tem sua cabeça na região do umbigo, pode ser despertada pelo aumento do fogo no *Mūladhāra*. Diz-se que é como uma serpente, pois se move em curvas, e parece mover-se sinuosamente em círculo, *Idā* e *Pingalā* alternam-se devido ao seu movimento.

Diz-se, nos livros, que *Kundalinī* tem três círculos e meio para mostrar que ela permeia três *mātrās* e meio de *Pranava*. Em alguns casos é representada como oito, pois sua energia corre através de *Aṣṭaprakṛti*. Às vezes ela é representada como quatro.

Alguns dizem que, a fim de se realizar *Rāja Yoga*, deve-se investigar *mahāvākyam*; outros dizem que a mente deve ser concentrada em um ponto e o iogue deve contemplar *Parabrahman*; alguns dizem que o próprio guru é o verdadeiro tema da contemplação, e é suficiente levar uma vida boa; alguns dizem que a repetição de *Pranava* é, em si mesma, *Rāja Yoga*, e outros dizem que se deve cultivar a força de vontade. Qual desses caminhos é o verdadeiro?

Todos esses são necessários e muito mais – leia *Luz no Caminho*.

A meta do *Rāja Yoga* é a obtenção da imortalidade.

Capítulo IX

O Ocultismo do Sul da Índia

A Índia meridional sempre produziu os maiores filósofos ários. Madhvacharya veio do Sul da Índia, Shankaracharya nasceu em Malabar, e atualmente há grandes Adeptos e escolas de Ocultismo na Índia meridional. Na hierarquia dos Adeptos, há sempre sete classes, correspondentes aos sete raios do *Logos*. Duas dessas classes de Adeptos são tão misteriosas, e seus representantes na Terra são tão raros que quase nunca se fala deles. Talvez um ou dois Adeptos dessas duas misteriosas ordens aparecem a cada dois ou três mil anos. É provável que Buda e Shankaracharya encaixem-se nessa categoria. Mas representantes das outras cinco classes de Adeptos sempre podem ser encontrados na Terra. Todas as cinco classes são representadas na escola do Himalaia. No momento, é improvável que todas as cinco classes estejam representadas na Índia meridional, embora todos os Adeptos desta e de cada outra escola devam pertencer a uma dessas cinco.

É uma doutrina da escola da Índia meridional que, embora pertencentes a uma dessas cinco classes e a um desses cinco raios, todos os que são representados na escola do Himalaia, Adeptos na Índia, por exemplo, não precisam estar relacionados à escola tibetana – não precisam encaixar-se, por assim dizer, na cadeia *guruparamparā* da escola do Himalaia – e por isso não devem lealdade a um dos cinco *Chohans*, ou chefes, das cinco classes de Adeptos no Tibete.

Quando um grande Adepto abandona a vida no corpo físico, seu eu espiritual pode selecionar alguma pessoa adequada para imprimir sobre ela seus ensinamentos, a qual se torna, assim, seu médium inconsciente e apóstolo: esse escolhido representante da sabedoria do Adepto pode não reconhecer a fonte de seu conhecimento e poder; reconhecer sua fonte é quase impossível, já que essas ideias são instiladas no mais íntimo espírito do homem, o profundo, secreto lugar da sua natureza, de onde surgem os comandos morais e ideais espirituais. Tais apóstolos têm, muitas vezes, descoberto que sua sabedoria os abandonou ainda em vida; quando seu trabalho foi feito, o Adepto protetor, frequentemente, retira sua inspiração. Estar à sombra de um alto Adepto é o que se chama de uma encarnação divina, um *Avatar*.

É provável que Shankaracharya fosse tal encarnação. Ele já era um grande Adepto quando tinha dezesseis anos de idade, na época em que escreveu suas grandes obras filosóficas.

Parece que Gautama Buda não era tal encarnação, pois nós vemos nele a verdadeira batalha da vida do homem lutando pela perfeição, e não a fruição de uma grande alma que já alcançou sua meta. Mas em Shankaracharya nós não vemos tal luta; é por isso que dizemos que ele é uma encarnação divina.

Os sete raios dos quais falamos representam a energia que flui dos sete centros de força no *Logos*; eles representam sete forças, por assim dizer, que permeiam todas as coisas no Universo. Nenhum objeto pode existir sem a presença de cada uma dessas sete forças.

O *Karma* passado de um homem determina em qual dos sete, ou, falando em termos práticos, cinco raios da sabedoria oculta ele deve se situar; mas é impossível dizer que o fato de pertencer a um desses raios indica a presença, em um homem, de alguma qualidade moral ou mental particular, como a paciência, honestidade, ou coragem, por um lado, ou a faculdade poética ou artística, por outro.

A escola oculta meridional divide os estados de consciência em três: (1) *jāgrat,* ou consciência de vigília; (2) *svapna*, ou consciência de sonho, e (3) *sushupti*, ou a consciência de sono sem sonhos.

Porém, essa classificação é apresentada de forma deliberadamente obscura; para aperfeiçoá-la é preciso compreender que cada um desses três estados é também dividido em mais três. Vamos vê-los em sequencia, começando pelo mais baixo.

A consciência *jāgrat* é dividida em três: (1) o *jāgrat* de *jāgrat*, que é a consciência de vigília comum; (2) o *svapna* de *jāgrat*, o estado de sonho comum; (3) o *sushupti* de *jāgrat*, que é o sono sem sonhos.

Similarmente, o estado *svapna* tem três divisões: (1) o *jāgrat* de *svapna*, que é a consciência de clarividência de vigília; (2) o *svapna* de *svapna*, ou clarividência sonâmbula; e (3) *sushupti* de *svapna*, a consciência do *Kāma-Loka*.

O estado *sushupti* é também dividido em três estados: (1) o *jāgrat* de *sushupti*, a consciência do *Devachan*; (2) o *svapna* de *sushupti*, a consciência no intervalo entre dois planetas; e (3) o *sushupti* de *sushupti*, a verdadeira consciência *arūpa* (sem forma) que existe entre duas rondas planetárias.

A seguinte tabela pode ser útil para tornar isso claro:

Jāgrat:	*Jāgrat*	–	Consciência de vigília
	Svapna	–	Sonho
	Sushupti	–	Sono sem sonhos
Svapna:	*Jāgrat*	–	Clarividência de vigília
	Svapna	–	Clarividência sonâmbula
	Sushupti	–	*Kāma-Loka*
Sushupti:	*Jāgrat*	–	*Devachan*
	Svapna	–	Entre planetas
	Sushupti	–	Entre rondas

Acima desses nove estágios estão os verdadeiros estados místicos de consciência, aos quais os Adeptos têm acesso.

Esses diferentes estágios de consciência significam simplesmente que o único observador, o *Ātmā*, ou *Self*, observa nove classes de objetos; dizer que esse ou aquele estado de consciência está ativo indica o fato de que *Ātmā* observa uma classe de objetos.

Em cada uma dessas classes de objetos, que estão em diferentes planos, há cinco elementos, cada um correspondendo a um dos sentidos. Na visão dos ocultistas da Índia meridional, é errado falar de sete sentidos, dois sendo considerados ainda não desenvolvidos. É verdade que há sete fatores em cada plano de consciência; mas apenas cinco desses são sentidos e, na visão dessa escola, jamais haverá dois sentidos adicionais análogos a esses cinco.

O sexto fator é a mente, que governa e orienta os sentidos, e formula deduções a partir de suas impressões, quando coletadas e organizadas. O sétimo fator é *Ātmā*, que é o observador da generalização que a mente faz a partir das impressões dos sentidos. É o *Self*, o senso do "eu" em nós, além do qual é impossível ir, tanto em lógica como em observação. Os sete fatores devem estar presentes em cada plano: no sonho, por exemplo, objetos correspondentes aos sentidos da visão, tato, paladar, olfato e audição passam diante do sonhador; sua mente classifica essas impressões e ele percebe o senso do "eu", o observador que é o sujeito desses sujeitos.[33] O senso do "eu" existe em cada plano, mas não é exatamente idêntico, apenas o cerne, ou noção básica do "eu", permanece inalterado.

Há cinco sentidos correspondentes às cinco classes de objetos em cada plano; ou, como podemos chamá-los, as cinco qualidades de impressão, ou cinco elementos. Esses são (1) terra, correspondente ao sentido do olfato; (2) água, correspondente ao sentido do paladar; (3) ar, correspondente ao sentido do tato; (4) fogo, correspondente ao sentido da visão; (5) éter, ou *Ākāsha*, correspondente ao sentido da audição. Cada um desses tem sua contraparte psíqui-

[33] No original *subject of these subjects*. A partir da explicação do período seguinte a esse, deduz-se que o sujeito desses sujeitos é a noção básica de "eu" que permanece inalterada nos diversos sensos de "eu" nos diversos planos. (Nota da trad.)

ca; a contraparte da terra é o magnetismo; a contraparte da água é a eletricidade; a contraparte do ar é, talvez, as forças descobertas por Keely; enquanto que as contrapartes dos outros dois são as forças místicas cujos nomes é inútil fornecer.

Quando os sete raios dos quais falamos procedem do *Logos*, eles estão separados e, subsequentemente, misturam-se na formação de todos os seres. Quando um indivíduo começa seu curso de evolução, esses raios estão igualmente equilibrados nele, nenhum preponderando mais que outro. No decorrer do tempo, as ações do homem, seu *Karma*, colocam-no sob a influência particular de um ou outro raio. Nesse raio ele deve fazer seu novo progresso, até que ele consiga fundir sua vida na vida do *Logos* – o grande manancial de luz e poder.

Quando ocorre essa fusão, o homem não sofre a perda da individualidade; pelo contrário, ele desfruta de uma quase infinita extensão da individualidade. Cada uma das sete classes do *Logos* tem sua consciência peculiar e sabe que é assim, ou seja, cada *Logos* reconhece sua própria luz, mas cada *Logos* também participa da vida de todas as outras classes de *Logos*, isto é, a qualidade peculiar da vida dessas outras é representada também na sua; assim uma individualidade, fundindo-se em um *Logos* particular, não é separada da consciência de outros *Logos*, mas compartilha e experiencia suas consciências também.

Nós dissemos que *Ātmā* é representado em todos os planos, e o *Logos* está relacionado a *Ātmā* em cada um dos planos. No entanto, é inútil tentar entender a relação entre *Ātmā* em algum plano e o *Logos*.

Essa relação deve ser conhecida, entretanto, após a última Iniciação, quando o homem entender completamente sua natureza espiritual. Após a última Iniciação, o Adepto compreende completamente a relação de *Ātmā* com o *Logos*, e o método de fundir-se no *Logos*, pelo qual ele obtém a imortalidade; mas é um erro supor que a vida do *Logos* ascende no homem na última Iniciação, ou que sua luz entra nele. Ele compreende sua natureza espiritual, e vê o caminho para o *Logos*; mas pode levar várias encarnações, após a última Iniciação, até que ele possa fundir-se no *Logos*.

Essa filosofia reconhece dois caminhos, ambos tendo o mesmo fim: a glorificada imortalidade. Um é o caminho natural e gradual de progresso por meio do esforço moral e prática das virtudes. Um crescimento natural, coerente e seguro da alma é o resultado, uma posição de firme equilíbrio é alcançada e mantida, que não pode ser derrubada ou abalada por algum ataque inesperado. Esse é o método normal seguido pela grande massa da humanidade, e esse é o percurso que Shankaracharya recomendou a todos os seus *sanyasis* e sucessores. O outro é o caminho íngreme do Ocultismo, através de uma série de iniciações. Apenas algumas naturezas especialmente organizadas e peculiares estão aptas para esse caminho.

O progresso oculto, cultivado nessa senda, é efetuado pelo Adepto ao dirigir várias forças ocultas através do *chela*, que lhe permitem obter, prematuramente, por assim dizer, o conhecimento de sua natureza espiritual e obter poderes para os quais ele não está moralmente habilitado, pelo grau do seu progresso. Sob essas circunstâncias pode acontecer que o *chela* perca seu equilíbrio moral e caia no caminho do *dugpa*. A partir disso, não se deve concluir que a escola de Ocultismo do Sul da Índia considera o Adeptado e a Iniciação como um erro, como uma violenta e perigosa usurpação das funções da Natureza.

A hierarquia dos Adeptos é precisamente um produto da Natureza, assim como uma árvore, ela tem função e propósito definidos e indispensáveis no desenvolvimento da raça humana. Essa função é manter aberto o caminho ascendente, através do qual descem a luz e a orientação sem a qual a nossa raça teria que dar cada passo pelo exaustivo e interminável método de tentativa e erro em cada direção, até que o acaso mostrasse o caminho certo. Na verdade, a função da hierarquia dos Adeptos é prover instrutores religiosos para as hesitantes massas da humanidade.

Mas esse caminho é eminentemente perigoso para aqueles que não detêm o talismã que garante segurança; esse talismã é um perfeito altruísmo, autoesquecimento, autoaniquiliação, devoção ao bem espiritual da humanidade, uma autoabnegação, que não é temporal, mas deve ser eterna, e cujo objetivo é a iluminação espiritual da raça humana. Sem esse talismã, embora o progresso do *chela* possa ser muito rápido por algum tempo, chegará um ponto em que seu avanço ascendente será detido, onde o valor moral real irá contar; e o homem que progrediu ao longo do caminho lento e constante poderá ser o primeiro a fundir-se na luz do *Logos*.

Esta escola recomendou, como o melhor caminho para todos, a devoção à virtude, uma retirada gradual das preocupações materiais mais grosseiras, uma retirada das forças vitais do mundo exterior e de seus interesses, e a direção dessas forças para a vida interior da alma, até que o homem seja capaz de retirar-se para dentro de si mesmo, por assim dizer. Então, voltando-se para si mesmo em direção ao *Logos* e à vida espiritual e longe do plano material, ele passa primeiro à vida astral e então à vida espiritual, até que, por fim, o *Logos* é alcançado e ele atinge o *Nirvāna*.

É por isso que é mais sábio não procurar o caminho do chelado; se um homem está apto a isso, seu *Karma* o guiará para ele de modo imperceptível e infalível; a senda do Ocultismo procura o *chela* e não falhará em encontrá-lo quando o homem apto apresentar-se.

[Esse é o resumo de uma discussão com o Sr. Subba Row, ocorrida em 01 de dezembro de 1888, na Biblioteca de Adyar.]

Seção II

Perguntas e Respostas

Capítulo I

Vontade

Por L. A. Sanders, F. T. S.

Sors de l'enfance ami, reveilles toi.

(Lema de Schopenhauer) Rousseau

É com grande interesse que leio o profundo artigo de T. Subba Row, "Um Deus pessoal e um impessoal" – chegando, logicamente, a uma condição de inconsciência, embora contendo a potencialidade de cada condição de *Prajñā*, o único estado permanente no Universo.

Neste contexto, é mencionada a teoria do pensador idealista John Stuart Mill, a qual é, certamente, o tipo característico da filosofia idealista ocidental.

Mas há um outro idealista, outro pensador ocidental, que tem expressado o mesmo com outras palavras, muito antes de J. S. Mill, mas com uma referência sincera à filosofia asiática, dando a essas ideias, ao mesmo tempo, uma objetividade bem mais palpável no que diz respeito ao nosso mundo consciente. Talvez, por essa última razão, seus leitores possam interessar-se por seus pensamentos, que me permito reproduzir aqui:

"O mundo é minha percepção mental – isso é uma verdade autoevidente para todo ser livre e com discernimento, embora só o homem possa trazê-la para uma consciência abstrata reflexiva, e quando ele o faz, de fato, significa que a reflexão filosófica começou nele. Então também se torna claro para ele que o que ele conhece não é um Sol, uma Terra, mas apenas um olho que vê o Sol, uma mão que toca a Terra, que o mundo ao redor está ali apenas como uma representação mental, isto é, absolutamente em relação a outra coisa, e a outra coisa é ele mesmo. Se alguma verdade pode ser pronunciada *a priori*, é essa: a afirmação daquela forma de todas as experiências possíveis e imagináveis, mais universal que todas as outras, mais ainda que o tempo, o espaço e a causalidade. Todos esses, na verdade, já pressupõem o primeiro, é apenas a divisão em objeto e sujeito que torna possíveis e imagináveis os fenômenos de qualquer tipo, abstratos ou intuitivos, puros ou empíricos. Por isso, nenhuma verdade é mais certa, mais independente que todas as outras, ou requer menos provas do que a de que tudo que existe em nossa percepção é apenas objeto em relação ao sujeito, a percepção daquele que percebe. Em uma palavra: a nossa própria representação mental.

E isso se aplica tanto a todo passado quanto ao presente e a todo o futuro, ao que está mais distante e ao que está mais próximo, porque se aplica ao próprio tempo e espaço, nos quais apenas as relações podem existir.

Isso não é, de forma alguma, uma nova verdade. Ela já estava contida nas premissas céticas a partir das quais Descartes partiu. Berkeley, no entanto, foi o primeiro a dar a ela uma forma completa, e tem, por isso, grande mérito filosófico, embora suas outras doutrinas não sejam passíveis de crítica. O principal erro de Kant foi ter negligenciado esse axioma.

Embora essa verdade fundamental tenha sido reconhecida pelos Sábios da Índia, aparecendo como um princípio fundamental da Filosofia Vedanta, *atribuída a* Vyāsa, a sua antiguidade é demonstrada pelo Sr. W. Jones, em sua obra *On the Philosophy of the Asiatics* – (*Asiatic Researches*, vol. IV, p. 164). A doutrina fundamental da escola Vedanta consiste não em negar a existência da matéria, que é de solidez, impenetrabilidade, e forma (negação que seria um disparate), mas em corrigir a noção popular da mesma, e em sustentar que ela não tem essência independente da percepção mental: que existência e perceptibilidade são termos conversíveis.

Essas palavras expressam suficientemente a coexistência da realidade empírica com o idealismo transcendental.

Somente assim e a partir desse aspecto do mundo como percepção mental, podemos começar a contemplá-lo. Que tal contemplação, no entanto, sem qualquer prejuízo à sua verdade, é unilateral e, portanto, o resultado de alguma abstração arbitrária é, todavia, sentido por todos e comprovado por aquela rebelião interna com a qual se aceita o mundo como uma mera percepção mental, e da qual, por outro lado, nunca se pode livrar-se totalmente. Posteriormente, no entanto, nós compensaremos a unilateralidade dessa consideração com a exposição de uma verdade, não tão claramente certa como aquela a partir da qual nós agora prosseguimos, mas a única para a qual uma investigação profunda pode conduzir: ainda mais difícil que uma abstração, a divisão do que é diferente, e união do que é idêntico; uma verdade da máxima importância, que embora deva parecer perigosa para todos, se não assustadora, é, de fato, a seguinte, que nós podemos e devemos dizer:

"O mundo é a minha vontade".[34]

"Precisamos começar a considerar não apenas o mundo, mas até nosso próprio corpo como mera percepção. Aquilo do qual estamos agora nos abstraindo deve, daqui a pouco, mostrar-se claramente como Vontade, da qual consiste unicamente o mundo em seu outro aspecto, pois esse aspecto é, por um lado, exclusivamente percepção mental, mas por outro, absolutamente Vontade!"[35]

---

[34] Veja a obra principal de Schopenhauer *Die Welt als Wille und Verstellung. Isis Unveiled*, II, pp. 159 e 261 L. A. S.

[35] Uma entidade, porém, que não fosse nenhum dos dois, mas um objeto por si mesmo, a que a coisa em si de Kant degenerou em seu tratamento, *é um fantasma, e seu reconhe-*

BORNEO, 18 DE MARÇO DE 1883.

Nota do editor – Em benefício daqueles dos nossos leitores da Índia, que, embora excelentes eruditos vedantinos, possam nunca ter ouvido falar de Arthur Schopenhauer e sua filosofia, será útil dizer algumas palavras a respeito desse metafísico alemão, que é classificado por muitos entre os grandes filósofos do mundo. Por outro lado, o trecho traduzido acima, escolhido pelo nosso irmão, o Sr. Sanders, com o único propósito de mostrar a grande identidade de concepção entre o sistema Vedanta – a filosofia *arcaica* (pedimos desculpas ao professor Max Müller) – e a relativamente moderna escola de pensamento fundada por Schopenhauer, pode parecer incompreensível em sua forma isolada. Um estudante das Universidades de Göttingen e Berlim, um amigo de Goethe e seu discípulo, iniciado por ele nos mistérios da cor (Veja o ensaio *Ueber Sehen und Farben*, de 1816, de A. Schopenhauer), ele evoluiu, por assim dizer, tornando-se um pensador profundamente original, sem qualquer transição aparente, e transformou suas visões filosóficas em um sistema completo antes de ter trinta anos. Possuidor de uma grande fortuna particular, o que lhe permitiu buscar e desenvolver suas ideias de forma ininterrupta, ele permaneceu como pensador independente e logo obteve para si, por conta de sua singular visão pessimista do mundo, o nome de "sábio misantrópico."

A ideia de que o mundo atual é radicalmente mau é o único ponto importante do seu sistema que difere dos ensinamentos do Vedanta. De acordo com suas doutrinas filosóficas, a única coisa verdadeiramente real, original, metafísica e absoluta, é a *vontade*. O mundo dos objetos consiste simplesmente de aparências, de *māyā* ou ilusão – como compreendem os vedantinos. Ele assenta-se inteiramente em, e depende de, nossa representação. Vontade é a "coisa em si", da filosofia kantiana, "o substrato de todas as aparências e da própria Natureza. Ela é totalmente diferente e completamente independente da cognição, pode existir e manifestar-se sem ela, e

---

cimento, um fogo fátuo em "filosofia". Arthur Schopenhauer (vol. I. p. 35), editado em 1818, em um período em que o conhecimento de sânscrito na Europa era muito escasso. *Objectivation of Will* de Schopenhauer elucida o outro lado do Universo. L. A. S.

realmente o faz, em toda a Natureza, a partir dos seres animais, para baixo." Não apenas as ações voluntárias dos seres animados, mas também a constituição orgânica de seus corpos, sua forma e qualidade, a vegetação das plantas e, no reino inorgânico da Natureza, a cristalização e todo outro poder original que se manifesta nos fenômenos físicos e químicos, bem como a gravidade, são algo sem aparência e idêntico ao que encontramos em nós mesmos e chamamos de – Vontade. Um reconhecimento intuitivo da identidade da vontade em todos os fenômenos separados pela individuação é a fonte da justiça, benevolência e amor; enquanto que a partir do não reconhecimento de sua identidade brota egoísmo, malícia, maldade e ignorância. Essa é a doutrina da *avidyā* (ignorância) vedantina que faz do Eu um objeto distinto de *Parabrahman,* da Vontade universal. A alma individual e o eu físico são apenas imaginados pela ignorância e não têm mais realidade e existência do que os objetos vistos em um sonho.

Em Schopenhauer também resulta dessa identidade da vontade original em todos os seus fenômenos, que a recompensa do bom e a punição do mau não estão reservadas a um céu ou inferno futuros, mas estão sempre presentes (a doutrina do *Karma*, quando considerada filosoficamente e a partir do seu aspecto esotérico). É claro que a Filosofia de Schopenhauer divergiu radicalmente dos sistemas de Schelling, Hegel, Herbert e outros contemporâneos, e mesmo da de Fichte, seu professor por um tempo, e cujo sistema filosófico, enquanto estudando sob sua orientação, ele considerou abertamente com o maior desdém. Mas isso em nada diminuiu o seu próprio pensamento original e profundamente filosófico, apesar das frequentes visões muito pessimistas. Suas doutrinas são, na maior parte, interessantes quando comparadas com aquelas da escola Vedanta de Shankaracharya, já que elas mostram a grande identidade de pensamento, chegando às mesmas conclusões, entre homens de duas épocas bem diferentes, com mais de dois milênios de intervalo entre elas.

Quando alguns dos maiores e mais complicados problemas do ser são, assim, quase resolvidos em diferentes épocas e por homens inteiramente independentes um do outro, e quando as premissas e conclusões filosoficamente mais profundas a que chegaram nossos melhores pensadores modernos são comparadas e descobertas como aproximadamente, e muitas vezes, como completamente idênticas àquelas de filósofos mais antigos, como enunciadas por eles há milhares de anos, nós temos razão em considerar os sistemas "pagãos" como as fontes primordiais e mais puras de todo o desenvolvimento posterior do pensamento filosófico.

Capítulo II

Anotações sobre Filosofia Oculta

[As seguintes notas são respostas a questões filosóficas levantadas por alguns dos delegados na Convenção da Sociedade Teosófica]

DEVACHAN

Foi perguntado: por que a atividade de uma Mônada humana no *Devachan* deveria durar mais tempo que a atividade dessa mesma Mônada no presente plano de existência?

Do nosso ponto de vista atual, a diferença é grande, mas não é assim do ponto de vista do *devachanista*. Quando um iogue está no estado de *samādhi*, anos podem passar e parecer apenas dias ou meses para ele. A energia aplicada no Plano Astral produz efeitos que duram um período maior que aqueles produzidos por uma igual quantidade de energia no plano material, pela razão de que há menos atrito de oposição no Plano Astral.

No plano objetivo, o som metálico produzido pelo bater de um sino não dura mais do que cinco ou seis minutos, por mais finamente que tenha sido feito o sino, mas depois que o som parece acabar para o homem comum, o *chela* pode ouvi-lo no Plano Astral por mais uma ou duas horas. Assim nós dizemos que, sendo o impulso o mesmo, o período de tempo ocupado pelos efeitos difere nos planos material e astral.

Não é possível fixar de antemão a duração exata do tempo passado por um ser humano, ou mesmo por uma raça, no *Devachan*; isso depende muito da natureza e do desenvolvimento da Mônada espiritual no homem, e também dos impulsos gerados no mundo dos efeitos e, mais ou menos, da natureza das aspirações do homem. Quando o elemento de espiritualidade aparece na Mônada, sua existência *devachânica* será maior. Talvez o mais alto Adepto, após fazer uma cuidadosa análise psíquica de um homem, fosse capaz de predizer a duração do último estágio no *Devachan*, como entre um ou dois mil anos, mas ele não poderia dar a duração exata.

Ao estimarmos a influência de um pensamento específico ou de uma sequência de pensamentos na existência *devachânica* de um homem, nós devemos investigar a utilidade desta e seu efeito no mundo como um todo, e não imaginar que tudo depende de o pensamento ser subjetivo ou objetivo. É um erro supor que os pensamentos que se referem ao mundo prático têm menos potencialidade nesse sentido que os que dizem respeito apenas ao Plano Mental.

A boa obra no Plano Físico ajuda em nosso desenvolvimento espiritual. Em primeiro lugar, por sua influência na formação de hábitos; um homem constantemente engajado em fazer boas obras muito provavelmente não vai cair em maus hábitos. Em segundo lugar, por seus efeitos nos planos astral e físico, uma boa ação tem o efeito de concentrar boas influências sobre quem a pratica. Quando um homem produz mau *Karma*, pelos próprios pensamentos ele atrai para si forças que o levam de mal a pior. Um homem que tem boas ideias atrai influências de um tipo bem diferente e essas começarão a ajudá-lo em seu caminho. Por outro lado, as ações não devem ser julgadas apenas por seus efeitos, pois assim estaria faltando um componente: o impulso interior que impele o ato também deve ser levado em consideração.

A questão da nossa responsabilidade pela ocorrência de um mau pensamento deve ser considerada a partir de um ponto de vista puramente causal, evitando-se julgamentos. A ocorrência de um mau pensamento em sua mente causa uma impressão no Plano Astral, entretanto, se o pensamento é expulso por oposição, os maus efeitos podem ser neutralizados. Mas se a sua força de vontade dá espaço para ideias más, elas produzem efeitos maléficos, enquanto que, se certa força de vontade controla seus pensamentos, você entrará no caminho da virtude.

A existência *devachânica* nem sempre começa imediatamente após a morte. No caso de pessoas muito boas, o período começa imediatamente e a transição no *Kāma-Loka* não é sentida.

Há, sem dúvida, alguns outros casos em que a reencarnação pode ocorrer após alguns minutos, tais como o de uma criança cuja Mônada esgotou os efeitos do seu *Karma*, ou quando há alguma causa física contrária à existência em um corpo específico; por outro lado, a reencarnação pode não ocorrer por cem anos, período durante o qual a entidade está em um sono profundo e não há nenhuma atividade ideativa.

Quando uma entidade reencarna, a casca está invariavelmente desintegrada.

A Mônada Humana

Uma explanação completa do que significa o termo "Mônada humana" incluiria todo o âmbito da ciência oculta. Pode-se dizer, entretanto, que a Mônada humana não é idêntica ao sétimo princípio, o *Ātmā*, ou *Logos*; ela é a energia que opera através do sexto princípio. É a energia una difundida a partir do *Logos*, a vida una proveniente do *Logos* como uma entidade ativa.

O significado disso se explica melhor por analogia. Consideremos o Sol, de acordo com a teoria oculta, o que emana dele é uniformemente propagado através do espaço ilimitado; o Sol é como um foco no qual essa matéria é concentrada e do qual é emitida como luz visível e calor. O elemento uno é *Parabrahman*, e sempre que o centro de atividade chamado *Logos* emerge a partir dele como uma força ativa, essa força é o elemento uno em sua condição ativa, a vida una, e esse é exatamente o mesmo poder que Hartmann descreve como a energia inconsciente una que pode ser chamada de força de vontade da Natureza, que produz consciência e todos os outros fatos físicos no Universo manifestado.

Não podemos dizer que ela passa a existir em algum momento determinado, ela parece latente em toda a vida una, mas em seu aparecimento como uma energia ativa, ela é o primeiro germe de consciência em todo o Universo. Isso é *Ātmā*.

Ela é apenas um poder, ela começa a operar através de todas as gradações dos vários reinos e, ao chegar ao plano da volição humana, torna-se diferenciada e adquire um certo tipo de individualidade, e isso nós chamamos de Mônada. Se a Mônada não fosse interligada com o *Logos*, a imortalidade seria impossível, mas como ela é difundida através do *Logos*, há uma chance de ela passar de volta através dele e assim obter a imortalidade.

As experiências de hoje não são as mesmas de amanhã, a cada dia um homem pode ser considerado como um ser diferente, mas parece haver algo dentro de cada um de nós no qual todas essas experiências variadas são amarradas e pelo qual elas têm algo como uma continuidade. A Mônada pode ser considerada como um colar em que as experiências de vários nascimentos são enfiadas. Você pode considerar o *Logos* como a base de inumeráveis Mônadas. Estas nunca se extinguem, apenas entram novamente em existência ativa. Pode-se dizer que alcançaram a imortalidade todos os seres humanos cujas experiências têm sido trazidas ao *Logos* pela Mônada peregrina, mas às vezes a Mônada torna-se tão oposta, em seu efeito magnético, ao *Logos* do qual ela emanou, que sua absorção é impossível. Isso acontece apenas no caso de uma pessoa muito má, então essa Mônada jamais atingirá a imortalidade; ela pode viver até o *Pralaya* chegar; e então ser imersa no oceano de matéria cósmica sem transferir suas impressões para qualquer *Logos*.

Uma Mônada pode permanecer, talvez por milhões de anos, até o *Pralaya* chegar – esse tempo pode ser quase chamado de infinito – mas é nada em comparação com o próprio *Logos*.

O ego é, alguma vez, realmente aniquilado ou apagado?

A Mônada nunca é destruída, embora o homem possa ser. Você chama a Mônada por um nome específico enquanto ela retém as experiências subjetivas do possuidor, mas quando a Mônada é purificada você pode dizer que as experiências são eliminadas. Uma Mônada é apenas um centro de energia.

Nirvāna significa a absorção no *Logos*, mas para fins de diferenciação, três condições são significadas pelo mesmo nome. Um período de descanso, não apenas da atividade objetiva, mas também da subjetiva, ocorre após a conclusão de cada ronda, mas a verdadeira condição *nirvânica* é alcançada apenas quando a Mônada é transferida ao *Logos* e a vida do homem torna-se parte da vida do *Logos*.

Muitos têm perguntado se, após o fim de um *Manvantara* solar, quando uma Mônada específica é absorvida no *Logos*, aquela Mônada é ejetada novamente pela atividade do mesmo *Logos*; nesse caso, dir-se-ia que, mesmo após a absorção, o nascimento é possível, mas a partir do ponto de vista do *Logos* não há nascimento. Assim como eu posso enviar minha aura para o seu cérebro, o *Logos* emite um raio de si mesmo para a matéria, o *Logos* não sofre, mas o raio sim. A partir do ponto de vista do *Logos* não há renascimento.

O *Logos* tem uma existência objetiva. Além do *Logos* há o *Parabrahman* não manifestado.

Vishnu é o *Logos*. *Brahmā* é a mente universal, o *Demiurgo*.

Cada *Logos* tem uma consciência de si próprio. Consciência que é não consciência, significa um estado de consciência diferente do estado com o qual nós estamos familiarizados.

Transmissão de Pensamento

A única explanação que nós podemos dar sobre os fenômenos de transmissão de pensamento depende da existência do fluido astral – um fluido que existe através do Sistema Solar manifestado, mas que não se estende além dele.

Deve-se ter em mente que há uma diferença entre *Ākāsha* e Luz Astral, embora os dois termos tinham sido usados, frequentemente, como sinônimos. *Ākāsha* é um tipo muito superior de éter cósmico que existe como um elo entre um Sistema Solar e outro, e é tão infinito quanto a matéria cósmica original. Ele é o resultado do movimento naquela própria matéria cósmica. A Luz Astral não é *Ākāsha*, mas uma forma diferente de éter cósmico. Ela é simplesmente aquela entidade no Sistema Solar manifestado que corresponde ao que temos chamado de quarto princípio no homem. É uma manifestação da matéria indiferenciada. É um tipo de matéria bem mais etérea do que qualquer uma com a qual nós estamos familiarizados. Talvez a matéria em sua condição ultragasosa – matéria radiante – possa ajudar-nos em uma concepção de fluido astral. Embora ela exista uniformemente por todo o espaço no Sistema Solar, é ainda mais densa ao redor de certos objetos em razão da ação molecular desses, sendo esse especificamente o caso da área ao redor do cérebro e da coluna vertebral dos seres humanos, onde se forma o que é chamado de aura. Essa aura circunda as células e os canais nervosos que habilitam o homem a captar as impressões feitas sobre a luz astral no Cosmos.

Se dividirmos os fenômenos mentais nas três categorias dos psicólogos modernos: imagens intelectuais, emoções e volição, descobriremos que a volição sempre se faz sentir por um aumento da vibração na aura astral. A imagem intelectual se faz sentir pela impressão da imagem na aura, e em outros casos há uma mudança de cor que também corresponde à mudança de sentimentos espirituais. Afirma-se que cada cor corresponde a uma determinada emoção, mas eu não tenho condições de dizer que os ocultistas concordam com os frenologistas em sua combinação.

Se eu tenho a ideia de um círculo, a figura de um círculo é formada na aura ódica do sensitivo. Todas as ideias mentais têm suas imagens na Luz Astral, que são quase similares às imagens que posteriormente surgem no cérebro, mas o elo intermediário entre os dois, a corrente nervosa no cérebro, na verdade não descreve a imagem na mente. Se no espaço não houvesse um veículo para servir como um meio de comunicação entre um ser humano e outro, toda transferência de pensamento seria impossível, pois é impossível conceber comunicação sem um veículo.

A existência dessa Luz Astral pode ser comprovada a partir do fato de que certos fenômenos só podem ser explicados com a hipótese de tal existência, e, além disso, ela é um objeto da percepção direta dos Adeptos. Uma vez admitida sua existência, e também o fato de que ela se concentra mais densamente ao redor do cérebro e do sistema nervoso do que em outros lugares, vê-se que a Natureza possibilita que uma pessoa capte as impressões feitas por outros na Luz Astral.

Nas experiências de leitura de pensamento, os melhores resultados geralmente são obtidos com crianças. A razão disso é que a aura de uma criança é passiva, pois não gerou quaisquer tendências próprias. Esse fato pode ser inferido da diferença de cor entre a aura de uma criança e a de um adulto. A aura de uma criança é branco-leite, mas, no caso de um adulto, há sempre outras cores sobre essa cor básica, como verde, amarelo, vermelho, etc. Essas cores denotam uma peculiaridade da organização mental ou espiritual. Sempre que uma dessas cores está presente e apresenta uma ausência de afinidade com as características indicadas pela cor da aura do operador, então se estabelece uma repulsão, mas quando não há tal repulsão – sempre que a mente está passiva – a transferência de pensamento é possível.

Cada pensamento é acompanhado por outro fenômeno físico que pode ser descrito como uma alteração do fluido nervoso. Há uma conexão íntima entre o fluido nervoso propriamente dito e a aura que o circunda. O fluido nervoso tem sua própria aura como toda agregação de moléculas na Natureza, e até mesmo o éter primordial tem sua própria aura que é *Ākāsha*. O fluido nervoso tem sua própria aura, chamada aura ódica do homem. Todas as auras têm uma base, elas são todas similares ao fluido magnético no Cosmo. Cada pensamento afeta as correntes nervosas do cérebro ou nervo. Isso implica vibração, que é captada pela aura astral que se comunica com o fluido astral com o qual ela está em contato. Essa vibração afeta a aura ódica que circunda o cérebro do pensador, e é imediatamente transmitida ao cérebro ao qual o pensamento é transferido; ela é convertida em um tipo particular de movimento em sua aura e, então, em ação no fluido nervoso e é, assim, imediatamente transmitida para seu cérebro.

Se o poder da vontade do operador não é forte o suficiente para dar uma direção à vibração gerada no fluido astral, o toque é geralmente necessário; e onde há uma simpatia magnética ou pelo menos ausência de tendências repulsivas, a vibração imediatamente alcança o seu destino e é transferida em um pensamento na mente do sensitivo, o qual será o mesmo pensamento gerado primeiro na mente do operador. Se um tipo particular de movimento no fluido nervoso significa uma determinada coisa na mente de um homem, ele significa a mesma coisa na mente de outro homem.

As ideias dos cientistas modernos sobre o éter luminífero são insuficientemente precisas para nos permitir expressar uma opinião sobre a sua semelhança com nossas visões, mas, a partir do modo pelo qual se chegou a essas conclusões, nós vemos certas diferenças. Primeiro, vemos luz que chega a nós a partir das estrelas fixas, e eles dizem que, admitindo-se a teoria ondulatória da óptica, deve haver um meio através do qual as vibrações passam.

Em segundo lugar, eles têm verificado, a partir de cálculos matemáticos precisos, que há certa quantidade de retardos no caminho desses planetas, devido ao atrito nesse éter. Admitindo-se as duas premissas, fica claro que o éter existe por todo espaço; agora, o fluido astral não existe por todo espaço, mas o *Ākāsha* existe e corresponde, provavelmente, ao éter dos cientistas.

O éter cósmico deles não é tipicamente permanente em relação a qualquer organismo em particular e não parece ter qualquer ligação especial com a força nervosa, mas nós sustentamos que toda vez que há uma organização especialmente sensível, o fluido astral está concentrado ali, e em outros lugares ele existe mais ou menos uniformemente difundido, mas a sua uniformidade nunca é contínua como aquela do éter dos cientistas. O fato é que o fluido astral apenas passa a existir quando certos tipos de diferenciação ocorrem no *Mūlaprakṛiti* original.

Se os cientistas reconhecerem uma distinção entre o "éter limitado" e o "éter livre", isso equivale ao mesmo tipo de distinção que aquela entre o fluido astral e o *Ākāsha*, mas mesmo enquanto ele existe num lugar do espaço sem quaisquer organismos, ele difere, em sua constituição, do verdadeiro éter cósmico.

No curso da transmissão comum de pensamento não há intermediação de qualquer elemental, de forma alguma.

Nós notamos que, em certos casos, uma pessoa tem um sentimento de calamidade, a distância, quando um amigo seu está morrendo, em tais circunstâncias a impressão é realmente uma imagem da pessoa e, às vezes, ela é bem nítida. Mas nós acreditamos que, de algum modo, nossas ideias mentais são ligadas às emoções de prazer e dor, por isso, admitindo-se que algumas correntes são acompanhadas por sentimentos sem imagens, nós podemos conceber um caso em que a imagem, não sendo nítida, é acompanhada por uma corrente nervosa que é expressa apenas por uma emoção. Às vezes, há variações. Pode ser que uma parte da imagem seja perdida, ou que alguns elementos novos sejam introduzidos, mas quando não há imagem, mas apenas uma espécie de vibração, haverá apenas uma vaga ideia de aflição ou calamidade.

Novamente, descobrimos, às vezes, que o receptor recebe algum sinal transmitido para ele, como, por exemplo, um caixão quando uma pessoa está morrendo. Eu creio que, se levarmos em consideração os resultados que tendem a ser produzidos pelas leis da associação psicológica, o caso é que determinados grupos de ideias estão associados, como a morte com um caixão na mente de um cristão, etc.

Uma ideia tem o efeito de evocar outras ideias que estão associadas a ela. Qualquer uma dessas ideias pode ser retratada no cérebro e ser seguida por outras ideias, e às vezes acontece que as associações tornam-se mais proeminentes que a ideia principal.

Conta-se um caso em que a esposa de um soldado, que viajava com o regimento, declarou que, uma noite, enquanto seu marido estava presente e sentado numa cadeira, viu a sua mãe aparecer, que sua mãe pressionou seus ombros e disse: "Eu deixei para você o jarro de creme, lembre de pegá-lo". O marido não ouviu e nem viu nada. A imagem então desapareceu, e posteriormente se descobriu que a mãe tinha morrido e deixado o jarro de creme para sua filha.

Esse foi um caso de transferência de pensamento. A mulher deve ter ficado muito ansiosa para dar à sua filha essa informação antes de morrer, a ansiedade deve ter aumentado, e quando ela estava morrendo o pensamento conectou-se com a sua aura, com isso aquele pensamento carregou, no momento da morte, a aura ódica da própria pessoa; mas esse não é um caso do corpo astral viajando a distância. Em todos os casos, exceto naqueles em que estão envolvidos Adeptos, é a energia da transmissão de pensamento que, às vezes, leva uma parte da aura de uma pessoa. Geralmente isso ocorre nos casos de morte; em outros casos, a não ser que a pessoa seja clarividente, não é possível o corpo astral ser visto.

Às vezes acontece que, quando uma parte da aura é trazida dessa maneira, ela será visível apenas para a pessoa a quem o pensamento se refere. Quando o pensamento é transferido, a imagem é transferida. Desde uma imagem mental subjetiva mais definida até uma forma objetiva, pode haver infinitas variações de clareza e visibilidade.

Outro caso foi o seguinte: uma mulher, que estava indo para a Índia para (encontrar) seu irmão, morreu na viagem e foi vista vestida como no momento da morte pela esposa do seu irmão três horas depois da morte ter ocorrido.

Ali deve ter havido ou uma forte empatia entre as duas, ou a irmã era uma vidente, ou então, alguma outra intervenção, tal como o trabalho de um elemental. Esse é um caso de transferência de pensamento, mas, na ausência de mais detalhes, não se pode dar uma explicação pormenorizada. Se o marido não viu a aparição, a impressão não poderia ter sido transferida dele para a mulher. Quanto à diferença de três horas entre o momento da morte e o da aparição, falando de modo geral, a casca pode perambular por algum tempo, a não ser que seja um caso de uma morte na qual todos os princípios são imediatamente separados. Se foi assim, se a falecida tinha essas duas pessoas em sua mente, é muito provável que a casca tenha viajado para o local, e não encontrando, suficientemente sensível, a pessoa com quem ela desejava comunicar-se, ela comunicou-se com a pessoa mais sensível que estava presente.

Não pode haver qualquer atraso em uma mera transmissão de imagem. Algumas vezes, a mente pode estar ativa nos casos de insensibilidade. Você pode ter lido relatos de pessoas sob a influência de clorofórmio, em que o homem interno estava sentindo sensações peculiares, embora estando aparentemente insensível. O atraso poderia ser explicado pela hipótese de que a pessoa a quem a imagem foi transmitida recebeu a imagem por meio de sua aura ódica, mas seu cérebro, estando ocupado no momento, não reconheceu a impressão, o que ocorrerá posteriormente, antes de a imagem apagar-se.

O exemplo seguinte difere de várias maneiras dos anteriores. Um homem desejou aparecer a distância para duas mulheres em certa ocasião. Ele foi para a cama e acordou inconsciente de que algo tinha ocorrido, mas foi, posteriormente, informado de que, certa noite, ele tinha aparecido para elas e agido conforme detalhes previamente descritos. Elas o tinham visto como se fosse em vida.

Isso pode ser explicado de várias maneiras. Ele pode ter sonhado, embora sem ter tomado conhecimento disso; o homem astral pode ter estados de consciência próprios, dos quais o homem físico é ignorante, e que duram por algum tempo. Também é possível que essa força de vontade que ele podia mover num determinado momento teve o efeito de produzir uma corrente nervosa específica em seu cérebro, que pode realmente ter emanado de seu cérebro no momento em que ele desejou. Em tais casos eu não conheço quaisquer exemplos em que o ajuste no tempo tenha variado. Há muitos casos a serem dispostos em tal hipótese, a única maneira pela qual nós podemos explicar isso é que o homem astral gerou a impressão em um determinado momento sem o conhecimento do cérebro físico, ou então ela foi gerada no cérebro físico conforme a impressão deixada pela primeira determinação.

Capítulo III

Pensamentos sobre o *Kāma-Loka*

(Sugerido pelo texto do Sr. Sinnet sobre o mesmo assunto[36])

Ao considerarmos esse assunto, devemos, sobretudo, ter o cuidado de perceber que os sete princípios no homem não são várias entidades, ou substâncias, que podem ser separadas e consideradas, cada uma, como uma individualidade distinta, tendo suas próprias características definidas. Em sânscrito, os diferentes princípios são chamados de *upādhis*, isto é, os veículos ou sedes dos diferentes estados de existência da Vida Una.

A sede da consciência que origina o sentimento de individualidade e o senso de "eu sou eu" está no quinto princípio.

E se não há o quinto princípio, isto é, se não há consciência da individualidade, todos os outros estados de existência são inexistentes, pois sem um ego que percebe não pode haver percepção nem qualquer objeto de percepção. Por isso se diz que sem o Filho (o germe de consciência no *Logos*, levado à atividade no momento da evolução cósmica) não há Pai ou Mãe. O Pai e o Espírito Santo vêm à existência quando o Filho nasce, e essa é a verdadeira explicação oculta sobre a Trindade na Unidade e a Unidade na Trindade.

36 Vide *The Theosophist*, fevereiro, 1885, p. 106.

Talvez se possa argumentar que os animais podem ter conhecimento da existência, embora eles não tenham o quinto princípio; mas a razão disso é que, embora o quinto princípio não esteja *unido* aos princípios inferiores dos animais, ele, porém, os *sombreia*. Assim, falando corretamente, é apenas o quinto princípio que desempenha um papel proeminente nos vários estados do homem na vida e após a morte. Por sua associação (não importa como, no momento) com os princípios inferiores, são geradas tendências mundanas e materiais que o atraem para baixo. Ao mesmo tempo, sendo *sombreado* pelo seu Pai, o sexto e o sétimo princípios, são geradas aspirações mais elevadas que o atraem para cima.

Após a morte física, quando a entidade entra no *kāma-loka*, a verdadeira luta é restrita apenas ao quinto princípio, isto é, à sede da consciência, juntamente com as afinidades geradas nele durante sua encarnação terrena. No *kāma-loka*, por isso, o quarto princípio ou *kāma rūpa*, que é o *upādhi*, ou sede, de todos os desejos e paixões terrenas, etc., atrai para si aquelas afinidades do quinto princípio que são de natureza material, enquanto as aspirações superiores são atraídas em direção ao sexto e sétimo princípios. Essa ideia pode ficar mais clara com a lembrança de que o sétimo princípio é a fonte de energia, enquanto o sexto princípio é apenas a energia irradiada pelo sétimo.

Os estados de existência do homem podem ser divididos em três, que podem ser novamente divididos em sete. Os três primeiros são: vida física, vida astral e vida espiritual. Os sete estados são: (1) vida física, (2) o estado entre vida física e astral, (3) vida astral, (4) o estado entre a vida astral e a vida espiritual, e (5, 6, 7) os três estados da vida espiritual. Na vida física, todas as atividades físicas são intensas enquanto a vida astral mostra-se na cessação temporária das funções das atividades físicas, como ocorre durante o sono, etc. Cada vida manifesta-se apenas naquelas esferas para as quais sua organização está adaptada. Assim, para a manifestação nesse mundo físico, um organismo físico é essencial, e sem o seu auxílio nenhuma atividade pode manifestar-se nessa esfera. Nesta vida nós temos, por assim dizer, trazido conosco um acréscimo de princípios produzido pelos *efeitos* das causas geradas em uma encarnação anterior. Ao mesmo tempo, temos um organismo que nos permite gerar novas causas. Quando o corpo físico é desgastado pelas atividades manifestadas por ele, a força de coesão que mantém suas partículas unidas torna-se cada vez mais fraca até a ocorrência da morte física. Nem por isso nós morremos imediatamente (exceto em casos de morte súbita causada por acidentes, etc.), mas estamos gradualmente morrendo a cada momento de nossas vidas. O princípio vital, percebendo seu atual *Sthūla Sharīra* impróprio para a habitação, deixa-o, para animar outro *Sthūla Sharīra.* O terceiro princípio, que é a aglomeração das emanações magnéticas do corpo físico, morre com a morte do último. O quarto princípio, no entanto, por seu contato com o terceiro na vida física, agregou ao seu redor algo da sua essência. Mas essa essência é como o perfume de uma rosa, que dura apenas um tempo após a rosa ter sido destruída.

Por isso é que o chamado corpo astral pode ser visto a distância pelos amigos ou parentes de um homem que está morrendo. O pensamento concentrado, um desejo intenso de ver um amigo, etc, reveste-se do quarto princípio, o qual, pela essência do terceiro que agregou a si, torna-se objetivo ao amigo distante. E tal manifestação é possível apenas enquanto essa essência ainda for retida. Essa é a razão do costume hindu de cremar os mortos, pois uma vez que o corpo é cremado nenhuma essência astral pode ser retirada dele. Mas um corpo enterrado, mesmo em processo de decomposição, ainda alimenta a aura, por mais débil que esteja, por meio da qual a entidade morta é capaz de manifestar-se. No homem moribundo, a luta entre o homem físico e o astral prossegue até terminar na morte física. Esse resultado produz um choque atordoando o homem astral, que passa a um estado de sono inconsciente até despertar novamente no *kāma-loka.* Esse sono é o segundo estado de existência. Assim fica claro porque "aparições" são vistas no momento da morte. Às vezes acontece que essas "aparições" são vistas algum tempo após a suposta morte do homem. Mas em um exame cuidadoso pode-se descobrir que a pessoa apenas aparenta estar morta; e embora os médicos possam não ser capazes de detectar qualquer sinal de vida nela, na realidade, a luta entre o homem físico e o astral ainda não terminou.

É por essa luta seguir silenciosamente que os antigos apreciavam um solene silêncio na respeitável presença da morte. Quando o homem desperta no *kāma-loka*, ele começa o seu terceiro estado de existência. O organismo físico, o único que possibilita o homem a produzir causas, não está lá, e ele está, por assim dizer, envolvido apenas com aquelas afinidades as quais já produziu. Enquanto essa luta no quinto princípio prossegue, é quase impossível para a entidade manifestar-se na Terra. E quando um habitante desta Terra tenta estabelecer uma conexão com aquela entidade, ele apenas perturba sua paz. Por isso é que os antigos proibiam essas práticas, às quais eles davam o nome de necromancia, considerando-as como um pecado mortal.

A natureza dessa luta depende das tendências geradas pelo indivíduo em sua vida física. Se ele era muito materialista, muito bruto, muito sensual, se ele raramente tinha alguma aspiração espiritual, então a atração para baixo das afinidades inferiores causa uma assimilação da consciência inferior com o quarto princípio. O homem, então, torna-se um tipo de animal astral, e continua nesse estado até, no decorrer do tempo, a entidade astral seja desintegrada. As poucas aspirações espirituais que ele possa ter tido são transferidas para a Mônada; mas a *consciência* separada, sendo atraída para a alma animal, morre com ela e sua *personalidade* é, então, aniquilada. Se um homem, por outro lado, é razoavelmente espiritual, como é a maioria dos nossos semelhantes, então a luta no *kāma-loka* varia de acordo com a natureza de suas afinidades, até a *consciência*, sendo ligada aos[37] superiores, estar inteiramente

[37] Princípios. (Nota da trad.)

separada da "casca astral", e pronta para entrar no *Devachan*. Se uma pessoa é altamente espiritual, seu *kāma-loka* é de bem curta duração, pois a consciência é rapidamente assimilada aos princípios superiores e entra no *Devachan*.

Assim, pode-se ver que, em qualquer caso, o relacionamento com as entidades do *kāma-loka* é prejudicial ao progresso dessas entidades e também nocivo às pessoas envolvidas em tal comunicação. Essa interrupção é tão ruim ou até mesmo pior que a perturbação no leito de morte no Plano Físico. Quando se lembra que o quarto princípio, por seu contato com o quinto, assimilou em si a *essência* desse último, fica fácil explicar aqueles fenômenos raros nos quais um alto grau de inteligência é exibido por entidades do *kāma-loka* atraídas para sessões mediúnicas. É claro que há casos em que a "casca astral" age meramente como um espelho através do qual a inteligência do "médium" é refletida, enquanto há outros em que "elementais" fazem uso dessas "cascas astrais". Mas naqueles casos em que as entidades do *kāma-loka* realmente aparecem e exibem uma inteligência rara, isso ocorre por causa da *essência* ter sido absorvida pelo quarto princípio durante sua conexão com o quinto. Há ainda casos em que as entidades do *kāma-loka* de "suicidas" e de pessoas mortas por causas acidentais e não-naturais podem aparecer e exibir uma inteligência rara, porque aquelas entidades têm que viver no *kāma-loka* pelo período que teriam que passar na Terra se aqueles acidentes não as tivessem levado embora – antes de começar a luta entre as afinidades astrais e espirituais. As causas geradas por elas durante a vida terrena ainda não amadureceram para a fruição e elas precisam esperar o seu tempo natural. Mas chamá-las de volta em círculos "mediúnicos" é igualmente perigoso, como nos casos acima mencionados, e pelas mesmas razões. Pode não ser categoricamente nocivo em todos os casos, mas em alguma medida o processo é perigoso e não deve ser empreendido por pessoas inexperientes.

Quanto àquelas boas pessoas que, percebe-se, podem demorar-se na Terra por causa de algum desejo insatisfeito, os hindus têm um costume peculiar que geralmente é relegado ao limbo das superstições desacreditadas, porque sua razão científica não é propriamente compreendida. Se o desejo for de natureza espiritual, então é claro que é concernente apenas às afinidades espirituais estabelecidas em *Manas*. Mas se for de natureza material, tal como uma ação a ser feita para o bem-estar de um amigo ou família, etc. então o desejo precisa ser levado em consideração. Nos tempos antigos, um Iniciado ou Adepto estava sempre presente no leito de morte, e providenciava as condições necessárias e, assim, libertava o moribundo de suas atrações terrenas. Essa é a verdadeira origem da "extrema unção" da Igreja Católica Romana e do costume de se ter um sacerdote perto do moribundo em outras religiões.

Conforme a tendência materialista começou a se firmar, os hindus inventaram uma cerimônia que é a segunda melhor coisa que eles podiam fazer sob tais circunstâncias. É uma crença geral entre eles que, após a morte física, a entidade permanece sobre a Terra por um período de dez dias antes de passar a qualquer outro estado de existência. Durante esse período, eles realizam regularmente uma cerimônia diária na qual preparam algumas bolas de arroz e as colocam diante de corvos. A crença é que os corvos são sensíveis para detectar qualquer forma astral que eles encontrem. Se um homem morre tendo algum desejo insatisfeito, a sua forma astral cobre as bolas de arroz e os corvos não as tocarão. Se as bolas forem imediatamente tocadas, então se conclui que o homem, sem qualquer desejo insatisfeito, não está mais preso à Terra. Mas se eles não tocarem, então os parentes do morto verificarão todos os seus desejos que consigam lembrar, prometendo, ao mesmo, tempo realizá-los. Quando o desejo certo é atendido, acredita-se que a entidade imediatamente vai embora para a sua esfera, e os corvos tocam as bolas. Seja o que for, os hindus têm horror a esses elementários[38] e, ao invés de atraí-los a sessões, eles tentam, por todos os meios possíveis, libertá-los da atmosfera terrestre.

Quando termina a luta, no *kāma-loka*, acontece, então, a morte astral, naquela esfera, como ocorre a morte física na Terra. O choque da morte novamente joga a entidade em um estado de inconsciência antes de sua passagem ao *Devachan*. A "casca" deixada para trás pode manifestar-se até estar desintegrada, mas esse não é o verdadeiro homem espiritual, e a rara inteligência exibida por ele, ocasionalmente, é a radiação da aura captada por ele durante sua conexão com a individualidade espiritual. A partir de seu quarto estado de existência, ele desperta novamente no *Devachan*, cujas condições, de acordo com os livros hindus, são *salokatā*, *samīpatā* e *sāyujyatā*.

No estado mais baixo, isto é, de *salokatā*, a entidade encontra-se apenas sob influência do sexto e do sétimo princípios, enquanto que, no segundo estado, isto é, de *samīpatā*, ela é plenamente sombreada pelo último. É apenas no estado de *sāyujyatā* que ela é totalmente imersa em seu *Logos* para ser jogada novamente em reencarnação, quando já desfrutou plenamente dos efeitos das aspirações espirituais por ela criadas. Apenas as entidades altamente espiritualizadas alcançam esse estado mais elevado de *Devachan*. Naturalmente, aqui os casos dos Adeptos são deixados totalmente fora de consideração, pois, como diz a *Bhagavad-Gitā*, o *jñānī* alcança aquele estado do qual não há qualquer renascimento e que é chamado de *moksha* ou *mukti*. O período de gestação entre a condição *devachânica* e o renascimento físico pode ser chamado de oitavo estado; mas, nos livros hindus, a vida física, sendo a base dos sete estados posteriores, não é incluída na categoria dos *sapta lokas* mais elevados, bem como *Parabrahman* não é levado em consideração nos princí-

[38] Vide mais informações sobre elementários e elementais nas *Cartas dos Mahatmas para A. P. Sinnett*, vol. I, p. 116-117. Ed. Teosófica, Brasília, 2001. (N.E.)

pios setenários, pela mesma razão. Do ponto de vista subjetivo, *Parabrahman*, e do ponto de vista objetivo, *Sthūla Sharīra*, não são incluídos na divisão setenária, já que o primeiro é a base sobre a qual toda a estrutura é construída.

Capítulo IV

As formas de *Vāk*

Em relação às palestras sobre a *Bhagavad-Gitā* do Sr. Subba Row, publicadas em *The Theosophist* de abril de 1887, página 446, onde ele diz "Eu chamaria sua atenção, aqui, para o primeiro Āhnika do *Mahābhāṣya*, onde Patañjali fala das três formas manifestadas, *Paśyantī*, *Madhyamā* e *Vaikharī Vāk*; o modo como ele classifica é diferente..." eu tenho que dizer que o primeiro Āhnika do *Mahābhāṣya* não contém tais divisões específicas. Patañjali cita um verso do *Rig Veda, "Catvārivāk parimitapadam"* etc. e interpreta *catvārivāk* como *nāma*, *ākhyātā*, *upasarga* e *nipāta*. O mesmo verso do *Rig Veda* é interpretado por Yaska em seu *Nirukta*, capítulo 12, do mesmo modo que por Patañjali, e ele acrescenta algumas outras explicações além daquelas citadas pelo Sr. Subba Row. Nem Kaiyata, o renomado comentador do *Mahābhāṣya*, as fornece em seu *Bhāṣyapradīpa*. Mas Nāgeśabhatta, um comentador do *Bhāṣyapradīpa* apresenta a subdivisão do Sr. Subba Row em detalhes, em seu *Bhāṣyapradīpodyota*, referindo-se a *Harikārika*, ou *Vākyapadīya* ou *Bhartṛhari*. Esse Nāgeśabhatta fala das mesmas subdivisões no *Sphoṭavāda* do seu *Manjūṣa* e alguns modernos gramáticos apresentam as mesmas subdivisões citadas do *Mahābhārata*; Annambhatta, um comentador do *Bhāṣyapradīpa*, que viveu antes de Nāgeśabhatta, não interpretou a passagem em questão da forma como Nāgeśabhatta fez.

Eu pediria, portanto, para você chamar a atenção do Sr. Subba Row para os fatos acima, e para explicar a coisa de modo mais aceitável. Anexei, aqui, extratos do *Mahābhāṣya*, *Kaiyata* e *Nirukta* sobre este ponto.

Fraternalmente,
N. Bhashyachary

Eu tenho que agradecer ao Sr. Bhashyachary por ter chamado minha atenção para a referência errada dada na minha terceira palestra. Ao invés de me referir aos *Bhāṣyapradīpodyota* e *Sphoṭavāda* de Nāgeśabhatta, eu me referi ao próprio *Mahābhāṣya*, por descuido. Eu tinha especialmente em mente os comentários de Nāgeśabhatta sobre as quatro formas de *Vāk* em seu *Sphoṭavāda* quando fiz as afirmações aludidas na carta de seu douto correspondente. Patañjali tinha que interpretar o verso original do *Rig Veda* do ponto de vista de um gramático, em seu *Mahābhāṣya*, mas ele certamente reconheceu a importância da interpretação dada pelos *hatha* iogues e *rāja* iogues como poderia ser visto, facilmente, pelos símbolos que ele introduziu nas combinações místicas do templo Chidambaram. Além da simbologia mística, Nāgeṣabhatta tinha altas e antigas autoridades para guiá-lo na interpretação desse verso. Aproximadamente sete interpretações foram sugeridas para esse verso por várias classes de escritores e filósofos. As quatro formas de *Vāk* enumeradas por mim são comuns à interpretação dos *hatha* iogues e *mantra* iogues, por um lado, e *rāja* iogues, por outro. Eu solicito a seu douto correspondente que consulte o comentário de *Vidyārañya* sobre o 45° verso do 165° *Sukta* do 22° *Anuvaka* da primeira Mandala do *Rig Veda*. A maior parte dessas várias interpretações estão ali enumeradas e explicadas. O douto comentador refere-se a *Parā*, *Paśyantī*, *Madhyamā* e *Vaikharī* e indica a ordem de seus desenvolvimentos como afirmado pelos *mantra* iogues e *hatha* iogues. Será útil consultar a *Yogasikha* e outras *Upanishads* em relação a isso. Há ainda mais autoridade no comentário de Shankaracharya sobre o *Nṛsimhottaratāpani* (veja

p. 118, edição de Calcutá, da linha 14 ao fim do parágrafo) para as opiniões expressas em minha palestra e as afirmações feitas por Nāgeśabhatta. Essas quatro formas de *Vāk* são explicadas ali do ponto de vista do *Tāraka Rāja Yoga*. Eu chamaria, em especial, a atenção do leitor para a explanação de *Madhyamā*. *Madhyamā* é assim chamado porque ocupa uma posição intermediária entre a forma objetiva e a imagem subjetiva. Em um exame atento dessa porção do comentário, ver-se-á que as explicações dadas ali formam, por assim dizer, o fundamento das várias afirmações feitas por mim em minhas palestras a respeito dessas quatro formas de *Vāk*. Se esse comentário atribui-se a Shankara, como muitos têm feito, ou a Gaudapada, como alguns têm afirmado, sua autoridade é inatacável. E não acho necessário consultar quaisquer obras do *Mantra Shāstra* em relação a isso, já que as autoridades citadas acima são bastante suficientes para justificar minhas afirmações. Talvez eu tenha que me referir à filosofia mística de *Vāk* com mais detalhes em outro contexto.

T.S.R.

Seção III

Resenhas

Capítulo I

A Filosofia do Espírito[39]

O livro que leva o título acima e declara expor *The Philosophy of Spirit* contida na *Bhagavad-Gitā* já foi apresentado aos leitores de *The Theosophist* na crítica que saiu no número 81, de dezembro, e pela resposta do autor publicada no exemplar de março de 1882. Considerando a importância das questões levantadas pela publicação do autor e pelos dois artigos mencionados acima, eu me convenci de que tenho razão em examinar, de forma minuciosa, as conclusões a que o autor chegou sobre a autoria e a Filosofia da *Bhagavad-Gitā* e seus fundamentos e bases esotéricas. Como o autor não publicou simplesmente as suas próprias especulações a respeito dos assuntos tratados naquela antiga obra, mas informou ao público que suas especulações estão em perfeita conformidade com a antiga Filosofia de Vyāsa, eu creio que tenho o direito, como hindu, de contestar a posição adotada por ele, supondo que, em minha humilde opinião, suas visões devem estar em desacordo com aquelas dos *panditas* ortodoxos e Iniciados da antiga Āryāvarta, bem como com aquelas da Índia moderna. E eu espero que os doutos cavalheiros tenham a bondade de desculpar-me se, neste artigo, eu possa ter a penosa necessidade de discorrer mais longamente sobre o que entendo serem os defeitos do seu trabalho do que sobre seus méritos. Embora o autor não pareça ser um espírita, no sentido em que esse termo é usado pelos assim chamados detentores modernos de tal nome, ainda assim ele

[39] No original em inglês: *The Philosophy of Spirit.* (N. E.)

tentou dar uma forma filosófica para suas noções toscas sobre "espíritos desencarnados"; e qualquer discussão inteligente e proveitosa sobre os verdadeiros pontos de diferença entre a Teosofia e o Espiritismo só é possível com escritores como o Sr. Oxley.

Neste artigo eu examinarei primeiro a teoria do autor sobre a verdadeira origem dos escritos sagrados em geral e da *Bhagavad-Gitā* em particular e, a seguir, sobre o que ele chama de as bases astromaçônicas de tal tratado em seus comentários espalhados por todo o livro, e suas visões sobre algumas das doutrinas ali explicadas.

Inicialmente, é necessário compreender corretamente as opiniões do Sr. Oxley sobre a constituição do homem e o progresso, após a morte, do que o douto autor gosta de chamar de "princípio-vida". O autor reconhece a trindade do homem, e denomina as três entidades que o constituem: corpo, espírito e alma. Ele chama de "alma" o "âmago de tudo", "eterna, incorruptível, imutável e inseparável da grande Vida, chamada Deus", enquanto descreve "Espírito" como "o agente ativo interno ou intermediário que guia, impulsiona e usa, como instrumento, o corpo ou aquele revestimento que é exterior a si mesmo" (p. 221) A partir dessas explicações é evidente que o autor denota por "alma" e "espírito" as mesmas entidades que são indicadas pelos dois termos sânscritos *Ātmā* (sétimo princípio) e *Sūkshma Sharīra*, ou *Linga Sharīra*, respectivamente. O autor é livre para dar qualquer conotação que ele queira a essas palavras, já que nenhum significado definido tem sido associado a ela pelos escritores ingleses. Mas eu não acredito que ele tenha usado a palavra "Espírito" no sentido acima indicado ao longo de *todo* o seu livro; pois ele também diz que existem doze degraus ou estágios de ascensão (p.40), pelos quais o princípio-vida no homem tem que passar no seu desenvolvimento espiritual; e nós também fomos informados de que, ao alcançar o 12º estágio, o homem torna-se um anjo. Admite-se, ainda, a evolução a partir da condição angélica para cima ou para dentro, embora o autor não tente descrevê-la. Ele segue dizendo (p.53, 56, 181, etc.), que determinados indivíduos estão, de algum modo misterioso, conectados a comunidades espirituais específicas, "recebendo seu influxo vital" e absorvendo sua influência. E cada ser humano irá, no curso de seu progresso, tornar-se um anjo de alguma ou outra descrição particular.

Agora eu gostaria de sugerir, com todo o respeito ao guru do autor, que essas visões não se harmonizam com os ensinamentos de Vyāsa e outros *Rishis* da antiga Āryāvarta. A diferença entre a doutrina da antiga ciência esotérica ária e as proposições antes colocadas não serão propriamente apreciadas a não ser que o significado atribuído pelo autor à palavra "anjo" seja, primeiro, averiguado. Embora tal palavra não seja definida em seu livro em lugar algum, a partir de uma nota de rodapé na p. 93, pode-se ver facilmente que anjo significa *Devata*. Aqueles que estão familiarizados com a mitologia sânscrita sabem muito bem que há várias classes de *Devatas*; que essas classes perecem ao final de cada *Manvantara*[40], e que novas classes ou tribos (*ganams*) vêm à existência no início de cada *Manvantara* subsequente. Ver-se-á, também, a partir dos *Purānas* hindus e do próprio *Mahābhārata*, que nem os indivíduos dessas várias tribos nem as tribos coletivamente sofrem qualquer mudança, transmigração ou conversão a um estado mais elevado, ou um plano mais elevado de existência. Nenhum hindu jamais ouviu falar sobre um *Yaksha*[41] ou *Gandharva* tornar-se um *deva*, e um *deva* tornar-se um ser mais elevado. A diferença realmente importante, no entanto, entre a teoria do autor e as doutrinas dos antigos *Rishis* consiste no entendimento dos vários graus ou "estados de ser" de um homem e seu significado esotérico. O desejo do autor de encontrar alguma referência aos doze signos do Zodíaco em quase tudo relacionado à antiga religião e Filosofia Ária, provavelmente tem-no levado à crença de que há doze graus

40 O período de Regeneração, ou a vida ativa do Universo, entre dois *pralayas*, ou destruição universal, o primeiro chamado de "dia" e o último chamado de "noite" de *Brahmā*.

41 *Yaksha*, o espírito da terra ou gnomo; o *Gandharva*, similar ao querubim cristão ou serafim cantor. Eles são *Gandharva* em seu *loka*, diz o *Atharva Veda*. (XI. 5. 2. 6. 333).

no homem correspondentes aos doze signos do Zodíaco, e também parece que tal era o ensinamento do seu guru. O autor, no entanto, não tem qualquer direito, parece-me, de importar para a doutrina ária qualquer ensinamento do seu guru ou suas próprias fantasias, a não ser que ele esteja em condições de mostrar que elas estão de acordo com os ensinamentos dos antigos *Rishis*. Agora eu apresentarei o que a doutrina ária realmente ensina sobre esses estados ou graus, na medida, é claro, do que me é permitido dizer em um artigo destinado à publicação.

A classificação setenária do homem já foi notoriamente trazida ao conhecimento dos leitores de *The Theosophist* no artigo intitulado "Fragmentos da Verdade Oculta"[42] e em um artigo subsequente, que o menciona e complementa, publicado no volume de janeiro desse periódico[43]. Essas sete entidades no homem representam os sete princípios que o constituem. Mas os *Rishis* também reconheciam dezesseis estágios de ascensão – e não doze como o autor erroneamente supôs – do *pṛthvitattvam* até a "Mônada eterna e infinita" – o augoeides que sombreia cada homem, a estrela fulgurante ao final do *ṣoḍaśāntam* (final do 16º estágio de evolução/ascensão). O próprio Busiris, quando em forma humana como Krishna Dvaipayana (!), falou de *ṣoḍaśāntam*, como pode ser visto nos vários textos sagrados atribuídos a Vyāsa. Do ponto de vista da Filosofia Ária, o autor está certo em dizer que o homem torna-se perfeito ao alcançar o 11º estágio, mas ele está errado ao dizer que, ao atingir o estágio seguinte, ele torna-se um "anjo" ou *deva*. A natureza dos últimos cinco estágios não é claramente compreendida nem por um Iniciado comum[44]. Não é surpreendente, então, que um autor como o Sr. Oxley, que tenta interpretar a antiga doutrina ária sem conhecer nem a língua sânscrita, os sistemas de mitologia hindu, os métodos orientais de criar alegorias para verdades espirituais,

---

[42] *The Theosophist* de outubro de 1881.
[43] A Doutrina Esotérica Ária-Arhat sobre os Sete Princípios do Homem.
[44] Um Iniciado nos graus preliminares.

ou a fisiologia e a psicologia como ensinadas pelos antigos, deve ter interpretado mal o significado do 12º estágio. Ninguém que entenda corretamente o significado do oitavo *Adhyaya* (capítulo) da *Bhagavad-Gitā*, e compare o original com a tradução do autor de tal capítulo, tenderá a duvidar da correção da nossa afirmação. Em tal capítulo, Krishna, falando do futuro estado do ser humano após a morte, diz que, em geral, "o princípio-vida" no homem (o *Kārana Sharīra*, provavelmente?) assume a forma e a natureza de tal ser ou entidade na qual, ou em que, o ser humano concentrou sua atenção profundamente. Por isso, e como não é desejável que um ser humano contemple qualquer outra entidade ou ser espiritual que não o próprio Krishna, ele aconselha Arjuna a concentrar seus pensamentos nele. Mas quem é Krishna? A *Bhagavad-Gitā* não nos deixa qualquer dúvida sobre essa questão. Ao nos dar um esclarecimento sobre o seu *vibhūti* (como é chamado em sânscrito), Krishna começa dizendo "*Ahamātmā*[45]" (Eu sou *Ātmā* – o sétimo princípio no homem).

Para usar a fraseologia do autor, ele é a "alma" – o princípio essencial do homem. O autor admite essa visão em certas partes de seu livro, embora, para fins de estabelecer as reivindicações de Busiris da autoria do *Mahābhārata*, uma interpretação diferente talvez fosse necessária. E, ao recomendar a contemplação ou *dhyāna* do seu próprio *Ātmā*, Krishna aponta dois modos diferentes de fazer isso nos *shlokas* 9, 12 e 13 do capítulo acima mencionado. A tradução do autor do nono *shloka* é suficiente para me convencer de que ele não tem uma ideia exata sobre o significado esotérico ali encontrado, e que ele confundiu o ser espiritual ou entidade descrita em tal *shloka* com o seu anjo favorito. Ele traduz o importante adjetivo sânscrito - *purāṇam*, como se ele significasse "o antigo anjo". Eu ficaria, de fato, muito feliz em saber em qual dicionário sânscrito esse significado é dado, ou quais são as palavras

[45] O "Eu sou o que sou" do Jeová bíblico, o "Eu sou quem eu sou" ou "Mazdao" do *Ahura Mazda* no *Zend Avesta*, etc. Todos esses são nomes para o sétimo princípio no homem.

sânscritas usadas no *shloka* que poderiam sugerir aquela ideia de um "anjo". A partir desse exemplo de tradução incorreta, assim como de outros exemplos similares que serão mencionados mais adiante, eu tenho razões para pensar que as teorias do autor foram formuladas antes de ele ter verificado cuidadosamente o significado da *Bhagavad-Gitā*, e que ele simplesmente tentou achar, nela, apoio para suas próprias especulações individuais e identificar o espiritualismo moderno (embora avançado) com o que ele gosta de chamar de "Yoguismo Antigo". (p. 87)

De fato, no *shloka*, ou verso, em questão, não há qualquer referência a algum anjo, *deva* ou Deus. Os últimos cinco estágios na escada de ascensão têm exatamente o mesmo significado que é dado pelo *Esoteric Buddhism* para os quatro "Dhyani Budas" celestiais e "Adi-Buda". Krishna alude, de forma significativa, aos Dhyani Budas no nono e décimo shlokas, e fala de "Adi-Buda" – o estágio ou condição representada por *Pranava* – nos versos subsequentes.[46] Enquanto ele aplica a palavra *purusha* a esses Dhyani Budas ele fala de Adi-Budas, como se isso fosse meramente um estado ou condição.[47] As duas expressões, *anuśasitāram* e *Ādityavarṇam*, no nono verso, podem dar ao autor uma chave para o mistério relacionado a esses Dhyani Budas. Eu não tenho permissão para apresentar, neste artigo, as visões dos antigos *Rishis* sobre esses cinco estágios - as contrapartes espirituais das cinco câmaras de construção sobre a câmara do rei na grande pirâmide do Egito – ou a filosofia subjacente à doutrina budista sobre esses cinco Budas. Mas, para meu presente objetivo, é suficiente afirmar que esses "Dhyani Budas" celestiais vieram à existência (de acor-

[46] Por isso, a grande veneração dos budistas à *Bhagavad-Gitā*.

[47] O "Adi-Buda" "cria" os quatro Budas celestiais, ou "Dhyanis", em nossa Filosofia Esotérica. Essa é apenas uma má interpretação grosseira dos orientalistas europeus, totalmente ignorantes da Doutrina Arhat, a qual deu origem à ideia absurda de que o Senhor Gautama Buda criou os quatro Dhyanis ou Budas celestiais. Adi-Buda ou, em certo sentido, *Nirvāna*, "criando" os quatro Budas ou graus de perfeição, é pleno de significado para ele, que estudou mesmo os princípios fundamentais das Doutrinas Esotéricas Bramânicas e Arhat.

do com Vyāsa) antes de o último trabalho de criação ou evolução ter começado e, consequentemente, antes de qualquer *deva* ou anjo ter sido desenvolvido. Por isso, eles devem ser considerados como ocupantes de uma posição mais elevada (num sentido espiritual) que até mesmo *Brahmā*, *Vishnu* e *Ishvara*, os três mais altos deuses do panteão hindu – já que eles são *as emanações diretas de Parabrahman*. O autor entenderá, claramente, minha intenção ao examinar as explicações de "criação" dadas nos *Purānas* hindus, e compreenderá o que os antigos *Rishis* entendiam por *Sanaka, Sanandana, Sanatkumara* e *Sanatsujata*.

A partir dos ensinamentos do próprio Krishna, como exposto no capítulo em análise, fica claro que a transformação, após a morte, em um anjo (mesmo em um Busiris, "o doador da luz"), não é um estado ou posição a ser ardentemente desejada por um verdadeiro iogue. Os antigos *Rishis* de Āryāvarta fizeram um esforço considerável para imprimir sobre as mentes de seus seguidores que o "espírito humano" (sétimo princípio) tem uma dignidade, um poder e uma sacralidade que não pode ser reivindicada por qualquer outro deus, *deva* ou anjo do panteão hindu[48], e é afirmado nos *Purānas* que os seres humanos efetuaram ações que todos os 33 (*crores*[49]) de *devas* em *Svarga* são incapazes de efetuar. Rama, em "forma humana", conquista Ravana, um gigante, que conduziu diante dele todas as legiões de anjos do Céu. Krishna, em forma humana, conquista Narakasura, e vários outros *Rakshasas*, os quais até Indra foi incapaz de combater. E ainda Arjuna – um homem significativamente chamado por Vyāsa de *Nara* – consegue destruir os "Kalakeyas" e os "Nivatakavacas" (duas tribos de *Rakshasas*, ou

[48] Em vista disso, Gautama Buda, após sua iniciação nos *mistérios* pelo antigo *Brahman*, Seu Guru, renunciando a deuses, *devas* e deidades pessoais, sentindo que o caminho para a salvação não está em dogmas presunçosos e no reconhecimento de uma divindade *fora* de si mesmo, renunciou a toda forma de teísmo e tornou-se Buda, *o iluminado*. "*Aham Eva param Brahmā*", eu sou, eu mesmo, um *Brahman* (um deus), é o lema de todo Iniciado.

[49] *Crore* (em inglês): unidade de valor igual a 10 milhões (de rúpias). (Nota da trad.)

demônios, que os *devas* achavam invencíveis) e realmente derrota o próprio Indra com a ajuda de seu amigo, Krishna. Se o douto autor quiser ler as entrelinhas dos nossos *Purānas* e verificar a ideia fundamental que encontrou expressão em tais mitos e alegorias, ele estará numa condição melhor de saber a opinião de nossos antigos professores a respeito do "espírito humano" (sétimo princípio) e sua supremacia sobre todos os anjos de *Svarga*. Até nesse plano mundano de existência um "iogue" hindu ou um "*Arhat*" budista almeja a um resultado incomensuravelmente mais alto que o mero atingimento de *Svarga*: isto é, um estado de descanso "eterno" que nem mesmo os *devas* alcançam. E eu posso garantir com segurança ao autor que um Adepto oriental não consideraria uma honra se lhe dissessem que ele alcançaria *Svarga* após a morte, ou que ele se tornaria um anjo. Krishna chega ao ponto de dizer (cap. 8) que até mesmo a residência em *Brahmā Loka* não é desejável para um homem que se interessa por *Svasvarūpajñānam* – o CONHECIMENTO DO EU.

Em tais circunstâncias, é com considerável espanto que todo hindu receberá a surpreendente afirmação de que "Busiris, o anjo" – (considerando-o totalmente no sentido em que o autor o teria considerado) proclamou, há algum tempo, em uma sala de sessão espírita em Manchester ou Londres, que ele era o autor do *Mahābhārata*. Se a declaração ou proclamação do autor significa que a entidade ou "princípio-vida", que foi representada por Vyāsa no plano mundano de existência há cinco mil anos é representada agora por Busiris no plano angélico de existência, ou, para expressar a mesma coisa em outras palavras, que Vyāsa é hoje um anjo chamado Busiris – seus leitores hindus não serão capazes de conciliar isso com os ensinamentos de seus antigos *Rishis*; a menos que eles queiram admitir que Vyāsa, em vez de ser, durante sua vida, um grande *Rishi* na Terra, não era nem um Adepto, nem mesmo um Iniciado, mas meramente um adorador de um anjo ou *deva* particular, que passou sua vida em contemplação daquele *deva*, almejando o tempo todo a "angelitude", uma habitação no *Svarga* (ou paraíso) após a morte.

Com essas observações preliminares, devo agora considerar as reivindicações de Busiris da autoria do *Mahābhārata*. As várias passagens no livro do Sr. Oxley referentes a esse assunto podem apontar para qualquer das seguintes conclusões:

(1) Que Vyāsa agora é um anjo chamado "Busiris", como explicado anteriormente, e que, ao escrever seu poema épico, ele foi inspirado pelo anjo – coletivamente chamado Busiris.

(2) Que, mesmo supondo-se que Vyāsa já tenha atingido *moksha*, ou *Nirvāna*, e alcançado um plano de existência mais elevado que o de um anjo, ainda atribui-se a ele a autoria do *Mahābhārata* e da *Bhagavad-Gitā* por meio da inspiração recebida das legiões de anjos ou *devajñānam*, agora coletivamente representadas por "Busiris" o "doador da luz".

Tomando-se qualquer das duas proposições, naturalmente se pode esperar que algumas evidências, em apoio a elas, possam ser encontradas na *Bhagavad-Gitā* ou nas partes remanescentes do *Mahābhārata*. E, como o autor nos garante (p. 181) que os indivíduos que coletam as declarações das inteligências angélicas e reduzem-nas à forma escrita muito "sabiamente mantêm suas próprias personalidades na sombra", somos levados a acreditar que essa expectativa é passível de ser realizada. Mas a totalidade da evidência interna, reunida pelo autor em favor de seu herói angélico, equivale apenas a isto:

I – Vyāsa[50] significa um "registrador": por isso a palavra foi inten-

[50] Em nenhum caso o termo pode ser traduzido como "registrador". Deveríamos dizer "revelador", aquele que explica os mistérios ao neófito ou candidato à Iniciação, expandindo ou ampliando-lhe o sentido.

cionalmente aplicada a Krishna Dvaipayana para indicar sua verdadeira posição em relação à autoria do *Mahābhārata*.

Agora eu peço licença para colocar, em resposta a esse argumento, que Vyāsa não significa exatamente um "registrador", mas "alguém que expande ou amplifica". A coisa ou doutrina que ele explica ou amplifica é um mistério para o público não iniciado. Esse termo foi aplicado ao "mais alto" guru na Índia nos tempos antigos; e o autor será capaz de encontrar no *Linga Purāna* que o autor do *Mahābhārata* foi o 28° Vyāsa na ordem de sucessão. Buscarei explicar o verdadeiro significado das 28 encarnações mencionadas[51] ali, mas direi apenas que a entidade, amplificada e expandida por esses *Mahātmas*[52] para a instrução de seu círculo superior de discípulos era PRANAVA (veja o *Kūrma Purāna*). O autor será capaz de aprender algo sobre essa misteriosa "amplificação" de PRANAVA "apenas" na região sagrada onde Swedenborg aconselhou a seus leitores procurar a "Palavra Perdida", e em algumas poucas localidades não exploradas e desconhecidas na Índia.

II – *Sañjaya* – de acordo com o Sr. Oxley – foi propositadamente inserido na história para dar ao leitor uma indicação do modo pelo qual as verdades divinas foram comunicadas por "Busiris" a Vyāsa. Na página 61 o autor escreve, em relação a isso, o seguinte: "*Sañjaya* significa mensageiro, (e, se interpretado pelas experiências espíritas modernas, refere-se ao espírito

[51] Para alguém que tem uma noção, mesmo vaga, de como os mistérios da antiguidade eram conduzidos, e do atual Sistema Arhat no Tibete, imprecisamente denominado de "Sistema de Reencarnação" dos Dalai Lamas, o significado ficará claro. O hierofante chefe que transmitia a "palavra" a seu sucessor *tinha que morrer* fisicamente. Até Moisés morreu após ter colocado suas mãos sobre Josué, que assim tornou-se "cheio do espírito da sabedoria da Moisés", e diz-se que foi o "Senhor" que o enterrou. A razão pela qual "até hoje ninguém sabe de sua sepultura" é clara para um ocultista que conhece algo da suprema iniciação. Não pode haver *dois* "mais elevados" gurus ou hierofantes na Terra, vivendo ao mesmo tempo.

[52] "Grandes Almas", traduzindo literalmente; um nome dado aos grandes Adeptos.

ou anjo comunicante) que é gradualmente absorvido na individualidade do organismo do registrador que assume o nome ou título de Krishna."

Não seria muito interessante saber com que autoridade o autor diz que *Sañjaya*, em sânscrito, significa mensageiro? Ninguém se sentiria disposto a discutir com ele, se ele apenas desse nomes fantasiosos a anjos imaginários. Mas é justo, da parte do autor, dar um sentido falso a nomes sânscritos sem possuir qualquer conhecimento de tal língua, e expressar, para o público inglês e indiano, que as "ideias toscas" dos espíritas modernos e suas próprias especulações harmonizam-se completamente com os ensinamentos dos livros sagrados dos arianos? O autor diz (p. 55) que:

"Uma compreensão da grande Lei do Influxo (mas pouco imaginada e ainda menos compreendida pela massa), nos habilita a receber essa afirmação do "novo" anjo Busiris, de *que ele* era o autor do *Mahābhārata*."

Embora eu não saiba muito sobre a "grande Lei do Influxo" do autor, eu conheço uma determinada Lei do *Efluxo* (mas pouco imaginada pelos autores e ainda menos compreendida por seus leitores), que me habilita a perceber que meras fantasias são frequentemente confundidas com realidades, especialmente quando os ditos autores acham que são "inspirados".

Se *Sañjaya* realmente representava a inteligência angélica que comunicou as verdades veiculadas na *Bhagavad-Gitā* a Vyāsa, é surpreendente encontrar no último capítulo, o próprio capítulo, de fato, que, na opinião do autor, contém a chave para a clara compreensão de toda a filosofia – *Sañjaya* informando Dhrtarāstra de que, pelo auxílio de Vyāsa (Vyāsa *prasādena*), ele era capaz de ouvir as verdades místicas reveladas por Krishna. O significado de *Sañjaya* seria esclarecido pela explicação do acordo feito por Vyāsa para obter informação sobre a guerra entre os Pandavas e os Kauravas para o cego Dhrtarāstra, dada no começo do *Bhīṣmaparva*. Vyāsa, de fato, dotou *Sañjaya*, por um período, com poderes de *dūradṛṣti* e *dūraśravaṇm*, e o tornou invulnerável, de modo que ele pudesse estar presente no campo de batalha e relatar tudo ao velho homem cego. Esses fatos registrados no *Mahābhārata* são totalmente inconsistentes com a teoria do autor, a não ser que estejamos preparados para admitir que Vyāsa publicou falsidades deliberadas com a intenção de ocultar a real autoria do *Mahābhārata*. Mas o autor nos informa que os "registradores", como Vyāsa, "muito sabiamente mantiveram suas próprias personalidades na sombra". Eu devo, portanto, admitir que as suposições do autor sobre *Sañjaya* e as inteligências angélicas são errôneas até se provar que os fatos são incorretos.

III – Novamente na página 54 do seu livro, ao dar sua interpretação sobre as palavras "Krishna" e "*dvaipāyana*", ele diz que "Krishna" significa "negro", e "*dvaipāyana*", "difícil de atingir", o que, "interpretado espiritualmente, simboliza os estados da humanidade à qual a revelação foi feita".

O autor evidentemente pretende sugerir, com essa passagem, que o nome dado a Vyāsa contém alguma evidência da revelação feita por Busiris. E aqui, ainda, o autor está interpretando mal a palavra sânscrita "*dvaipāyana*" para criar uma nova evidência para sua teoria favorita. Esse nome foi dado a Vyāsa porque ele nasceu em uma *dvīpam*, ou ilha (no Ganges), como será visto no próprio *Bharata*. A não ser que o autor possa demonstrar com sucesso que todas as palavras sânscritas que ele interpretou mal realmente pertencem à linguagem misteriosa à qual as duas palavras que ele selecionou – "Osíris" e "Busiris" – pertencem, e que só ele pode entender, erros, como esse, podem apenas produzir uma impressão desfavorável sobre a mente do leitor hindu.

Essa é a totalidade da evidência interna trazida à luz pelo douto autor em apoio às alegações de Busiris. Se tal evidência é realmente pior que inútil, pelas razões acima mencionadas, com base em que outros fundamentos devemos admitir a verdade da suposta declaração feita por Busiris na Inglaterra? É provável que o autor mantenha sua posição a respeito de sua teoria sobre a composição dos livros sagrados em geral, e sobre a evidência direta fornecida por ele mesmo.

Quanto à primeira das duas proposições já mencionadas, eu mostrei que, para a mente hindu, o fato de que Vyāsa foi um Adepto e um *Mahātma* durante sua vida, e o outro fato de que ele é agora um anjo ou *deva*, são irreconciliáveis. Eu admito que, à primeira vista, não é improvável o fato de um anjo dar informação a um mortal, embora as minhas opiniões a respeito da natureza dos denominados "anjos" diferem amplamente daquelas do autor. Mas eu arrisco-me a afirmar que ninguém que esteja familiarizado com os Adeptos orientais e os poderes que eles possuem estará disposto a admitir que um Adepto como Vyāsa tivesse, alguma vez, a necessidade de aprender verdades espirituais de um anjo ou de um *deva*. A única fonte infalível de inspiração a respeito das verdades espirituais mais elevadas, reconhecida e respeitada por um Adepto oriental, é a eterna e infinita Mônada – seu próprio *Ātmā*, de fato. Ele pode fazer uso do auxílio dos elementais e dos poderes semi-inteligentes da Natureza toda vez que lhe aprouver. Mas os seus próprios poderes inerentes podem dar-lhe toda a informação ou instrução que anjos como Busiris nunca poderão dar. Eu não pretendo dizer coisa alguma sobre o modo como as verdades espirituais são aprendidas pelos "Adeptos" da França, os "Adeptos" da América, e provavelmente, também os Adeptos da Patagônia e do Reino Zulu, aludido por "Alif" em sua crítica ao livro do autor na *Psychological Review*; mas Vyāsa era um Adepto oriental, e, deve-se presumir que ele possuía ao menos os poderes exercidos atualmente pelos Adeptos no Tibete e na Índia. Nos *Purānas* hindus há, sem dúvida, exemplos registrados de Iniciados que receberam informação e instrução por meio da assistência de poderes inteligentes da Natureza. Mas há muito pouca semelhança entre tais poderes e anjos como Busiris. Quando o autor conseguir descobrir o modo pelo qual um Adepto comunica-se com esses poderes e obtém uma pista para construir o código que a própria Natureza usa, ele estará numa posição melhor para entender a diferença entre comunhão espírita em uma sala de sessão e o modo pelo qual os Iniciados da antiga Āryāvarta obtinham suas informações sobre vários assuntos. Mas que necessidade havia lá para algo como uma revelação especial no caso do *Mahābhārata*? A respeito dos fatos históricos mencionados ali, não poderia haver qualquer necessidade de entrar na intimidade de Vyāsa, já que ele meramente registrou os eventos que ocorreram perante seus próprios olhos. Ele era, de fato, o "pai" de Pandu e Dhrtarāstra, e todos os eventos mencionados no *Mahābhārata* aconteceram durante sua vida. A respeito dos vários discursos filosóficos tais como a *Bhagavad-Gitā* em *Bhīṣmaparvam*, *Sanat Sujātīyam* em *Udyogaparvam* e *Uttara-gītā* em *Anuśāsanikaparvam*, muitos dos doutos *panditas* da Índia são da opinião de que originalmente eles não estavam inclusos no *Mahābhārata*. Seja qual for a força das razões dadas por eles para dizer isso, é claro para aqueles que estão familiarizados com a verdadeira história do pensamento ário que toda a ciência esotérica e filosofia contida no *Mahābhārata* existia muito antes de Vyāsa ter nascido. Essa obra não marcou o advento de uma nova era na Filosofia Ária ou introduziu uma nova Ordem no mundo ário, como o autor imaginou. Embora se fale, geralmente, de Vyāsa como fundador da doutrina vedântica, não foi pelo *Mahābhārata* ou por algo contido nele que ele obteve esse título, mas por causa do seu célebre *Brahma Sūtras*, que supostamente contém uma exposição completa das doutrinas ensinadas pela escola vedântica. Esse livro é particularmente mencionado no quinto verso do 13° capítulo da *Bhagavad-Gitā*, onde Krishna informa Arjuna de que a natureza de *kṣetram* e *kṣetrajña* foi plenamente definida nos *Brahma Sūtras*. Não sabendo qualquer coisa sobre a existência dessa grande obra filosófica, o autor achou que a expressão sânscrita *Brahma Sūtras* significava simplesmente "preceitos ensinados das verdades divinas". Se o autor soubesse algo sobre a importância da obra em questão, Busiris teria, sem dúvida, anunciado a si próprio, nessa ocasião, também como o autor dos *Brahma Sūtras*. Se esses *sūtras* foram escritos por Vyāsa antes de Krishna ter revelado as verdades da *Bhagavad-Gitā* para Arjuna, como nós somos levados a inferir das palavras usadas nesse *shloka*, não havia qualquer necessidade da assistência de Busiris na composição da *Bhagavad-Gitā*, já que a "filosofia do espírito" contida nela já estava plenamente contida nos ditos *Sūtras*.

O autor provavelmente dirá: "Eu não vejo razão pela qual eu não deveria acreditar na afirmação feita por Busiris". Ele pode argumentar que ele sabe, com certeza, que "isso foi feito por um anjo; e como um anjo não pode, em quaisquer circunstâncias, dizer uma falsidade," ele tem que acreditar que "o *Mahābhārata* é realmente a produção de Busiris".

O douto autor informou ao público na página 51 do seu livro que, depois de fazer a importante declaração de que ele era o autor do *Mahābhārata*, Busiris seguiu "dando uma explicação interessante sobre a civilização e os modos e costumes dos habitantes de seu tempo, *muito anterior* ao sistema de castas que atualmente vigora na Índia". Infelizmente nós não encontramos a totalidade dessa interessante explicação publicada pelo douto autor para o benefício do público. Mas a única declaração de importância histórica contida na sentença acima citada – de que o sistema de castas não vigorava na época em que Busiris estava na Índia em forma humana – é tal que faz todos os que estão familiarizados com a história da Índia duvidarem da veracidade de Busiris. O *Rig Veda* fala das quatro castas dos hindus (veja as Palestras de Max Müller, etc.) e, como o autor admite que o *Rig Veda* existia muito antes da composição do *Mahābhārata*, o sistema de castas deve também ter existido antes de Busiris ter aparecido em forma humana nesse país.

Ainda, o *Śāntiparvam* e o *Anusāśanikaparvam* do *Mahābhārata* mostrará claramente ao autor que o sistema de castas existia quando Busiris estava vivendo aqui como Vyāsa. E mais, no 13º verso do quarto capítulo da própria *Bhagavad-Gitā*, Krishna diz que ele já tinha criado as quatro divisões das castas (*cāturvarṇyam mayā śṛṣṭam*). Essa afirmação de Busiris, então, está claramente errada. É bem surpreendente que um anjo perca sua memória no curso de sua transformação de homem para anjo, ou faça deliberadamente afirmações falsas em relação a fatos bem conhecidos da história. Sob tais circunstâncias, ninguém estará disposto a admitir que Busiris foi o autor do grande poema, supondo que não haja nenhuma outra evidência em apoio a ela além do valor de suas próprias declarações.

Assim, nós vimos o grau de confiança que pode ser colocado na revelação de anjos, que se deleitam em dar, de vez em quando, notícias sensacionais ao público por meio de seus amigos e admiradores em salas de sessão espírita. Uma vez que os denominados célebres "Controles Históricos" continuam a dar informações incorretas a respeito de eventos e fatos da história, o público em geral, e os hindus em particular, devem ser desculpados por não dar crédito a tudo que é alegado pelos espíritas em nome dos "espíritos desencarnados" e da "comunhão espírita".

Eu tenho evitado, propositadamente, dizer qualquer coisa sobre a verdadeira atuação no trabalho de produzir as denominadas manifestações espíritas, e evitado testar Busiris e suas pretensões, examinando as próprias bases do Espiritismo moderno a partir de seus primeiros princípios. A menos que primeiramente sejam estabelecidos os verdadeiros pontos de divergência entre o Espiritismo e a Teosofia em suas doutrinas fundamentais, haverá pouco ou nenhum proveito em simplesmente se declarar as conclusões dos teósofos sobre os fenômenos das salas de sessão. Conclusões baseadas na investigação sistemática e descobertas feitas pelos intelectos mais brilhantes da Ásia, por milhares de anos, são suscetíveis de ser frequentemente confundidas com especulações inúteis e hipóteses extravagantes, se a base, nas quais elas apoiam-se, estiver encoberta. Não se pode esperar que eu empreenda uma discussão completa sobre o assunto dentro dos limites de um artigo. Já dei uma demonstração breve e geral de minhas visões sobre o Espiritismo em um texto publicado em *The Theosophist.*

Como a presente crítica já ficou muito extensa, agora devo concluí-la. As visões do autor sobre as bases astromaçônicas da *Bhagavad-Gitā* e sua elucidação de algumas de suas importantes doutrinas serão examinadas no meu próximo texto.

Um artigo do Sr. W. Oxley, sob o título acima, apareceu em *The Theosophist.* Ele era destinado a ser uma resposta às censuras contidas em minha crítica à "Filosofia do Espírito", publicada em *The Theosophist*, mas uma parte considerável dele é dedicada à exposição de algumas das importantes doutrinas daquilo que é denominado "Hierosofia e Teosofia", conforme entendido pelo autor. Eu devo primeiro examinar a sua defesa de Busiris e as declarações contidas em seu tratado sobre *The Philosophy of Spirit* a respeito da autoria do *Mahābhārata*, e então prosseguir apontando suas concepções errôneas sobre a verdadeira doutrina da "Teosofia", e a natureza fantasiosa de suas especulações sobre as doutrinas do novo sistema de Filosofia e Ciência Esotérica que, é predito com segurança, irá logo suplantar os sistemas existentes das Fraternidades Orientais, e que deverá, daqui por diante, ser conhecido sob o nome de "Hierosofia".

O Sr. Oxley tem o prazer de afirmar, no começo do seu artigo, que quaisquer que possam ser as visões dos brâmanes ortodoxos a respeito de suas teorias e especulações, os "budistas esclarecidos" não seriam relutantes em simpatizar com ele e recebê-lo como um aliado no trabalho de reforma.

Os budistas podem não estar muito interessados nem na *Bhagavad-Gitā* e sua autoria, nem em sua correta interpretação e, consequentemente, eles podem não se dar o trabalho de chegar a quaisquer conclusões específicas sobre a correção da interpretação que o autor tem de sua filosofia, ou sobre a imparcialidade de suas visões a respeito de sua autoria. Mas se o autor publicasse outro pequeno tratado para explicar a filosofia do espírito contida tanto no *Tripitakas*, quanto no *Dharma Chakra Pravartana Sūtra* e afirmasse que os verdadeiros autores dessas obras eram melhor conhecidos por certos médiuns na Inglaterra do que pelos lamas budistas e *arhats* juntos, e que eles eram, de fato, certos anjos chamados por nomes que eles nunca ouviram em suas vidas; e que o interior de Gautama Buda foi aberto para deixar entrar a luz espiritual e o saudável influxo de vida da esfera dos anjos solares, ele teria uma oportunidade de verificar a opinião dos "budistas esclarecidos" sobre o verdadeiro valor de suas especulações e a extensão de sua utilidade em promover a causa da filosofia e reforma budistas. Eu dificilmente esperaria que um filósofo da presunção do Sr. Oxley achasse apropriado atacar o Bramanismo ortodoxo e informar ao público que sua leitura dos feitos de pessoas ortodoxas na história passada e suas observações sobre seu espírito e efeito nos tempos atuais não deixou uma impressão muito favorável em sua mente, quando tal afirmação é totalmente irrelevante para o argumento em questão. Busiris deve, de fato, ter sido rebaixado a uma situação desesperadora quando esse contra-ataque ao "Bramanismo ortodoxo" foi considerado necessário para salvá-lo da aniquilação.

Mas o que o Sr. Oxley sabe sobre os "brâmanes ortodoxos"? Até onde eu posso ver, seu conhecimento das doutrinas do Bramanismo ortodoxo é todo derivado da leitura de algumas traduções inglesas incorretas da *Bhagavad-Gitā*; ele é ignorante confesso da língua sânscrita, e por isso é incapaz de extrair informação de qualquer de nossas obras em sânscrito. Ele deve ter baseado sua assertiva, talvez, nas declarações de alguns missionários interesseiros, que geralmente gostam de injuriar o Bramanismo ortodoxo quando se percebem incapazes de converter os hindus ao seu credo com argumentos razoáveis. Sob tais circunstâncias, qual é o bem de informar seus leitores que ele não patrocina o "Bramanismo ortodoxo", quando ele não está preparado para indicar em quais aspectos o Bramanismo ortodoxo é ruim, e em que medida minha ligação com ele tende a viciar meus argumentos contra as alegações de Busiris sobre a autoria do *Mahābhārata*? Eu informo ao autor que se há razão para condenar quaisquer dos ritos, cerimônias ou práticas dos brâmanes modernos, o Bramanismo deles seria heterodoxo, e não ortodoxo. Os verdadeiros brâmanes ortodoxos são as crianças da misteriosa névoa de fogo conhecida dos ocultistas orientais. As duas palavras sânscritas, *baḍaba* e *baḍabaya*, geralmente aplicadas a "brâmanes", revelarão ao autor a verdadeira base do Bramanismo ortodoxo, se ele puder ao menos entender o significado delas. O verdadeiro brâmane ortodoxo é o "homem astral" e sua religião é a única religião verdadeira no mundo; isso é tão eterno quanto a poderosa lei que rege o Universo. É essa grande religião a base da Teosofia. O Sr. Oxley está apenas expondo um truísmo – um truísmo pelo menos para os teósofos – quando ele diz que "a verdade esotérica é uma e a mesma quando despojada da roupagem externa com a qual ela está vestida". É a partir do ponto de vista dessa verdade esotérica que eu tenho examinado as teorias do autor explicadas em seu livro, e cheguei à conclusão de que elas eram meras fantasias e especulações, que não se harmonizam com as doutrinas da antiga Religião-Sabedoria que, em minha humilde opinião, é idêntica ao verdadeiro Bramanismo ortodoxo da antiga Āryāvarta e ao Budismo pré-védico da Ásia Central. Agora eu solicito a meus leitores que leiam integralmente minha crítica de *The Philosophy of Spirit* a respeito do artigo em questão para avaliar a relevância dos argumentos do Sr. Oxley.

Eu afirmei em minha crítica que, a respeito dos fatos históricos mencionados no *Mahābhārata*, não havia qualquer necessidade de "se abrir o interior" de Vyāsa e, a respeito da filosofia ali contida, não havia nenhuma necessidade de algo como uma revelação especial feita por anjos como Busiris. O douto autor contesta essas afirmações com duas razões que podem ser apresentadas assim:

1. Alegorias védicas têm quase tanta verdade histórica literal em si quanto as alegorias hebraicas, etc. Por isso, o *Mahābhārata* não contém *quaisquer fatos históricos*. É quase desnecessário apontar a falácia e a falta de valor de tal argumento.

2. O segundo argumento é ainda mais ridículo. Quando expresso numa linguagem clara, ele afirma o seguinte: a ortodoxia insiste em uma interpretação literal de certos livros como o *Mahābhārata*.

O Sr. Oxley não se coloca a favor da "ortodoxia". E, portanto, segue-se necessariamente que o *Mahābhārata* não contém fatos da história, e que "o interior de Vyāsa foi aberto" para deixar entrar a luz de Busiris.

Tendo incitado esses dois argumentos inúteis em defesa de Busiris, o douto autor segue comentando os *dezesseis estados* mencionados em minha crítica, após me dar a devida advertência de que eu deveria refutá-lo como um teósofo, e não como um brâmane ortodoxo. Ele diz que, como seus doze estados são qualidades, ele tem, de fato, 24 estados enquanto eu tenho apenas dezesseis, e tratando desse último, conforme seu próprio método, ele afirma que os teósofos orientais não foram além do oitavo estágio de ascensão. Se eu fosse dizer a ele, em resposta a suas afirmações, que meus estados também são dualidades, ele provavelmente diria que seus doze estados são tantas *trindades*. De qualquer maneira, o número do Sr. Oxley deve ser maior que o meu número; e esse é o grande resultado a ser atingido a qualquer custo. O Sr. Oxley fará bem em lembrar que, assim como uma linha geométrica pode ser dividida em partes de um número infinito de modos, essa linha de ascensão pode, similarmente, ser dividida em vários estágios de inumeráveis maneiras. E, a fim de averiguar se o último estágio alcançado pelos Adeptos orientais é mais alto ou mais baixo que o último estágio concebido pelo Sr. Oxley, ele deveria examinar cuidadosamente as características de nosso último estágio, em vez de meramente comparar o número de estágios sem saber nada sobre a base de nossa divisão. Eu sugiro que a existência de qualquer estágio ou condição além de *ṣoḍaśāntam* (16º estágio) mencionado em minha crítica é completamente inconcebível. Pois é *Turīyakala* que é *niṣkalā*; é o *Grande Nada* a partir do qual é desenvolvida, pela operação da lei externa, cada existência, seja física, astral, ou espiritual; é a condição de Negação Final – o *Mahā Śūnyam*, o *Nirvāna* dos Budistas. Não é a própria *estrela resplandecente*, mas é a condição de perfeita inconsciência da entidade assim indicada, bem como do Sol que se supõe estar além de tal estrela.

O douto autor aponta a seguir que não pode haver qualquer dificuldade ou objeção "para aceitar como uma *possibilidade* que o verdadeiro autor do *Mahābhārata* poderia produzir uma aparição, não objetiva, mas subjetiva, em Londres, ou em qualquer lugar, se ele assim escolhesse fazer". É bem verdade, mas ele nunca vai escolher fazer isso. E, consequentemente, quando se declara que tal aparição subjetiva ocorreu, fundamentos muito fortes são necessários para prová-la. Até onde eu posso ver, todas as provas estão contra aquela declaração. Aparições subjetivas como essas são geralmente muito enganosas. As brincadeiras travessas de *pishāchas* ou elementais muitas vezes podem ser confundidas com aparições subjetivas de anjos solares ou Adeptos vivos. A afirmação do autor sobre as supostas visitas astrais do "venerável Kuthumi" é agora contrariada pelo *chela* de Kuthumi sob as ordens de seu mestre. Infelizmente, Busiris não tem nenhum *chela* em forma humana para contradizer as afirmações do Sr. Oxley. Mas o relato das visitas de Kuthumi será suficiente para mostrar como o douto autor pode ser enganado facilmente por demônios e elementais, ou por sua própria imaginação descontrolada. Eu respeitosamente sugiro ao Sr.

Oxley que se pode argumentar, em conformidade com sua própria poderosa "lei do influxo", que o *pishacha* ou elemental, o qual ele confundiu com Vyāsa, poderia ter apresentado uma afirmação falsa, sendo incapaz de manter "a consciência simultaneamente em ambas as extremidades da linha" ou, pela mesma razão, trabalhando sob uma dificuldade similar (pois nos foi dito pelo autor que até o mais alto *deva* não pode transcender a "lei das condições"), Busiris poderia ter-se confundido com o autor do *Mahābhārata,* tendo perdido a consciência do que ele realmente era antes de produzir a aparição subjetiva em questão.

O douto autor lembra-me de que Krishna Dvaipayana "é apenas o suposto autor do *Mahābhārata*" e confiantemente afirma que "nenhum homem vivo sabe quem foram os autores dos sagrados registros hindus, ou quando e onde esses foram escritos e publicados", fiando-se na autoridade do professor Monier Williams, que afirmou em seu livro sobre "Hinduísmo" que a literatura sânscrita é totalmente destituída de registros históricos confiáveis.

Essa afirmação não prova que Busiris era o verdadeiro autor do *Mahābhārata* pelas seguintes razões:

I. Com todo o respeito devido ao douto professor, eu atrevo-me a afirmar que a proposição geral invocada não está correta. Nós obtivemos registros históricos confiáveis que nenhum europeu jamais viu; e temos, além disso, os meios para descobrir qualquer fato histórico que possa ser necessário, ou de reproduzir, na íntegra, qualquer obra que possa ter sido perdida. A ciência oculta oriental nos deu esses poderes.

II. Mesmo se a proposição geral estiver correta, não se pode razoavelmente inferir dela que, quando os nomes dos autores de obras sânscritas são mencionados nas próprias obras ou em outros livros que podem ser considerados como oficiais, nenhuma confiança deve ser depositada em tais declarações.

III. Mesmo se tal inferência fosse admissível, não se pode sustentar, na ausência de qualquer evidência independente confiável, que, por não se conhecer o autor de um determinado livro sânscrito, deve-se presumir que ele seja a produção de um anjo.

A seguinte informação pode ser encontrada no livro do autor, p. 51: "Busiris expressamente declarou: 'Eu sou o autor do *Mahābhārata*, e posso responder por cinco mil anos, pois eu estive na Terra nesse tempo', e ele segue dando uma interessante explicação sobre a civilização, os modos e os costumes dos habitantes de seu tempo, muito anterior ao sistema de castas que hoje vigora na Índia." Agora, nós fomos informados pelo Sr. Oxley que as palavras "muito anterior ao sistema de castas que hoje vigora na Índia" não foram proferidas por Busiris, mas foram escritas por ele mesmo. Mesmo assim Busiris tem, sem dúvida, alguma ligação com a declaração. "A interessante explicação sobre a civilização, os modos e os costumes dos habitantes de seu tempo," dada por Busiris, ou é coerente com a existência das castas na época, ou não é. Se é, a afirmação do autor não se harmoniza com a explicação de Busiris, e eu não acho que o autor vá ousar contradizer as afirmações de um anjo. Eu deveria, por isso, aceitar que a explicação dada por Busiris é incompatível com a existência das castas na época em que ele apareceu em forma humana.

Se assim for, a explicação em questão contradiz categoricamente todas as declarações do próprio *Mahābhārata* que se referem ao sistema de castas (veja *Śāntiparvam* e *Anuśāsanikaparvam*). A citação que autor fez da opinião do professor William a respeito do "*Purusha Sukta*" não mostra que ele não forma propriamente uma parte do *Rig Veda*, e não são dadas razões para se sustentar que o sistema de castas mencionado na *Bhagavad-Gitā* não é um sistema de castas propriamente dito. E aqui novamente o autor pensa que é necessário condenar o Bramanismo ortodoxo a fim de impor seus argumentos. Se o autor realmente pensa que vai ganhar sua causa insultando o "Bramanismo ortodoxo", ele está completamente enganado.

Após nos dar um breve relato sobre o progresso dos Estados Unidos e de predizer a futura queda do Bramanismo ortodoxo, o douto autor informa seus leitores de que seria melhor não reparar no que, em sua opinião, poderia levar a provar que minhas críticas partem de um ponto de vista equivocado. Certamente, o autor agiu muito prudentemente ao fazer essa declaração; qualquer tentativa de sua parte de responder aos argumentos defendidos por mim terminariam em um desastroso fracasso.

É sempre difícil para um estrangeiro compreender a nossa filosofia religiosa e os mistérios dos nossos *Purānas*, mesmo quando ele dedica uma parte considerável de seu tempo e energia ao estudo da literatura sânscrita, os verdadeiros segredos da ciência oculta oriental podem ser revelados apenas por um *Iniciado*. Uma vez que os europeus tratam as opiniões dos hindus com desdém e interpretam nossos livros religiosos de acordo com suas próprias fantasias, as verdades sublimes neles contidas não serão reveladas às nações ocidentais. O Sr. Oxley, evidentemente, acha que não há Iniciado na Índia que possa interpretar corretamente nossos livros religiosos, e que a verdadeira chave para o Hinduísmo esotérico está em sua posse. É tal convicção irracional que tem impedido, até agora, tantos pesquisadores europeus de averiguar a verdade real sobre nossos livros religiosos antigos.

O Sr. Oxley pretende assumir uma certa importância ao manifestar a seguinte espantosa afirmação. Ele diz em seu artigo: "Que, se eu declaro ao meu crítico que talvez – seguindo a sugestão e orientação de Swedenborg – eu e alguns outros podemos ter penetrado naquela região sagrada (Ásia Oriental) e descoberto a 'Palavra Perdida'"!

Se eu não tivesse visto o livro do autor e seus artigos em *The Theosophist*, eu teria evitado dizer algo contra tal declaração, supondo que a declaração de ninguém dever ser presumida como falsa, a não ser que se prove como tal. Mas a partir das seguintes considerações, eu não posso deixar de chegar à conclusão de que o autor nada sabe sobre a "Palavra Perdida".

(1) Aqueles que estão de posse dela não são ignorantes na "arte de dominar as denominadas forças da Natureza."
O autor admite que ele e seus companheiros são ignorantes em tal arte.
(2) Aqueles que estão familiarizados com a Poderosa Lei incorporada na "Palavra Perdida" nunca vão afirmar que a "Mônada infinita recebe influxo de energia dos Espíritos Planetários", como afirma o autor.
(3) A afirmação do autor sobre o fluxo de energia dos anjos solares mostra que ele não está familiarizado com a verdadeira fonte de energia criativa indicada pelo Nome.

Aqui termina a resposta do Sr. Oxley às minhas críticas. Então ele segue explicando as doutrinas da Hierosofia. Agora eu examinarei as noções do Sr. Oxley sobre Teosofia e Hierosofia. Não é fácil entender suas definições dos dois sistemas de filosofia mencionados, e nenhuma questão ou questões definidas podem ser levantadas a respeito da importante distinção entre tais sistemas a partir do significado transmitido por essas definições. Mas ele tem explicado algumas das importantes doutrinas da Teosofia e Hierosofia a partir do seu próprio ponto de vista com o objetivo de comparar os dois sistemas. Embora ele acredite que "será admitido" que ele "nem minimizou e nem exagerou o caso da Teosofia", eu respeitosamente sugiro que ele entendeu totalmente errado as principais doutrinas inculcadas por ela.

O douto escritor diz que os teósofos ensinam que, no caso de pessoas más e depravadas, o espírito, no momento da morte, faz sua partida final. Essa afirmação está certamente correta, mas as conclusões tiradas a partir dela pelo Sr. Oxley são claramente ilógicas. Se essa doutrina está correta, diz o autor, então necessariamente se segue que, para todas as intenções e propósitos, para um *simples* John Brown "a vida eterna está fora de questão". Então ele expressa sua simpatia por párias, vagabundos e outras pessoas pobres desafortunadas e condena a doutrina por sua predileção pelos "*rājas*, *mahārājas*, plutocratas, aristocratas", etc, e brâmanes ricos, e sua falta de caridade para com os outros que constituem a maior porção da humanidade. Aqui está bem claro que a falácia do argumento do Sr. Oxley consiste na mudança de adjetivos. A partir da principal doutrina em questão segue-se que "a vida eterna está fora de questão" não para o *simples* John Brown, mas para o mau e depravado John Brown; e eu não consigo ver qualquer razão pela qual o autor deveria lamentar tão amargamente a perda da imortalidade, na medida em que afeta as naturezas totalmente más e depravadas. Eu não acho que meu douto oponente estará preparado para sustentar que todos os párias, vagabundos, e outras pessoas pobres são todos depravados e maus, ou que todos os *rājas*, *mahārājas*, e outras pessoas ricas são sempre virtuosas. É minha humilde opinião que as pessoas totalmente más e depravadas são a minoria, e a perda da imortalidade de tais pessoas não pode ser, seriamente, tornada o fundamento de uma objeção à doutrina teosófica em consideração.

A Teosofia propriamente dita ensina não a "imortalidade condicional" como o autor gosta de afirmar, mas a mortalidade condicional, se me permitem usar tal frase. De acordo com a Teosofia, portanto, aniquilação não é o destino comum da humanidade, a não ser que o douto autor esteja em condições de afirmar que a maior parte da raça humana é má e depravada – fora de salvação. Os teósofos nunca afirmaram, até onde eu sei, que apenas os Adeptos alcançam a imortalidade. A condição finalmente alcançada por homens comuns após passarem por todas as rondas planetárias durante eras incontáveis na ordem gradualmente ascendente de existência objetiva material é alcançada pelo Adepto num tempo comparativamente menor que o requerido pelo não iniciado. Isso é, assim, apenas uma questão de tempo, mas todo ser humano, a não ser que seja totalmente "mau e depravado", pode esperar alcançar aquele estado mais cedo ou mais tarde, conforme os seus méritos e *Karma*.

A correspondente doutrina hierosófica não é total e definitivamente apresentada no artigo sob exame, mas as visões do autor a respeito da mesma podem ser reunidas a partir de seu tratado sobre a filosofia do espírito. Elas podem ser resumidas assim:

(1) Os quatro distintos graus no ser humano, chamados "animal, humano, angélico e deífico" mostram que todo ser humano (embora seja mau e depravado) irá, por fim, alcançar a imortalidade.[53]

(2) Não há renascimento na forma humana material, não há retrocesso em qualquer tempo.

E há essa interessante passagem no livro do autor:

(3) "A linha da vida é partida no ponto em que parece ter-se rompido pela dissolução física, e cada um terá o uso e o desfrute de sua vida específica, isto é, o que cada um mais amou, ele ou ela entrará no espírito disso, não utilizando materiais ou organismos terrenos para isso, mas apenas substâncias espirituais, tão distintas da matéria como a terra é distinta do ar atmosférico; assim o artista, o músico, o mecânico, o inventor, o cientista e o filósofo ainda continuarão suas ocupações, mas de um modo espiritual."

Agora, a respeito da primeira proposição, não é fácil entender como a existência de quatro graus distintos no ser humano, ou qualquer número de tais graus, leva necessariamente à imortalidade incondicional. Tal resultado poderia ocorrer se a existência

[53] Se o Sr. Oxley tivesse dito "cada Mônada humana" que troca de personalidade e é, em cada novo nascimento, um novo "ser humano", então sua declaração teria sido incontestável.

deífica ou angélica fosse totalmente compatível, ou pudesse reconciliar-se com uma individualidade ou personalidade depravada e má ou com a recordação de tal personalidade. A mera existência de um princípio imortal no homem nunca pode garantir a ele a imortalidade incondicional ao menos que ele esteja em condições de purificar sua natureza, ou através do curso regular de iniciações ou de sucessivos renascimentos no curso ordinário da Natureza conforme a grande Lei cíclica, e transferir a mais pura essência de sua individualidade e a memória de seus nascimentos e vidas passados para seu *Ātmā* imortal e Ego espiritual desenvolvido e purificado, aos quais eles são inerentes.

A segunda proposição declarada acima é oposta a todas as antigas tradições das nações orientais e aos ensinamentos de todos os Adeptos orientais, e eu não acho que qualquer passagem em apoio a isso possa ser encontrada na *Bhagavad-Gitā.*

A última afirmação citada acima é certamente uma proposição muito extraordinária; e eu ficarei muito feliz se o autor puder indicar alguma fonte segura para ela na *Bhagavad-Gitā* ou em outras partes do *Mahābhārata.*

Qualquer que seja a natureza da existência puramente ideal ou subjetiva experimentada no *Devachan* após a morte e antes do próximo nascimento, não se pode sustentar que o artista ou músico continua com suas "ocupações", exceto por meio de ideação.

Agora eu deixarei que os leitores digam se essa afirmação está realmente "baseada em fundamentos mais substanciais que meras fantasias e especulações."

A segunda doutrina da Teosofia que o Sr. Oxley menciona em seu artigo é que "poderes ocultos e sabedoria esotérica só podem ser obtidos pelo mais severo ascetismo e total abstenção do uso dos graus sensuais, em seu aspecto físico, na Natureza." Se essa doutrina fosse universalmente admitida, ele diz, a encarnação física seria impossível. Eu posso, seguramente, garantir a ele que essa contingência provavelmente não acontecerá sob as condições atuais de nosso planeta; e sou incapaz de entender como a encarnação física é desejável em si mesma. Ainda resta ser provado que "poderes ocultos e sabedoria esotérica" podem ser adquiridos a partir dos ensinamentos da Hierosofia sem as restrições impostas pela Teosofia esotérica.

O douto autor ainda acrescenta que, sob as condições acima mencionadas, "os poderes da vida de Adepto não podem ser perpetuados por descendência hereditária". Ele evidentemente pensa que esse fato revela uma falha bem grande no sistema teosófico. Mas por que a vida de Adepto deveria ser perpetuada necessariamente por descendência hereditária? A sabedoria oculta tem sido transmitida de guru para discípulo sem qualquer grave quebra de continuidade durante milhares de anos no Oriente. E não há perigo de a vida de Adepto cessar de existir pela falta de transmissão por descendência hereditária. Nem é possível trazer à existência uma raça de hierofantes na qual o conhecimento oculto possa ser adquirido de nascença, sem a necessidade de estudo especial ou iniciação. O experimento foi tentado, eu creio, há muito tempo, no Oriente, mas sem sucesso.

O autor terá condições de entender a natureza de algumas das dificuldades que devem ser encontradas ao se fazer tal experimento, a partir de uma leitura atenta de *Zanoni*, de Bulwer Lytton.

O mundo ainda está para ver se, "sob a influência dos anjos solares", os Adeptos treinados no sistema da Hierosofia podem reter seus poderes e conhecimento após terem renunciado ao "ascetismo, abstinência e celibato", e transmitir a denominada "vida de Adepto" para seus descendentes.

Falando da atitude dos teósofos a respeito do Espiritismo, o Sr. Oxley observa que eles sustentam que os denominados fenômenos espíritas são devidos à "intervenção de homens vivos iluminados, mas não de espíritos desencarnados". Eu ficarei muito feliz se o douto autor puder mostrar qualquer fundamento para essa afirmação nos discursos dos teósofos. Curiosamente, ele acrescenta sobre isso que, na opinião dos teósofos, tais fenômenos são devidos às "cascas errantes e relíquias decadentes do que já foi um ser humano". Isso é, sem dúvida, verdade, pelo menos no caso de alguns dos fenômenos: e o autor não deveria ousar dizer que qualquer um desses fenômenos tem sua verdadeira origem na ação de *seres vivos conscientes desencarnados*, a menos que ele esteja totalmente preparado para afirmar exatamente quem são esses misteriosos seres, e demonstrar, por algo com mais peso que uma mera hipótese, o fato de sua real existência. Ele está inteiramente enganado ao supor que o *modus operandi* no caso dos denominados fenômenos espíritas é precisamente o mesmo que o dos fenômenos produzidos pelos Adeptos orientais. No entanto, eu não pretendo dizer nada mais sobre este assunto aqui, pois ele já foi amplamente discutido nas colunas de *The Theosophist*.

O Sr. Oxley contesta a minha afirmação de que "o espírito humano (sétimo princípio) tem uma dignidade, um poder, e uma sacralidade que não pode ser reivindicada por qualquer outro deus, *deva* ou anjo do panteão hindu". Embora eu tenha tido o cuidado de informar a meus leitores que, por "espírito humano" eu quis dizer o imortal e não nascido sétimo princípio, ou *Ātmā,* no homem, ele interpretou a expressão para representar o espírito ou princípio-vida no estágio humano de sua classificação peculiar. Teria sido melhor se ele tivesse se dado ao trabalho de entender minha linguagem antes de aventurar-se a afirmar que minha declaração era contrária à doutrina ensinada por Krishna. Até onde eu posso ver, suas noções sobre os sete princípios no homem, tantas vezes mencionados nesta revista, são totalmente confusas e incorretas. Como a língua inglesa é deficiente na fraseologia técnica necessária para expressar as verdades da filosofia e ciência árias, sou obrigado a usar as palavras inglesas disponíveis para transmitir, aproximadamente, o que quero dizer. Mas, para evitar a possibilidade de qualquer mal-entendido por parte de meus leitores, eu indiquei claramente na passagem em questão que, por "espírito humano", eu quis dizer o sétimo princípio no homem. Esse princípio não é derivado de algum anjo (nem mesmo de Busiris) no Universo. Ele é eterno e não nascido, conforme os filósofos budistas e hindus. O conhecimento de seu próprio *Swarūpam* é o mais alto conhecimento do Eu, e conforme as doutrinas da escola advaita da Filosofia Ária, à qual eu tenho a honra de pertencer, não há, na realidade, qualquer diferença entre esse princípio e *Paramātmā*.

O Sr. Oxley acredita que os argumentos dos espíritas têm sido praticamente admitidos pelos teósofos, já que, na opinião desses últimos, "comunicações podem ser estabelecidas com outros espíritos". Mas o douto autor falha em perceber que, pela palavra "espírito", os teósofos querem dizer algo completamente diferente dos denominados "espíritos desencarnados" dos espíritas. Portanto, a crença em questão não equivale a qualquer concessão ao argumento dos espíritas, como ele supõe.

O estimado autor passa, então, a explicar algumas das importantes doutrinas da Hierosofia, as quais, ele toma o cuidado especial de acrescentar, não devem ser consideradas por seus leitores como meras "fantasias e especulações". Os hierosofistas parecem acreditar que o influxo da vida flui da "Mônada infinita", mencionada por mim na primeira parte da minha crítica sobre *The Philosophy of Spirit*. A concepção do Sr. Oxley sobre essa Mônada não é, então, muito coerente com as visões dos ocultistas orientais. Falando propriamente, essa Mônada ou centro não é a fonte de energia cósmica em quaisquer de suas formas, mas é a corporificação da grande Lei que a Natureza segue em suas operações.

O douto autor então afirma que os "teósofos esotéricos" e seus grandes líderes têm admitido que há um "influxo" de energia dos espíritos planetários para a Mônada acima mencionada. Mais uma vez, sinto muito em dizer que o Sr. Oxley está deturpando a visão dos teósofos, de acordo com sua própria imaginação. E a própria declaração é completamente não filosófica. Essa transmissão de energia dos espíritos planetários para a Grande Lei que governa o

Universo é inconcebível para todo mortal comum. Não parece que a Mônada mencionada pelo Sr. Oxley seja uma entidade diferente da Mônada aludida em meu artigo. Ele próprio diz que não é assim. Então a única conclusão à qual eu posso chegar, nas circunstâncias do caso, é que o Sr. Oxley tem apresentado essas declarações estranhas e sem fundamento sobre a ação e reação da energia cósmica entre a Mônada Infinita e os espíritos planetários sem ter quaisquer ideias claras e definidas sobre essas entidades. A verdade dessa afirmação será confirmada ao se examinar suas visões sobre a natureza do trabalho feito pelos espíritos planetários. Esses espíritos, ao que parece, "detêm miríades de elementais nas esferas do interior da Natureza", isto é, o próximo plano de vida imediatamente contíguo a este; e os compele, do modo mais tirânico, a obedecer a seus comandos e a produzir efeitos que são calculados para perpetuar suas próprias qualidades peculiares no plano da existência material. Eu confesso que não sei nada sobre os seres que exercem tais funções despóticas. Eles não são os espíritos planetários dos teósofos; e se eles têm alguma existência fora da fantasia do Sr. Oxley, eu rogo que ele tenha a bondade suficiente de esclarecer o público sobre a natureza desses misteriosos e terríveis déspotas. Eu posso garantir a ele que os brâmanes ortodoxos, os quais ele é tão relutante em apoiar, nada têm a ver com tais espíritos planetários, nem sabem qualquer coisa sobre eles.

Estou realmente encantado em ouvir de meu douto oponente que os anjos solares estão totalmente preparados para lutar pela liberdade de nossos desafortunados elementais e pôr um fim nessa abominável tirania em um curto espaço de tempo; e se, entre outras belas e úteis profissões, artes e ciências que existem no mundo habitado por esses anjos, (já que nós fomos informados de que o artista, o músico, o mecânico, o sacerdote, o cientista, o filósofo "ainda vão continuar suas ocupações" nesse mundo do espírito) – uma Sociedade para a Prevenção da Crueldade para com os Animais terá seu lugar entre outras associações, então os anjos solares certamente merecerão ser nomeados como seus membros mais honrados e honorários.

O douto autor conclui sua interessante exposição dos princípios da Hierosofia proclamando a todo mundo que "sob a influência dos anjos solares, nem ascetismo, nem abstinência, nem celibato, como tais, encontrarão lugar, mas a perfeição do desfrutar da vida será encontrada no uso bem regulado de todas as faculdades das quais a humanidade é herdeira."

Se esse novo sistema de filosofia e ética é realmente "entusiástico e utópico", ou não, o público – especialmente o indiano – terá de decidir. Mas eu posso afirmar, sem qualquer medo de contradição, que esse sistema não tem o menor fundamento em nada que está contido na *Bhagavad-Gitā* ou em qualquer outro livro religioso ou filosófico dos hindus. Ele é simplesmente o resultado das especulações independentes do autor e deve apoiar-se em sua própria força. Em minha humilde opinião ele é claramente errôneo e não filosófico.

Agora eu devo despedir-me do Sr. Oxley e pedir que ele gentilmente me desculpe pelas críticas desfavoráveis contidas em meus artigos. Eu ficarei muito feliz se meus textos puderem induzi-lo a reexaminar cuidadosamente a filosofia do espírito contida na *Bhagavad-Gitā* e a examinar as razões para as conclusões a que chegou em seu livro sobre as questões fundamentais de filosofia oculta e ética. Com sua intuição e inteligência, ele estará, sem dúvida, em condições de encontrar seu próprio meio de entender os mistérios das ciências arcanas orientais – se ele apenas evitar a tentação de tirar conclusões gerais a partir de dados insuficientes, e de fazer inferências prematuramente, antes que toda a extensão de nossa antiga filosofia e ciência sejam cuidadosamente investigadas por ele.

Estou muito feliz em saber que meu douto antagonista filiou-se à nossa associação teosófica, e espero que ele trabalhe, daqui em diante, em fraterna harmonia com seus irmãos orientais para restabelecer as grandes verdades ensinadas pelos antigos hierofantes e promover a causa da fraternidade universal.

Retrocesso no Renascimento

Em sua hábil crítica de *The Philosophy of Spirit*, do Sr. Oxley, o Sr. Subba Row, criticando as visões do autor sobre a doutrina hierosófica, destaca:

"A segunda proposição (não há renascimento na forma humana material, *não há retrocesso em qualquer tempo*) é oposta a todas as antigas tradições das nações orientais e *ensinamentos de todos os Adeptos orientais*."

Os itálicos são meus. A proposição certamente não está de acordo "todas as antigas tradições das nações orientais", mas a parte que eu grifei (não há retrocesso em qualquer tempo) é realmente divergente do "ensinamento de todos os Adeptos orientais", embora seja certamente oposta às antigas tradições hindus? A não ser que eu esteja errado, você tem sustentado tenazmente, o tempo todo, como uma das verdades da filosofia oculta, que renascimento em um estado *inferior* é impossível, que não há *retorno* na gama da existência, que "a Natureza invariavelmente fecha a porta atrás de si", em outras palavras, não há retrocesso. Exatamente a tese apresentada pelo Sr. O. e contestada pelo Sr. S. R.!

Você ou o douto crítico farão a gentileza de explicar isso?

H.

Bombaim, 2 de dezembro de 1883

Nota do editor – Nós temos "sustentado tenazmente", e ainda sustentamos, que não há "retrocesso" no sentido literal como ensinado pelo Hinduísmo exotérico – isto é, que o renascimento de um homem na forma física de um animal é impossível na Terra. Mas nós nunca afirmamos que não havia retrocesso moral – especialmente nas esferas interplanetárias, e é isso que é defendido pelo Sr. T. Subba Row, pois nós cremos que o Sr. Oxley dá a "retrocesso" justamente aquele sentido.

Capítulo II

Espiritualismo Esotérico

A Lei do "Influxo" e do "Efluxo"

Por William Yeates
Membro da Sociedade Teosófica Britânica

[Dando lugar ao seguinte inteligente texto, é bastante justo que seus diversos pontos sejam respondidos pelo Sr. T. Subba Row, a quem ele é dirigido, aqui e agora, sem termos que adiar a resposta para outro mês. A maioria das notas de rodapé, portanto, são dele. – Ed]

A edição de outubro de 1882 de *The Theosophist* contém críticas ao artigo do Sr. William Oxley (da edição de setembro), feitas por um respeitado irmão oriental, o Sr. Subba Row. Nessa última, citando as palavras do primeiro: "que não pode haver qualquer dificuldade ou objeção para se aceitar como uma *possibilidade* que o verdadeiro autor do *Mahābhārata* poderia produzir uma aparição, não objetiva, mas subjetiva, em Londres, ou em qualquer lugar, se ele assim escolhesse fazer". O Sr. Subba Row observa: "É bem verdade, mas ele nunca vai escolher fazer isso."

Após admitir a possibilidade, não há uma inconsistência em adicionar a última oração, vindo de um defensor da verdadeira fé no Bramanismo ortodoxo?[54] Isso parece uma alegação, da parte do

[54] Nosso estimado correspondente e irmão está errado aqui. Nós dizemos novamente – o

Sr. Row, de um perfeito conhecimento dos motivos que impulsionam aquele elevado ser. Com que fundamentos o Sr. Subba Row reivindica seu direito ao conhecimento sobre o que o verdadeiro autor do *Mahābhārata* "escolhe fazer"?[55]

Da *Bhagavad-Gitā* eu sei que aquele que é descrito (com certa pompa) como "o Senhor de todos os seres criados" usou esta expressão: "Tendo domínio sobre minha natureza, eu sou manifestado pelo meu próprio poder, e sempre que há um declínio da virtude, e uma insurreição do vício e da injustiça no mundo, eu me manifesto, e assim eu apareço de tempos e tempos." Por assim dominar sua própria natureza e todos os homens, eu sustento que, para todos os efeitos práticos, ele escolhe *um chela em forma humana*, isto é, um que assume as vestes do Sol, por meio do raio divino no qual ele torna a Si mesmo evidente; e mais, que há *chelas em forma humana*, por meio dos quais os poderes da Identidade dos Grandes Espíritos serão manifestados na devida ordem, assim como tem sido em eras passadas. O que é verdade em relação ao Grande, é verdade em relação a espíritos de menor grau, que também podem ter *chelas* de um grau correspondente a eles.

De acordo com *The Theosophist*, um irmão *Rāja* iogue tem o poder de assumir qualquer forma que lhe agrade e de comunicar-se com espíritos, tanto dentro quanto fora do corpo. Por que, então, dever-se-ia julgar inacreditável que alguém, tal como foi, sem dúvida, Vyāsa, possa controlar sua própria vida e natureza nas formas inferiores a si, e assumir o nome de "Busiris" no intuito de manifestar-se através de um médium?[56] O maior não inclui o menor?

Sr. Subba Row não é nenhum "defensor da verdadeira fé no Bramanismo ortodoxo", pois o presente "Bramanismo ortodoxo" é mais *heterodoxo* do que ortodoxo. Nosso irmão, o Sr. T. Subba Row, é um verdadeiro vedantino advaita da esotérica, portanto genuína, fé bramânica, e um ocultista.

[55] Com os *fundamentos* dos genuínos e autênticos ensinamentos do verdadeiro "reverenciado", ele mesmo como corretamente entendido, com os fundamentos do ensinamento esotérico do "verdadeiro autor do *Mahābhārata*" corretamente compreendido apenas pelos brâmanes *Iniciados*.T.S.R.

[56] Pela simples razão de que os supostos ensinamentos e interpretações esotéricas de

"Se eu passar totalmente ao domínio do meu princípio superior, ou sétimo", eu posso, em tal estado, receber uma comunicação de espíritos de tal grau, e traduzir seu conteúdo para outros, assim como *um chela em forma humana* faria com uma mensagem, ou comunicação, recebida dos Irmãos. Os modos de manifestação podem ser diversos, mas a mesma lei opera em ambos os casos; certamente, então, o Sr. Subba Row deve estar errado em sua afirmação de que "Busiris não tem *chela* em forma humana". Pois certamente Ele, que ascendeu a tal altura, tem domínio sobre sua própria natureza em todos aqueles que subsistem na vida atômica do seu Corpo Espiritual, ou são apenas esses que ele pode comandar, ou "controlar". Do mesmo modo que os próprios Irmãos, eles são capazes de controlar os átomos invisíveis que subsistem em, ou sob, sua própria ordem; mas podem eles, assim, controlar as vidas internas dos átomos de vida que formam o Corpo Espiritual de um outro de ordem diferente e, talvez, de ordem superior à sua própria? Aqui se encontra a dificuldade de qualquer tentativa de moldar a nova ordem do movimento Espírita moderno conforme o caráter da ordem do Ocultismo Oriental. Antes que isso possa ser realizado, deve-se obter o comando dos líderes invisíveis dos grupos espíritas.

A voz interna do Anjo de Deus fala através de intuições para todos os homens e mulheres que pertencem a essa ordem de vida, e que formam o corpo, igreja, ou sistema, dizendo a cada um, em sua própria ordem, o caminho para a Ressurreição da vida; (alguns participam da vida de mais de uma ordem) e cada um que percebe um raio de luz deveria segui-lo, pois ele o guiará ao topo da montanha à qual eles são chamados, seja de um Adeptado de uma ordem planetária ou solar.[57]

"Busiris" destoam inteiramente dos ensinamentos e das interpretações de Vyāsa e dos Iniciados da escola esotérica. O "espírito" de Vyāsa não pode contradizer completamente, sem dar razões para tal, os ensinamentos dele mesmo, quando vivo. T.S.R.

[57] Eu confesso minha inabilidade em distinguir entre os dois tipos de Adeptado chamados "Solar" e "Planetário", já que a terminologia não está em voga entre os ocultistas asiáticos, mas pertence, muito provavelmente, à nova "hierosofia" ocidental. T.S.R.

Como matéria está na matéria, espírito no espírito, átomo no átomo, e Influxo no Efluxo, ainda assim há ordens dentro de ordens de inteligências, tanto de natureza solar como planetária. A partir dessas nós obtemos nossa vida, e a partir delas (mediatamente), nós recebemos aquilo que forma as qualidades superiores de nossa vida. Pouco importa como a qualidade da vida é dividida em sua descida ou subida ao átomo de onde ela vem e retorna; a linha pode ser estendida até o átomo tornar-se invisível para o homem externo; mas a invisibilidade torna-se visível nas vidas de todo corpo de átomos que saíram daquele UM que nunca pode ser dividido em menos que um. Mesmo assim, para nós é possível sermos introduzidos em um conhecimento perceptivo da presença direta dos pais angélicos que nos deram nascimento na qualidade interna de sua vida, na qual nós vivemos, movemo-nos, e temos nosso ser. Por meio de tais procedências, nós compartilhamos das diferenciações de cada Pai e Mãe por meio das quais nós surgimos, além das nossas próprias, e essas qualidades acrescentadas terão a eternidade para desenvolverem-se e, tendo em vista tal verdade, não pode haver lugar para aniquilação; já que a aniquilação de uma qualidade atômica na vida da criança seria a aniquilação daquele que lhe deu origem.[58] Pode uma parte de Deus ser destruída?[59] Eu sustento que, na vida universal, nem um único átomo pode ser perdido.[60]

---

[58] A Filosofia Esotérica oriental nega a ideia teística de que "o corpo de átomos inteiro" deriva de algum "átomo UNO", e ensina que não há diferença entre o sétimo princípio do homem e aquele de natureza universal. "Por isso uma criança pode ser aniquilada como *personalidade*, enquanto seus sexto e sétimo princípios, a *Mônada divina* una, permanece não afetada por essa desintegração de átomos livres de matéria ainda composta de partículas conhecida como Alma." T.S.R.

[59] "Uma parte de Deus"! Antes de aventurarmo-nos a falar de uma *parte*, nós devemos ter certeza da existência do *todo*; ou pelo menos estudar para saber algo mais do que sabemos sobre a essência desse "Deus" sobre quem as pessoas tão livremente discutem. A Filosofia Advaita ensina a acreditar em um princípio único universal que se chama *Parabrahman* e a evitar ídolos. Por isso ela rejeita a ideia de um Deus pessoal, seja chamado por esse nome ou por ÁTOMO UNO, o Pai e *Criador* de todos os outros átomos. T.S.R.

[60] "Átomo perdido?" Nenhum átomo se perde, mas os átomos combinam-se em grupos transitórios que são entidades, são agregações atômicas. Assim, se uma personalidade é

A criação é infinita, com uma interminável capacidade de crescer e desenvolver-se. Mas, se apenas a lei do Efluxo fosse operante, não haveria aperfeiçoamento. Semelhante gera semelhante e, embora possa haver uma infindável sequência de variações, elas seriam apenas uma mera repetição de séries de semelhante para semelhante, novamente, e não um aperfeiçoamento nas formas derivadas do tronco-mãe.[61] Mas, com a Lei do Influxo em operação, as formas são respectivas a qualidades novas e superiores que, quando desenvolvidas, produzem formas novas e vivas de uma ordem superior e mais interna. É apenas o reconhecimento disso que pode explicar o desenvolvimento e a manifestação de novas formas de vida de todos os tipos. Para produzi-las, deve ser evidente que os germes dessa nova ordem de vida foram gerados a partir de cima dentro da alma transformada; e, em nenhum caso, é uma repetição da "velha semente conforme sua espécie". Por isso é que a nova ordem de vida espiritual que aparece no Ocidente, tão diversa em sua manifestação daquela do Oriente, é mal compreendida por esse último, à luz do que eu tenho apresentado. No Registro Hebraico nós lemos que o jovem Sansão "ainda não conhecia sua força". Nem, ainda, o poder espiritual da criança do Ocidente é conhecido ou compreendido por seu Irmão mais velho do Oriente. Irão os Irmãos do Oriente afeiçoar-se ao jovem reconhecendo-o como "herdeiro", e enviar

---

"aniquilada", isso é apenas uma desagregação de um grupo atômico, e os átomos livres são atraídos para novas combinações – excluindo-se, naturalmente, o sexto e o sétimo princípios. T.S.R.

[61] "Criação infinita". Por "criação", leia-se *Universo*, e aí "a capacidade infinita de crescimento e desenvolvimento" caberia melhor, e não haveria contradição para se comentar. Como escrito aqui, se lê como um paradoxo teológico. Pois se toda a "criação" é "infinita", e ainda há nela "uma capacidade infinita de crescimento e desenvolvimento", então se torna a antítese da "criação". E se o autor quer dizer que a matéria cósmica foi criada e infundida com a lei do "crescimento e desenvolvimento", então a matéria cósmica deve ter sido criada a partir do nada, o que é, cientificamente, um absurdo. "Efluxo" e "Influxo" soam aqui como palavras sem sentido. É o *Influxo* que traz tudo à existência, e é o Efluxo que muda as condições e elimina todas as formas temporárias, para evoluir a partir delas a única Realidade Eterna. T.S.R.

um pouco das provisões acumuladas para nutrir a vida recém--nascida no vale abaixo?

The Theosophist admite que, não obstante a vantagem baseada na posse de antigos acervos de conhecimento oculto, o sistema oriental tem, de tempos em tempos, declinado, e apesar de repetidas revivificações em diferentes épocas, cada esforço para restaurá-la à primitiva glória tradicional da Idade de Ouro fracassou.[62]

Agora, supondo-se que uma seção dos Irmãos consiga reanimar sua ordem nas antigas normas, que segurança nós podemos ter de que, na melhor das hipóteses, isso não seria apenas um broto do tronco decadente da velha árvore do conhecimento, como está provado pela história do passado?

Os antigos sistemas hindu, bramânico, budista, egípcio, hebreu ou arábico, cristão e islâmico são meras variações do mesmo tronco, todos eles eram melhores em suas origens. Como ocorre que, apesar da mais direta presença, influência e tutela dos Irmãos em relação às populações da Índia, essas, evidentemente, degradaram--se e perderam sua própria espiritualidade e poder?[63]

Que outra sorte podemos ter, como uma Sociedade Teosófica,

[62] Nós pedimos licença para negar enfaticamente a afirmação. Nem *The Theosophist*– isto é, seu editor, nem qualquer um de seus fundadores jamais admitiu qualquer coisa do tipo a respeito do "sistema oriental", a despeito do que alguns de seus colaboradores possam ter comentado sobre assunto. Se ele degenerou-se entre seus devotos na Índia (um fato devido inteiramente à engenhosidade de sua interpretação literal pelos brâmanes ortodoxos modernos que perderam a chave para entendê-lo), ele floresce tão forte como sempre nos refúgios do Himalaia, nos *ashrams* dos brâmanes Iniciados, com toda a "primitiva glória da Idade de Ouro".

[63] A "tutela dos Irmãos em relação às populações da Índia" é uma fantasia baseada numa concepção errônea. Desde que o Budismo, com suas interpretações esotéricas dos Vedas e outros livros sagrados, foi expulso do país pela ambição e ciúme dos brâmanes, as *verdades* do Esoterismo começaram a desaparecer da memória daquelas populações, até que agora dificilmente encontramos um brâmane, em dez mil, que compreende totalmente os *Shāstras*. Os hindus foram degradados pela mesma razão pela qual a vida e o espírito se extinguiram no Cristianismo. O crescimento da sensualidade material sufocou a aspiração espiritual e a intuição, tapou os ouvidos que uma vez ouviram e fechou os olhos que uma vez viram os instrutores. E, por fim, por uma gradual deterioração das espécies, multiplicação das guerras e aumento da escassez na oferta de comida, a questão primordial tornou-se a luta pela vida, obliterando os anseios espirituais. T.S.R.

se as próprias raízes da nossa vida, como tal, retiram sua vitalidade de uma árvore decadente, cujos frutos, folhas e ramos são de crescimento "efluxo", e de uma ordem descendente; já que isso ignora a "Lei do Influxo" interior que surge da Árvore da Vida de uma causa interna? Todos os crescimentos naquela direção devem, necessariamente, mais cedo ou mais tarde, exaurir sua vitalidade.

É o novo influxo a partir do Grande Sol Central de todas as existências que induz a alma a elevar-se a estados e formas de consciência superiores e, por meio disso, os estados recém-evoluídos a partir dali formam uma nova série de um sistema – em uma escala ascendente que nunca retrocederá, como evoluíram e evoluem os graus de um ciclo de encarnações puramente planetário, cujas ocultações cobrem a luz direta do Grande Sol Eterno.

Os ensinamentos de "Teosofia" parecem indicar que há um poder latente dotado de energia autossuficiente, suficiente em si mesmo para o desenvolvimento de uma nova espécie sem a intervenção de um poder ainda mais elevado.

Por exemplo, pode essa suposta energia autossuficiente formar um objeto sem materiais existentes? Pode ela criar um pensamento ou uma ideia de uma forma nova, absolutamente independente daquela que vem à mente a partir da esfera ideal do ser, de onde derivam todos os embriões?[64]

Se fosse possível separar as linhas do sutil, embora externamente invisível, fio da vida, que se estende da Árvore-Mãe da vida no meio do Jardim universal até a circunferência externa de sua manifestação física; e manter a vitalidade de tais vidas separadas, então, eu admito, a Lei do Efluxo seria uma causa todo-suficiente para o surgimento e a perpetuação dessas novas e mais elevadas formas de vida que têm sido evoluídas e manifestadas em diferentes épocas.

[64] O mais seguramente não. Mas isso nem prova a existência do Átomo UNO, diferenciado e separado da unidade de todos os outros átomos, nem aponta a necessidade de um. De qualquer forma, dificilmente o "átomo uno" dos nossos Irmãos ingleses ou Deus pode criar "um objeto" sem materiais ou matéria existente. T.S.R.

Se qualquer ordem – dependente apenas das observâncias tradicionais daqueles que eras atrás obtiveram sua luz, em primeira e segunda mão, da fonte de toda luz – devesse negar-nos o privilégio de usar seus acervos de conhecimento antigo experimental pela interposição de barreiras impraticáveis; já que nenhuma ordem pode impedir nosso acesso à Grande Fonte de Luz e Amor, de onde podemos beber livremente das águas da Vida.[65] Isso não é melhor que ser limitado a participar de uma correnteza descendente de sabedoria que bloqueia suas saídas com as areias das idades – deixando uma parte de sua força e poder em cada estágio de sua descida, até, finalmente, ser perdida na vastidão do deserto, onde tantos passam fome; e quem não pode alcançar a água mais pura na parte superior da correnteza? Isso também não é assim com aqueles sistemas que estão no plano e ordem ascendentes. Em virtude de estarem sempre sujeitos à energia direta do raio solar divino, eles têm poder para fazer aquilo que outros sistemas nunca poderiam realizar.

Como pode um sistema transmitir aquilo que ele admite não possuir, ou seja, os estados duais do Adeptado? Onde não há Adeptos femininos na ordem, é necessário, por fim, render-se àquele poder dual que é capaz de polarizar e preparar átomos masculinos e femininos para o estado em que eles estejam adaptados para serem atraídos ao "Casamento Celestial". Quando colocados nesse estado, esses átomos casados agem e reagem até todas as qualidades de seus seres unidos rodarem e vibrarem para cima e para baixo os *sete* lados do raio até se tornarem todos radiantes com luz e calor em si mesmos, eles são capazes de projetar os embriões recém-nascidos de uma vida superior e mais pura nas almas daqueles abaixo deles, que são atraídas ao mesmo estado, e que, por sua vez,

[65] "A Grande Fonte de Luz e Amor" é uma metáfora muito poética, e nada mais, quando aplicada a uma abstração não comprovada. Nós admitimos tal fonte, mas não fora e independente da humanidade passada, presente e futura (a coroa da evolução do nosso globo), sendo cada átomo individual uma gota daquela "Água da Vida", a aglomeração de gotas do que forma aquela "Fonte UNA". T.S.R.

podem emitir seus diversos graus de luz, calor e vida para todos ao redor, e assim por diante, *ad infinitum*[66].

Por esses intermediários, a massa da humanidade recebe *inconscientemente* a nova ordem de vida, conforme as suas respectivas ações, mas os Adeptos duais a receberão conscientemente por influxo direto. Para que novas formas de vida possam ser geradas, a nova força de vida de uma ordem superior e mais pura deve fluir para átomos preparados para receber o mesmo nesta Terra e em outras.

Como, exceto através do estado solar divino de um par casado, pode essa vida superior e mais pura ser gerada? Com isso em vista, pode-se ver que os "Irmãos" – com suas condições de celibatários do Adeptado, talvez não possam gerar uma ordem superior, ou mais pura, de vida que as suas próprias; portanto um sistema baseado em tal princípio não pode perpetuar-se.[67]

---

[66] Novamente uma afirmação infundada qualquer que seja o modo pelo qual a vemos. *Há* Adeptas na Fraternidade, e de uma ordem bem elevada. Portanto, existindo tais Adeptos, de fato, as deduções extraídas de uma premissa errada caem por terra. E se nosso oponente tinha em mente, ao escrever a sentença acima, algo mais abstrato e vago do que uma mera diferença física de sexos, então ele vai me permitir, talvez, dizer-lhe que nossa Filosofia Esotérica *prova* que fora do mundo de matéria grosseira não há tal diferença, ocorrendo esta (mesmo em nossa Terra) como um acidente devido à gestação, e não como resultado de um ou outro embrião masculino ou feminino. Até a Bíblia cristã, a mais nova das muitas tentativas de filosofia religiosa, ensina que na ressurreição as pessoas "nem casam, nem são dadas em casamento". Assim, o "casamento celestial", seja o que isso possa significar no Esoterismo moderno, parece ser apenas uma figura de linguagem. Nossos leitores também poderiam ser beneficiados se fossem esclarecidos sobre o significado de "Adepto Dual". T.S.R.

[67] Não necessariamente. Nosso crítico parece esquecer – ou talvez nunca soube – que um Adepto tem meios de insuflar em seu "chela" escolhido, além de sua própria "elevada ordem de vida", para usar sua própria expressão, aquela de uma ainda superior a ele mesmo, isto é, do mais alto *Boddhisattva* vivo ou morto, desde que a pureza de sua própria vida permita a ele a realização da misteriosa assimilação. Mas nós podemos assegurar a nosso Irmão que, sem aquele modo de vida "celibatário", contra o qual ele parece protestar tão fortemente, nenhum Adepto poderia alcançar tal grau de poder. Almas, assim como espíritos, são assexuadas, e é um grande erro dizer que nenhuma "Mônada masculina" (?) pode encarnar em um corpo feminino e vice-versa. Afirmação no sentido mental e moral. É devido ao *Karma* anterior que, tantas vezes, nós descobrimos, na vida diária, características ou idiossincrasias contraditórias, como traços masculinos em frá-

É na culminação de um ciclo setenário – o símbolo de um Domingo (*Sun-day*) Celestial – que outro raio é lançado através da Terra universal, e daqueles que estão preparados para receber sua influência, e dar nascimento, ou acabamento, a formas de vida superiores, nas respectivas Terras que eles habitam, conforme seus graus de desenvolvimento na série, pois como habilmente mostrado pelo escritor de *Fragments of Occult Truth*, todas as variadas Terras de um sistema diferem quanto aos estados de desenvolvimento mental e espiritual; e também ninguém poderia sofrer a privação dessa ação cíclica do "Grande Sol", sem que todo o resto sofresse de tal perda de qualquer membro específico da família solar. Aqui entra a distinção e a diferença entre a orientação e o ensinamento do Guru Planetário e do Solar. Um é o Precursor e prepara o caminho para o outro; e é esse último que guia seus *chelas* – masculinos e femininos – para além da Árvore do Conhecimento, até mesmo da própria Árvore da Vida.[68]

São as folhas dessa árvore, o poder doador da vida, que devem ser dadas para a "cura das nações" e, dessa forma, os perdidos há muito tempo e negligenciados, que o sistema oculto irremediavelmente destinaria à aniquilação, serão reunidos e utilizados pelo grande Economizador, de modo que nada será perdido e, portanto, os fragmentos do Mundo (aparentemente) há muito tempo perdido serão coletados e formarão um Sol brilhante para iluminar a escuridão ainda mais densa dos reinos inferiores.

Nas poucas insinuações acima (pois seu espaço não permitiria mais) eu mostrei um *uso* para os elementais, *reliquoe*, etc etc, que a Ciência Oculta parece reconhecer e, se o espaço permitisse, eu ficaria feliz em mostrar a necessidade desses na formação das terras e na sustentação das formas de vida nelas, e a posição que elas ocupam no Cosmos; mas eu me contento com esse simples esboço.

geis corpos femininos e ternura feminina e nervosismo em homens fortes. T.S.R.

[68] Nosso irmão, que fala tanto da "Árvore da Vida", conhece *seu verdadeiro significado esotérico*? Deixe-o demonstrá-lo, aludindo ao grande mistério, e se ele mostrar mesmo seu conhecimento – então, realmente, nossos *Mahātmas estarão às suas ordens*! T.S.R.

O espiritismo moderno, quando visto como uma ordem de vida inteiramente nova e diferente (de todas as precedentes), – o qual, em vez de ser melhor em seu início, começa do zero – um fator que é negligenciado em *The Theosophist* em sua resposta ao Sr. Terry, da Austrália, (que é meu conhecido pessoal) – e é pouco satisfatório para aqueles que admitem os aspectos superiores de um espiritismo mais avançado. Os ocultistas dizem que o único modo certo e seguro de lidar com as forças invisíveis, entidades, inteligências ou, seja o que for, é conforme o método *deles*, e que buscar ou permitir "controles" para usar o organismo humano é errado, se não terminantemente perigoso para a conduta daqueles que permitem isso; mas, a meu ver, o certo ou o errado depende do uso que nós fazemos disso, e nós não devemos esquecer que esse "poder e influência controladores" às vezes vêm com uma força irresistível e os sensitivos são completamente incapazes de resistir.[69]

Mesmo a "invocação" de seres espirituais, se a prática moderna de sessões espíritas pode ser chamada assim, que proporciona condições para manifestações espíritas está bem em conformidade com os rituais e as cerimônias do antigo sistema indiano, como, por exemplo, diz o *Sāma Veda* "Vem, ó Pai, junto com os espíritos dos nossos Pais".[70] Se essa prática fosse observada, e formasse uma parte integrante do culto religioso – e se isso foi feito sob a égide da própria Igreja em eras muito anteriores; certamente com nosso crescimento em conhecimento, e, podemos esperar, com o aperfeiçoamento moral, agora podemos seguramente nos envolver com isso com segurança para ambos os lados, desde que os motivos sejam puros e dignos. Não há nenhum "Irmão" Adepto

[69] Exatamente; e já que nesta invasão insensata de controles o pobre sensitivo pode, a qualquer tempo, ser derrubado de sua base moral para o precipício da degradação espiritual, por que mexer com um dom tão perigoso? Os Adeptos nunca se defrontam com uma "força irresistível" já que o Adeptado significa *autocontrole* primeiro e então controle sobre todas as forças da natureza externas a si mesmo. T.S.R.

[70] Nós chamamos a atenção dos nossos irmãos para esta citação, para o que o *Manu* diz (IV, 123, etc.) dessa prática. Sobre o *Sāma Veda* lidar com os espíritos dos mortos, ele diz que "até o som dele (*Sāma Veda*) é *impuro*". T.S.R.

de linhagem britânica ou europeia com simpatia suficiente pelos esforços de seus compatriotas para possibilitar uma correspondência direta com aqueles que estão se empenhando em alcançar uma ordem superior de vida?[71]

[Uma resposta completa fica para um futuro artigo.]

[71] Essa não parece ser uma pergunta justa. Nosso correspondente primeiro admite que nossos Adeptos são de uma ordem inferior, nem vivos e nem capazes de mostrar um caminho para uma "ordem superior de vida", e então desesperadamente pergunta se não há Adeptos para ensiná-lo. Que pode haver seres talentosos nas ordens "solares" e "planetárias" – nós não podemos dizer, nossa experiência é restrita a Adeptos humanos. Mas entre esses, nós certamente podemos dizer que, nos termos declarados, não há um entre nossos Irmãos, seja da linhagem britânica ou asiática, que se ofereceria para o serviço. T.S.R.

Capítulo III

O Mundo Oculto

A feliz descoberta do Sr. Henry Kiddle

Eu tenho observado, com considerável interesse, o efeito produzido, no público ocidental, pelo livro do Sr. Sinnett, *Esoteric Buddhism*; e não tenho sido desapontado em minhas expectativas. Não há nada de surpreendente na atitude dos espíritas em relação à Teosofia e seus professores. Surpresos com os estranhos fenômenos erroneamente chamados de manifestações espíritas, que têm sido testemunhados durante os últimos anos, a maioria dos denominados espíritas têm-se convencido firmemente da crença de que tais manifestações indicam uma guinada na história da humanidade, de que eles estão destinados a apresentar ao mundo um sistema sublime de filosofia religiosa, que irá suplantar todos os outros sistemas existentes, seja no Oriente ou no Ocidente, e que, pela primeira vez nos anais deste globo, está sendo permitido que o homem tenha um vislumbre desse misterioso mundo interno, por meio das manifestações. Provavelmente eles não estão cientes do fato, ou estão extremamente relutantes em acreditar, de que esses fenômenos eram conhecidos no Oriente por longas eras e que suas causas misteriosas foram cuidadosamente estudadas pelos místicos esotéricos. Eles ficam evidentemente ofendidos quando lhes dizem que esses fenômenos são um tanto banais para as nações orientais; que não há nada muito profundo, quer em suas manifestações ou em suas causas imediatas, que eles nunca poderão elucidar o verdadeiro mistério do Cosmos manifestado ou do Espírito humano (sétimo princípio), e que tudo o que eles podem ensinar já era, há muito tempo, conhecido pelos ocultistas orientais. E provavelmente há outra razão pela qual os espíritas e teósofos do Ocidente não tratam os ensinamentos contidos em *O Mundo Oculto*[72] e no *Esoteric Buddhism* do Sr. Sinnett com a devida atenção que eles merecem. As nações ocidentais estão acostumadas a considerar as orientais como suas inferiores em *todos os aspectos*. Na opinião deles, ao que parece, a força muscular é sempre coexistente com o poder intelectual e a percepção espiritual, e a ascendência política da Europa significa e inclui a superioridade intelectual e espiritual. Por isso, eles são orgulhosos demais para admitir que há místicos no Oriente que sabem um bom tanto mais sobre a Natureza e suas leis que todos os seus cientistas, filósofos, espiritualistas e instrutores religiosos juntos. A descoberta dos *Mahātmas* no Oriente é quase um pesadelo para eles, e eles se sentiriam muito felizes em livrar-se disso o mais rápido possível. Por isso, ao invés de examinar cuidadosamente as teorias propostas no livro do Sr. Sinnett, eles estão dando o melhor de si para desencavar alguns fatos e incidentes que lhes permitam refutar a existência dos nossos *Mahātmas*, torná-la extremamente duvidosa ou, se ambos os caminhos forem considerados impraticáveis, mostrar que os *Sadhus* são extremamente inferiores a eles. Vários espíritas proeminentes já têm dado explicações absurdas, superficiais e unilaterais sobre as doutrinas contidas no livro do Sr. Sinnett, aparentemente tendo em vista acalmar os temores dos espíritas ortodoxos para suavizar seus próprios sentimentos e para justificar a importância e incomparável grandeza da "Nova Revelação" anunciada no civilizado e esclarecido Ocidente por meio de sons de batidas e de mesas que giram, enquanto alguns outros espíritas estão provavelmente consolando a si próprios com a ideia de que, mesmo se os *Mahātmas* tivessem uma existência verdadeira comprovada (fora

[72] Editora Teosófica: Brasília, 2.000. (N. E.)

de Madame Blavatsky), eles não podem ser nada mais do que espíritos (*pishāchas*!), ou, na melhor das hipóteses, fortes médiuns de efeitos físicos. Sob tais circunstâncias, qualquer coisa como discutir com os espíritas é pior que inútil. Meros fenômenos, mesmo que maravilhosos, nunca poderão provar, para satisfazê-los, a verdadeira existência dos Adeptos ou a natureza do verdadeiro Adeptado. Quaisquer fenômenos que você possa mostrar a eles serão imediatamente atribuídos à ação dos espíritos (como denominados por eles) ou elementais, como nós os denominamos, e equiparados a manifestações de suas próprias salas de sessão. Mesmo se nós realizássemos algo impossível e induzíssemos um de nossos Adeptos orientais a aparecer em Londres e provar sua existência e conhecimento diante de seus próprios olhos, esses caçadores de fenômenos o proclamariam, com elogios, como um excelente médium e nada mais. Por isso, não é difícil prever que, uma vez que o corpo geral dos espíritas e seus líderes estão satisfeitos com suas próprias hipóteses ilógicas e fantasiosas e não fazem nenhuma tentativa de investigar cientificamente seus fenômenos e suas causas em relação aos antigos sistemas de filosofia religiosa e Ocultismo, é impossível esperar que eles tenham a paciência de ouvir os ensinamentos dos nossos *Mahātmas*. Para um verdadeiro investigador científico que está tentando determinar a lei geral que governa uma determinada classe de fenômenos, até mesmo a sugestão de uma hipótese plausível é de valor considerável. Os *Mahātmas* nunca declararam que eles fariam uma exposição sistemática e exaustiva da ciência oculta, mas apenas que eles pretendiam colocar diante do grande público algumas doutrinas gerais que pudessem sugerir algumas hipóteses razoáveis pela qual a experiência dos antigos místicos e os denominados fenômenos espíritas dos tempos modernos pudessem ser unidos, e trazidos sob uma lei geral, e que também pudesse mostrar, em alguma extensão, a base científica de todas as religiões antigas, cujos ensinamentos geralmente se supõem como sendo diametralmente opostos aos da ciência moderna. Para todo ocultista genuíno e todo estudante de ciência, essas doutrinas são de imensa importância, especialmente no momento presente, quando os antigos sistemas religiosos estão definhando por falta de verdadeira força vital, quando a ciência ainda não encontrou meios de penetrar no mundo interno do número, quando as estranhas manifestações que ocorrem em salas de sessão são rejeitadas pela maioria dos homens de ciência como superstições absurdas, enquanto que elas são consideradas pelos espíritas como um indicativo da existência de espíritos desencarnados!

Tendo nossas doutrinas orientais sido proclamadas pelo grupo geral dos espíritas como intrusas inoportunas, os líderes desse grupo parecem ter descoberto, enfim, um modo muito simples de livrar-se delas. O Sr. Henry Kiddle descobriu que o *Mahātma*, cujas instruções estão incorporadas nas publicações do Sr. Sinnett, cometeu um ato de plágio ao tomar emprestadas certas frases de uma de suas palestras sem mencionar os devidos créditos. Ele nos diz que escreveu ao Sr. Sinnett a respeito de sua descoberta há mais de um ano e, embora o Sr. Sinnett afirme claramente que nunca ouviu falar dele, esse explorador americano tem reclamado persistentemente ao público sobre o grande dano causado a ele. Isso é considerado como uma "acusação bastante séria" pelos espíritas, que supõem que isso "atinge as próprias bases das pretensões dos Adeptos". Mas se esses espíritas, "leitores perplexos" e "estudantes" que estão fazendo um terrível rebuliço sobre o assunto examinassem a passagem em questão cuidadosamente, eles seriam, talvez, capazes de perceber que, evidentemente, há alguma confusão e equívoco em toda a questão, e que as probabilidades do caso são contrárias à veracidade da reclamação do Sr. Kiddle. Em um exame mais minucioso disso, eu constato que:

I. No que diz respeito à ideia principal da passagem, se alguém cometeu furto literário é o próprio reclamante, e não o acusado. Eu não encontrei nenhuma referência a Platão nas passagens citadas da palestra do Sr. Kiddle na sua carta publicada na *Light*[73] e o reclamante prudentemente omitiu a referência ao filósofo grego, que antecede as passagens que ele reproduz da carta do *Mahātma.*

II. Não parece haver nada de muito sublime na linguagem usada pelo Sr. Kiddle na passagem em consideração; e pode ser visto facilmente, em outras cartas escritas ao Sr. Sinnett pelo *Mahātma* em questão, que o vocabulário inglês do *Mahātma* não é mais limitado que o seu próprio e que ele não é desprovido de poder de expressão. Por isso é muito difícil entender por que o Mestre deveria ter tomado emprestada a linguagem do Sr. Kiddle, a não ser que alguma boa razão para isso possa ser apresentada.

III. Há certas expressões e certas alterações da linguagem do Sr. Kiddle, na passagem em questão, que mostram que o *Mahātma* nunca teve a intenção de tomar emprestadas ideias e frases do Sr. Kiddle, mas que ele antes pretendia dizer algo contra elas. Onde o palestrante espírita diz que "o mundo progride", o *Mahātma* diz que "o mundo *irá* progredir" com o propósito de mostrar que essa mudança de ideias deve inevitavelmente ocorrer devido à grande lei cíclica à qual o Universo está sujeito. Onde o palestrante diz que "a organização chamada Espiritismo está trazendo um novo conjunto de ideias ao mundo", o *Mahātma* enfaticamente afirma que "não são fenômenos físicos" que ele e seus irmãos ocultistas estudam, "mas essas ideias universais", que são como se fossem o númeno subjacente a todas as manifestações físicas. O contraste entre a visão do *Mahātma* da relação entre essas ideias e os fenômenos físicos e a visão do Sr. Kiddle é impressionante. Esse último acredita que novas ideias estão sendo introduzidas no mundo por fenômenos físicos, enquanto que

[73] Nem se encontra em sua já famosa conferência em Lake Pleasant, pois nós a adquirimos e a lemos cuidadosamente.

o primeiro pensa que novos fenômenos físicos começaram a manifestar-se por causa de uma mudança nessas ideias gerais (número) que governam todos os fenômenos físicos no mundo objetivo. Parece-me que mesmo a palavra "ideia" tem sido usada em dois sentidos diferentes pelo *Mahātma* e pelo Sr. Kiddle, respectivamente. O primeiro dá como significado para a palavra "ideia" a forma ou tipo original conforme a qual a manifestação objetiva ocorre. E é esse o significado de Platão, que o conferencista espírita não compreendeu corretamente. O Sr. Kiddle, por outro lado, usa a mesma palavra no sentido comumente atribuído pelos escritores ingleses. E, ainda, onde o conferencista fala de "predomínio universal da lei como expressão da vontade divina", o *Mahātma* postula a existência de "uma lei imutável", independente de qualquer vontade divina.

Mas "um Leitor Perplexo", ao escrever para a *Light*, diz que o *Mahātma* "omitiu palavras inconvenientes, e assim distorceu as ideias que ele tomou emprestado como se fosse para desviá-las de seu propósito original para adaptá-las a seu próprio propósito, que é bem diferente". Se há uma diferença de palavras e ideias, onde está o delito? Ou é uma lei de plágio que a pessoa que usa os escritos de outras deveria fazê-lo sem a menor alteração na passagem extraída? Se esse "Leitor Perplexo" não fosse também um pensador perplexo, ele teria visto que essas mesmas alterações na passagem em questão mostram bem que não havia intenção por parte do *Mahātma* de tomar emprestadas a linguagem imprecisa e as ideias errôneas do Sr. Kiddle, e que há algum equívoco, algum erro, nisso tudo.

IV. É bem evidente, a partir da redação da passagem sob exame, que há "algo errado em algum lugar". Platão é introduzido de modo um tanto abrupto, e a construção gramatical da última frase não é clara, de modo algum. Aparentemente não há predicado que se refere a "ideias mais amplas", etc.

Portanto, uma parte da frase está evidentemente perdida... A partir da consideração anterior pode-se ver claramente que poderia não ter sido a intenção do *Mahātma* "tomar emprestado" algo da conferência do Sr. Kiddle. Por outro lado, a declaração enfática do *Mahātma*, imediatamente anterior à passagem em questão, de que Adeptos da "Boa Lei" não acreditam em quaisquer outros espíritos além dos planetários, seus comentários a respeito da insuficiência e falta de valor de meros fenômenos físicos na elucidação dos mistérios do mundo numênico, e sua declaração da existência de uma lei imutável, de forma alguma sujeita à vontade divina, cuja existência é admitida pelo conferencista – tudo tende a mostrar que a verdadeira intenção do *Mahātma* era antes criticar do que adotar as visões dos espíritas, como consta nos comentários do Sr. Kiddle. Por isso, a partir de um exame cuidadoso da passagem e de seus conteúdos, qualquer leitor imparcial chegará à conclusão de que alguém deve ter cometido um grande erro sobre a dita passagem, e não ficará surpreso ao ouvir que ela foi inconscientemente alterada por meio do descuido e da ignorância do *chela* por intermédio do qual ela foi "precipitada". Tais alterações, omissões e enganos às vezes ocorrem no processo de precipitação; e agora eu afirmo, com certeza, que, *a partir de uma inspeção da prova da precipitação original*, foi isso o que aconteceu na passagem em questão. Eu posso garantir ao "Estudante" que envia uma sugestão, em sua carta à "Light", de que poderia haver algum problema psicológico profundo envolvido na matéria em discussão, que não há outro mistério psicológico além do acima indicado. O *Mahātma* contra quem a acusação foi feita achará, é claro, indigno oferecer alguma explicação em sua própria defesa ao Sr. Kiddle ou a seus seguidores e apoiadores. Mas eu espero que o Sr. Sinnett tenha a bondade de apresentar ao público, tão logo possível, tal explicação ou informação, conforme ele possa ser autorizado pelo *Mahātma* envolvido, a respeito do "Mistério" da passagem em questão e da maneira pela qual a carta que contém a dita passagem foi recebida por ele.

Concluindo, eu apenas posso lamentar que alguns escritores dos órgãos espíritas e outros jornais ingleses tenham achado adequado trazer o nome do nosso *Mahātma* à imprensa pública, sem qualquer necessidade de fazê-lo, usando, além disso, tais comentários e insinuações, já que são totalmente calculados para serem altamente ofensivos àqueles que têm a sorte de ser conhecidos e próximos ao *Mahātma* em questão. A repreensão contida no "Protesto" dos 500 teósofos hindus – recém-publicado na *Light* – pode ser justamente aplicada a muitos espíritas, além de "G. W. M. D.".

Capítulo IV

A Virgem do Mundo

Esse é o título de uma publicação recente, em inglês, de alguns dos livros geralmente atribuídos a Hermes. O primeiro livro, no entanto, é a única parte da publicação à qual esse título está perfeitamente adequado. Dois discursos filosóficos chamados "Asclépios, sobre Iniciação" e "Definições de Asclépios" e alguns fragmentos da filosofia hermética são adicionados a ele, com dois ensaios introdutórios do Sr. Maitland e da Dra. Kingsford, que são muito interessantes e instrutivos.

Um estudo muitíssimo interessante para todo ocultista seria comparar as doutrinas da antiga filosofia hermética com os ensinamentos do sistema vedantino e budista de pensamento religioso. Os famosos livros de Hermes parecem ocupar, em relação à religião egípcia, a mesma posição que as *Upanishads* ocupam na literatura religiosa ária. Como havia quarenta e duas províncias no antigo Egito, e o corpo de Osíris foi cortado em quarenta e dois pedaços, portanto, havia quarenta e dois livros de Hermes. Esse, no entanto, não é o número dos *Vedas*, nem de suas subdivisões, como o Sr. Maitland parece supor. Esse número é um dos traços característicos do misticismo egípcio, e encobre uma verdade profunda. Ele nada tem a ver com o número de estrelas em alguma constelação particular, como alguns egiptólogos têm imaginado. Enquanto esses investigadores das doutrinas religiosas egípcias acreditarem erroneamente que eles são baseados nos signos do Zodíaco, nos movimentos dos corpos celestes, ou na aparência de um grupo de estrelas específico, será impossível para eles penetrar nas profundezas de seu significado. Esses livros de Hermes, se puderem ser descobertos, certamente colocarão um fim em todas essas especulações. Mas Hermes disse: "Os Livros Sagrados dos Imortais, aqueles em cujas páginas minha mão registrou os remédios pelos quais a incorruptibilidade é outorgada, permanecem, para sempre, fora do alcance da destruição e da decadência, invisíveis e ocultos a todos os que frequentam essas regiões, até chegar o dia em que o antigo céu fará nascer instrumentos dignos de vós, os quais o Criador chamará de almas."

Essa passagem tem um duplo significado, aplicável tanto às obras do Hermes divino quanto do Hermes humano; e ainda está distante o tempo em que a verdadeira filosofia hermética e a antiga civilização do Egito serão revividas no curso natural do progresso evolutivo. As obras que agora estão sendo publicadas como herméticas, no entanto, não parecem ser os verdadeiros livros herméticos que foram tão cuidadosamente escondidos, embora elas contenham fragmentos da verdadeira filosofia hermética coloridos pelo pensamento e mitologia grega, e *The Virgen of the World* provavelmente foi baseada em alguma compilação egípcia que alega ser um dos livros herméticos. É curioso perceber que nela nós encontramos Ísis informando Horus que os signos animais foram colocados no Zodíaco depois daqueles com forma humana, que seria o caso quando o ponto de equinócio estivesse no início de Gêmeos. Além disso, como será mostrado mais adiante, as principais doutrinas ensinadas pelo discurso estão em harmonia com as doutrinas religiosas do antigo Egito. Mas as referências proeminentes a Zeus, Kronos, Ares e Afrodite demonstram inequivocamente que ele não pode, de forma alguma, ser considerado como um dos antigos livros herméticos. No contexto em que tais nomes aparecem, Hermes, sem dúvida, ter-se-ia referido às correspondentes deidades da mitologia egípcia. Ao referir-se à página nove, ver-se-á que o autor identifica Hermes a Mercúrio, o que nenhum egípcio antigo, devidamente familiarizado com sua antiga filosofia, teria feito. Hermes é o "pensamento cósmico", como se afirma em outra parte desse discurso. Falando precisamente, ele é a mente universal em seu aspecto divino, e corresponde a *Brahma* na religião hindu. Assim como se diz que os *Vedas* e as *Upanishads* surgiram de *Brahmā* antes da evolução do Cosmos manifestado, os egípcios declararam que seus livros religiosos surgiram do Hermes divino. Hermes, como *Brahmā*, é representado (p. 10) participando da criação. Sendo esse o caso, seria errado, a partir do ponto de vista egípcio, representá-lo como Mercúrio. Além disso, Hermes é mencionado como professor e iniciador de Ísis, embora, em um lugar, o Grande Mestre e o Governante do Universo dirija-se à deusa misteriosa como a alma de sua alma e o sagrado pensamento do seu pensamento. Ísis, a grande Virgem cósmica, é o sexto princípio do Cosmos. Ela é a força geradora do Universo – não *Prakṛiti*, mas a energia produtiva de *Prakṛiti*, e, como tal, ela gera a ideação na mente universal. Mesmo em sua encarnação humana, ela não pode ser corretamente situada na posição de discípula de Hermes. A encarnação humana de Ísis não é a descida da alma na matéria, como é o caso do rapto de Perséfone. Curiosamente, ao se referir a essa encarnação, em seu discurso a Hórus, Ísis fala assim: "O Deus Supremo... finalmente concedeu à Terra, por um período, teu pai Osíris e a grande deusa Ísis." Quem, então, é essa Ísis que se dirige a Hórus? Possivelmente, no período tardio da história egípcia, o termo "Ísis" era aplicado a toda alma que encarnava, enquanto que o termo "Osíris", a todo espírito que partia; mas mesmo essa suposição será considerada incoerente com algumas partes do diálogo em consideração. O autor do livro, seja ele quem for, não compreendeu, em sua verdadeira luz, a misteriosa ligação entre Ísis e Hermes, e, tentando imitar o tom e a forma dos diálogos herméticos verdadeiros (que eram repetidos apenas durante os períodos de iniciação), conforme as tradições correntes em sua época, escreveu o diálogo em questão na forma em que ele é agora apresentado ao público. Antes de comentar em detalhes as doutrinas inculcadas nesse livro, é necessário salientar que Perséfone não é a Virgem Cósmica, e não pode ser representada como tal, do ponto de vista da filosofia hermética. Esse título é aplicável apenas à grande Ísis, e não a toda alma que está encerrada na matéria e que basicamente se manifesta como a inteligência espiritual do homem. A Virgem Cósmica é a mãe solteira do Universo manifestado e não a virgem mãe do Cristo (Espírito) encarnado.

Ísis ocupa, no Cosmos ou macrocosmo, a mesma posição que a alma que caiu em poder da matéria ocupa no microcosmo. Ísis é a mãe do *Logos* manifestado no Cosmos, enquanto a alma é a virgem mãe do espírito regenerado; Ísis é a mãe de Adonai, enquanto que a alma encarnada é a mãe de Cristo: mas apenas a primeira pode ser chamada de a Virgem Cósmica, e não a última. Em nossa humilde opinião, a Virgem Cósmica não é a Virgem manifestada no Cosmos, mas a Virgem mãe do Cosmos. A diferença não é entre a Virgem do Cosmos e a "perpétua donzela do céu", mas entre a Virgem macrocósmica e a Virgem microcósmica. Consequentemente, no discurso da Virgem Cósmica a seu divino filho, nós encontramos uma explicação geral da evolução cósmica, e não uma mera descrição da descida da alma na matéria. Nesse contexto, deve-se lembrar que as encarnações humanas de Ísis e Osíris não devem ser tomadas como representações meramente alegóricas das encarnações do espírito. Elas foram situadas em uma posição bem diferente pelos antigos escritores egípcios; e, em seu próprio discurso, Ísis disse que ela não se atreveria a "narrar *esse* nascimento" e "declarar a origem" da raça de Hórus. O chamado mito de Osíris é o grande mistério central do Ocultismo egípcio e, provavelmente, tem uma relação mais próxima com o aparecimento de Buda do que geralmente se imagina. Além disso, deve-se afirmar aqui que o deus grego Dionísio não tem posição exata a ocupar no panteão egípcio. A Dra. Kingsford fala de "encarnação, martírio e ressurreição de Dionísio Zagreu" no ensaio que precede este livro. Ela diz que Dionísio pretendia significar o espírito, e ainda acrescenta que "o espírito de Dionísio era considerado como de uma gênese especialmente divina, sendo o filho de Zeus e da imaculada donzela Koré Perséfone...". Sendo assim, Dionísio é o sétimo princípio no homem, o *Logos* que se manifesta no microcosmo. Mas nós somos informados, ao final do ensaio, de que "Osíris é o sol microcósmico, a contraparte, no sistema humano, do Dionísio macrocósmico ou Filho de Deus." Essa última afirmação é claramente inconsistente com o que foi dito anteriormente, e é evidentemente o resultado de um juízo falso – um juízo falso geralmente predominante nas mentes dos estudantes herméticos ocidentais a respeito da verdadeira posição de Osíris – e uma tentativa de interpretar os mistérios mais elevados da religião egípcia com as lendas mitológicas da antiga Grécia, as quais, embora elegantes e refinadas em forma, não admitem qualquer comparação às alegorias dos antigos escritores egípcios em relação ao significado oculto.

Há uma passagem digna de nota na página 34 do livro em questão que, se examinada de perto, pode trazer alguma luz ao assunto. Ísis informa a Hórus que "no céu moram dois ministros da Providência universal; um é o guardião das Almas, o outro é o condutor delas, quem as envia e lhes confere corpos. O primeiro ministro as protege, o segundo as aprisiona ou liberta, conforme a Vontade de Deus." A verdadeira posição e deveres de Osíris podem, talvez, ser percebidas nesse significante parágrafo. Não será muito difícil averiguar o nome do outro ministro, que tem uma relação mais próxima com o Sol Macrocósmico do que Dionísio, a partir de um exame cuidadoso da doutrina religiosa do Egito. Mas como a atribuição da Esfinge é propor enigmas e não resolver dificuldades sobre tais assuntos, nada mais pode ser dito em relação a isso. Talvez Buda e Shankaracharya possam revelar o verdadeiro mistério desses dois ministros.

II

A maior parte das doutrinas explicadas a Hórus por sua divina mãe estão em perfeita harmonia com os ensinamentos correspondentes do Hinduísmo e do Budismo, como será visto nas explicações seguintes. Hórus representa o espírito regenerado do homem, e é para ele que a Virgem Cósmica tira o seu véu e revela os mistérios da existência humana.

Ao traçar a evolução do homem físico, Ísis começa dando uma explicação sobre a origem da Mônada espiritual. Deus, parece, tirou de si mesmo tal essência, conforme era necessário, e "misturando-a com uma chama intelectual, ele combinou com esses outros materiais de maneiras desconhecidas; e tendo, pelo uso de fórmulas secretas, realizado a união desses princípios, ele dotou de movimento a combinação universal. Gradualmente, no meio do protoplasma, brilhou uma substância mais sutil, mais pura e mais límpida que os elementos com os quais ela foi gerada.... Ele a chamou de *autoconsciência*". O nome dado a ela é bastante apropriado, ela é o germe de *prajñā*, o ponto da consciência, a Mônada que, basicamente, evolui o ser humano. Essa explicação é similar à dada pelos alquimistas sobre a composição da pedra filosofal. Mercúrio, descrito como *Śivavīryam* pelos hindus, é considerado pelos alquimistas como a essência de Deus, enquanto a chama intelectual é representada por enxofre. O misterioso sal é outro material mencionado na explicação acima, e é o "azoth" que começa a brilhar na composição. Isso tem um significado profundo, e dá uma pista para a solução desse problema desconcertante – a natureza e a origem da consciência. Ísis mostra que miríades de almas foram assim formadas, e que elas foram autorizadas a participar da criação do mundo material e dos organismos inferiores, e foram proibidas de transgredir certos limites fixados para sua ação. No decorrer do tempo, no entanto, elas rebelaram-se, e tendo em vista aprisioná-las em organismos e, desse modo, restringir seu poder e liberdade, Deus convocou uma reunião dos espíritos celestes e perguntou-lhes o que eles poderiam conceder à raça prestes a nascer. Sol, Lua, Cronos (Saturno), Zeus (Júpiter), Áries (Marte), Afrodite (Vênus), e Hermes (Mercúrio) responderam a esse chamado e prometeram dotar a natureza humana com várias qualidades, intelectuais e emocionais, boas e más, particularmente pertinentes à natureza dos doadores; e Hermes construiu organismos com o materiail existente para as Mônadas habitarem. Assim foi formado o homem antes de sua queda. Com a transição da simples autoconsciência ao plano da mente e suas várias atividades, então também ocorreu uma mudança de *upādhi*, de um mero centro de força para um corpo astral. Enquanto a Mônada espiritual é desenvolvida pelo próprio Deus, esse último *upādhi* é representado como a obra de poderes subordinados.

Ainda restava um degrau de descida na matéria. As almas perceberam a mudança em sua condição e lamentaram seu destino; esperançosas de que um futuro melhor e mais feliz fosse oferecido a elas e, além disso, foi assinalado que, se alguma delas merecesse repreensão, elas teriam de habitar *organismos mortais*. A despeito dessa advertência, logo surgiu a necessidade de um rebaixamento adicional da Mônada espiritual. O homem, como um ser astral, estava em um estágio de transição; e essa condição não era tal que pudesse ser permanentemente mantida. Faculdades mentais atuando sem qualquer peso de responsabilidade para controlar e restringir sua ação eram propensas a produzir resultados maléficos. O gênio da Lei do *Karma* logo surgiu da Terra na forma de Momo e apontou a Hermes os maus resultados que inevitavelmente se seguiriam se fosse permitido à humanidade permanecer nessa condição. A sabedoria de Hermes logo projetou "um misterioso instrumento, um meio inflexível e inviolável, ao qual tudo estaria sujeito desde o nascimento até a destruição final", e que seria o limite das entidades criadas – em resumo, a inexorável Lei do *Karma*. O instrumento atuou imediatamente, ao que parece, já que impulsos *kármicos* já estavam sendo gerados pelo homem, devido às próprias qualidades mentais das quais ele estava investido, e a consequência foi a encarnação das almas. Esse é o resumo da explicação dada por Ísis sobre a evolução gradual de *Kārana Sharīra*, *Sūkshma Sharīra* e *Sthūla Sharīra*. A constituição desses *upādhis* também foi mostrada, até certo ponto, bem como a natureza da energia consciente e suas funções manifestadas nos *upādhis* e através deles. Essa divisão ternária do ser humano está de acordo com a classificação vedantina dos vários *upādhis*.

O homem, assim, foi encapsulado na matéria; com sua luz interna completamente encoberta e obscurecida, começou a tatear na escuridão. Sem um guia, um professor e instrutor, a humanidade desenvolveu tendências que, se fossem deixadas descontroladas, levariam a um nível ainda inferior de existência. Confusão e discórdia reinariam supremas. Mesmo os próprios elementais poderiam não suportar a presença do homem. Ruidosas seriam as reclamações feitas por toda a Natureza contra o caos moral e espiritual que prevaleceria. Verificou-se que se o homem fosse entregue a si próprio seria incapaz de libertar sua alma dos grilhões da matéria e obter a salvação. Enquanto ele permanecesse meramente como uma tríade, ele permaneceria como um ser imperfeito. Era necessário converter sua tríade em um quaternário. Esse estado de coisas tinha que ser remediada, e "em seguida, Deus encheu o Universo com sua divina voz: "Vai", Ele disse, "Prole sagrada, digna da grandeza de seu pai; procure não mudar nada, nem negue a minhas criaturas o seu ministério."

Essa voz divina é o *Logos* – o sétimo princípio no homem. Ele é o verdadeiro *Ishvara* dos vedantinos e o Salvador da humanidade. Só através d'Ele a salvação e a imortalidade podem ser adquiridas pelo homem, e o fim e objeto de todas as iniciações é descobrir seus atributos e conexão com a humanidade, perceber sua presença sagrada em cada coração humano, e descobrir os meios de transferir a individualidade superior do homem, purificada e enobrecida pelo *Karma* virtuoso de uma série de encarnações, a Seus pés, como a oferenda mais sagrada que um ser humano pode conceder.

Deus, além disso, achou necessário enviar um professor e um governante à humanidade, para revelar a ela as leis da iniciação e apontar o caminho para alcançar seu próprio *Logos*. Apesar da presença de *Ātmā* em seu próprio coração, o homem poderia permanecer ignorante de tal presença sagrada, a menos que o véu da ignorância fosse removido de seus olhos por um instrutor espiritual. Para atender a essa necessidade, Deus pensou em enviar ao mundo tal instrutor e fez a seguinte promessa para os indivíduos queixosos:

"Vou enviar um *efluxo* de mim mesmo, um ser puro que investigará todas as vossas ações, que será o temível e incorruptível juiz da existência: e a justiça soberana estenderá seu reinado até entre as sombras abaixo da terra. Assim cada homem receberá aquilo que merece."

Esse efluxo manifestou-se como Osíris e sua contraparte feminina Ísis.

Entretanto, esse nascimento, o mistério que Ísis recusou revelar até mesmo a Hórus, não corresponde ao nascimento do Cristo.

Cristo, ou Cristos, é a voz divina ou *Logos* que se manifesta em cada homem; e a narrativa bíblica do Cristo é uma explicação alegórica de todo espírito regenerado, em geral. Não é o valor histórico da explicação bíblica que é de importância para a humanidade em geral, mas o seu significado filosófico e oculto, como afirmado pela Dra. Kingsford e pelo Sr. Maitland. Mas seria errôneo considerar a encarnação de Buda ou o nascimento de Osíris e Ísis sob a mesma ótica que o do Cristo. Todo Buda é também um Cristo, mas todo Cristo não é um Buda. Todo homem pode tornar-se um Cristo e identificar-se com Cristo, mas tornar-se um Buda não é acessível para todo homem. Todo verdadeiro cabalista sabe que Cristo é o filho do homem, e não Enoia, o *homem primitivo*; ou, para expressar a mesma coisa na fraseologia budista, Cristo é um *Bodhisattva*, e não um Buda. Deve-se lembrar que, pelo termo Cristo eu não me refiro a qualquer indivíduo em particular, mas à entidade espiritual em relação à qual a explicação bíblica tem sua importância filosófica. O germe de um *Bodhisattva* está em cada homem, mas não o germe de um Buda; por isso quando um Buda é desenvolvido pela humanidade no curso de seu progresso, seu aparecimento torna-se uma questão de importância histórica. O aparecimento de Osíris foi considerado de igual importância e encarado sob essa mesma ótica pelos Iniciados egípcios. Osíris não é o *Logos*, mas é algo superior ao *Logos*. O próprio *Logos* tem uma alma e um espírito, como tudo o mais que é manifestado; e não há nada de irracional em supor que Osíris ou Buda possam representar a alma do *Logos*. A Esfinge não pode e não ousa dizer mais nada sobre o assunto. O leitor pode encontrar um comentário muito interessante e instrutivo sobre as afirmações anteriores no segundo volume de *Isis Unveiled*.

Agora seguiremos com a explicação de Ísis. O reino de ordem e justiça começou com o aparecimento de Ísis e Osíris; os quais, entre outras coisas, ensinaram à humanidade os segredos da ciência oculta e dos mistérios sagrados da iniciação. Após terminar seu trabalho na Terra, o casal divino foi chamado de volta pelos "habitantes do Céu".

Após ter, então, traçado a descida do espírito na matéria e indicado a providência tomada por Deus para assegurar a salvação à humanidade, Ísis seguiu dando respostas para certas questões que Hórus apresentou-lhe. A primeira questão refere-se às almas nobres ou reais. A realeza ali mencionada é a realeza espiritual. De vez em quando, homens como Buda, Shankaracharya, Cristo, Zoroastro e outros têm aparecido na Terra como líderes espirituais e governantes da humanidade. Em relação ao desenvolvimento espiritual e da elevação do caráter moral, eles situam-se em uma altura tão acima do nível da humanidade ordinária, a ponto de levá-la à crença de que eles são encarnações especiais da divindade. Essa crença popular, no entanto, não é apoiada por Ísis, cujo modo de explicar a aparição de tais homens está em harmonia com os ensinamentos da ciência oculta. Ela explica a Hórus que "as almas destinadas a reinar sobre a Terra descem de lá por duas causas. Há aqueles que, em vidas anteriores, viveram de modo irrepreensível e merecem ser glorificados; para tais essa realeza é uma preparação para o estado divino. Ainda há almas santas que, por alguma leve infração da Lei interior e divina, recebem na realeza uma penitência por meio da qual o sofrimento e a vergonha da encarnação são mitigados. A condição desses em assumir um corpo não se assemelha à dos outros; eles são tão abençoados como quando eram livres". Se essa resposta de Ísis for corretamente entendida e aceita pela maioria das pessoas, as disputas sectárias, a discórdia e a intolerância praticamente deixarão de existir.

Há diferenças, parece, entre essas almas reais, devidas à natureza dos anjos e gênios que as assistem. O leitor não deve supor que esses poderes são elementais; eles são os guardiões das almas, cujo ensinamento e orientação as almas seguem, como declarado por Ísis. É esse anjo da guarda da alma que é *Kwan-yin* dos budistas e *Citkalā* dos hindus.

"Como as almas nascem macho ou fêmea?", pergunta Hórus; e Ísis responde assim: "Entre elas não há machos ou fêmeas: essa distinção existe apenas entre corpos, mas não entre seres incorpóreos. Mas algumas são mais enérgicas, outras são mais suaves, mas isso pertence ao éter em que todas as coisas são formadas. Pois a alma é envolvida por um corpo etéreo..." Nem é necessário afirmar que o éter mencionado é a *anima mundi* – luz astral – e que o corpo etéreo é o corpo astral do homem. A próxima pergunta respondida por Ísis refere-se aos vários graus de iluminação espiritual vistos entre os homens.

A verdadeira diferença entre um homem que tem visão espiritual e discernimento e outro que não possui essas faculdades não será encontrada na natureza íntima da alma; assim como a clareza de visão não depende da faculdade perceptiva latente da alma ou mente, mas da natureza do órgão de visão e da membrana em que está envolvido; a clareza da percepção espiritual ou clarividente não depende da natureza da alma, mas da condição e natureza dos *upādhis* nos quais é colocada.

Consequentemente, todo desenvolvimento gradual consiste no aperfeiçoamento dos *upādhis*; a alma é perfeita desde o início e não sofre nenhuma alteração durante o curso da evolução.

Ísis prossegue apontando ainda diferenças de caráter nacional, físico, intelectual e espiritual entre as várias raças que habitam o Globo, e as atribui a diferenças de clima e localização de seus respectivos países. A referência à constelação de Ursa Maior tem um significado místico. Os antigos hindus calculavam o período de um de seus ciclos secretos em relação aos movimentos das estrelas que compõem essa constelação; e esse ciclo está relacionado à evolução das várias raças e sub-raças no Globo.

Falando dos agentes que causam "nos homens vivos, durante doenças prolongadas, uma alteração no discernimento 'da razão' e até da própria alma", Ísis aponta "que a alma tem afinidade com certos elementos e aversão a outros" e que, por isso, suas funções são, muitas vezes, perturbadas e afetadas por mudanças tanto no corpo físico como no astral.

O último capítulo do tratado em exame contém as explanações de Ísis a respeito da existência no *Devachan* ou *Svarga*.

Ísis diz que há várias regiões entre a Terra e o Céu, adaptadas a vários graus de desenvolvimento espiritual, onde "habitam as almas que estão livres dos corpos e aquelas que ainda não encarnaram". Essas regiões correspondem aos vários *Devalokas* (cada *Devagana* tem um *loka* separado) mencionados nos livros hindus, e aos *rūpa* e *arūpa lokas* dos budistas. Esses dois ministros misteriosos aludidos na primeira parte deste artigo exercem, ao que parece, certos poderes de supervisão e controle sobre a condição dos vários *devachanistas*, de acordo com a Lei do *Karma*. Essa lei é colocada em movimento pelas duas energias descritas como memória e experiência. A primeira "dirige, na Natureza, a preservação e manutenção de todos os tipos originais determinados no Céu". Isso se refere ao registro do *Karma* preservado na luz astral. "A função da Experiência é prover um corpo apropriado para cada alma que desce à geração." É desnecessário afirmar que esse é um raciocínio correto da doutrina do *Karma* dos pontos de vista budista e hindu.

Não há nada mais de importante a considerar nesse tratado. Os pontos já mencionados mostram que as mesmas doutrinas principais da antiga religião sabedoria são subjacentes a todo credo exotérico, seja antigo ou moderno. Não é verdade, como o Sr. Herbert Spencer diz, que a única afirmação com a qual todas as nações do mundo concordam, em matéria de crença religiosa, é que há um Poder desconhecido e incognoscível no Universo. A história religiosa da humanidade mostra que há uma série de doutrinas a respeito da origem, da natureza e do destino final da alma humana, altamente filosóficas e complicadas, que formam os fundamentos de cada religião exotérica e que têm influenciado os sentimentos religiosos da humanidade desde tempos imemoriais. Como nós podemos explicar essas crenças? Elas têm alguma ligação especial inerente à natureza humana como ela é? Ou são elas o resultado de uma revelação divina durante a infância da raça humana, cuja influência tem sobrevivido às vicissitudes de tantas civilizações? Se nenhuma dessas hipóteses é aceitável para a mente de um agnóstico moderno, pode a evolução dessas doutrinas, a partir de algumas ideias simples que são comuns à humanidade em geral, ser explicada pela operação de leis psicológicas conhecidas? Se a última hipótese é sustentável, como é que esses produtos da experiência humana não têm sofrido nenhuma mudança, a despeito do grande progresso da civilização material e da cultura mental?

Não é meu objetivo, no momento, travar uma discussão sobre o assunto acima e apresentar minhas próprias soluções ao problema; eu apenas peço a atenção do leitor para essa importante questão, e solicito que ele não perca isso de vista ao meditar sobre a origem e a história da fé religiosa da humanidade e sobre a possibilidade de descobrir uma plataforma comum em que os seguidores das diversas religiões do globo possam seguir sua posição com amor fraternal e afeição, esquecendo as diferenças insignificantes dos seus credos exotéricos dogmáticos. A Esfinge não acha necessário dizer algo sobre os conteúdos das pequenas dissertações filosóficas anexadas a *The Virgin of the World*, já que elas parecem conter mais de especulações gregas do que de sabedoria egípcia.

Capítulo V

A Virgem do Mundo[74]

Para o editor de *The Theosophist*.

Em seus comentários sobre o meu ensaio preliminar *The Virgin of the World*, você afirmou que Perséfone não pode ser considerada como a Virgem Cósmica. Ela era, no entanto, indubitavelmente, assim considerada por toda a escola neoplatônica, cujo expoente, Thomas Taylor, em sua *Dissertation of the Eleusinian and Bacchic Mysteries*, cita grande parte dos autores gregos herméticos para provar exatamente esse ponto. Eu desejo que meu crítico, antes de comprometer-se com a afirmação que ele fez na página 97 da edição de novembro de *The Theosophist*, familiarize-se com essa obra clássica, e também com certas passagens de Proclo, Olimpiodoro, hinos órficos, Claudiano, Apuleio, e outras autoridades clássicas e reconhecidas, a partir das quais é muito claro que o mito do rapto de Perséfone, o tema dos Mistérios, representa a descida da Alma na Matéria, ou Geração, e que o título *Kore Kosmou* foi, por todo o mito, atribuído a Perséfone, a filha de Deméter ou inteligência supramundana.

Ísis nunca representou a alma ou o sexto princípio (terceiro) do Universo, mas a oitava esfera; não propriamente um princípio, mas uma influência. Trechos dos melhores autores são citados em meu ensaio para provar esse fato, e muitos mais podem ser acrescentados. Se, como é certo, Ísis foi identificada à lua, e usava como

[74] *The Virgin of the World.* (N. E.)

um emblema os duplos cornos de Selene, não há dúvida de que ela simbolizava o poder oculto de progresso e decadência, bem e mal, e talvez não possa, por isso, ser identificada à alma que ela alegra ou aflige, de acordo com uma lei inflexível. Eu não posso, de modo algum, entender sua menção crítica à relação de Dionísio-Zagreu com o panteão egípcio. Nenhuma alegação é feita, em meu ensaio ou em outro lugar na obra, de que Dionísio ocupou tal lugar, embora, é claro, ele tinha sua correspondência ali. Mas a totalidade da minha exposição segue os Mistérios Gregos, e lida com suas descrições. Que Dionísio-Zagreu personifica, nesses Mistérios, o sétimo princípio (hermeticamente, o quarto) no Universo – que é – o espírito divino e vitalizante, não é uma suposição ou hipótese minha, mas um fato indubitável, considerado acima de controvérsias pelas autoridades já mencionadas. Esse Dionísio-Zagreu (*Dionusos Chtonios*), o Dionísio místico, não deve ser confundido com o deus posterior, indêntico a Baco, o filho de Sêmele. Eu acrescento apenas que não há tal inconsistência em meu ensaio, como o seu crítico acusa. Dionísio representa o Espírito ou sétimo princípio (quarto), seja macrocósmica ou microcosmicamente, e, como tal, tem sido identificado a Osíris, a representação egípcia do mesmo princípio. E Perséfone é semelhante à alma, em ambos os aspectos, maior e menor. Mas os mistérios gregos lidam ostensivamente com a representação *macrocósmica* do drama divino, e, com seu significado individual, somente por implicação. Por isso Perséfone geralmente significa a alma em sua acepção mais ampla como *Kore Kosmou*, e por isso também seu filho Dionísio representa antes o filho de Deus no mundo que o filho de Deus no homem.

E, nesse contexto, também com o fim de elucidar a função e posição de Ísis no macrocosmo, como é exposta por hermetistas e neoplatonistas, eu posso acrescentar que sua contraparte análoga no microcosmo, ou indivíduo, é encontrada no gênio – o anjo da guarda da teosofia cristã. Esse gênio é bom ou mau, útil ou dificultador, claro ou escuro, benévolo ou hostil, conforme o estado de graça (*Karma*) que a alma adquiriu. O gênio derrama sobre a alma a luz derivada de seu próprio sol celestial. (veja p. 88 e 89 *The Perfect Way*)

No discurso que acompanha a alegoria da *The Virgin of the World*, eu entendo que Ísis representa a Iluminadora ou Reveladora; Osíris, o Salvador ou princípio redentor; e Hórus, o Iniciado – fonte de bom *Karma* ou estado de graça, e Influxo Divino, pelo qual se pode descrever, com exatidão, a geração de cada verdadeiro "Jesus".

Eu devo contentar-me com uma simples expressão de divergência da avaliação do seu crítico sobre a relação existente entre os Mistérios de origem egípcia e grega. Sem dúvida, sinto algo forte quanto a esse ponto, porque minha própria instrução e esclarecimento na doutrina mística têm sido obtidos, principalmente, por meio dos magníficos mistérios que eu não posso, sem lamentar, encontrar caracterizados, pelo seu crítico, em uma frase evidentemente destinada a depreciá-los como "fábulas mitológicas".

NATAL DE 1885 ANNA KINGSFORD, M. D. , F. T. S.

Senhor, em agradecimento pelo comentário sobre esse livro em *The Theosophist* de novembro, eu gostaria de corrigir um mal-entendido causado pela afirmação de seu crítico de que os livros agora sendo publicados não parecem ser os verdadeiros livros herméticos. O mal-entendido em questão consiste na impressão de que essa afirmação é feita em contradição à posição adotada por mim. Considerando que o fato descreve corretamente aquela posição, a única conclusão sobre o assunto, com a qual eu tenho me comprometido, é "que a doutrina contida nos livros herméticos é, pelo menos em parte, uma sobrevivente dos tempos do antigo Egito e, nesse ponto, realmente hermética". Eu não disse uma palavra para sugerir que os considerava como obra do próprio Trismegisto, ou que o termo hermético significava outro que não uma determinada escola ou sistema de doutrina, originada, no que concerne ao mundo ocidental, no Egito, e que traz o nome de Hermes Trismegisto, um nome que há muito tem sido, para o mundo ocidental, um sinônimo para o princípio intelectual.

A expressão do seu crítico "concepção errônea geralmente predominante nas mentes dos hermetistas ocidentais" parece-me infeliz ao compor uma afirmação de que "os hermetistas ocidentais" não estão corretamente instruídos a respeito de sua própria doutrina. Visto que tudo o que seu crítico talvez esteja em condições de afirmar é que há uma divergência de visão entre seu sistema e o do Ocidente. Que pode haver e provavelmente há tal divergência, nós, "hermetistas ocidentais", estamos bastante dispostos a admitir. Mas nós não estamos dispostos a admitir que o erro, se há algum, está conosco. Antes disso, nós sustentamos, e acreditamos, que o renascimento do conhecimento oculto agora em desenvolvimento demonstrará, algum dia, que o sistema ocidental representa uma gama de percepção que os orientais – pelo menos como exposto nas páginas de *The Theosophist* – ainda não alcançaram.

Edward Maitland

> P. S. – Permita-me afirmar, por justiça a meu colega editor e a mim mesmo, que a responsabilidade pela deficiente folha de rosto e sumário não é nossa, pois elas não nos foram apresentadas antes da publicação.

Senhor, por gentileza permita-me dizer algumas palavras com relação às duas cartas enviadas pela Dra. Kingsford e Sr. Maitland em relação à minha crítica à *The Virgin of the World.*

Se os meus críticos tivessem em mente que o assunto de minha revista era a *The Virgin of the World* e não seus ensaios introdutórios nos mistérios helênicos, eles teriam, sem dúvida, deixado de fazer todas as afirmações irrelevantes que suas cartas contêm. Havia apenas duas referências específicas a esses ensaios introdutórios em meu artigo. Uma de minhas objeções permanece totalmente sem resposta, e a explicação dada em relação à outra não acrescenta nada à verdadeira pergunta em questão, como as seguintes observações irão mostrar.

The Virgin of the World foi publicada não como uma obra genuína do próprio Hermes, mas como um tratado sobre Mistérios egípcios. Ao criticá-la, portanto, achei necessário examiná-la à luz da ciência hermética e não da filosofia grega. Em relação ao título do fragmento hermético em consideração, eu fiz as seguintes afirmações em meu artigo – "...é necessário destacar que Perséfone não é a Virgem Cósmica e não pode ser representada como tal *do ponto de vista da filosofia hermética*". A Dra. Kingsford contesta essa afirmação com a autoridade de vários autores *sobre filosofia grega*. Se os autores gregos conferiram esse título a Perséfone, isso não é uma prova de que os autores egípcios fizeram a mesma coisa. Perséfone poderia ser a Kore Kosmou dos mistérios helênicos, mas ela não era a Virgem Cósmica dos egípcios. Também será difícil encontrar a deusa correspondente no panteão egípcio. Não se pode sequer sustentar que *The Virgin of the World*, não sendo um genuíno livro egípcio, mas uma obra escrita por algum autor grego, até certo ponto conforme os modelos egípcios, o seu título poderia ter sido usado de acordo com a concepção dos escritores gregos em geral. Pois, sob tal suposição, não haveria qualquer relação entre os conteúdos do livro e o título escolhido para ele. Não há qualquer referência especial a Perséfone ou a qualquer deusa correspondente no tratado, como nós o encontramos no presente. A única deidade feminina que aparece nele, com destaque, é Ísis. Sob tais circunstâncias teria sido extremamente absurdo de minha parte se eu tivesse colocado no título em questão a construção agora sustentada pelo meu crítico, e tentado forçar, dentro dos ensinamentos de Ísis, por meio de interpretações forçadas e analogias artificiais, quaisquer ideias relacionadas à posição de Perséfone nos Mistérios gregos. Eu afirmo também que a descrição, quando julgada por si mesma e não em relação ao uso de qualquer categoria particular de escritores, é mais apropriada a Ísis egípcia que a Perséfone grega.

É minha humilde opinião que meu crítico tenha entendido mal a posição da Ísis egípcia. O que realmente significa dizer que Ísis representava a "oitava esfera" não é fácil de entender. Ela também diz que Ísis não é um *princípio*, mas uma *influência*. Apesar de meu crítico garantir o contrário, eu sou incapaz de encontrar qualquer autoridade para essas afirmações em seu ensaio introdutório. Embora a palavra princípio seja agora rejeitada como inaplicável, eu encontro, porém, na p. 27 de tal ensaio, que Ísis é um "princípio" representado pelos cabalistas pela figura de Malcuth ou a Lua. A razão apontada para refutar minha afirmação de que Ísis representa o sexto princípio do Cosmos é a seguinte: "Se, como é certo, Ísis era identificada à lua, e usava como um emblema os duplos cornos de Selene, não há dúvida de que ela simbolizava o poder oculto do progresso e decadência, bem e mal, e talvez não possa, por isso, ser identificada à alma que ela alegra ou aflige, de acordo com uma lei inflexível". Para começar, que prova há de que Ísis era identificada à lua pelos escritores egípcios? É inútil dizer que os escritores gregos a identificaram com Diana ou com Ártemis. Quando a questão de se os escritores interpretaram correta ou incorretamente a doutrina hermética do antigo Egito está em discussão, é inconveniente apenas confiar em suas declarações. O símbolo do crescente não é prova de que Ísis representa a lua. Esse símbolo, que tem um significado profundo para todo verdadeiro ocultista, é associado a um grande número de deidades masculinas e femininas na filosofia religiosa hindu; mas nenhuma delas é, por causa disso, confundida com a lua. Ísis não tem todos os atributos de Diana ou Ártemis. Ela nunca foi representada como uma caçadora, por exemplo, com um arco e flechas em suas mãos. Outra deusa egípcia – a divina Neith – tinha esses atributos. Mas Neith era claramente uma deidade solar na doutrina egípcia. Seria extremamente temerário para um estudante de mitologia comparada inferir a identidade de duas deidades pertencentes a concepções místicas de duas nacionalidades diferentes a partir do simples fato de que elas têm atributos similares. Mesmo admitindo que a lua era um símbolo de Ísis, como é que se deduz disso que Ísis era considerada pelos egípcios como "o poder oculto do progresso e decadência, bem e mal?" A descrição em si não transmite uma ideia definida, e não há provas para mostrar que os egípcios atribuíram tal significado à lua em seus textos. Mesmo supondo que a cadeia de inferência seja, até agora, sólida, e que essa influência chamada Ísis alegra e aflige a alma, como é mostrado, assim, que Ísis não é a alma cósmica ou o sexto princípio do Universo? Será que Ísis ou a Lei do *Karma* afligem e alegram o sexto princípio ou inteligência espiritual do Cosmos? Se isso acontece, isto requer, sem dúvida, uma "gama de percepção" que o sistema oriental "ainda não alcançou" para compreender o significado dessa afirmação. Se não acontece, todo o argumento é simplesmente sem valor. A Lei do *Karma* e sua influência é tanto uma manifestação das energias do sexto princípio cósmico quanto são todas as outras em todo o Universo; e as alegrias e os sofrimentos da alma encapsulada na matéria não refutam os verdadeiros argumentos genuínos de Ísis para ser considerada como a alma espiritual do Cosmos.

Eu não disse e não quis insinuar em meus artigos que a Dra. Kingsford fez alguma afirmação incorreta a respeito de Dionísio-Zagreu, como é alegado agora. Eu simplesmente apontei em meu artigo que Dionísio, comparado a Osíris, não tinha lugar no panteão egípcio, para evitar alguma possível compreensão errônea que poderia, de outro modo, surgir a respeito da verdadeira posição de Osíris, a partir de certas passagens do ensaio introdutório; e agora eu ainda afirmo que, se Osíris deve ser desconsiderado, Dionísio não tem correspondência no panteão egípcio.

A inconsistência apontada em meu artigo não foi, de modo algum, removida pela explicação agora apresentada. Em relação a isso, eu chamo a atenção do leitor para as seguintes passagens do ensaio introdutório:

1. "...A encarnação, martírio e ressurreição de Dionísio-Zagreu."
2. "Pois Osíris é o sol microcósmico, a contraparte, no sistema humano, do Dionísio macrocósmico ou Filho de Deus... De modo que esses autores que confundem Ísis com Deméter, de modo igual e bastante compreensível, confundem Osíris com Dionísio..."

"Os livros herméticos admitem três expressões da Divindade, primeiro, o supremo, abstrato e infinito Deus, eternamente autossubsistente e imanifesto; segundo, o Unigênito, a manifestação da Divindade no Universo; terceiro, o Deus no homem, o redentor, ou Osíris."

Comparando essas várias afirmações umas com as outras, nós encontramos Dionísio, descrito como o sol macrocósmico ou o Filho Unigênito de Deus, manifestado no Universo, submetido à encarnação, ao martírio e à ressurreição, como se ele fosse o espírito encarnado. Agora se afirma que Dionísio representa o espírito ou sétimo princípio, seja macro ou microcosmicamente. Se assim for, ele é idêntico a Osíris como praticamente se admite. Por que então foi afirmado no ensaio introdutório que alguns autores confundiram Dionísio com Osíris e Ísis com Deméter? Se o único e mesmo princípio é igualmente o *Logos* manifestado no Cosmos e o *Logos* manifestado no homem, que fundamento há para as *três* expressões da Divindade descritas acima? Se os Mistérios gregos lidavam ostensivamente com a representação *macrocósmica* do Drama Divino, e com seu significado individual apenas por implicação, como agora se afirma, essa declaração está completamente em desacordo com as seguintes declarações do ensaio introdutório: "Os Mistérios gregos lidavam *apenas com dois assuntos*, sendo o primeiro o drama do rapto e resgate de Perséfone; o segundo, o da encarnação, do martírio e da ressurreição de Dionísio-Zagreu." Certamente não se pode afirmar que esses constituem o tema da representação macrocósmica do drama divino; e nós ainda fomos informados de que os Mistérios helênicos lidam *apenas* com esses dois assuntos. Se assim for, a representação é preeminentemente, se não totalmente, microcósmica, e a posição macrocósmica atribuída a Dionísio e a diferença apontada entre ele e Osíris, no ensaio introdutório, por causa de tal posição, não encontram lugar nos Mistérios gregos. Pode-se apontar qualquer número de problemas na posição adotada pela Dra. Kingsford, e a explicação apresentada agora tende a tornar as coisas piores.

No que diz respeito ao anjo da guarda da Teosofia Cristã, eu considero necessário dizer que esse anjo da guarda não é a contraparte de Ísis. Se Ísis não é um princípio, mas uma mera influência, como afirmado pelo meu crítico, é difícil entender como essa influência pode desempenhar os deveres atribuídos a, e possuir os atributos de um anjo da guarda na doutrina cristã.

Com referência à carta da Dra. Kingsford, tenho apenas que acrescentar que não usei a expressão citada com o propósito de depreciar as doutrinas místicas gregas. De acordo com o uso comum, a expressão em questão era a única que eu podia usar para indicar aquela parte da literatura grega que lida com assuntos místicos e ocultos. Mas são igualmente fortes minhas convicções de que há uma profundidade de significado oculto maior nas fábulas alegóricas do Egito do que nas da Grécia, e que seria extremamente injusto para com a doutrina egípcia interpretá-la de acordo com as noções helênicas.

A carta do Sr. Maitland requer apenas algumas palavras em resposta. Ele não faz qualquer tentativa de justificar sua afirmação de que o número de Vedas ou suas subdivisões é 42, mas levanta uma discussão que é completamente irrelevante e desnecessária. Eu não vejo como ele pode sustentar que sou responsável por qualquer mal-entendido que possa ter surgido a partir de suas próprias palavras. O Sr. Maitland parece pensar que eu não tenho o direito de falar sobre as compreensões equivocadas a respeito da doutrina hermética, que parecem existir nas mentes dos denominados "hermetistas ocidentais", porque tal doutrina é "a doutrina deles próprios" e, portanto, deve-se presumir que eles sabem tudo sobre ela. Se por doutrina hermética o Sr. Maitland quer dizer simplesmente a doutrina hoje professada pelos denominados "hermetistas ocidentais" da atualidade, há alguma razão para a afirmação feita. Mas a expressão é geralmente aplicada à filosofia oculta e às doutrinas místicas dos antigos egípcios, e quando eu falei das concepções equivocadas relativas à doutrina hermética em minha crítica, eu tinha esse sistema filosófico em vista, e não qualquer outra doutrina à qual o meu crítico poderia aplicar a expressão.

Mas se o Sr. Maitland chega ao ponto de dizer que a doutrina hermética dos antigos egípcios pode ser reivindicada pelos hermetistas ocidentais "como a sua doutrina", eu sou obrigado a rejeitar tal reivindicação como simplesmente absurda. A verdadeira doutrina hermética está muito mais intimamente ligada aos sistemas orientais de ciência oculta do que aos ocidentais. Uma parte considerável dela desapareceu, por completo, do Ocidente há muito tempo. A antiga doutrina hermética lidava com vários sistemas de iniciação. Havia os Mistérios de Ísis, de Osíris, de Hermes, de Neith, de Amen-rá e vários outros divididos em diferentes grupos. Algumas das doutrinas apenas pertencentes aos Mistérios de Ísis e Osíris chegaram ao Ocidente através dos hebreus, gregos e outras fontes consideravelmente modificadas. As outras partes da verdadeira doutrina hermética ficaram totalmente perdidas para o Ocidente.

Sob tais circunstâncias, seria bastante desejável que os "hermetistas ocidentais" fossem um pouco mais tolerantes e discretos. A referência do Sr. Maitland ao *The Theosophist* é totalmente descabida na presente discussão. Devo confessar que até hoje eu tenho visto muito pouco dessa sabedoria ocidental, que está guardada em algum lugar na Europa. Possivelmente há muitos níveis de percepção ainda não atingidos pelo sistema oriental, como o Sr. Maitland tem o prazer de afirmar.

Mas esses níveis de percepção têm muito pouco a ver com *The Virgin of the World* ou minha crítica à mesma, ou com os ensaios introdutórios anexados a ela, é desnecessário entrar em discussão com o Sr. Maitland sobre esse assunto.

A ESFINGE SOLAR

Capítulo VI

O Idílio do Lótus Branco

A interessante história publicada sob o título acima tem atraído considerável atenção. É instrutiva em mais de uma maneira. Ela realmente retrata a fé e o sacerdócio egípcios, quando sua religião já havia começado a perder sua pureza e degenerar em um sistema de culto tântrico contaminado e pervertido por magia negra, inescrupulosamente usado para propósitos egoístas e imorais. Ela também é, provavelmente, uma história verdadeira. Sensa é representado como o último grande hierofante do Egito. Assim como uma árvore deixa sua semente para transformar-se em uma árvore semelhante, mesmo que ela pereça completamente, toda grande religião parece deixar sua vida e energia em um ou mais grandes Adeptos destinados a preservar sua sabedoria e reavivar seu crescimento em algum tempo futuro, quando o ciclo da evolução tenda, em seu curso, a trazer o resultado desejado. A grande religião antiga de Chemi[75] está destinada a reaparecer nesse planeta em uma forma mais nobre e elevada, quando o momento designado chegar, e não há nada irracional na suposição de que o Sensa da nossa história seja, hoje, provavelmente, um Adepto muito elevado, que está aguardando para executar os comandos da Dama do Lótus Branco. Além dessas especulações, no entanto, a história em questão tem uma lição muito nobre para ensinar. Em seu aspecto alegórico, ela descreve as provações e dificuldades de um neófito. Não é fácil, no entanto, para o leitor comum, remo-

[75] Egito antigo. (Nota da trad.)

ver o véu da alegoria e entender claramente seus ensinamentos. É para ajudar tais leitores que eu prossigo com a seguinte explicação sobre os personagens que aparecem na história em questão e os eventos nela relatados.

(1) "Sensa", o herói da história, tem o propósito de representar a alma humana. Ele é o *Kūṭastha Caitanyam*, ou o germe de *Prajñā*, no qual a individualidade do ser humano é preservada. Corresponde ao elemento superior e permanente no quinto princípio do homem. É o ego ou o eu da existência encarnada.

(2) "Seboua", o jardineiro, é a intuição. "Eles não podem fazer de mim um fantasma", afirma Seboua e, ao dizer isso, esse não sofisticado porém honesto camponês revela verdadeiramente seu próprio mistério.

(3) "Agdmahd", "Kamen-Baka" e os nove outros sumos sacerdotes do templo, que são os servos devotados da deusa escura a qual eles adoram, representam respectivamente, as seguintes entidades:

(1) *Kāma*...............Desejo
(2) *Krodha*.............Ira
(3) *Lobha*...............Avareza
(4) *Moha*................Ignorância
(5) *Mada*...............Arrogância
(6) *Mātsarya*..........Inveja
(7, 8, 9, 10 e 11)....Os cinco sentidos e seus prazeres.

(4) Os personagens femininos que aparecem na história são os seguintes:
(1) A deusa escura e misteriosa adorada pelos sacerdotes;
(2) A jovem garota que brincava com Sensa;
(3) A garota mais velha encontrada por ele na cidade;
(4) E por último, a Dama do Lótus Branco.

Deve-se reparar aqui que o segundo e o terceiro são idênticos. Falando da mulher formosa da cidade, a qual ele encontrou, aparentemente, pela primeira vez, Sensa diz que, quando ele olhou em seus olhos ternos, parecia que ele a conhecia bem e que seus encantos lhe eram familiares. Fica claro, com essa declaração, que essa dama não é outra senão a jovem garota que corria com ele no templo.

Prakṛiti, dizem os filósofos hindus, tem três qualidades, *sattva*, *rājas* e *tamas*. A última dessas qualidades é associada aos prazeres e paixões grosseiros experimentados pelo *Sthūla Sharīra*. A *guna rājas* é a causa da atividade inquieta da mente, enquanto a *guna sattva* está intimamente associada à inteligência espiritual do homem, e com suas aspirações mais nobres e elevadas. *Māyā*, então, aparece nessa história em três formas diferentes. Ela é *Vidya,* uma inteligência espiritual, representada pela Dama do Lótus Branco. Ela é *Kwan-yin* e *Prajñā* dos escritores budistas. Ela representa a luz ou a aura do *Logos*, que é sabedoria, e é a fonte da corrente da vida consciente ou *Caitanyam*. A jovem garota anteriormente mencionada é a mente do homem, e é por ela que Sensa é conduzido gradualmente à presença da deusa escura, colocada no Santo dos Santos[76], para adoração pelo clero que descrevi acima.

A deusa escura é *Avidyā*. É o lado escuro da natureza humana. Ela obtém sua vida e energia das paixões e dos desejos da alma humana. O raio de vida e sabedoria, que originalmente emanou do *Logos* e que adquiriu uma individualidade distinta de sua própria quando o processo de diferenciação começou, é capaz de ser transformado quase totalmente nessa verdadeira Kali, se a luz do *Logos* for totalmente excluída pelo mau *Karma* do ser humano, se a voz da intuição não for ouvida e percebida, e se o homem vive simplesmente com o propósito de satisfazer suas próprias paixões e desejos.

Tendo em mente essas observações, o significado da história ficará claro. Não é meu objetivo, no momento, escrever um comen-

---

[76] Santuário. (Nota da trad.)

tário exaustivo. Eu vou apenas mencionar alguns dos incidentes mais importantes e seu significado.

Considere Sensa como um ser humano, o qual, após seguir seu curso através de várias encarnações, e depois de ter passado por uma quantidade considerável de treinamento espiritual, nasceu de novo neste mundo com seus poderes espirituais de percepção bastante desenvolvidos, e preparado para tornar-se um neófito em uma fase muito precoce de sua carreira. Assim que ele entra no corpo físico, recebe o fardo dos cinco sentidos e das seis emoções acima enumeradas, que o têm como seu lugar de residência. A alma humana é colocada primeiro sob a orientação de sua própria intuição, o simples e honesto jardineiro do templo, por quem os sumos sacerdotes parecem não ter qualquer respeito ou afeição, e, quando ela ainda não tinha perdido sua pureza original, teve um vislumbre de sua inteligência espiritual, a Dama do Lótus Branco. Os sacerdotes, no entanto, estão determinados a não dar qualquer oportunidade para a intuição trabalhar, e por isso tiram o menino de sua tutela e o apresentam para sua própria deusa escura, a deusa das paixões humanas. A própria visão dessa deidade é, inicialmente, considerada repulsiva à alma humana. A transferência proposta, da consciência humana e do apego humano, do plano espiritual ao Plano Físico, é abrupta e prematura demais para ser exitosa. Os sacerdotes falharam em sua primeira tentativa e começaram a elaborar seus planos para um segundo esforço na mesma direção.

Antes de seguir adiante, eu devo chamar a atenção do leitor para o verdadeiro significado do tanque de lótus no jardim. Nos livros místicos hindus, frequentemente, faz-se referência ao *Sahasrāra Chakra* no cérebro como um tanque de lótus. A "agradável água sonora" desse tanque é descrita como *amṛtam* ou néctar. Veja a página 349 do segundo volume de *Isis Unveiled*[77] para mais detalhes a respeito do significado dessa água mágica. Diz-se que Padma, o Lótus Branco, tem mil pétalas, como tem o misterioso *Sahasrāra*

[77] Livro publicado em português pela Ed. Pensamento: São Paulo. (N.E.)

dos iogues. É um botão fechado no mortal comum, e assim como uma flor de lótus abre suas pétalas e se expande em flor e beleza quando o sol ergue-se acima do horizonte e esparge seus raios sobre a flor, assim o *Sahasrāra* do neófito abre e expande-se quando o *Logos* começa a verter sua luz em seu centro. Quando plenamente expandido, ele torna-se o glorioso assento da Dama do Lótus, o sexto princípio do homem, e, sentada nessa flor, a grande deusa derrama as águas da vida e da graça para a gratificação e regeneração da alma humana.

Os *hatha* iogues dizem que a alma humana em *Samādhi* ascende a essa flor de mil pétalas através do *Sushumnā* (o *dath* dos cabalistas) e obtém um vislumbre do esplendor do sol espiritual.

Nessa parte da vida de Sensa, é relatado um evento que merece atenção. Um Elemental, aparecendo na forma de um neófito do templo, tenta tirá-lo do seu corpo físico. Esse é um perigo ao qual o homem está sujeito antes de adquirir proficiência suficiente como Adepto para proteger-se disso, especialmente quando sua percepção interna está desenvolvida até certo ponto. O anjo da guarda de Sensa o protege do perigo devido à sua inocência e pureza.

Quando a atividade mental da criança começa e absorve sua atenção, ela se afasta para cada vez mais longe da luz do *Logos*. Sua intuição não está em condições de operar livremente. Suas sugestões chegam a ela misturadas com outros estados de consciência, que são o resultado da sensação e intelecção. Incapaz de ver Sensa e falar com ele pessoalmente, Seboua envia-lhe sua amada flor de lótus, secretamente, através de um dos neófitos do templo.

A atividade mental começa primeiramente pela sensação. As emoções aparecem em seguida. A mente aberta da criança é apropriadamente comparada a uma menina que brinca com Sensa. Uma vez que a mente começa a exercitar suas funções, os prazeres da sensação logo abrem o caminho para as fortes e furiosas emoções da alma humana. Sensa desceu um degrau do plano espiritual quando perdeu de vista a sublime flor de lótus e sua gloriosa deusa, e começa a divertir-se com a menina brincalhona. "Você deve viver entre as flores alimentadas com terra", diz a garotinha a ele, revelando a mudança que já havia ocorrido. A princípio é a simples beleza da Natureza que absorve a atenção de Sensa. Mas sua mente logo o leva à deusa escura do santuário. *Avidyā* tem sua verdadeira sede na mente, e é impossível resistir à sua influência enquanto a mente do homem não estiver controlada em sua atividade. Quando a alma fica sob a influência da deusa escura, os sumos sacerdotes do templo começam a utilizar seus poderes para seu próprio benefício e gratificação. A deusa requer o total de doze sacerdotes, inclusive Sensa, para auxiliar em sua causa. A não ser que as seis emoções e as cinco sensações acima enumeradas estejam unidas, ela não pode exercer seu domínio completamente. Elas apoiam e fortalecem umas às outras, como a experiência de todo homem claramente demonstra. Isoladas, elas são fracas e podem ser facilmente subjugadas, mas quando unidas elas reúnem poder e força suficientes para manter a alma sob controle. A queda de Sensa agora se torna completa, mas não antes dele receber uma repreensão bem merecida do jardineiro e uma palavra de advertência da Dama do Lótus.

Dirigindo-se a Sensa, Seboua profere as seguintes palavras: "Você veio inicialmente para trabalhar, você era para ser meu servo, agora tudo mudou. Você deve brincar, não trabalhar, e eu devo tratá-lo como um príncipe. Bem! Eles já te estragaram, criança?" Essas palavras são significativas, e seu significado ficará óbvio à luz das observações anteriores. Deve-se notar que, na última vez que ele foi ao jardim, Sensa foi levado não para o tanque de lótus, mas para outro tanque que recebia suas águas dele.

Devido à mudança que ocorreu nele, Sensa é incapaz de ver a luz do *Logos* pela percepção direta, mas tem a necessidade de reconhecer a mesma pela operação de seu quinto princípio. É no fluido astral que ele flutua e não na água mágica do tanque de lótus. Ele vê, no entanto, a Dama do Lótus, que pateticamente diz: "Logo tu me deixarás, e como posso ajudar-te se me esqueces completamente?"

Depois desse ocorrido, Sensa torna-se um homem totalmente mundano, vivendo para os prazeres da vida física. Sua mente desenvolvida torna-se sua companheira e os sacerdotes do templo lucram com a mudança. Antes de prosseguir, eu devo chamar a atenção do leitor para a possibilidade de extrair de uma criança qualquer informação desejada, pela invocação de certos elementais e outros poderes, por meio de rituais e cerimônias mágicas. Depois de a alma ficar completamente sob a influência de *Avidyā*, ela pode tanto sucumbir por completo a tal influência e ser absorvida, por assim dizer, na *guna tamas* de *Prakṛiti*, ou dissipar sua própria ignorância pela luz da sabedoria espiritual e livrar-se dessa influência perniciosa. Chega um momento crítico na história de Sensa quando sua própria existência funde-se, por certo tempo, com a deusa escura da paixão humana no dia do festival da barca. Tal absorção, embora curta, é o primeiro passo em direção à extinção final. Ele deve ser salvo nesse momento crítico ou perecer. A Dama do Lótus Branco, seu anjo da guarda, faz uma tentativa final para salvá-lo, e consegue. No próprio santuário ela tira o véu da deusa escura, e Sensa, percebendo sua loucura, roga pela libertação do jugo maldito do odiado clero. Sua oração é ouvida e, confiando no apoio da deusa luminosa, ele revolta-se contra a autoridade dos sacerdotes e chama a atenção do povo para as iniquidades das autoridades do templo.

Nesse contexto, é necessário dizer algumas palavras a respeito da verdadeira natureza da morte da alma e do destino final de um mago negro, para gravar os ensinamentos deste livro na mente do leitor. A alma, como explicamos acima, é uma gota isolada no oceano da vida cósmica. Essa corrente de vida cósmica é apenas a luz e a aura do *Logos*. Além do *Logos*, há inúmeras outras existências, espirituais e astrais, participando e vivendo nessa vida. Esses seres têm afinidades especiais com determinadas emoções da alma humana e com características específicas da mente humana. Eles têm, naturalmente, suas próprias existências individuais definidas que duram até o final do *Manvantara*. Há três modos pelos quais a alma pode deixar de manter sua individualidade especial. Separada do seu *Logos*, que é, por assim dizer, a sua origem, ela pode não adquirir uma individualidade própria forte e permanente, e pode, no decorrer do tempo, ser reabsorvida na corrente da Vida universal. Esta é a verdadeira morte da alma. Ela também pode colocar-se em conexão com um ser espiritual ou elemental pela evocação, e concentrar sua atenção e seu olhar nele, para fins de magia negra e culto tântrico. Em tal caso, ela transfere sua individualidade para tal ser e é absorvida nela, por assim dizer. Nesse caso, o mago negro vive em tal ser, e como tal ser, ele continua até o fim do *Manvantara*.

O destino de Banasena ilustra o assunto. Diz-se que, após sua morte, ele vive como Mahakala, um dos espíritos mais poderosos de Pramadagana. Em alguns aspectos isso equivale a adquirir imortalidade no mal. Mas, ao contrário da imortalidade do *Logos*, ela não vai além dos limites *manvantáricos*. Leia o oitavo capítulo da *Bhagavad-Gitā* a respeito disso, e o que eu quero dizer ficará claro à luz do ensinamento de Krishna. O ocorrido na barca de Ísis, retratado no livro em questão, dá uma ideia da natureza dessa absorção e a subsequente preservação da individualidade do mago.

Quando o centro de absorção é o *Logos* e não qualquer outro poder ou elemental, o homem adquire *Mukti* ou *Nirvāna* e torna-se um com o *Logos* eterno, sem qualquer necessidade de renascimento.

A última parte do livro descreve a luta final da alma com seus inveterados inimigos, sua iniciação e libertação final da tirania de *Prakṛiti*.

A garantia e o conselho dados pela Dama do Lótus Branco para Sensa, no santuário, marcam a grande guinada na história de sua trajetória. Ele percebeu a luz da sabedoria divina e colocou-se no âmbito de sua influência. Essa luz do *Logos*, que é representada na história como a deusa boa da flor sagrada do Egito, é o laço de união e fraternidade que mantém a cadeia de relações e simpatia espirituais que atravessa a longa sucessão dos grandes hierofantes do Egito, e estende-se para todos os grandes Adeptos desse mundo, que obtêm seu influxo da vida espiritual a partir da mesma fonte. É o Espírito Santo que mantém a sucessão apostólica, ou *Guru-parampara*, como chamam os hindus. É essa luz espiritual que é transmitida de guru a discípulo quando chega o momento da verdadeira iniciação. A denominada "transferência de vida" não é outra coisa que a transmissão desta luz. E, além disso, o Espírito Santo, que é, por assim dizer, o véu ou o corpo do *Logos* e, portanto, sua carne e sangue, é a base da santa comunhão. Cada fraternidade de Adeptos tem esse laço de união, e o tempo e o espaço não podem destruí-lo. Mesmo quando há uma aparente interrupção na sucessão no Plano Físico, um neófito que segue a lei sagrada e aspira a uma vida superior não ficará sem orientação e aconselhamento quando chegar o momento certo, embora o último guru possa ter morrido muitos anos antes dele nascer. Cada Buda encontra, em sua última iniciação, todos os grandes Adeptos que alcançaram o budado durante as eras anteriores e, similarmente, cada classe de Adeptos tem seu próprio elo de comunhão espiritual que os une em uma fraternidade devidamente organizada. A única maneira possível e eficaz de entrar em qualquer fraternidade desse tipo, ou participar da santa comunhão, é ingressar na influência da luz espiritual que irradia do seu próprio *Logos*. Ainda posso destacar, aqui, sem entrar em detalhes, que tal comunhão só é possível entre pessoas cujas almas obtêm sua vida e sustento a partir do mesmo raio divino, e que, como sete raios distintos irradiam do "Sol Espiritual Central", todos os Adeptos e *Dhyan Chohans* são divisíveis em sete classes, cada uma das quais é guiada, controlada e sombreada por uma das sete formas ou manifestações da sabedoria divina.

Nesse contexto, é necessário chamar a atenção do leitor para outra lei geral que regula a circulação de vida e energia espiritual através dos vários Adeptos que pertencem à mesma fraternidade. Cada Adepto pode ser entendido como um centro no qual essa força espiritual é gerada e armazenada, e através do qual é utilizada e distribuída. Essa energia misteriosa é um tipo de força elétrica espiritual, e sua transmissão de um centro a outro apresenta alguns dos fenômenos relacionados à indução elétrica. Consequentemente, há uma tendência para a equalização das quantidades de energia armazenadas nos vários centros. A quantidade de fluido neutro existente em qualquer centro particular depende do *Karma* do homem e da santidade e pureza de sua vida. Quando chamada à atividade por ser posta em comunicação com seu guru ou iniciador, ela torna-se dinâmica e tem uma tendência a transferir-se para centros mais fracos.

Às vezes se afirma que, no momento da iniciação final, o hierofante ou o "recém-nascido", o *mais merecedor* dos dois deve morrer (veja página 38 de *The Theosophist* de novembro de 1882). Qualquer que seja a verdadeira natureza dessa morte misteriosa, é devida à operação dessa lei. Ver-se-á, ainda, que um novo Iniciado, se for fraco em energia espiritual, é fortalecido por participar da santa comunhão; e para obter essa vantagem ele tem que permanecer na Terra e utilizar seu poder para o bem da humanidade até chegar o momento da libertação final. Essa é uma disposição que se harmoniza com a Lei do *Karma*. A debilidade inicial do neófito deve-se aos seus defeitos *kármicos*. Esses defeitos tornam necessário um período mais prolongado de existência física. E ele terá que utilizar esse período na causa do progresso humano, em troca do benefício acima mencionado. E, além disso, o bom *Karma* acumulado nesse período tem o efeito de fortalecer sua alma, e quando ele finalmente obtém o seu lugar na Fraternidade sagrada, ele traz consigo tanto capital espiritual quanto qualquer um dos outros, para a realização do trabalho de tal fraternidade.

Tendo essas poucas observações em mente, os incidentes relatados nos últimos cinco capítulos logo revelarão seu verdadeiro significado. Quando Sensa obtém seu poder de percepção espiritual através da graça de seu anjo da guarda, e começa a exercitá-lo consciente e voluntariamente, ele não tem motivo para confiar na oscilante luz da intuição. "Agora você deve ficar sozinho", diz o jardineiro, e coloca-o em posse de sua amada flor, cujo significado completo Sensa começa a entender. Havendo assim adquirido o poder da clarividência espiritual, Sensa percebe os hierofantes que o precederam e na fraternidade de quem ele entrou. O guru está sempre pronto quando o discípulo está preparado. A iniciação precedente à luta final pela libertação do cativeiro da matéria é descrita bem claramente. O mais elevado *Chohan* revela-lhe os segredos da ciência oculta, e outro Adepto da Fraternidade mostra-lhe as bases e a natureza de sua própria personalidade. Seu predecessor imediato vem em seu auxílio e revela-lhe o mistério do seu próprio *Logos*. "O véu de Ísis" é removido, por trás do qual o Lótus Branco, seu verdadeiro Salvador, jaz oculto. A luz do *Logos* entra em sua alma e ele passa pelo "batismo do Fogo Divino". Ele ouve as instruções finais dadas por sua rainha e reconhece o dever lançado sobre seus ombros.

Seu predecessor, cuja alma é tão "branca e sem mácula", é ordenado a dar-lhe uma parte de sua força e energia espiritual. As três grandes verdades que fundamentam toda religião, embora desfiguradas e distorcidas, por ignorância, superstição e preconceito, são, então, ensinadas a ele com o propósito de serem proclamadas ao mundo em geral. É desnecessário explicar essas verdades aqui, já que sua exposição nesse livro é suficientemente clara. Assim fortificado e instruído, Sensa prepara-se para a luta final. Durante esses estágios preparatórios, as paixões do homem físico estão, por assim dizer, adormecidas, e Sensa é deixado em paz por certo tempo. Mas elas não estão totalmente subjugadas. A batalha decisiva ainda está para ser travada e vencida. Sensa começa a entrar na vida espiritual superior como um pregador e guia espiritual dos homens, dirigido pela luz da sabedoria que adentrou sua alma. Mas ele não pode seguir esse curso por muito tempo antes de ter conquistado seus inimigos. O momento da luta final da última iniciação logo chega. A natureza dessa iniciação é muito pouco compreendida. Ela é, muitas vezes, representada em termos vagos, como uma provação terrível pela qual um Iniciado tem que passar antes de tornar-se um verdadeiro Adepto. Ela ainda é caracterizada como "o batismo de sangue". Essas declarações gerais não indicam, de modo algum, a natureza exata do resultado a ser atingido pelo neófito ou as dificuldades que ele encontrará.

É necessário investigar a natureza da mudança ou transformação psíquica que se busca efetuar com essa iniciação antes de seu mistério ser compreendido. De acordo com a classificação vedantina ordinária, há quatro estados de existência consciente, chamados *Vishva*, *Taijasa*, *Prajñā* e *Turīya*. Em linguagem moderna, eles podem ser descritos como os estados de consciência objetivo, clarividente, extático e ultraextático. As sedes ou *upādhis* relativos a essas condições são o corpo físico, o corpo astral, o *kārana sharīra* ou a Mônada e o *Logos*. A alma é a Mônada. Ela é como se fosse o ponto neutro da consciência. Ela é o germe de *prajñā*. Quando está totalmente isolada, ela não experimenta nenhuma consciência. Por isso sua condição psíquica é comparada, pelos escritores hindus, a *sushupti* – estado de sono sem sonhos. Mas ela está sob a influência dos corpos físico e astral, por um lado, e do sexto e sétimo princípios, por outro. Quando a atração dos primeiros prevalece, o *Jīva* torna-se Buda e está sujeito a todas as paixões da existência encarnada. O poder dessas paixões vai enfraquecendo à medida que é atingido o ponto neutro que nós indicamos. Enquanto a barreira neutra não é atravessada, sua atração é sentida. Mas uma vez que isso ocorre, a alma é, por assim dizer, situada sob o controle e atração do outro polo – o *Logos*; e o homem torna-se livre do cativeiro da matéria. Em síntese, ele torna-se um Adepto. A luta pela supremacia entre essas duas forças de atração ocorre nessa barreira neutra. Mas durante essa luta, a pessoa em cujo interesse a batalha é travada está em uma condição inconsciente, imóvel, quase incapaz de ajudar seus amigos ou golpear fortemente seus inimigos, embora o resultado da luta seja uma questão de vida ou morte para ela. Essa é a condição em que se encontra Sensa ao passar pela última provação, e a descrição de tal condição no livro em análise torna-se clara com as explicações anteriores. Pode-se ver facilmente que o resultado da luta dependerá principalmente da energia latente da alma, de seu treinamento prévio e de seu *Karma* passado. Mas nosso herói passa com sucesso pela provação, seus inimigos são completamente derrotados. Mas Sensa morre na batalha.

Curiosamente, quando o inimigo é derrotado, a personalidade de Sensa é destruída no campo de batalha. Esse é o sacrifício final que ele faz, e sua mãe *Prakṛiti* – a mãe da sua personalidade – lamenta sua perda, mas se regozija com a perspectiva de ressurreição de sua alma. A ressurreição logo ocorre, sua alma levanta-se do sepulcro onde estava, sob a influência vivificante de sua inteligência espiritual, para derramar suas bênçãos sobre a humanidade e trabalhar pelo desenvolvimento espiritual de seus companheiros. Aqui termina a denominada tragédia da alma. O que se segue destina-se apenas a conduzir a história, em seu aspecto quase histórico, a uma conclusão adequada.

Seção IV

A Classificação dos Princípios

Capítulo I

A Doutrina Esotérica Ária-Arhat sobre os Sete Princípios do Homem[78]

Provavelmente as doutrinas esotéricas ária (no momento nós usaremos esse nome) e caldaico-tibetana são fundamentalmente idênticas, e a doutrina secreta dos cabalistas judeus é apenas um ramo delas. Nada, talvez, possa ser mais interessante, agora, para um estudante de filosofia oculta, que uma comparação entre as duas principais doutrinas mencionadas acima. A carta de H. P. B. parece indicar duas divisões na doutrina caldaico-tibetana: (1) aquela dos denominados lamaístas; (2) aquela dos denominados *Arhats* (no Budismo *Arahat*, ou *Rahats*) que foi adotada pela Fraternidade himalaica ou tibetana. Qual é a distinção entre esses dois sistemas? Alguns dos antigos escritores bramânicos nos deixaram explicações sobre as principais doutrinas do Budismo e a religião e Filosofia dos *Arhats* – os dois ramos da doutrina esotérica tibetana, assim denominados por eles. Como essas explicações geralmente aparecem em tratados de caráter polêmico, eu não posso depositar muita confiança nelas.

É bastante difícil dizer, hoje, qual era a verdadeira doutrina ária antiga. Se um pesquisador tentasse responder por análise e comparação de todos os vários sistemas de Esoterismo prevalecen-

[78] Extratos de uma carta de Subba Row a H. P. B.

tes na Índia, ele logo estaria perdido em um labirinto de obscuridade e incerteza. Nenhuma comparação entre nossas reais doutrinas esotéricas bramânicas e tibetanas será possível a não ser que se averigue os ensinamentos da denominada "doutrina ária".... e se compreenda *toda a extensão* da antiga Filosofia Ária. O *Sānkhya* de Kapila, a "Filosofia Yoga" de Patañjali, os diferentes sistemas de Filosofia *Shākta*, os vários *Āgamas* e *Tantras* são apenas ramos dela. Há uma doutrina, no entanto, que é seu verdadeiro fundamento e é suficiente para explicar os segredos desses vários sistemas de filosofia e harmonizar seus ensinamentos. Ela provavelmente já existia muito antes dos Vedas serem compilados e era estudada por nossos antigos *Rishis* em relação às escrituras hindus. Ela é atribuída a um personagem misterioso chamado *Maha....*[79]

As *Upanishads* e tais partes dos Vedas, como não são dedicadas principalmente às cerimônias públicas dos antigos arianos, são de difícil compreensão sem algum conhecimento de *tal doutrina.* Até mesmo o verdadeiro significado das grandes cerimônias mencionadas nos Vedas não será perfeitamente entendido sem essa luz. Talvez os Vedas tenham sido compilados principalmente para o uso dos sacerdotes que atendem às cerimônias públicas, mas as conclusões mais importantes de nossa verdadeira doutrina secreta estão mencionadas ali. E fui informado, por pessoas competentes para julgar o assunto, de que os Vedas têm um significado dual – um expresso pelo sentido literal das palavras, o *outro indicado pela métrica e o svara*[80] que são, por assim dizer, a vida dos Vedas. Os *panditas* eruditos e filólogos, é claro, negam que *Svara* tem algo a ver com filosofia ou antigas doutrinas esotéricas. Mas a misteriosa ligação entre *Svara* e *luz* é um de seus segredos mais profundos.

Hoje é extremamente difícil mostrar se os tibetanos extraíram suas doutrinas dos antigos *Rishis* da Índia, ou se os antigos brâmanes aprenderam sua ciência oculta dos Adeptos do Tibete; ou

[79] O título do atual chefe da Fraternidade Esotérica dos Himalaias.

[80] Som, entonação. (Nota da trad.)

ainda se os Adeptos de ambos os países professaram originalmente a mesma doutrina e extraíram-na de uma fonte comum.[81] Se você fosse para Shramana Belagula e lá questionasse alguns dos *panditas* jainistas sobre a autoria dos Vedas e a origem da doutrina bramânica esotérica, eles provavelmente lhe diriam que os Vedas foram compostos por *rakshasas*[82] ou *daityas*, e que os brâmanes extraíram seu conhecimento secreto deles.[83] Será que essas afirmações significam que os Vedas e os ensinamentos esotéricos bramânicos tiveram sua origem na Atlântida perdida – o continente que uma vez ocupou uma porção considerável da extensão dos oceanos Antártico e Pacífico? A afirmação em *Isis Unveiled*, de que o sânscrito era a língua dos habitantes de tal continente, pode induzir à suposição de que os Vedas tiveram provavelmente sua origem lá – onde mais poderia ser o berço do Esoterismo ário?[84] Mas a verdadeira doutrina esotérica, assim como a mística alegoria filosófica dos Vedas, era derivada de outra fonte ainda, seja essa qual for – talvez, dos divinos habitantes (deuses) da ilha sagrada, que uma vez existiu no mar que cobria, nos dias da antiguidade, a extensão de areia hoje chamada Deserto de Gobi. Seja o que for, o conhecimento *dos poderes ocultos da Natureza* possuído pelos habitantes da Atlântida perdida foi aprendido pelos antigos Adeptos da Índia, e foi acrescentado por eles à doutrina esotérica ensinada pelos residentes da ilha sagrada[85]. Os Adeptos tibetanos, no

---

81 Veja a Nota 1 do "Apêndice".

82 Um tipo de demônio.

83 E assim diriam os padres cristãos. Mas eles nunca admitiriam que os seus "anjos caídos" foram emprestados dos *rakshasas*, que o seu "Demônio" é o filho ilegítimo de "Dewel" – o demônio feminino singalês, ou que a "Guerra no Céu" do Apocalipse – o fundamento do dogma cristão dos "Anjos Caídos" – foi copiada de uma história hindu sobre *Shiva* arremessando o *Tarakasura* que se rebelou contra *Brahmā* em Andhakara – a Morada da Escuridão, de acordo com os *Shāstra*s bramânicos.

84 Não necessariamente. – Veja a nota II do Apêndice. A partir de um raro manuscrito recém-recebido, em breve provaremos que o sânscrito tem sido falado em Java e ilhas adjacentes desde a antiguidade remota.

85 Uma localidade que atualmente os tibetanos mencionam como "Sham-bha-la", a *Terra Feliz*. – Veja a Nota III do Apêndice.

entanto, não aceitaram esse acréscimo à sua doutrina esotérica. E a respeito disso é que se poderia esperar encontrar uma diferença entre as duas doutrinas.[86]

A doutrina oculta bramânica provavelmente contém tudo o que foi ensinado sobre os *poderes da Natureza* e suas leis, seja na misteriosa Ilha do Norte, ou no igualmente misterioso continente do Sul. E se você quiser comparar as doutrinas árias e tibetanas a respeito de seus ensinamentos sobre os poderes ocultos da Natureza, você deve previamente examinar todas as classificações desses poderes, suas leis e manifestações e as verdadeiras conotações dos vários nomes atribuídos a eles na doutrina ária. Aqui estão algumas das classificações contidas no sistema bramânico:

I. Classificação dos poderes ocultos como pertencentes a *Parabrahman* e existentes no macrocosmo.
II. Classificação dos poderes ocultos como pertencentes ao homem e existentes no microcosmo.
III. Classificação dos poderes ocultos para os propósitos do *Tāraka Yoga* ou *Pranava Yoga.*
IV. Classificação dos poderes para os propósitos do *Sānkhya Yoga* (onde eles são, por assim dizer, os atributos inerentes a *Prakṛiti*).
V. Classificação dos poderes ocultos para os propósitos do *Hatha Yoga.*
VI. Classificação dos poderes ocultos para os propósitos do *Kaula Āgama.*
VII. Classificação dos poderes ocultos para os propósitos do *Shākta Āgama.*
VIII. Classificação dos poderes ocultos para os propósitos de *Shiva Āgama.*
IX. Classificação dos poderes ocultos para os propósitos de

[86] Para compreender plenamente essa passagem, o leitor deve consultar as pp. 589-594, do vol. 1 de *Isis Unveiled.*

Śrīcakram. (O *Śrīcakaram* mencionado em *Isis Unveiled* não é o verdadeiro *Śrīcakram* esotérico dos antigos Adeptos de Āryāvarta).[87]

X. Classificação dos poderes ocultos no *Atharva Veda*, etc.

Em todas essas classificações, as subdivisões têm sido multiplicadas indefinidamente pela concepção de novas combinações dos poderes primários em diferentes proporções. Mas agora eu devo mudar de assunto e passar a considerar o artigo intitulado *Fragments of Occult Truth* (já incorporado ao *Esoteric Buddhism*)

Eu examinei-o cuidadosamente e descobri que os resultados a que se chegou (na Doutrina Budista) não parecem diferir muito das conclusões da nossa Filosofia Ária, embora nosso modo de expor os argumentos possa diferir na forma. Agora discutirei a questão do meu próprio ponto de vista, embora seguindo, para facilidade de comparação e conveniência de discussão, a sequência de classificação das entidades ou princípios *setenários* que constituem o homem, que é adotada em seu artigo. As questões levantadas para discussão são: (1) se os *espíritos desencarnados* dos seres humanos (como eles são chamados pelos espíritas) aparecem nas salas de sessão e em outro lugar; e (2) se as manifestações que ocorrem são produzidas no todo ou em parte por meio de sua atuação.

Dificilmente é possível responder a essas duas questões satisfatoriamente, a menos que o significado que se pretende transmitir pela expressão "espíritos desencarnados de seres humanos" fosse precisamente definido. As palavras "espiritismo" e "espírito" são muito enganosas. A menos que os escritores ingleses em geral, e os espíritas em particular, primeiro determinem claramente a *conotação* que eles querem atribuir à palavra "espírito", a confusão não terá fim, e a verdadeira natureza desses denominados fenômenos

[87] Bem verdade. Mas quem estaria autorizado a divulgar o "esotérico verdadeiro"?

espíritas e seu *modus ocurrendi* nunca poderá ser definida claramente. Os escritores cristãos geralmente falam de apenas duas entidades no homem, o corpo, e a *alma* ou *espírito* (ambos parecendo significar a mesma coisa para eles). Os filósofos europeus geralmente falam de *corpo* e *mente*, e alegam que a alma ou espírito não pode ser nada mais que a mente. Eles são da opinião de que qualquer crença no *Linga Sharīra*[88] é totalmente não filosófica. Essas visões são certamente incorretas e são baseadas em suposições não comprovadas quanto às possibilidades da Natureza, e em um entendimento imperfeito de suas leis. Agora eu examinarei (a partir do ponto de vista da doutrina esotérica bramânica) a constituição espiritual do homem, as várias entidades dos princípios existentes nele, e verificar se quaisquer dessas entidades que entram em sua composição *podem* aparecer na Terra após sua morte; e, em caso afirmativo, *o que é que aparece*.

O professor Tyndall, em seus excelentes textos sobre o que ele chama de "Teoria dos Germes", chega às seguintes conclusões como o resultado de uma série de experimentos bem planejados: mesmo em um volume muito pequeno de espaço, há miríades de germes protoplásmicos flutuando no éter. Se, por exemplo, dizemos que a água (água limpa) é exposta a eles e se eles caírem dentro dela, alguma forma de vida ou éter será evoluída a partir deles. Agora, quais são os agentes para trazer essa vida à existência? Evidentemente:

I. A *água*, que é o campo, por assim dizer, para o crescimento da vida.
II. O germe protoplásmico, a partir dos quais a vida ou organismo vivo deve ser evoluído ou desenvolvido. E, por fim,
III. O poder, energia, força ou tendência que entra em atividade com o toque ou com a combinação dos germes protoplásmicos e a água, e que evolui ou desenvolve vida e seus atributos naturais.

Similarmente, há três causas primárias que trazem o ser hu-

[88] O denominado corpo astral.

mano à existência. Vou chamá-las, para fins de discussão, pelos seguintes nomes:

(1) *Parabrahman* – o Espírito universal.

(2) *Shakti* (A coroa de luz astral que combina em si todos os poderes da Natureza).

(3) *Prakṛiti*, que, em sua forma original ou primária, é representada por *Ākāsha* (na verdade, toda forma de matéria é finalmente redutível a *Ākāsha*).[89]

Afirma-se normalmente que *Prakṛiti* ou *Ākāsha* é o *Kshetram* ou a base que corresponde à água no exemplo que usamos: *Brahman* é o *germe*, e *Shakti* é o poder ou energia que vêm à existência com a união ou contato desses.[90]

Mas essa não é a visão que as *Upanishads* têm sobre a questão. De acordo com elas, *Brahman*[91] é o *Kshetram* ou base, *Ākāsha* ou *Prakṛiti*, é o germe ou semente, e *Shakti* é o poder desenvolvido por sua união, ou contato. E esse é o verdadeiro modo científico e filosófico de colocar o caso.

---

[89] A doutrina budista esotérica tibetana ensina que *Prakṛiti* é matéria cósmica, da qual todas as formas visíveis são produzidas; e *Ākāsha*, essa mesma matéria cósmica, mas ainda mais subjetiva, é espírito, por assim dizer, *Prakṛiti* sendo o corpo ou *substância*, e *Ākāsha Shakti*, sua alma ou energia.

[90] Ou, em outras palavras, *Prakṛiti Svabhavat* ou *Ākāsha* – é o ESPAÇO como os tibetanos entendem; espaço preenchido com qualquer ou nenhuma substância, isto é, com substância tão imperceptível que pode ser concebida apenas metafisicamente. *Brahman*, então, seria o germe jogado no solo daquele campo, e *Shakti*, aquela misteriosa energia ou força que o desenvolve, e que é chamada, pelos budistas Arhats do Tibete, de *FOHAT*. “Aquilo que nós chamamos de forma (*rūpa*) não é diferente daquilo que chamamos de espaço (*śūnyatā*)... Espaço não é diferente de forma. Forma é o mesmo que espaço, espaço é o mesmo que forma. E assim com os outros *skandas*, seja *vedanā* ou *saṇjñā* ou *saṃskāra* ou *vijñāna*, eles são cada um o mesmo que seu oposto”... (Livro de *Sin-king*, ou o *Sūtra do Coração*. Tradução Chinesa do *Mahā-Prajñā-Paramita-Hṛdaya-Sūtra*.”). (Capítulo sobre o “Avalokiteshvara”, ou o Buda *manifestado*) Assim, as Doutrinas Árias, Tibetanas ou Arhats concordam perfeitamente em essência, diferindo apenas nos nomes dados e no modo de colocá-las. Uma distinção resultante do fato de que os brâmanes vedantinos acreditam em *Parabrahman*, um poder *deífico*, embora impessoal, enquanto os budistas o rejeitam totalmente.

[91] Veja o Apêndice, nota IV.

Assim, de acordo com os Adeptos da antiga Āryāvarta, *sete princípios* são evoluídos dessas *três* entidades primárias. A álgebra ensina-nos que o número de *combinações* de *n* coisas, tomadas *uma* de cada vez, *duas* de cada vez, *três* de cada vez, e assim por diante, é igual a $2^n - 1$.

Aplicando-se essa fórmula ao presente caso, o número de entidades obtidas a partir das diferentes combinações dessas três causas primeiras equivale a $2^3 - 1 = 8 - 1 = 7$.

Como regra geral, sempre que sete *entidades* são mencionadas na antiga ciência oculta da Índia, em qualquer contexto, você deve supor que aquelas sete entidades surgiram a partir de *três primeiras entidades*, e que essas três entidades, novamente, evoluíram de uma entidade *única* ou MÔNADA. Para usar um exemplo familiar, os *sete* raios coloridos no raio solar surgem dos raios *de três cores primárias*; e as três cores primárias coexistem com as quatro cores secundárias nos raios solares. Similarmente, as três entidades primárias que trazem o homem à existência coexistem nele com as *quatro entidades secundárias* que surgiram de diferentes combinações das três entidades primárias.

Agora, essas sete *entidades* que, em sua totalidade, constituem o homem, são as seguintes. Vou enumerá-las na ordem adotada nos *Fragments*, pois as duas ordens (bramânica e tibetana) coincidem.

	Nomes correspondentes no *Esoteric Buddhism*
I. *Prakṛiti*	*Sthūla Sharīra* (corpo físico)
II. A entidade que surge da combinação de *Prakṛiti* e *Shakti*	*Sūkshma Sharīra* ou *Linga Sharīra* (corpo astral)
III. *Shakti*	*Kāma Rūpa* (o perispírito)

IV. A entidade que surge da combinação de *Brahman*, *Shakti* e *Prakṛiti*	*Jīvātmā* (alma vital)
V. A entidade que surge da combinação de *Brahman* e *Prakṛiti*	Inteligência física (ou alma animal)
VI. A entidade que surge da combinação de *Brahman* e *Shakti*	Inteligência espiritual (ou Alma)
VII. *Brahman*	A emanação do ABSOLUTO, etc. (ou puro espírito)

Antes de proceder ao exame da natureza dessas sete entidades, algumas explicações gerais são indispensáveis.

I. Os princípios secundários decorrentes da combinação de princípios primários são bem diferentes, em sua natureza, das entidades de cuja combinação eles passaram a existir. As combinações em questão não são da natureza de meras justaposições mecânicas, por assim dizer. Elas nem mesmo correspondem a combinações químicas. Consequentemente, nenhuma inferência válida a respeito da natureza das combinações em questão pode ser feita por analogia à natureza (variedade?) dessas combinações.

II. A proposição geral de que quando uma causa é removida, seus efeitos desaparecem, não é universalmente aplicável. Tome o seguinte exemplo: se você imprimir uma certa quantidade de impulso a uma bola, isso resultará em uma determinada velocidade em determinada direção. Agora, a causa desse movimento deixa de existir quando o impacto ou golpe súbito que transmite o impulso completa-se; mas, conforme a *primeira Lei do Movimento*, a bola continuará a mover-se

> com a mesma velocidade e na mesma direção, a não ser que tal movimento seja alterado, diminuído, neutralizado ou contrariado por causas externas. Assim, se a bola parar, não será por causa da ausência da causa do seu movimento, mas em consequência de causas externas que produziram tal resultado.

Mais uma vez, tome o exemplo dos *fenômenos subjetivos*. Agora a presença desse tinteiro diante de mim está produzindo em mim ou em minha mente uma representação de sua forma, volume, cor e assim por diante. O tinteiro em questão pode ser removido, mas sua representação mental ainda pode continuar a existir. Aqui, mais uma vez, você vê, o efeito sobrevive à causa. Além disso, o efeito pode, em qualquer momento subsequente, ser trazido à existência consciente, estando a causa original presente ou não.

No caso do quinto princípio mencionado acima, a entidade que passa a existir pela combinação de *Brahman* e *Prakṛiti* – se a proposição geral (em *Fragments of Occult Truth*) estiver correta, esse princípio que corresponde à *inteligência física* deve deixar de existir sempre que *Brahman* ou o sétimo princípio deixarem de existir para um indivíduo particular, mas certamente o fato é diferente. A proposição geral em consideração é mencionada nos *Fragments* em apoio à assertiva de que sempre que o sétimo princípio deixa de existir para um determinado indivíduo, o sexto princípio também deixa de existir para ele. A afirmativa é, sem dúvida, verdadeira, embora o modo de enunciá-la e as razões atribuídas a ela são, para mim, passíveis de contestação.

Diz-se que nos casos em que as tendências da mente de uma pessoa são totalmente materiais, e todas as aspirações e pensamentos espirituais estiverem completamente ausentes de sua mente, o sétimo princípio deixa-a antes ou no momento de sua morte, e o sexto princípio desaparece com ele. Aqui, a própria proposição de que as tendências da mente do indivíduo em particular são *intei-*

ramente materiais, envolve a assertiva de que não há inteligência espiritual ou Ego espiritual nele. Então, dever-se-ia dizer que, sempre que a inteligência espiritual deixa de existir em algum indivíduo em particular, o sétimo princípio deixa de existir para aquele indivíduo, para todos os efeitos. É claro que ele não se desprende de nenhum lugar. Nunca pode haver qualquer coisa como uma mudança de posição no caso de *Brahman*.[92] A afirmação significa simplesmente que, quando não há qualquer reconhecimento de *Brahman*, ou espírito, ou vida espiritual, ou consciência espiritual, o sétimo princípio deixou de exercer qualquer influência ou controle sobre os destinos do indivíduo.

Agora vou apresentar o que significam (na doutrina ária) os sete princípios acima enumerados.

I. *PRAKṚITI*. É a base do *Sthūla Sharīra* e representa-o na classificação acima mencionada.

II. *PRAKṚITI* e *SHAKTI*. É o *Linga Sharīra* ou Corpo Astral.

III. *SHAKTI*. Esse princípio corresponde ao *kāma rūpa*. Esse poder ou força é situado, pelos antigos ocultistas, no *Nabhi Chakra*. Esse poder pode reunir *Ākāsha* ou *Prakṛiti* e moldá-lo em qualquer forma desejada. Ele tem uma afinidade muito grande com o quinto princípio, e pode fazê-lo agir sob sua influência ou controle.

IV. *BRAHMAN, SHAKTI e PRAKṚITI* – Isso corresponde ao segundo princípio, *Jīvātmā*. Essa força representa o princípio vital universal que existe na Natureza. Sua sede é o *Anāhata Chakra* (coração). Ela é uma força ou poder que constitui o que é chamado *jīva*, ou vida. Ela é, como se diz, indestrutível, e sua atividade é apenas transferida, no momento

[92] Verdadeiro – do ponto de vista do Esoterismo ário e das *Upanishads*, não é bem assim no caso da Doutrina Esotérica Arhat ou tibetana, e é apenas nesse único ponto que os dois ensinamentos divergem, até onde sabemos. A diferença é bem insignificante, contudo, está apenas nos dois métodos distintos de ver a única e mesma coisa a partir de dois aspectos diferentes. Veja Apêndice, nota IV.

da morte, para outro conjunto de átomos, para formar outro organismo. Mas ela não é chamada de *Jīvātmā* em nossa filosofia. O termo *Jīvātmā* é geralmente aplicado, por nossos filósofos, ao sétimo princípio, quando ele é diferenciado de *Paramātmā* ou *Parabrahman.*[93]

V. *BRAHMAN* e *PRAKṚITI* – Esse, em nossa Filosofia Ária, corresponde ao quinto princípio, denominado *inteligência física*. De acordo com nossos filósofos, essa é a entidade na qual o que é chamado *mente* tem sua sede ou base. Esse é o princípio mais difícil de todos para explicar, e a presente discussão gira, inteiramente, em torno da visão que temos dele.

Agora, o que é a mente? É algo misterioso que é considerado a sede da consciência – das sensações, emoções, volições e pensamentos. A análise psicológica mostra-a como um aparente agregado de estados mentais e possibilidades de estados mentais, conectados pelo que é chamado de memória, e considerado como tendo uma existência distinta, separada de qualquer de seus estados ou ideias particulares. Agora, em que entidade esse algo misterioso tem sua existência potencial ou real? *Memória* e *expectativa* que formam, por assim dizer, a verdadeira base do que é chamado *individualidade,* ou *Ahamkāra*, devem ter sua sede de existência em algum lugar. Os psicólogos modernos da Europa geralmente dizem que a substância material do *cérebro* é a sede da mente; e que as *experiências subjetivas* passadas, que podem ser recordadas pela memória, e que em sua totalidade constituem o que é chamado de *individualidade*, existem ali na forma de certas impressões misteriosas ininteligíveis e alterações nos nervos e centros nervosos dos hemisférios cerebrais. Consequentemente, eles dizem, a mente – a

[93] O *Parabrahman* impessoal assim construído para fundir-se ou separar-se em um "*Jīvātmā*" *pessoal*, ou o deus pessoal de cada criatura humana. Essa é, novamente, uma diferença necessária à crença bramânica em um Deus, seja pessoal ou impessoal, enquanto que os *Arhats* budistas, rejeitando totalmente essa ideia, não reconhecem qualquer deidade separada do homem. Veja Apêndice, nota V.

mente individual – é destruída quando o corpo é destruído; assim não há existência possível após a morte.

Mas há alguns fatos entre aqueles admitidos por esses filósofos que são, para nós, suficientes para demolir a teoria deles. Em cada parte do corpo humano, uma constante mudança prossegue sem interrupção. Cada tecido, cada fibra muscular e canal nervoso, e cada centro ganglionar no cérebro está submetido a uma incessante mudança. No decorrer da vida de um homem pode haver uma série de *transformações completas* da substância do seu *cérebro*. No entanto, a memória dos seus estados mentais passados permanece inalterada. Pode haver acréscimos de novas experiências subjetivas e alguns estados mentais podem ser totalmente esquecidos, mas nenhum estado mental individual é alterado. O *senso de individualidade* da pessoa permanece o mesmo durante essas constantes alterações na substância cerebral.[94] Ele é capaz de sobreviver a todas essas mudanças, e pode sobreviver também à completa destruição da substância material do cérebro.

Essa individualidade decorrente da consciência mental tem sua sede de existência, de acordo com nossos filósofos, em uma *força ou poder oculto* que mantém um registro, por assim dizer, de todas as nossas impressões mentais. O poder em si é indestrutível, embora suas impressões possam, pela operação de certas causas antagônicas, no curso do tempo, ser efetuadas, no todo ou em parte.

Em relação a isso, eu posso mencionar que nossos filósofos associaram sete poderes *ocultos* com os sete princípios ou entidades mencionadas acima. Esses sete poderes ocultos no microcosmo correspondem ou são as contrapartes dos poderes ocultos no macrocosmo. A consciência mental e espiritual do indivíduo torna-se a consciência geral de *Brahman* quando a barreira da individualidade é completamente removida, e quando os sete poderes no microcosmo são colocado em conexão com os sete poderes no macrocosmo.

---

[94] Isso também é filosofia budista correta, a transformação em questão é conhecida como a mudança dos *skandhas*.

Não há nada de muito estranho em um poder ou força, ou *Shakti*, carregar consigo impressões ou sensações, ideias, pensamentos, ou outras experiências subjetivas. É um fato bem conhecido, atualmente, que uma corrente elétrica ou magnética pode transmitir, de algumas maneiras misteriosas, impressões de som ou fala com todas as suas peculiaridades individuais; similarmente eu posso transmitir meus pensamentos para você por uma transmissão de energia ou poder[95].

Agora, esse quinto princípio representa, em nossa filosofia, *a mente*, ou, para falar mais corretamente, o poder ou força descrita acima, as impressões dos estados mentais nela, e a noção de individualidade, ou *Ahamkara*, gerada pela sua operação coletiva. Este princípio é chamado, nos *Fragments*, simplesmente de "inteligência física". Eu não sei qual é, realmente, o significado dessa expressão. Ela pode ser usada para exprimir aquela inteligência que existe em um estado bem baixo de desenvolvimento nos animais inferiores. A mente pode existir em diferentes estágios de desenvolvimento, das formas mais inferiores de vida orgânica, onde os sinais de sua existência ou operação dificilmente podem ser percebidos com clareza, até o homem, em quem ela atinge seu estado mais elevado de desenvolvimento.

De fato, desde a primeira aparição da vida[96] até o *Turīya-avasthā*, ou o estado de *Nirvāna*, o progresso é, por assim dizer, contínuo. Nós ascendemos daquele princípio até o sétimo por gradações quase imperceptíveis. Mas quatro estágios são reconhecidos na progressão, em que a mudança é de um tipo peculiar, de modo que chama a atenção do observador. Esses quatro estágios são os seguintes:

(1) Quando a vida (quarto princípio) aparece.

---

[95] No original consta *power*, que poderia também ser traduzido por "força", "energia" ou "potência". Mas como o autor utiliza, no texto, os termos *force*, *power* e *energy*, preferimos manter uma tradução mais literal e uniforme. Porém, solicitamos ao leitor que considere também os outros sentidos ao ler a palavra "poder" neste texto. (Nota da trad.)

[96] Na doutrina ária que combina *Brahman*, *Shakti* e *Prakṛiti* em um, ela é o quarto princípio; no Esoterismo budista é o segundo em combinação com o primeiro.

(2) Quando a existência da mente torna-se perceptível em associação com a vida.

(3) Quando o mais alto estado de abstração mental termina, e a *consciência espiritual* começa.

(4) Quando a consciência espiritual desaparece, deixando o sétimo princípio em um completo estado de *Nirvāna*, ou nudez.

De acordo com nossos filósofos, o quinto princípio em questão destina-se a representar *a mente em cada possível estágio de desenvolvimento, a partir do segundo até o terceiro estágio.*

VI. *BRAHMAN* e *SHAKTI* – Esse princípio corresponde à "inteligência espiritual". Ele é, de fato, *Buddhi* (Eu uso a palavra *Buddhi* não no sentido comum, mas no sentido em que ele é usado pelos nossos antigos filósofos); em outras palavras, ele é a sede de *bodha*, ou *ātmā-bodha*. Aquele que tem *atma-bodha* em sua plenitude é um Buda. *Os budistas sabem muito bem o que esse termo significa.* Esse princípio é descrito em *Fragments* como uma entidade que chega à existência pela combinação de *Brahman* e *Prakṛiti*. Novamente, eu não sei em qual sentido específico a palavra *Prakṛiti* é usada nesse contexto. De acordo com nossos filósofos, ela é uma entidade que surge a partir da união de *Brahman* e *Shakti*. Eu já expliquei a conotação associada por nossos filósofos às palavras *Prakṛiti* e *Shakti*.

Eu afirmei que *Prakṛiti,* em seu estado primordial, é *Ākāsha.*[97] Se *Ākāsha* for considerado como *Shakti* ou Poder[98], então mi-

[97]De acordo com os budistas, no *Ākāsha* jaz aquela eterna energia potencial cuja função é evoluir todas as coisas visíveis a partir de si.

[98]Como nós mostramos, ele nunca foi considerado assim. Mas como os *Fragments* foram escritos em inglês, uma língua que carece da abundância de termos metafísicos necessários para expressar cada mínima mudança de forma, substância e estado como encontrados no sânscrito, foi considerado inútil confundir o leitor ocidental não treinado nos métodos de expressão orientais mais do que o necessário, com uma distinção muito sutil de termos técnicos adequados. Como "*Prakṛiti* em seu estado primordial é *Ākāsha*, e *Shakti* é um atributo de *Ākāsha*", torna-se evidente que, para o não iniciado, isso é tudo

nha afirmação a respeito do último estado de *Prakṛiti* tende a dar origem a confusão e má compreensão, a menos que eu explique a distinção entre *Ākāsha* e *Shakti*. *Ākāsha* não é, propriamente falando, *o topo da luz astral*, nem constitui por *si só* qualquer das *seis forças primárias*. Mas, falando de modo geral, sempre que qualquer *resultado fenomênico* é produzido, *Shakti* atua em associação com *Ākāsha*. E, além disso, *Ākāsha* serve como uma base ou *Adhisthānam* para a transmissão de correntes de força e para a formação ou geração de força ou correlações de poder.[99]

No *Mantra Shāstra* a letra *ha* representa *Ākāsha*, e você vai descobrir que esta sílaba entra na maioria das fórmulas sagradas destinadas a serem usadas na produção de resultados fenomênicos. Mas, por si só, ela não representa *Shakti*. Você pode, se quiser, dizer que *Shakti* é um atributo de *Ākāsha*.

Eu não penso que, em relação à natureza desse princípio, possa existir, na realidade, alguma diferença de opinião entre os filósofos budistas e bramânicos.

Iniciados budistas e bramânicos conhecem muito bem aquele misterioso espelho circular composto de dois hemisférios que refletem, por assim dizer, os raios que emanam da "sarça ardente" e estrela resplandecente – o sol espiritual que brilha em *CIDĀKĀŚAM*.

As impressões espirituais que constituem esse princípio têm sua existência em um poder oculto associado à entidade em questão. As sucessivas encarnações de Buda, na realidade, significam as sucessivas transferências desse misterioso poder ou das impressões sobre ele. A transferência é possível apenas quando o *Mahātma*[100] que a transfere identificou-se completamente com seu

---

uma coisa só. Realmente, falar da "união de *Brahman* e *Prakṛiti*" em vez de "*Brahman* e *Shakti*" não é pior que, para um teísta, escrever que "o homem passou a existir pela combinação de espírito e matéria", enquanto que, com suas palavras adaptadas à forma ortodoxa, ler-se-ia "o homem como alma vivente foi criado pelo *poder* (ou sopro) de Deus sobre a matéria".

[99]Isto é, o *Ākāsha* ário é outra palavra para o ESPAÇO budista (em seu sentido metafísico).

[100]O mais elevado Adepto.

sétimo princípio, aniquilou seu *Ahamkara*, reduziu-o a cinzas em *CIDĀGNIKUṆḌAM* e conseguiu tornar seus pensamentos harmonizados com as leis eternas da Natureza e tornar-se um colaborador da Natureza. Ou, para dizer a mesma coisa com outras palavras, quando ele *atingiu o estado de Nirvāna, a condição da negação final, negação da existência separada ou individual.*[101]

VII. *Ātmā*– A emanação do absoluto, correspondente ao sétimo princípio. A respeito dessa entidade não existe, categoricamente, nenhuma verdadeira diferença de opinião entre os Adeptos do Budismo tibetano e nossos antigos *Rishis*.

Temos agora de considerar quais dessas entidades podem aparecer após a morte do indivíduo nas salas de sessão espírita e produzir os denominados fenômenos espíritas.

A afirmação dos espíritas de que os "espíritos desencarnados" de determinados seres humanos aparecem em salas de sessão implica necessariamente que a entidade que assim aparece traz a marca da *individualidade* de algum indivíduo específico.

Assim, nós temos que verificar de antemão em qual entidade, ou entidades, a individualidade existe. Aparentemente, ela existe na formação particular do corpo da pessoa, e em suas experiências subjetivas (chamadas de "sua mente", em sua totalidade). Com a morte do indivíduo, seu corpo é destruído, seu *Linga Sharīra* é decomposto, o poder associado a ele é misturado na corrente do poder correspondente no macrocosmo. Similarmente, o terceiro e quarto princípios são misturados com seus poderes correspondentes. Essas entidades podem, novamente, entrar na composição de outros organismos. Como essas entidades não carregam qualquer marca de individualidade, os espíritas não têm o direito de dizer que o *espírito desencarnado* de um ser humano apareceu na sala de

[101]Nas palavras de um *Gāthā* no *Mahā-pari-Nirvāṇa Sūtra* – "Nós alcançamos uma condição de Descanso." "Além do limite de qualquer conhecimento humano."

sessão sempre que alguma dessas entidades possa aparecer lá. De fato, eles não têm meios de verificar se elas pertenceram a algum indivíduo em particular.

Por isso, devemos apenas considerar se alguma das três últimas entidades aparece nas salas de sessão para divertir ou instruir os espíritas. Tomemos três exemplos específicos de indivíduos e vejamos o que acontece com esses três princípios após a morte.

I. Aquele em quem as atrações espirituais têm mais força do que as atrações terrenas.
II. Aquele em quem as aspirações espirituais existem, mas são apenas de importância secundária para ele, seus interesses terrenos ocupam a maior parte de sua atenção.
III. Aquele em quem não existem quaisquer aspirações espirituais, aquele cujo Ego espiritual está morto ou inexistente para sua percepção.

Nós não precisamos considerar o caso de um *Adepto completo* nesse contexto. Nos dois primeiros casos, conforme nossa suposição, as experiências mentais e espirituais estão juntas, quando existe a experiência espiritual, sendo reconhecida a existência do sétimo princípio, ele mantém suas ligações com o quinto e sexto princípios. Mas a existência de atrações terrenas cria a necessidade de *Punarjanman*[102], que significa a evolução de um novo conjunto de experiências objetivas e subjetivas, constituindo uma nova combinação de circunstâncias, ou, em outras palavras, um novo mundo. O período entre a morte e o próximo renascimento é ocupado com a preparação necessária para a evolução dessas novas experiências. Durante o período de incubação, como vocês o chamam, o espírito nunca aparecerá, por vontade própria, nesse mundo, *nem pode aparecer*.

Há uma grande lei nesse Universo que consiste na redução da experiência subjetiva aos fenômenos objetivos e na evolução da

[102]Renascimento.

primeira a partir dos últimos. Isso é, de outro modo, chamado de "necessidade cíclica". O homem está sujeito a essa lei se não verificar e contrabalançar o destino, ou sorte, comum, e ele apenas pode escapar de seu controle subjugando completamente todas as suas atrações terrenas. A nova combinação de circunstâncias sob as quais ele então será colocado pode ser melhor ou pior do que as condições terrenas em que ele viveu. Mas, em seu progresso para um novo mundo, você pode estar certo de que ele nunca irá voltar-se para dar uma olhada para seus amigos espíritas.[103]

No terceiro dos casos citados acima, pela nossa suposição, não há reconhecimento de consciência espiritual ou de espírito. Assim, para ele, eles são inexistentes. O caso é similar àquele de um órgão ou faculdade que permanece sem uso por um longo tempo. Ele então praticamente deixa de existir.

Essas entidades permanecem, por assim dizer, sendo suas ou estando em sua posse, quando elas são marcadas com o sinal do reconhecimento. Quando o caso não é esse, toda a sua individualidade está centrada em seu quinto princípio. E, após a morte, esse quinto princípio é o *único representante* do indivíduo em questão.

Ele não pode desenvolver, por si mesmo, um novo conjunto de experiências objetivas ou, para dizer a mesma coisa em outras palavras, ele não tem *Punarjanman*. É uma entidade desse tipo que pode aparecer em salas de sessão, mas é um absurdo chamá-la de *espírito desencarnado*[104]. É apenas um poder ou força retendo as impressões dos pensamentos ou ideias do indivíduo em cuja composição ele originalmente entrou. Ele, às vezes, toma em seu auxílio o poder do *kāma rūpa*, e cria para si mesmo uma forma etérea específica (não necessariamente humana).

[103]Como M. A. (Oxon) verá, os espíritas têm ainda menos chance de que seus argumentos sejam reconhecidos pelos ocultistas bramânicos do que pelos ocultistas budistas.

[104]É especialmente nesse ponto que as Doutrinas Ária e Arhat concordam totalmente, sendo o ensinamento e o argumento que seguem, em todos os aspectos, aqueles da Fraternidade Budista do Himalaia.

Suas tendências de ação serão similares àquelas da mente do indivíduo enquanto ele estava vivo. Essa entidade mantém sua existência enquanto as impressões sobre o poder associado ao quinto princípio permanecem intactas. No decorrer do tempo elas são apagadas, e o poder em questão é então misturado na corrente de seu poder correspondente no *macrocosmo*, como o rio perde-se no mar. Entidades como essas podem apresentar sinais de que havia considerável poder intelectual nos indivíduos aos quais pertenceram, pois poder intelectual bastante elevado pode coexistir com total ausência de consciência espiritual. Mas a partir dessa circunstância não se pode alegar que os espíritos ou Egos espirituais de indivíduos mortos aparecem em salas de sessão espírita.

Há algumas pessoas na Índia que têm estudado minuciosamente a natureza de tais entidades (chamadas *pishāchas*). Eu não sei muito sobre elas experimentalmente, já que eu nunca me intrometi nesse desagradável, inútil e perigoso ramo de investigação.

Seus espíritas não sabem o que eles realmente estão fazendo. Suas investigações provavelmente resultarão, no decorrer do tempo, em perversa feitiçaria ou em total ruína espiritual de milhares de homens e mulheres.[105]

As visões que eu tenho apresentado aqui têm sido frequentemente ilustradas pelos nossos antigos escritores, com a comparação do curso da vida ou existência de um homem com o movimento orbital de um planeta circundando o Sol. A força centrípeta é a atração espiritual, e a centrífuga, a atração terrestre. À medida que a força centrípeta cresce em potência em relação à força centrífuga, o planeta aproxima-se do Sol – o indivíduo alcança um plano superior de existência. Se, por outro lado, a força centrífuga torna-se maior que a centrípeta, o planeta é afastado para uma distância maior do Sol, e move-se em uma nova órbita àquela distância, o indivíduo chega a um nível inferior de existência. Esses ilustram os dois primeiros casos que eu mencionei acima.

[105] Nós partilhamos inteiramente dessa ideia.

Temos que considerar apenas os dois casos extremos.

Quando o planeta, em sua aproximação ao Sol, passa sobre a linha onde as forças centrípeta e centrífuga neutralizam-se completamente e é influenciado apenas pela força centrípeta, ele corre em direção ao Sol com uma velocidade gradualmente crescente e finalmente é misturado à massa do corpo do Sol. Esse é o caso do *Adepto* completo.

Novamente, quando o planeta em seu *recuo* a partir do Sol alcança um ponto onde a força centrífuga torna-se todo-poderosa, ele desprende-se de sua órbita em uma direção tangencial e entra nas profundezas do espaço vazio. Quando ele deixa de estar sob o controle do Sol, ele gradualmente desiste de seu calor generativo e da energia criativa que é originalmente obtida do Sol, e permanece uma massa fria de partículas materiais vagando pelo espaço até que a massa esteja completamente decomposta em átomos. Essa massa fria é comparada ao quinto princípio sob as condições acima mencionadas, e o calor, a luz e a energia que o deixam são comparados ao sexto e sétimo princípios.

O planeta nunca pode retornar a qualquer ponto de sua órbita antiga, seja após assumir uma órbita nova, seja em seu curso de desvio da antiga órbita para a nova, pois as diversas órbitas que estão em diferentes planos nunca se cruzam.

Essa representação figurada explica corretamente a antiga teoria bramânica sobre o assunto. Ela é meramente um ramo do que é chamado de Grande Lei do Universo pelos antigos místicos.

Capítulo II

Apêndice

Por H. P. Blavatsky

Nota I

Nesse contexto, é bom chamar a atenção do leitor para o fato de que o país chamado de "Si-dzang" pelos chineses, e de Tibete pelos geógrafos ocidentais, é mencionado nos mais antigos livros preservados na província de Fo-kien (a sede principal dos aborígenes da China) – como a grande sede de ensinamento oculto nas eras arcaicas. De acordo com esses registros, ele era habitado pelos "Instrutores da Luz", os "Filhos da Sabedoria" e os "Irmãos do Sol". Atribui-se ao Imperador Yu, o "Grande" (2207 a.C.), um místico devoto, a obtenção, em Si-dzang, de sua sabedoria oculta e do sistema de teocracia que ele estabeleceu – pois ele foi o primeiro a unificar, na China, o poder eclesiástico com a autoridade laica. Esse sistema era o mesmo que o dos antigos egípcios e caldeus, aquele que sabemos que existiu no período bramânico na Índia, e existe hoje no Tibete, a saber, todo o conhecimento, poder, a sabedoria secreta bem como a laica estavam concentrados dentro da hierarquia dos sacerdotes e limitadas à sua casta. Quem eram os aborígenes do Tibete é uma questão que nenhum etnógrafo é capaz de responder corretamente no momento. Eles praticam a religião Bon, sua seita é pré- e antibudista, e eles podem ser encontrados, principalmente, na província de Kam – isso é tudo o que se sabe sobre eles. Mas mesmo isso justificaria a suposição de que eles são os descendentes muito degenerados de antecessores poderosos e sábios. Seu tipo étnico mostra que eles não são turanianos puros, e seus ritos, atualmente aqueles de feitiçaria, encantamentos e culto à Natureza, lembram muito mais os ritos populares dos babilônios, como descoberto nos registros preservados nos cilindros escavados, do que o de práticas religiosas da seita chinesa de Tao-sse – uma religião baseada na pura razão e espiritualidade – como alegado por alguns. Geralmente, pouca ou nenhuma diferença é feita, mesmo pelos missionários *Kyelang*, que muito se misturaram com esse povo nas fronteiras do Lahoul britânico – e deveriam conhecer melhor – entre os da seita Bon e os de outras seitas budistas rivais, os Gorros Amarelos e os Gorros Vermelhos. Esses últimos opuseram-se à reforma de Tsong-ka-pa desde o início e sempre aderiram ao antigo Budismo, hoje tão grandemente misturado com as práticas da seita Bon. Se os nossos orientalistas conhecessem mais sobre eles e comparassem o antigo culto babilônico a Bel ou Baal[106] com o rito dos Bons, eles encontrariam uma ligação incontestável entre os dois.

Começar uma discussão aqui, provando que a origem dos aborígenes do Tibete está ligada a uma das três grandes raças que se sucederam na Babilônia, quer os chamemos de acádios (inventado por F. Lenormant) ou de turanianos, caldeus ou assírios primitivos – está fora de questão. Seja como for, há motivo para chamar a doutrina esotérica trans-himalaica de caldaico-tibetana. E, quando lembramos que os Vedas, de acordo com todas as tradições, vieram do Lago Manasarovar no Tibete, e os próprios brâmanes, do extremo Norte, nós estamos justificados em considerar as doutrinas esotéricas de cada povo que uma vez já as teve ou ainda as tem, como provenientes da única e mesma fonte e, para assim chamá-la de doutrina "ária-caldaico-tibetana", ou Religião-Sabedoria universal. "Procure a PALAVRA PERDIDA entre os hierofantes da Tartária, China e Tibete", era o conselho de Swedenborg, o vidente.

[106]Baal – o deus dos cananeus. (Nota da trad.)

Nota II

Não necessariamente, dizemos. Os Vedas, o Bramanismo e, junto com esses, o sânscrito, foram importações para o que nós hoje consideramos como Índia. Eles nunca foram nativos desse solo. Houve um tempo em que as antigas nações do Ocidente incluíam, no nome genérico de Índia, muitos dos países da Ásia hoje classificados sob outros nomes. Havia uma Índia de cima, de baixo e do Ocidente, mesmo durante o período relativamente tardio de Alexandre, e a Pérsia (Irã) é chamada de Índia ocidental em algumas obras clássicas antigas. Os países hoje chamados de Tibete, Mongólia, e grande Tartária eram considerados por eles como parte da Índia. Quando dizemos, portanto, que a Índia civilizou o mundo e foi a alma-mãe das civilizações, artes e ciências de todas as outras nações (Babilônia, e talvez, ainda mesmo, o Egito) nós queremos dizer a Índia arcaica e pré-histórica do tempo em que o grande Gobi era um mar, e a "Atlântida" perdida formava parte de um continente inteiro que começava nos Himalaias e estendia-se sobre a Índia meridional, Ceilão, Java até a remota Tasmânia.

Nota III

Para verificar essas questões controversas, deve-se investigar e estudar bem os registros históricos e sacros chineses - um povo cuja era começa há aproximadamente 4.600 anos (2.697 a.C.). Um povo tão cuidadoso e que antecipou algumas das mais importantes *invenções* da Europa moderna com sua tão vangloriada ciência moderna – tais como a bússola, a pólvora, a porcelana, o papel, a imprensa, etc. – conhecidas e utilizadas milhares de anos antes que fossem redescobertos pelos europeus – deveriam receber alguma confiança por seus registros. E desde Lao-Tsé até Hiouen-Thsang, sua literatura está cheia de alusões e referências àquela ilha e à sabedoria dos Adeptos do Himalaia. Na série *Buddhist Scriptures from the Chinese*, do Rev. Samuel Beal, há um capítulo "Sobre a Escola Tian-Ta'i de Budismo" (p. 244-258), que nossos oponentes deveriam ler. Ao traduzir as regras da mais célebre e sagrada escola e seita na China, fundada por Chin-che-K'hae, chamado de Che-chay (o sábio), no ano de 575 de nossa era, quando o tradutor europeu chega à seguinte sentença: "aquilo que se refere à peça única (sem costura) usada pelos GRANDES PROFESSORES DAS MONTANHAS NEVADAS, a escola dos Haimavatas" (p. 256), ele coloca, depois da última frase, um sinal de interrogação, compreensivelmente. As estatísticas da escola dos "Haimavatas" ou da nossa Fraternidade do Himalaia não serão encontradas nos Registros do Censo Geral da Índia. Além disso, o Sr. Beal traduz um regulamento relativo aos "grandes professores da ordem superior que vivem nas profundezas da montanha, longe dos homens", os *āraṇyakas*, ou eremitas.

Assim, a respeito das tradições relacionadas a essa ilha, e independentemente dos registros (para eles) "históricos" preservados nos Livros Sagrados Tibetanos e Chineses, a lenda está viva até hoje entre os povos do Tibete. A formosa ilha não existe mais, mas o país onde ela uma vez floresceu ainda permanece lá, e o local é bem conhecido por alguns dos "grandes professores das montanhas nevadas", embora sua topografia tenha sido bastante abalada e modificada pelo terrível cataclismo. Acredita-se que esses professores reúnem-se em Scham-Cha-Lo, a "terra feliz", a cada sete anos. De acordo com a crença geral, ela é situada no noroeste do Tibete. Alguns a situam entre as regiões centrais inexploradas, inacessíveis até mesmo às destemidas tribos nômades, outros a colocam entre a cadeia de montanhas Gangdisri e o extremo norte do deserto de Gobi, sul e norte, e as regiões mais populosas de Kunduz e Kashmir, da Gya-Pheling (Índia britânica), e China, leste e oeste, o que proporciona à mente curiosa uma latitude bem ampla para localizá-la. Outros ainda a situam entre Namur Nur e as montanhas Kuen-Lun – mas todos acreditam firmemente em

Sham-bha-la, e falam dela como uma fértil terra de contos de fada, uma vez uma ilha, e hoje um oásis de beleza incomparável, o lugar de encontro dos herdeiros da sabedoria esotérica dos divinos habitantes da lendária ilha.

Em relação à antiga lenda do mar asiático e do continente atlântico, não seria útil observar um fato conhecido por todos os modernos geólogos, que as encostas do Himalaia fornecem a prova geológica de que a substância daqueles picos elevados já foi uma parte de um fundo de oceano?

Nota IV

Já assinalamos que, em nossa opinião, toda a diferença entre as filosofias budista e vedantina era que a primeira consistia em um tipo de vedantismo racionalista, enquanto que a última poderia ser considerada como um Budismo transcendental. Se o Esoterismo Ário aplica o termo "*Jīvātmā*" ao sétimo princípio, o espírito puro e inconsciente *per se* – é porque o Vedanta, ao postular três tipos de existência – (1) a *pāramārthika* – (a verdadeira, a única real), (2) a *vyāvahārika* (a prática), e (3) a *pratibhāsika* (a vida aparente ou ilusória) – torna a primeira *vida*, ou *Jīva*, a única verdadeiramente existente. *Brahman* ou o Eu Uno é o seu único representante no Universo, já que ele é a *Vida universal no todo*, enquanto que os outros dois são apenas sua "aparência fenomênica", imaginada e criada por ignorância, e completas ilusões sugeridas a nós por nossos sentidos cegos. Os budistas, por outro lado, negam tanto a realidade objetiva quanto a subjetiva até para aquela AutoExistência una. Buda declara que não há nem Criador nem um Ser Absoluto. O racionalismo budista foi sempre muito sensível à insuperável dificuldade de admitir uma consciência absoluta, como nas palavras de Flint – "onde há consciência, há relação, e onde há relação, há dualismo". Ou a Vida Una é *mukta* (absoluta e incondicionada), e não pode ter nenhuma relação com nada nem com ninguém; ou ela é *baddha* (limitada e condicionada), e então ela não pode ser chamada de ABSOLUTO; a limitação, além disso, necessita de outra divindade tão poderosa quanto a primeira para dar conta de todo o mal neste mundo. Por isso, a Doutrina Secreta Arhat sobre cosmogonia admite apenas uma absoluta, indestrutível, eterna, e não criada INCONSCIÊNCIA (para assim traduzir) de um elemento (sendo palavra usada por falta de um termo melhor) absolutamente independente de tudo o mais no Universo, um algo sempre presente ou ubíquo, uma Presença que sempre foi, e sempre será, quer haja um Deus, deuses, ou nenhum, quer haja um ou nenhum Universo, existente tanto durante os eternos ciclos de *Mahā Yugas*, durante os *Pralayas*, como durante os períodos de *Manvantara*. E isso é ESPAÇO, o campo para a operação de Forças eternas e Lei natural, a *base* (como o Sr. Subba Row a chama corretamente) sobre a qual ocorrem as eternas interrelações entre *Ākāsha* e *Prakṛiti*, guiadas pelas pulsações regulares inconscientes de *Shakti* – a respiração ou poder de uma deidade consciente, diriam os teístas – a energia eterna de uma Lei eterna e inconsciente, dizem os budistas. O Espaço então, ou "Fan, Bar-nang" (*Mahā-Śūniatā*) ou, como é chamado por Lao-tze, o "Vazio" é a natureza do Absoluto budista. (Veja *Praise of Abyss*, de Confúcio). A palavra *Jīva*, então nunca poderia ser aplicada pelos *Arhats* ao *sétimo* princípio, uma vez que é apenas através de sua correlação ou contato com a matéria que *Fohat* (a energia ativa budista) pode desenvolver vida *consciente* ativa; e que, para a questão "Como a *Inconsciência* pode gerar *Consciência*?", a resposta seria "A semente que gerou um Bacon ou um Newton era autoconsciente"?

Nota V

Aos nossos leitores europeus: enganados pela similaridade fonética, não se deve pensar que o nome *Brahman* é idêntico a *Brahmā* ou *Īśvara* – o Deus pessoal. As *Upanishads* – as Escrituras Vedanta – não mencionam tal Deus, e seria inútil procurar nelas quaisquer alusões a uma divindade consciente. *Brahman*, ou *Parabrahman*, o Absoluto dos vedantinos, é neutro e inconsciente, e não tem ligação com o *Brahmā* masculino da Tríade hindu, ou *Trimūrti*. Alguns orientalistas corretamente acreditam que o nome é derivado do verbo *bṛh*, "crescer" ou "aumentar", e é, nesse sentido, a *força expansiva universal da Natureza*, o princípio vivificante e espiritual, ou poder, propagado por todo o Universo e que, em sua coletividade, é o Absoluto uno, a Vida una e a única Realidade.

Capítulo III

Classificação dos "Princípios"

Na mais admirável conferência do Sr. T. Subba Row sobre a *Bhagavad-Gitā*[107], publicada na edição de *The Theosophist* de fevereiro (1887), o conferencista trata, creio eu que casualmente, da questão dos "princípios" setenários no Cosmos e no homem. A divisão é bastante criticada, e a combinação até então adotada e preferida nos ensinamentos teosóficos é uma divisão em *quatro*.

Essa crítica já deu origem a alguns mal-entendidos, e alguns alegam que se está maculando os ensinamentos originais. Essa *aparente* divergência com alguém cujos pontos de vista são corretamente sustentados como quase decisivos sobre assuntos ocultos, em nossa Sociedade, é certamente um pretexto perigoso para se dar aos oponentes que estão sempre alertas para detectar e mostrar contradições e inconsistências em nossa filosofia. Por isso eu sinto que é meu dever mostrar que não há, na realidade, *nenhuma* inconsistência entre a visão do Sr. Subba Row e a nossa sobre a questão da divisão setenária; e mostrar, (a) que o conferencista estava perfeitamente bem familiarizado com a divisão setenária antes de ter-se unido à Sociedade Teosófica; (b) que ele sabia que era o ensinamento dos antigos "filósofos ários que associaram sete poderes ocultos aos sete princípios" no macrocosmo e no microcosmo (veja o final deste artigo); e (c) que desde o início ele tinha contestado – não a classificação, mas a forma na qual ela foi expressa. Portanto,

[107]Essa palestra foi publicada em um livro separado.

agora, quando ele chama a divisão de "não científica e enganosa", e acrescenta que "essa classificação setenária é quase notável por sua ausência em *muitos* (não *todos*?) de nossos livros hindus" etc., e que é melhor adotar a classificação tradicional de quatro princípios, o Sr. Subba Row deve ter-se referido apenas a alguns livros ortodoxos especiais, já que seria impossível ele contradizer-se de modo tão evidente.

Algumas palavras de explicação, portanto, não serão, de todo, inoportunas. Sobre a questão de ser "notável por sua ausência" nos livros hindus, a referida classificação é também notável por sua ausência nos livros budistas. Isso por uma razão bem clara: ela sempre foi esotérica e, como tal, mais inferida do que abertamente ensinada. Que ela é "enganosa" é também perfeitamente verdadeiro, pois a grande característica da atualidade, o materialismo, tem levado as mentes dos nossos teósofos ocidentais ao hábito predominante de ver os sete princípios como *entidades* distintas e autoexistentes, ao invés do que eles são – *upādhis* e estados correlatos – três *upādhis*, grupos básicos, e quatro princípios. Quanto a ser não científica, o termo só pode ser atribuído a um *lapsus linguae* e, em relação a isso, permitam-me citar o que o Sr. Subba Row escreveu, cerca de um ano *antes dele ter-se filiado* à Sociedade Teosófica, em um de seus mais qualificados artigos, *Brahmanism on the sevefold principle in man*, o melhor comentário que já apareceu dos *Fragments of Occult Truth* já incorporado ao *Esoteric Buddhism*. Diz o autor:

"Eu examinei-o cuidadosamente (o ensinamento) e descobri que os resultados a que se chegou (na doutrina budista) não diferem muito das conclusões da nossa Filosofia Ária, embora nosso modo de colocar os argumentos possa diferir na forma." Depois disso, tendo enumerado essas "três causas primeiras" que trazem o ser humano à existência, isto é, *Parabrahman*, *Shakti* e *Prakṛiti*, ele explica: "Assim, de acordo com os Adeptos da antiga Āryāvarta, *sete princípios* são derivados dessas três entidades primárias. A álgebra ensina-nos que o número de *combinações* de *n* coisas, tomadas *uma* de cada vez, *duas* de cada vez, *três* de cada vez, e assim por diante, é igual a $2^n - 1$. Aplicando-se essa fórmula ao presente caso, o número de entidades obtidas a partir das diferentes combinações dessas três causas primeiras equivale a $2^3 - 1 = 8 - 1 = 7$. Como regra geral, sempre que sete *entidades* são mencionadas na antiga ciência oculta da Índia, em qualquer contexto, você deve supor que aquelas sete entidades surgiram a partir de *três primeiras entidades*, e que essas três entidades, novamente, evoluíram de uma entidade *única* ou MÔNADA." (Veja *Five Years of Theosophy*, p.160.)

Isso é bem correto do ponto de vista oculto e também do ponto de vista do cabalista, quando se olha a questão dos *sete* e dos *dez* Sefirot e dos *sete* e *dez Rishis, Manus,* etc. Isso mostra que na simples verdade não há, nem pode haver, qualquer divergência fundamental entre a Filosofia Esotérica dos Adeptos trans- e cis-himalaios. O leitor é remetido, além disso, às páginas anteriores do artigo acima mencionado, no qual se afirma que "o conhecimento dos poderes ocultos da Natureza possuído pelos habitantes da Atlântida perdida foi aprendido pelos antigos Adeptos da Índia, e foi acrescentado por eles à doutrina esotérica ensinada pelos residentes da ilha sagrada (hoje o deserto de Gobi).[108] Os Adeptos tibetanos (seus precursores da Ásia Central), no entanto, não aceitaram o acréscimo" (p. 155-156). Mas essa diferença entre as duas doutrinas não inclui a divisão setenária, já que ela era universal depois de ter sido originada com os atlantes, que, como quarta raça, eram, é claro, uma raça anterior à quinta, os arianos.

Assim, a partir do ponto de vista puramente metafísico, as observações feitas sobre a divisão setenária na palestra sobre a *Bhagavad-Gitā* permanecem válidas, atualmente, assim como elas eram, há cinco ou seis anos, no artigo "O Bramanismo a respeito

[108] Veja *Isis Unveiled*, vol. I. p. 600, e os apêndices do editor ao artigo citado acima em *Five Years of Theosophy.*

dos princípios setenários do homem", apesar de suas aparentes discrepâncias. Para fins de Esoterismo puramente teórico, elas são tão válidas no Budismo como na filosofia bramânica. Por isso, quando o Sr. Subba Row se propõe a defender a "classificação tradicional dos quatro princípios" em uma palestra sobre uma obra vedantina – a classificação vedantina, no entanto, divide o homem em *cinco koshas* (envoltórios) e o *Ātmā* (o sexto, *nominalmente*, é claro)[109] – ele simplesmente mostra, assim, que ele deseja permanecer estritamente nos cálculos teóricos, metafísicos e também ortodoxos. De qualquer modo, é assim que eu entendo as suas palavras. Para a classificação do *Tāraka Rāja Yoga* são três *upādhis*, *Ātmā* sendo o quarto princípio, e não um *upādhi*, é claro, pois ele é uno com *Parabrahman*. Isso também é mostrado por ele mesmo em um pequeno artigo chamado *Septenary Division in Different Indian Systems*."[110]

Por que, então, o denominado Esoterismo "budista" não deveria recorrer a tal divisão? É talvez "enganosa" – admite-se; mas certamente não pode ser chamada de "não científica". Isso até me permite chamar tal adjetivo de uma expressão impensada, já que, contrariamente, o próprio Sr. Subba Row demonstrou-a como sendo muito científica, de modo bastante matemático, como prova a demonstração algébrica da mesma, que foi citada anteriormente. Eu digo que a divisão é devida à própria natureza, apontando sua necessidade no Cosmos e no homem, simplesmente porque o número sete é "um poder e uma força espiritual" em sua combinação de *três* e *quatro*, do triângulo e do quaternário. É, sem dúvida, bem mais conveniente aderir à classificação quaternária em um sentido metafísico e sintético, assim como eu aderi à classificação ternária – de corpo, alma e espírito – em *Isis Unveiled*; por que eu, então, adotei a divisão setenária, já que então eu fui compelida a fazê-lo,

[109]Esta é a divisão que nos foi dada pelo Sr. Subba Row. Veja *Five Years of Theosophy*, p. 136, artigo assinado T. S.

[110]Veja *Five Years of Theosophy*, p. 185.

posteriormente, para fins de análise rigorosa, ninguém teria entendido. E a multiplicação de princípios, em vez de jogar luz sobre o assunto, introduziria uma confusão interminável. Mas agora a questão mudou, e a posição é diferente. Nós *infelizmente* – pois isso foi prematuro – abrimos uma brecha na Muralha da China do Esoterismo, e agora não podemos fechá-la novamente, mesmo se quiséssemos. Eu, pelo menos, tive que pagar um alto preço pela indiscrição, mas não vou fugir dos resultados.

Eu sustento, então, que uma vez que nós passamos do plano de raciocínio puramente subjetivo sobre assuntos esotéricos para o plano de demonstração prática em Ocultismo, onde cada princípio e atributo tem que ser analisado e definido em sua aplicação aos fenômenos da vida diária e, especialmente, da vida após a morte, a classificação setenária é a correta. Pois ela é, simplesmente, uma divisão conveniente que não impede, de modo algum, o reconhecimento de apenas *três* grupos – que o Sr. Subba Row chama de "quatro princípios associados a quatro *upādhis*, e que são associados, por sua vez, a quatro estados diferentes de consciência"[111]. Essa é a classificação da *Bhagavad-Gitā*, ao que parece, mas não a da Vedanta, nem a que os *Rāja* Iogues das escolas pré-Aryasanga e do Sistema *Mahayana* sustentavam e ainda sustentam além dos Himalaias, e seu sistema é quase idêntico ao do *Tāraka Rāja Yoga* – a diferença entre o último e a classificação vedantina tem sido apontada para nós pelo Sr. Subba Row em seu artigo sobre a "A Divisão Setenária em Diferentes Sistemas Indianos". Os *Tāraka Rāja* Iogues reconhecem apenas *três upādhis* em que *Ātmā* pode operar, que, na Índia, se eu não me engano, são o *jāgrat*, consciência de vigília (correspondente ao *Sthūlopādhi*), o *svapna*, ou estado de so-

[111]Uma prova perfeita do fato de que a divisão é arbitrária e varia com as escolas às quais pertencem está nas palavras publicadas em "Deus Pessoal e Impessoal" do Sr. Subba Row, onde ele afirma que "nós temos *seis* estados de consciência, objetivos ou subjetivos... e um estado perfeito de inconsciência, etc." (Veja *Five Years of Theosophy*, pp. 200 e 201.) É claro que aqueles que não defendem a antiga escola dos Adeptos Ários e Arhats não estão, de modo algum, obrigados a adotar a classificação setenária.

nho (em *Sūkṣmopādhī*); e o *sushupti*, ou estado causal, produzido por e através de *Kāraṇopādhi*, ou o que nós denominamos *Buddhi*. Mas então, em estados transcendentais de *samādhi*, o corpo com seu *Linga Sharīra*, o *veículo* do princípio vital, é deixado totalmente fora de consideração: os três estados de consciência apenas se referem aos três (com *Ātmā*, quatro) princípios que permanecem após a morte. E aqui está a verdadeira chave para a divisão setenária do homem: acrescentam-se os três princípios apenas durante sua vida.

Assim como no macrocosmo, também é no microcosmo: as analogias são válidas em toda a Natureza. Assim o Universo, nosso Sistema Solar, nossa Terra, até o homem, todos devem ser igualmente considerados como possuidores de uma constituição setenária – *quatro* supraterrestres e super-humanos, por assim dizer, – *três* objetivos e astrais. Tratando-se apenas do caso especial do homem, há dois pontos de vista a partir dos quais a questão pode ser considerada. O homem *encarnado* certamente é constituído por sete princípios, se assim denominarmos os sete estados de sua estrutura material, astral e espiritual, que estão todos em diferentes planos. Mas se classificarmos os princípios de acordo com a sede dos quatro graus de consciência, esses *upādhis* podem ser reduzidos a quatro grupos.[112] Assim, sua consciência, nunca sendo centrada no segundo ou terceiro princípios, os quais são compostos de estados de matéria (ou melhor, de "substância"), em diferentes planos, cada um correspondendo a um dos planos e princípios no Cosmos – é necessária para formar ligações entre o primeiro, o quarto e o quinto princípios, bem como para ajudar em certos fe-

[112]O argumento do Sr. Subba Row de que, na questão das três divisões do corpo, "nós podemos estabelecer qualquer número de divisões e também enumerar força nervosa, sangue e ossos" não é válido, eu penso. Força nervosa – tudo bem, embora ela seja una com o princípio vital e proceda dele. Quanto ao sangue, ossos, etc., essas são coisas materiais objetivas, e unas e inseparáveis do corpo humano, enquanto todos os outros seis princípios estão em seu *Sétimo, o corpo*, e são princípios puramente *subjetivos*, e por isso todos são negados pela ciência material, que os ignora.

nômenos vitais e psíquicos. Esses últimos podem ser convenientemente classificados com o corpo físico em uma categoria, e deixados de lado durante o transe, o *samādhi*, bem como após a morte, permanecendo assim apenas os quatro metafísicos e exotéricos tradicionais. Qualquer acusação de ensinamento contraditório, portanto, baseada nesse simples fato, seria, é óbvio, totalmente inválida; a classificação dos princípios como setenários ou quaternários depende inteiramente do ponto de vista a partir do qual eles são considerados, como foi dito. A classificação que adotamos é puramente uma questão de escolha. Falando precisamente, no entanto, a física *oculta* – como também a profana – favoreceria a unidade setenária por essas razões.[113]

Há *seis* Forças na Natureza, tanto no Budismo como no Bramanismo, seja exotérico ou esotérico, e a sétima, a Força Total, ou a Força Absoluta, que é uma síntese de todas. A Natureza, além disso, em sua atividade construtiva, atinge o tom dessa classificação em mais de uma maneira. Como afirmado sobre *Prakṛiti* no terceiro aforismo do *Sānkhya Kārika*: "a raiz e substância de todas as coisas" ela (*Prakṛiti*, ou natureza) não é uma produção, mas ela mesma uma *produtora* de *sete* coisas "que, produzidas por ela, tornam-se todas, por sua vez, produtoras." Assim todos os líquidos na Natureza começam, quando separados de sua massa de origem, por tornar-se um esferoide (uma gota), e quando o glóbulo é formado, e ele cai, o impulso dado a ele o transforma, quando ele

[113]Naquele seu mais admirável artigo "Deus Pessoal e Impessoal", que atraiu muita atenção nos círculos teosóficos ocidentais, o Sr. Subba Row diz: "Assim como um ser humano é composto por *sete* princípios, a matéria diferenciada no Sistema Solar existe em *sete* diferentes condições." Essas não estão todas abrangidas na extensão da nossa atual consciência objetiva, mas elas podem ser percebidas pelo ego espiritual no homem. Além de *prajñā*, ou da capacidade de percepção, existem *sete diferentes aspectos* correspondentes às sete condições da matéria. Falando precisamente, há seis estados de *prajñā* diferenciados, o sétimo estado é uma condição de perfeita inconsciência (ou consciência absoluta). Por *prajñā* diferenciado, eu quero dizer a condição em que *prajñā* é dividido em vários estados de consciência. Assim nós temos seis estados de consciência, etc. (*Five Years of Theosophy* p. 200 e 201) Essa é precisamente a nossa Doutrina Trans-Himalaica.

toca o solo, quase invariavelmente em um triângulo equilátero (ou três), e então em um *hexágono*, e depois, a partir dos cantos do último, começam a ser formados quadrados ou cubos como figuras planas. Olhe para a obra *natural* da Natureza, por assim dizer, sua produção artificial ou auxiliada – a intromissão da ciência em sua oficina oculta. Observe os anéis coloridos de uma bolha de sabão, e aqueles produzidos pela luz polarizada. Os anéis obtidos, tanto na bolha de sabão de Newton, quanto no cristal através do polarizador, exibirão, invariavelmente, seis dos sete anéis – "um ponto negro cercado por seis anéis ou um círculo com um cubo plano em seu interior, circunscrito por seis anéis distintos, sendo o próprio círculo o *sétimo*." O aparelho de polarização "Noremberg" lança na objetividade quase todos os nossos símbolos geométricos ocultos, embora os físicos continuam sem entender isso. (Veja os experimentos de Newton e Tyndall).[114]

O número sete está na própria raiz da Cosmogonia e da Antropogonia oculta. Sem ele, não seria possível expressar nenhum símbolo da evolução desde seu ponto inicial até sua conclusão. Pois o círculo produz o ponto; o ponto expande-se em um triângulo, retornando a si mesmo depois de dois ângulos, e então forma a "Tetraktis" mística – o cubo plano, cujo *três*, ao passar ao mundo manifestado de efeitos, matéria diferenciada, torna-se geométrica e numericamente 3 + 4 = 7. Os melhores cabalistas têm demonstrado isso por eras, desde Pitágoras até os modernos matemáticos e simbologistas, um dos quais conseguiu deturpar para sempre *uma das sete* chaves ocultas, e provou sua vitória com um livro de figuras. Coloque qualquer um dos nossos teósofos interessados na questão para ler a maravilhosa obra chamada *The Hebrew Egyptian Mystery, the Source of Measures*, e aqueles que são bons matemáticos ficarão chocados diante das revelações contidas nela. Pois ela realmente mostra que a fonte oculta da medida com a qual

[114]Basta abrir os Dicionários Webster e examinar os flocos de neve e cristais na palavra "Neve" para perceber o trabalho da Natureza. "Deus geometriza", diz Platão.

foi construído o Cosmos e o homem, e então, por esse último, a grande Pirâmide do Egito, como todas as torres, montes, obeliscos, cavernas-templos da Índia, e pirâmides no Peru e no México, e todos os monumentos arcaicos; símbolos em pedra da Caldeia, das Américas, e mesmo da Ilha de Páscoa – a testemunha viva e solitária de um continente pré-histórico submerso no meio do Oceano Pacífico. Isso mostra que as mesmas formas e medidas para a mesma simbologia esotérica existiram em todo o mundo; e mostra, nas palavras do autor, que a Cabala é uma "série completa de desenvolvimentos baseada na utilização de elementos geométricos; dando expressão em valores numéricos, fundada em valores integrais do círculo" (uma das sete chaves até agora conhecidas apenas pelos Iniciados), descoberta por Peter Metius no século dezesseis, e redescoberta pelo falecido John A. Parker.[115] Além disso, que o sistema de onde derivam todos esses desenvolvimentos "era antigamente considerado como fundado na *Natureza* (ou Deus), como a *base* ou *lei* dos esforços, praticamente, de "*design* criativo"; e que ele também esta na base das estruturas bíblicas, sendo encontrado nas medidas dadas para o templo de Salomão, a Arca da Aliança, a Arca de Noé, etc. – em todos os mitos simbólicos, em síntese, da Bíblia.

E quais são os valores, a medida na qual o cúbito sagrado é derivado da quadratura esotérica, que os Iniciados sabem que está contida na *Tetraktis* de Pitágoras? Porque esse é o símbolo universal primordial. As formas encontradas na *cruz ansata* do Egito, na suástica indiana (como eu sustento), o "sinal sagrado" que enfeita as mil cabeças de Shesha, a serpente-ciclo da eternidade, sobre a qual descansa *Vishnu*, a divindade na Infinitude; e que também pode ser indicada no tríplice (treta) fogo dos Pururavas, *o primeiro fogo no presente Manvantara*, fora dos quarenta e nove (7 × 7) fogos místicos. Isso pode estar fora de muitos livros hindus, mas

[115]De Newark, em sua obra *The Quadrature of the Circle,* seu "problema dos três corpos giratórios" – (N. Y., John Wiley & Son).

Vishnu e outros *Purānas* estão cheios desse símbolo em todas as formas possíveis, o que eu pretendo provar em *A Doutrina Secreta*. O autor do *The Source of Measure* não conhece, é claro, até agora, toda a extensão do que ele descobriu. Ele aplica sua chave, até agora, apenas à linguagem esotérica e à simbologia na Bíblia, e ao Livro de Moisés, especialmente. O grande erro do hábil autor, na minha opinião, é que ele aplica a chave descoberta por ele, principalmente, aos elementos fálicos pós-atlantes e quase históricos nas religiões do mundo; sentindo, intuitivamente, um significado mais nobre, elevado e transcendental em tudo isso – *apenas* na Bíblia – e um mero culto sexual em todas as outras religiões. Esse elemento fálico, entretanto, no culto pagão mais antigo, refere-se, na verdade, à evolução fisiológica das raças humanas, algo que não poderia ser descoberto na Bíblia, já que está ausente nela (o Pentateuco é a mais recente de todas as escrituras antigas). No entanto, o que o douto autor descobriu e provou matematicamente é magnífico o bastante, e suficiente para tornar nosso argumento bom: isto é, que o círculo, o triângulo e o quadrado e 3, 4 = 7 estão na própria base e são a alma da cosmogonia e da evolução da humanidade.

Para quem quiser representar esse processo por meio de símbolo, diz o autor falando da *cruz ansata*, do *Tau* dos egípcios e da cruz cristã – "seria pela *figura do cubo desdobrado que aparece na conexão com o círculo cuja medida é tirada das bordas do cubo*. O cubo desdobrado[116] torna-se, em uma apresentação superficial, uma *cruz propriamente dita* ou uma em formato de *Tau*, e a anexação de um círculo a essa última, resulta na cruz ansata dos egípcios, com seu significado óbvio da *The Source of Measure*.[117] Porque esse tipo

[116]De Newark, em sua obra *The Quadrature of the Circle*, seu "problema dos três corpos giratórios" – (N. Y., John Wiley & Son).

[117]E adicionando à cruz propriamente dita o símbolo dos quatro pontos cardeais e do infinito ao mesmo tempo, portanto 卐, os braços apontando para cima, para baixo, para a direita e a esquerda, fazendo seis no círculo – o sinal arcaico do Yomas – isso faria dela a suástica, o "sinal sagrado" usado pela ordem dos "maçons de Ismael", a qual eles chamam de Cruz Hermética universal, e não entendem sua verdadeira sabedoria, nem conhecem sua origem.

de medida também foi feito para coordenar-se com a ideia da *origem da vida*, ela foi feita para assumir o protótipo do *hermafrodita*, e de fato ela é colocada para representar essa parte da pessoa humana, na forma hindu..." (Ela é o "hermafrodita Indranse Indra, a deusa da Natureza, a *Issa* dos hebreus, e a *Ísis* dos egípcios", como o autor as chama em outro lugar.) "...É bem observável que, como há apenas seis faces em um cubo, a representação da cruz como o cubo desdobrado, enquanto as barras cruzadas mostram uma face do cubo como *comum às duas barras*, contada como pertencente a ambas; então, enquanto as faces originalmente representadas são apenas seis, o uso das duas barras mostra quatro quadrados na barra vertical e três na barra horizontal, obtendo-se sete ao todo. Aqui nós temos o famoso quatro, três e sete novamente, o quatro e o três nos fatores do problema de Parker (da quadratura e dos "três corpos giratórios")"... (pp. 50 e 51).

E eles são os fatores na construção do Universo e do homem. *Wiṭṭoba*[118] – um aspecto de Krishna e *Vishnu* – é, portanto, o "homem crucificado no espaço", ou o "cubo desdobrado", como explicado (Veja o "Panteão" de Moore, para *Wiṭṭoba*). É o símbolo mais antigo na Índia, atualmente quase perdido, como o verdadeiro significado de *viśvakāriṇā* e *vikkarttana* (o "Sol despojado de seus raios") também está perdido. Ele é a *cruz ansata* egípcia, e vice-versa, e essa – e até mesmo o sistro[119], com suas barras cruzadas – é simplesmente *o símbolo da Deidade* *enquanto homem* – embora, posteriormente, possa ter se tornado fálico, após a submersão da Atlântida. A cruz ansata é, naturalmente, como o professor Seyfforth mostrou – novamente, o seis, e com a sua cabeça – o sétimo. Seyfforth diz: "Ela é o crânio com o cérebro, a sede da alma com os nervos estendendo-se até a coluna verte-

[118] *Viṭṭoba.*

[119] Antigo instrumento egípcio de percussão, que consistia num pequeno arco metálico atravessado horizontalmente por pequenas hastes também de metal, as quais, agitadas por meio de um cabo, produziam som agudo e prolongado. *Dicionário Aurélio da Língua Portuguesa.* (Nota da trad.)

bral, costas, olhos e ouvidos. Pois a pedra de Tânis assim traduz isso repetidamente por "antropos" (homem), e nós temos o cóptico *ank*, (*vita*, vida), propriamente *anima*, que corresponde ao *anosh* hebreu, significando propriamente *anima*. O *anki* egípcio significa "minha alma".[120]

Em síntese, ela significa os *sete princípios*, os detalhes vêm depois. Atualmente a *cruz ansata*, como apresentada acima, foi descoberta nas costas das estátuas gigantes encontradas na Ilha de Páscoa (no meio do Oceano Pacífico), que é uma parte do continente submerso; esse remanescente é descrito como "densamente adornado com estátuas ciclópicas, remanescentes da civilização de uma população densa e culta"; e o Sr. Subba Row tendo nos dito o que ele encontrou nos antigos livros hindus, isto é, que os antigos Adeptos da Índia aprenderam poderes ocultos com os atlantes (veja os artigos anteriores) – a inferência lógica é que eles obtiveram desses a sua divisão setenária, assim como nossos Adeptos obtiveram da "Ilha Sagrada". Isso deve resolver a questão.

E essa cruz Tau é sempre *setenária*, sob qualquer forma – ela tem muitas formas, embora a ideia principal seja sempre uma. O que são os "oozas" egípcios (os olhos), os amuletos chamados de "olho místico", que não os símbolos do mesmo? Há *quatro* olhos na linha superior e três menores na inferior. Ou, ainda, o *ooza* com os sete alaúdes pendurados nele, "a melodia combinada do que gera um homem", dizem os hieróglifos. Ou, ainda, o *hexágono* formado por seis triângulos cujos ápices convergem em um ponto, o *símbolo da criação universal*, que segundo Kenneth Mackenzie: "foi usado como um anel pelos príncipes soberanos do Segredo Real" – que eles, a propósito, nunca conheceram. Se o *sete* nada tem a ver com os mistérios do Universo e do homem, então, realmente, desde os Vedas até a Bíblia, todas as escrituras arcaicas – os *Purānas*, o Avesta e todos os fragmentos que chegaram até nós – não têm nenhum significado *esotérico*, e devem ser considerados

[120]Citado em *The Source of Measure*.

como os orientalistas as consideram – como uma miscelânea de contos infantis.

É bem verdade que os três *upādhis* do *Tāraka Rāja Yoga* são, como o Sr. Subba Row explica em seu pequeno artigo *The Septenary Division in different Indian Systems*, "o melhor e o mais simples" – mas apenas no *Yoga* puramente *contemplativo*, e ele acrescenta: "Embora haja *sete* princípios no homem, há apenas *três upādhis* distintos, em cada um dos quais seu *Ātmā* pode trabalhar independentemente do resto. Esses três *upādhis* podem ser separados pelo Adepto sem que ele se mate. Ele não pode separar os sete princípios uns dos outros sem destruir sua constituição" (*Five Years of Theosophy*, p. 185). Incontestavelmente ele não pode. Mas isso, ainda, é válido apenas em relação a seus três princípios inferiores – o corpo e seus (em vida) inseparáveis *prāna* e *Linga Sharīra*. O resto pode ser separado, já que eles não constituem uma necessidade *vital*, mas antes mental e espiritual. Quanto à observação, no mesmo artigo, contestando a inclusão do quarto princípio "no terceiro *kosha*, já que tal princípio é apenas um veículo de força de vontade, que é apenas uma energia da mente", eu respondo: exatamente. Mas como os atributos superiores do quinto (*Manas*) compõem a *tríade* original, e são apenas as energias terrestres, sentimentos e volições que permanecem no *kāma-loka*, qual é o veículo, a forma astral, que os carrega como um *bhūta*[121] até eles se extinguirem – o que pode levar séculos para acontecer? Pode a "falsa" personalidade, ou o *pishacha* cujo ego é composto justamente por todas aquelas paixões e sentimentos terrenos, permanecer no *kāma-loka* e, ocasionalmente, aparecer sem um veículo substancial, embora etéreo? Ou vamos desistir dos sete princípios, e da crença de que há uma coisa tal como um *corpo astral*, e um fantasma ou espectro?

Decididamente não. Pois o próprio Sr. Subba Row mais uma vez explica, do ponto de vista hindu, como o quinto *inferior*,

[121] Fantasma. (Nota da trad.)

ou *Manas*, pode reaparecer após a morte, destacando, muito justamente, que é um absurdo chamá-lo de *espírito desencarnado*. (*Five Years of Theosophy*, p. 174) Como ele diz: "Isso é apenas um poder, ou força, retendo as impressões dos pensamentos ou ideias do indivíduo em cuja *composição ele entrou originalmente*. Ele às vezes atrai o poder do *kāma rūpa* para ajudá-lo, e cria para si mesmo alguma forma etérea particular."

Assim, o que "às vezes atrai" o *kāma rūpa*, e o "poder" com esse nome, já se constitui de dois princípios, dois "poderes" – chame-os como quiser. Então nós temos *Ātmā* e seu veículo *Buddhi*, que formam *quatro*. Com os três que desapareceram na terra, será o equivalente a sete. Como podemos, então, falar do espiritismo moderno, de suas materializações e de outros fenômenos, sem recorrer ao setenário?

Para citar, pela última vez, nosso amigo e muito respeitado irmão, já que ele diz que "nossos filósofos (ários) têm associado sete poderes *ocultos* aos *sete princípios* (no homem e no Cosmos), que os sete poderes ocultos, no microcosmo, correspondem ou são contrapartes dos poderes ocultos no macrocosmo"[122] – uma sentença bastante esotérica – é uma pena que essas palavras pronunciadas em uma palestra *ex tempore*[123], embora hábeis, tenham sido publicadas sem revisão.

H. P. BLAVATSKY

[122]"O Bramanismo a respeito dos princípios setenários do homem".

[123] Improvisada. (Nota da trad.)

Capítulo IV

A Constituição do Microcosmo

As poucas observações que fiz em minha primeira palestra sobre a *Bhagavad-Gitā*, publicada na edição de fevereiro de *The Theosophist*, sobre a classificação setenária dos vários princípios do homem até hoje adotada nas publicações teosóficas, suscitaram uma resposta de Madame H. P. Blavatsky, que apareceu na última edição desse jornal sob o título de "Classificação dos Princípios". A resposta foi aparentemente destinada a dar uma satisfação aos comentários que eu fiz e justificar a classificação até então defendida. Sinto-me extremamente grato à escritora pelo tom amigável que ela adotou na crítica. Não posso, no entanto, deixar de ver que a linha de argumentação que ela seguiu é propensa a criar uma impressão errônea nas mentes de seus leitores a respeito da minha verdadeira posição sobre esse assunto, sem algumas palavras de explicação da minha parte. E, além disso, a importante questão que surgiu com a controvérsia levantada pelo artigo em consideração merece uma investigação minuciosa. Acho necessário, por isso, definir claramente a posição assumida por mim, e examinar até onde os argumentos agora apresentados em defesa da classificação setenária são planejados para remover as objeções levantadas contra tal classificação e enfraquecer a força da minha crítica. Olhando para o teor da resposta torna-se necessário decidir, inicialmente, se meus comentários foram intencionais ou se eles foram devidos a um *lapsus liguae*, como minha crítica gosta de afirmar, e formular a verdadeira questão em debate no caso de ser encontrada uma diferença importante de opinião entre nós. Eu posso apenas confessar que minhas observações foram deliberadas e intencionais. Eu as considerei adequadas para condenar a classificação setenária após uma consideração séria e preocupada, e ponderei devidamente minhas palavras ao usá-las. Seria facilmente admitido que o meu testemunho é a melhor e a mais direta evidência disponível a respeito dos meus próprios estados de consciência que acompanham as expressões usadas. O termo "não científico" é caracterizado como uma expressão impensada. Se o epíteto foi correta ou incorretamente aplicado é uma questão a ser decidida entre nós, mas isso certamente não ocorreu devido a alguma negligência ou falta de cuidado de minha parte.

Alega-se, ainda, no artigo em exame, que quando eu disse que a classificação setenária era notável por sua ausência em muitos livros hindus, eu quis dizer "alguns ortodoxos específicos". Essa alegação não tem qualquer fundamento. Eu não estava falando do ponto de vista de algum sistema ortodoxo específico e, portanto, não poderia ter-me referido a quaisquer livros ortodoxos específicos. A palavra "muitos" é aproveitada por minha crítica com o propósito de atribuir a mim uma intenção que eu nunca tive. Eu não poderia ter dito que a classificação estava ausente em toda a extensão da literatura mística sânscrita a não ser que eu tivesse examinado *todos* os livros sobre o assunto. Não me deparei com essa classificação em *nenhum* livro que li, embora eu tenha examinado muitos desses livros. Se a minha douta crítica pretende afirmar que isso seria encontrado em algum livro que eu não li, ela deveria dizer o nome do livro e o autor. Uma classificação como essa não deveria ser permitida apenas com base em uma inferência teoricamente possível, sem alguma prova clara e definitiva de sua existência. E, ainda, eu realmente não posso ver que autoridade a minha crítica tem para afirmar que, ao fazer as observações comentadas, eu desejei permanecer estritamente "dentro dos limites de cálculos teóricos, metafísicos e também ortodoxos" dos princípios microcósmicos. Para os objetivos dessa controvérsia é feita uma distinção entre as teorias ocultas que são teórica e metafisicamente boas, e aquelas que são boas para "demonstração prática", seja o que for que a expressão possa significar. Isso é simplesmente absurdo. O Ocultismo é uma ciência e uma arte. Seus princípios científicos, se estão corretos, devem ser coerentes com as regras de sua aplicação prática que são, por assim dizer, apenas questão de inferência a partir de tais princípios. Qualquer sistema de Ocultismo que tivesse um conjunto de princípios para sua teoria, e outro conjunto de princípios incoerente com o primeiro, para sua prática, seria apenas um sistema empírico que dificilmente poderia ser chamado de científico.

Felizmente, para a ciência oculta dos antigos, tal distinção não existe. Eu sou obrigado, portanto, a repudiar os motivos específicos e intenções atribuídas a mim e confessar honestamente que a diferença de opinião entre nós não é meramente aparente, mas real. Sendo esse o caso, eu estou totalmente preparado para justificar minhas afirmativas.

Qualquer discussão adicional sobre o assunto estará, é claro, fora de questão, se for afirmado que eu não sou livre para questionar a correção dos denominados "ensinamentos originais". Alguns argumentaram, ao que parece, que os "ensinamentos originais" foram maculados pelos meus comentários, implicando, assim, que isso não me competia e eu não devia contradizer esses ensinamentos. A autora do artigo provavelmente defende essa visão, já que ela praticamente informa a seus leitores, na nota de rodapé da página 450, que eles devem adotar a classificação setenária ou desistir de sua adesão "à antiga escola dos Adeptos Ários e Arhats". Eu realmente sinto muito que ela tenha achado apropriado assumir essa atitude intransigente.

Agora é necessário examinar o que são esses "ensinamentos originais" e até onde eles podem ser considerados como conclusivos sobre o assunto. Os "ensinamentos originais" sobre o assunto em questão apareceram primeiramente em um editorial intitulado *Fragments of Occult Truth*, publicado em *The Theosophist*, na edição de outubro de 1881. Em seguida, eles foram mencionados em vários artigos escritos pelo editor, e explicações adicionais têm sido dadas de vez em quando. Esses ensinamentos também foram incorporados ao *Esoteric Buddhism*, do Sr. Sinnett, que tem sido apresentado como um livro autorizado. Eles foram também mencionados em *Homens*, que tem sido considerado, igualmente, como autorizado, mas cujos ensinamentos são materialmente incoerentes com aqueles do *Esoteric Buddhism*.

Até onde estou em condições de ver, essas são as fontes em que esses denominados "ensinamentos originais" fundamentam-se.

Em minha humilde opinião, seria muito perigoso, para o futuro bem-estar e prosperidade da Sociedade Teosófica, desenvolver, tão cedo em sua carreira, um credo ortodoxo a partir dos materiais fornecidos pelas fontes acima mencionadas e elevar as publicações acima citadas ao *status* de uma revelação original. A maioria dos membros da Sociedade Teosófica conhece muito bem as circunstâncias sob as quais esses ensinamentos foram dados. Seu caráter fragmentário tem sido repetidamente reconhecido. Sua exposição deficiente é evidente, e sua imperfeição pode ser facilmente detectada em um exame cuidadoso. Também foi apontado, creio eu, que esses ensinamentos são obtidos de instrutores que não poderiam e não iriam revelar seus verdadeiros segredos, e nem explicar *totalmente* suas doutrinas, exceto aos verdadeiros Iniciados. Os escritores dessas diversas publicações tiveram que trabalhar com base em suas próprias luzes a partir de algumas dicas fornecidas a eles. Foi frequentemente assinalado que os verdadeiros ensinamentos da antiga Ciência Arcana tinham que ser abordados de forma muito gradual e que a linha de exposição seguida era de caráter experimental. Será descoberto, ao se verificar, que os ensinamentos ligados à classificação setenária passaram por várias mudanças desde o aparecimento do primeiro artigo sobre o assunto e, em minha humilde opinião, é prematuro dizer que chegamos ao final de nossos trabalhos nessa direção e que determinamos a verdadeira constituição do microcosmo. Nessas circunstâncias, será incoerente com a política que tem sido até então adotada declarar agora que esses "ensinamentos originais", que já passaram por tantas transformações, deveriam ser aceitos como uma revelação infalível. Tal declaração impedirá, efetivamente, todo progresso adicional no trabalho de investigação que a Sociedade tem empreendido e perpetuará os erros já cometidos. A introdução de algo como um credo ortodoxo dogmático nesse estágio de nossa jornada será simplesmente desastrosa para a causa de nossa Sociedade. Alega-se que, sob tais circunstâncias, não será um crime de minha parte manter a exatidão de minhas observações a respeito da natureza insatisfatória dessa classificação setenária, e eu não estou com o menor medo de que, por assim fazer, eu venha a perder meu direito de seguir os ensinamentos da "antiga escola de Adeptos Ár2rios e Arhats". Ainda estou para ser convencido de que a classificação setenária que nós temos adotado é a verdadeira classificação setenária dessa antiga escola de Ocultismo.

Eu tenho caracterizado essa classificação setenária como enganosa e não científica. Admite-se na resposta que a classificação é realmente enganosa, mas a culpa atribuída ao materialismo ocidental. Isso é colocar a culpa na parte errada. Se a classificação tem enganado a ninguém menos que a sua própria expositora original, e a fez mudar suas concepções sobre a natureza dos vários princípios, de tempos em tempos, é quase certo que a classificação em si deve ser considerada responsável por toda a confusão que tem criado.

Agora eu chamo a atenção dos meus leitores para os *Fragments of Occult Truth* (p. 17, *The Theosophist*, outubro de 1881) que contém o "ensinamento original" sobre o assunto, e os outros artigos e publicações ali mencionados. Analisarei princípio por princípio na ordem de apresentação, e apontarei quais novas ideias foram posteriormente introduzidas na concepção desses vários princípios.

O *primeiro princípio* é aqui descrito como o *corpo* físico. É para corresponder a *rūpa* ou "forma" no *Esoteric Buddhism* (p. 21). Talvez se diga que ambos significam a mesma coisa. Mas, no artigo original, faz-se uma distinção entre o *corpo* astral e a *forma* astral. Eles são considerados como dois princípios *distintos*.

O *segundo princípio* é aqui chamado de princípio vital ou *Jīva-Ātmā*. Ele é diferenciado dos *elementos astrais* na constituição humana e é descrito como uma "forma de força". Ele é, no entanto, identificado, em um artigo intitulado *Transmigrations of Life Atoms* (p. 535, *Five Years of Theosophy*), escrito pelo mesmo autor, à *anima mundi* que é equivalente à *luz astral* (veja p. 301, vol. I, *Isis Unveiled*). E ainda o mesmo autor identificou esse mesmo princípio a *Kārana Sharīra* em um artigo sobre *The Septenary Principle in Esotericism* (p. 193, *Five Years of Theosophy*). Aqui, então, temos um princípio misterioso que era inicialmente descrito como uma força indestrutível diferente da luz astral, que foi posteriormente identificado à própria luz astral, e que foi finalmente transformado em *Kārana Sharīra*. E parece que ainda nós somos compelidos a aceitar a classificação como perfeitamente científica e correta.

O *terceiro princípio* da classificação original é apresentado como sendo o corpo astral, também chamado ali de *Linga Sharīra*. Ele é considerado como *Sūkshma Sharīra* em *The Septenary Principle in Esotericism* acima mencionado, em outro lugar (p. 197), no entanto, no mesmo artigo, ele é considerado como uma parte de *Manomaya Kosha*. O "ensinamento original" coloca esse princípio no *segundo grupo*, que representa o perispírito do homem. Ele é aparentemente transferido para o primeiro grupo, que representa o homem físico em *Transmigrations of Life Atoms* (p. 538). Ele é trazido de volta ao segundo grupo, subsequentemente (veja p. 235, *The Path*[124], novembro, 1886, e p. 70, *The Theosophist*, nov.

[124]No original, *The Path*. (Nota da trad.)

1886). No presente artigo, ele é novamente retransferido ao primeiro grupo (p. 451, linha 23). Será interessante perceber, também, em relação a isso, que esse princípio é descrito como algo diferente do corpo astral no *Esoteric Buddhism*. Mais de cinco anos se passaram desde o aparecimento dos "ensinamentos originais", e ainda não estamos bem certos se esse terceiro princípio é uma parte do homem físico ou do homem astral. Além disso, o "ensinamento original" diz que esse princípio morre com o corpo. *Esoteric Buddhism* repete a mesma lição. Mas é dito que esse princípio sobrevive à dissolução do corpo físico em *The Theories about Reincarnation and Spirits* (§§ 3 e 4, p. 235, *The Path*, novembro de 1886). Minha crítica, no entanto, volta à visão original em seu presente artigo (p. 451, linhas 3, 4 e 5). Apesar de todas essas contradições nós estamos certos de que essa classificação setenária é a correta para explicar os fenômenos "especialmente da vida *após a morte*".

O *quarto princípio* é descrito como a *forma* astral nos *Fragments* e como algo diferente do *corpo* astral. A razão para essa distinção ainda não está clara. Ele, posteriormente, usurpou o lugar do *corpo* astral. O ensinamento original parece sugerir que ele é *astral* em sua constituição. Curiosamente, no entanto, o presente artigo divide os sete princípios em dois grupos; os três princípios do primeiro grupo são descritos como "objetivos e *astrais*", e os quatro princípios do segundo grupo como "supraterrestres e super-humanos". Então esse quarto princípio deve ser removido do plano da luz astral? Se não, qual é a razão para traçar uma linha de demarcação entre o terceiro e o quarto princípios, que estão tão intimamente conectados um com o outro, de acordo com os *Fragments*? Em relação a isso, um estranho erro tem sido cometido pela minha crítica. A seguinte informação está em um artigo publicado por mim em *Five Years of Theosophy* (p. 185): "Também será visto que o quarto princípio está *incluído* no terceiro *kosha* (envoltório) já que tal princípio é apenas o veículo da força de vontade, que é apenas uma energia da mente." Agora veja o que a minha crítica diz no presente artigo: "Quanto à observação, no mesmo artigo (aquela mencionada acima), contestando a inclusão do quarto princípio "no terceiro *kosha*, já que tal princípio é apenas um veículo da força de vontade, que é apenas uma energia da mente, eu respondo: exatamente." Ao dizer isso, ela está citando incorretamente minha afirmação e contradizendo a afirmativa que ela fez em seu artigo sobre "O Princípio Setenário do Esoterismo" (p. 19, *Five Years of Theosophy*) no sentido de que esse quarto princípio seria uma parte do terceiro *kosha*. Isso é suficiente para mostrar como ela está disposta a mudar suas opiniões sobre esses "ensinamentos originais" que são declarados como quase infalíveis.

O *quinto princípio* da classificação originalmente ocupava apenas uma posição bem humilde. Ele era nada mais do que a inteligência física ou animal do homem, não muito distante da "razão, instinto, memória, imaginação, etc." da criação animal. Nenhuma parte dele podia ir para o *Devachan*. Ele era simplesmente uma parte da alma animal que era, por fim, dissolvida no *kāma-loka*. (Veja *Fragments*, p. 18, 19 e 20). O verdadeiro ego do homem – o elemento permanente nele, que percorre várias encarnações – não tinha, originalmente, suas bases nesse princípio ou em qualquer parte dele. O *The Elixir of Life* atribui a ele mais ou menos a mesma posição, como mostra a seguinte passagem: "Cada um desses (sete princípios) tem, por sua vez, de sobreviver ao anterior e mais denso, e então morrer. A exceção é o sexto quando absorvido e misturado ao sétimo." Ele é parcialmente misturado ao *Ānandamaya Kosha* e parcialmente ao *Vijnañāmaya Kosha*, de acordo com o "Princípio Setenário" (p. 197, *Five Years of Theosophy*), sendo esses dois *koshas* descritos como "a ilusão da suprema bem-aventurança" e o "invólucro da autoilusão", respectivamente. Também se pode inferir a partir de *Replies to an English F.T.S.* (p. 274, *Five Years of Theosophy*) que ele não é o ego ou a Mônada humana. Ainda é acrescentado em "A Transmigração dos Átomos de Vida"

(p. 539, *Five Years of Theosophy*) que as partículas que compõem esse princípio dispersam-se depois da morte e "modificam-se após passarem por várias transmigrações para constituírem novamente" o quinto princípio da próxima encarnação. A natureza desse princípio tem mudado gradativamente. Embora originalmente ele fosse apenas a consciência animal do homem, posteriormente ele foi representado como a mente humana plenamente desenvolvida. Originalmente, todo ele perecia, mas depois se permitiu que uma parte dele permanecesse existindo. A totalidade dele era originalmente destinada ao *kāma-loka*, mas depois uma parte foi elevada ao *Devachan*. Nesse contexto, deve-se observar que até hoje não foi explicado se, após a morte, esse princípio é fisicamente dividido em duas partes, ou se o princípio apenas deixa impressões de sua atividade mental no quarto princípio levando sua constituição física ao *Devachan*, ou se o sexto princípio, junto com o sétimo, leva com ele ao *Devachan* o mero *vāsana* (aroma) do seu quinto princípio, deixando sua constituição material para trás com o quarto princípio no *kāma-loka*. Se a primeira visão for aceita, deve-se admitir que a constituição material desse princípio é algo peculiar e ininteligível. Nenhum outro fenômeno semelhante é apresentado a nós pela Natureza. No caso de aceitarmos a segunda visão, nós estaremos colocando o *devachanista* em uma posição bem desconfortável já que, de acordo com "A Transmigração dos Átomos de Vida", as partículas que compõem o seu quinto princípio terão de passar pelo processo de desintegração antes da próxima encarnação. A terceira visão requer que tomemos o sexto princípio como a verdadeira sede do Ego. Mas foi declarado em um artigo publicado em *The Path* (p. 235, novembro, 1886) que *Manas* ou o quinto princípio deveria ser considerado como a sede do Ego. A primeira visão é incoerente com o ensinamento original, a segunda visão, com a filosofia do *Esoteric Buddhism*, e a terceira visão, com os desenvolvimentos posteriores da teoria oculta. E para aumentar nossas dificuldades, não há outra visão possível. A última mudança na doutrina ainda está para ser notada. De acordo com o presente artigo, esse princípio é um mero "estado correlato" – uma condição de existência – e não um *upādhi* físico. Seria bem interessante investigar se "o estado correlato" é composto de partículas que se dispersam e se modificam como originalmente ensinado. Além disso, é declarado nesse artigo que esse princípio é, em sua natureza, "supraterrestre e super-humano". A mudança de consciência animal para algo que é super-humano é, de fato, muito grande; mas tem sido silenciosamente efetuada nos últimos cinco anos.

Assim, levando em consideração a totalidade desse ensinamento, esse princípio pode ser descrito da seguinte forma:

O quinto princípio do homem é sua "consciência física ou animal", composta por partículas sujeitas à desintegração após a morte, que é, sob certas condições, "a ilusão da suprema bem-aventurança" e, sob outras condições, o "envoltório de autoilusão", mas que deve ser concebido como a sede do Ego, e "um estado correlato" "supraterrestre e super-humano", correspondente à condição de sonho.

Voltemos agora a nossa atenção ao *sexto princípio*. Ele foi originalmente descrito como a inteligência ou consciência superior ou espiritual no homem, e a sede principal de consciência no *homem perfeito* (*Fragments*, p. 19, *The Theosophist* de outubro de 1881). Deve-se notar que a expressão "homem perfeito", usada nesse contexto, não significa o homem perfeito ou um Adepto, mas um ser humano que alcançou plenamente o nível de humanidade no curso do progresso evolutivo a partir do reino animal.

Conforme o ensinamento original do *Fragmentos*, o curso *post mortem* desse princípio é algo bem peculiar. Afirma-se que se esse princípio – "Ego espiritual" – "tiver, durante a vida, sido materialista em suas tendências", ele agarra-se cegamente aos seus princípios inferiores e rompe sua conexão com o sétimo (p. 19, § 3). Também se afirma que seu rompimento com o sétimo princípio acarreta a sua dissolução. O autor do *Fragments* assim escreve sobre o assunto: "Retire o oxigênio e a chama cessa. Retire o espírito e o Ego espiritual desaparece." É declarado, além disso, que, em tais casos, o sétimo princípio parte "não levando consigo qualquer fragmento de consciência individual do homem com o qual esteve temporariamente associado". Na página seguinte, também é assinalado que, sob certas condições peculiares, esse princípio pode permanecer em combinação com o quinto como um elementário. Será que Madame H. P. Blavatsky está preparada para aderir a essa visão original no momento? Se assim for, uma parte considerável da literatura teosófica subsequente terá de ser jogada fora. Se o ego espiritual, a sede principal da consciência no denominado "homem perfeito", está sujeita a ser destruída sempre que as tendências do homem em vida forem materiais; se o quinto princípio for, do mesmo modo, dissolvido no *kāma-loka*, e se o sétimo princípio nada leva consigo do indivíduo associado a ele, como a corrente de encarnações é mantida e sustentada?

O que acontece, então, à doutrina do *Karma*? Agora veja quais mudanças têm sido introduzidas na concepção desse princípio pelos artigos e outras publicações subsequentes. De acordo com *O Elixir da Vida*, o sexto princípio não perece da maneira declarada. Em "Respostas a um Membro Inglês da Sociedade Teosófica" fala-se dele em conjunto com o sétimo princípio, como a Mônada permanente que atravessa toda a série de encarnações. Os ensinamentos do *Esoteric Buddhism* são completamente incoerentes com a visão original, como pode ser facilmente percebido. No presente artigo, a minha crítica identifica-o a *Kāranopādhi* e chama-o, ao mesmo tempo, de "estado correlato". Esse próprio *Kāranopādhi* ela identificou, há algum tempo, ao segundo princípio, como acima demonstrado. Ela, assim, contradisse o ensinamento original várias vezes em seus textos posteriores. Também se deve relembrar que, ao escrever esses *Fragments*, ela fez a seguinte precisa declaração: "Essas não são especulações – nós falamos do que nós sabemos". E, contudo, ela mesma as tratou como se fossem algo pior do que meras especulações. No entanto, com todas essas contradições e toda essa confusão, as pessoas devem aceitar, ao que parece, esses ensinamentos como verdades absolutas, e não proferir uma única palavra para criticá-los.

Talvez não haja muita dificuldade a respeito do sétimo princípio, já que nada muito definido foi dito sobre ele. Um fato sobre ele é quase certo. Ele deve ser considerado como o *Logos*, não havendo nenhuma outra entidade no Cosmos que possua os atributos designados para ele. Tem sido declarado frequentemente, até onde a minha memória alcança, que os antigos ocultistas consideravam esse princípio como algo existente fora do corpo e não no corpo. Uma vez se afirmou vagamente que esse princípio deveria ser considerado como um princípio que permeia os outros princípios (p. 197, *Five Years of Theosophy*). Isso poderia ser verdade a respeito de sua luz ou aura; mas o próprio *Logos* nunca está presente no microcosmo, exceto quando ele finalmente entra em um homem antes de sua emancipação final dos grilhões da existência encarnada. É errado, em minha humilde opinião, mencionar o *Logos* como um princípio no homem. Seria tão apropriado quanto designar o próprio *Parabrahman* como um princípio no homem.

Ao traçar o curso da evolução, afirma-se, no *Esoteric Buddhism* e em alguns outros textos, que cada ronda planetária seguinte é calculada para propiciar o desenvolvimento de um dos sete princípios. Mas para evitar certas dificuldades que são óbvias, afirma-se ainda que os germes dos princípios superiores no homem estão presentes nele em cada estágio de seu progresso evolutivo. Essas diversas afirmações, quando colocadas juntas, são capazes de originar a crença de que o sétimo princípio está sujeito a um curso de desenvolvimento evolutivo. Esse problema tem sido há muito apontado por um ou dois escritores, mas não recebeu qualquer consideração dos proponentes da doutrina original. Minha crítica chama até esse princípio de "estado correlato". É inútil discutir sobre a natureza desse princípio quando tão pouco tem sido ou pode ser dito sobre ele.

A partir das observações acima, ver-se-á que essa infeliz classificação setenária é enganosa, não por causa do materialismo ocidental, como minha crítica afirma, mas por causa de seus próprios defeitos intrínsecos. Sua natureza não científica é igualmente clara a partir de tudo o que foi dito sobre ela. Uma classificação que tem causado tal estado de coisas, e requerido tantas alterações nas concepções associadas a ela para manter-se existindo, deve ser ajudada, se puder ser ajudada de algum modo, por definições claras e argumentos poderosos. Por outro lado, minha crítica praticamente escapa da verdadeira questão em debate e ocupa-se em defender uma proposição que eu nunca neguei.

Capítulo V

Reclassificação dos Princípios

Em *The Theosophist* de maio (1887), eu encontro a primeira parte de um longo artigo explicativo do Sr. T. Subba Row, no qual o habilidoso autor teve o trabalho de dissecar quase tudo o que eu escrevi nos últimos dez anos, a respeito do assunto em questão.

Minha primeira ideia foi deixar sua "resposta" sem réplica. No entanto, ao relê-la cuidadosamente, eu cheguei à conclusão de que talvez não fosse seguro fazê-lo. O artigo em questão é um manifesto. Não me é permitido trabalhar por mais tempo com a impressão de que essa foi apenas uma discordância aparente. Aqueles membros e ex-membros de nossa Sociedade que se *regozijaram* com as observações do Sr. Subba Row estavam, portanto, certos em suas conclusões, e eu – errada. Como eu não admito – em nosso caso, pelo menos – que "uma casa dividida contra si própria" deva cair, pois a Sociedade Teosófica nunca pode cair, na medida em que a sua fundação é muito forte, eu não considero a discordância, mesmo se verdadeira, de grande ou vital importância. Todavia, se eu deixar de responder as críticas em questão, seria imediatamente inferido que eu fui silenciada pelos argumentos, ou, pior, que eu havia exposto uma doutrina que não tinha base.

Antes de dizer qualquer coisa sobre o assunto principal, no entanto, devo expressar minha surpresa ao encontrar o douto autor referindo-se a mim continuamente como sua "crítica". Eu nunca o critiquei, nem os seus ensinamentos, seja oralmente, ou por escrito. Eu simplesmente expressei pesar ao encontrar, em *The Theosophist*, palavras calculadas, como eu pensei então, para criar falsas impressões. A posição assumida pelo palestrante sobre a *Gitā* era tão inesperada quanto nova para mim, e minhas observações eram para ser tão amigáveis o quanto eu pude torná-las. Até hoje, eu não sou movida por quaisquer outros sentimentos. Só posso lamentar, e nada mais, que tais novos desenvolvimentos de ideias ocorram apenas agora, após quase sete anos de concordância *tácita,* se não real.

Também não encontro, na página 450 de *The Theosophist* de abril, em minha nota de rodapé, algo que devesse sugerir, mesmo remotamente, a mínima probabilidade de eu defender o ponto de vista de que "o ensinamento original foi maculado". Eu disse que alguns (teósofos) alegam que isso parece uma mácula". Quanto a mim, eu tenho reverência demais pelos instrutores "originais" para jamais admitir que algo possa ser dito ou feito para macular seus ensinamentos. Mas se eu, pessoalmente, sou "a expositora original", não pode haver qualquer mácula. Trata-se, na pior das hipóteses, de uma divergência de visões pessoais. Cada um é livre, na Sociedade Teosófica, para expressar suas próprias ideias – eu entre os demais, especialmente quando eu sei que aquelas visões são as do Esoterismo trans-himalaico, se não do Bramanismo esotérico cis-himalaico, como agora me disseram diretamente – pela primeira vez. As palavras que eu assim escrevi na nota de rodapé: "É claro que aqueles que não aderem à velha escola dos Adeptos Ários e Arhats não estão, de forma alguma, obrigados a adotar a classificação setenária" – nunca foram destinadas ao Sr. Subba Row. Elas aplicam-se, do modo mais inocente e, como eu pensei, generoso, a cada membro de nossa Associação. Por que meu amigo, o Sr. Subba Row, as teria aplicado a si próprio, é um daqueles mistérios, desenvolvidos pelo meu próprio *Karma*, sem dúvida, que ultrapassam *minha* compreensão. Esperar que um brâmane, um vedantino (seja um ocultista ou não), aceite, *literalmente*, a doutrina dos Adeptos budistas (mesmo se forem ários), é como esperar que um cabalista ocidental, um israelita de nascença e visão, devote-se ao Sr. Buda em vez de a Moisés. Acusar a mim, com tais fundamentos, de dogmatismo e desejo de desenvolver "um credo ortodoxo" a partir da doutrina que tenho tentado explicar para aqueles que estão interessados no Ocultismo budista, é bastante difícil. Tudo isso me obriga a explicar minha posição passada, bem como a atual. Como a segunda parte da *resposta* do Sr. Subba Row dificilmente pode conter acusações mais fortes do que eu encontrei na primeira, eu peço licença para afirmar que:

I. Nem o original *Fragments of the Occult Truth* nem mesmo o *Esoteric Buddhism* destinavam-se a expor a filosofia bramânica, mas aquela dos *Arhats* trans-himalaicos, como muito corretamente afirmado pelo Sr. Subba Row em seu *Brahmanism on the Sevenfold Principle in Man* – "é extremamente difícil (para a profana H.P.B.!) mostrar se os tibetanos obtiveram suas doutrinas dos antigos *Rishis* da Índia ou se os antigos brâmanes aprenderam sua ciência oculta com os Adeptos do Tibete; ou ainda, se os Adeptos de ambos os países professavam originalmente a mesma doutrina e a obtiveram de uma fonte comum." Entretanto, pode ser que o conhecimento do *poder oculto da Natureza* possuído pelos habitantes da Atlântida perdida foi aprendido pelos antigos Adeptos da Índia, e foi acrescentado por eles à sua doutrina esotérica ensinada pelos residentes da ilha sagrada (Shambala). Os Adeptos tibetanos, no entanto, não aceitaram esse acréscimo à sua doutrina esotérica". Assim, os leitores de *The Theosophist* foram informados, desde o primeiro (em 1882), de que eles "deveriam esperar encontrar uma diferença entre as duas doutrinas". Uma de tais "diferenças" encontra-se na forma ou *explicação exotérica* da apresentação dos princípios setenários no homem.

II. Embora as doutrinas *fundamentais* do Ocultismo e da Filosofia Esotérica sejam uma e as mesmas em todo o mundo, e o significado secreto esteja sob a concha externa de todas as religiões antigas – por mais que elas possam conflitar muito na aparência, elas são o resultado e provêm da Religião-Sabedoria universal – os modos de pensamento e de sua expressão devem, necessariamente, diferir. Há palavras sânscritas usadas – como *Jīva* – pelos Adeptos trans-himalaicos, cujo significado nos usos verbais difere muito do significado que ela tem entre os brâmanes da Índia.

III. Eu nunca me vangloriei por qualquer conhecimento do sânscrito, e, quando vim à Índia pela última vez, em 1879, conheci muito superficialmente as filosofias das seis escolas do Bramanismo. Nunca pretendi ensinar sânscrito ou explicar o Ocultismo naquela língua. Eu afirmei conhecer a Filosofia Esotérica dos ocultistas trans-himalaicos e nada mais. O que eu sabia, ainda, era que a Filosofia dos antigos *Dvijas* e Iniciados não era e nem poderia ser diferente, *essencialmente*, do Esoterismo da "Religião-Sabedoria", mais do que poderiam o antigo Zoroastrismo, a Filosofia Hermética ou Cabala caldaica. Eu tentei provar isso apresentando os termos técnicos utilizados pelos *Arhats* tibetanos para coisas e princípios, como adotados no ensinamento trans-himalaico (e que, quando apresentados ao Sr. Sinnett e a outros sem os seus equivalentes sânscritos ou europeus, permanecem ininteligíveis para eles, como seriam para todos na Índia) em termos usados na Filosofia bramânica. Posso ter falhado em fazê-lo corretamente, muito provavelmente eu falhei, e cometi erros – eu nunca aleguei infalibilidade – mas isso não é motivo para a divisão setenária ser considerada como "não científica". Que ela era *complicada,* eu já tinha admitido, todavia, uma vez devidamente explicada, é a correta, embora, em metafísica transcendental, a quaternária também possa ser. Em meus textos em *The Theosophist* eu sempre tenho consultado brâmanes eruditos e (até não muito eruditos) falantes de sânscrito, dando crédito a cada um deles por compreenderem os termos sânscritos melhor do que eu. A questão então não é se eu posso ou não ter usado termos sânscritos errados, mas se os princípios ocultos expostos por mim são os corretos – pelo menos aqueles da "doutrina ária-caldaica-tibetana" como nós chamamos a "Religião-Sabedoria universal". (Veja *Five Years of Theosophy*, 1ª nota, ao texto do Sr. Subba Row "O Bramanismo a respeito dos Princípios Setenários do Homem" p. 177-179).

IV. Ao dizer que a classificação setenária dos princípios é *absolutamente* necessária para explicar os fenômenos *post-mortem*, eu repito apenas o que sempre disse e o que todo místico vai entender. "Uma vez que nós passamos do plano do raciocínio puramente subjetivo (ou metafísico, portanto puramente *teórico*) sobre os assuntos esotéricos para aquele da demonstração prática em Ocultismo, onde cada princípio (inferior) e atributo tem que ser analisado e definido em sua aplicação.... à vida *post-mortem* (aquela dos fantasmas ou *pishāchas*), a classificação setenária é a correta". Essas são as minhas palavras que todo espiritualista entenderá. Os metafísicos vedantinos, negando, como eles fazem, a realidade ou valor objetivo até do nosso corpo físico, não são propensos a perder seu tempo dividindo os princípios inferiores no homem, os *aspectos* componentes e a natureza da *aparência ilusória* daquele corpo. O Ocultismo *prático* o faz, e é um dos deveres daqueles teósofos que estudam Ocultismo advertir seus irmãos dos perigos aos quais ficam sujeitos aqueles que nada sabem sobre a verdadeira natureza daquelas aparições: alertá-los de que uma *casca* não é *espírito*. Essa minha afirmação foi qualificada como "simplesmente absurda". Nunca tendo considerado como *absurda* qualquer coisa dita ou escrita pelo Sr. Subba Row, eu não poderia retaliá-lo, mesmo se quisesse, eu posso apenas pronunciar o epíteto, digamos, "rude", e contestar a qualificação. Se o autor tivesse que testemunhar "demonstrações práticas" de fenômenos espíritas e "*materializações* de espíritos", assim denominadas, ele logo descobriria que seus quatro princípios nunca poderiam cobrir a extensão desse tipo de fenômeno. Mesmo o *aspecto inferior* do princípio *manas* (cérebro físico ou sua sobrevivência áurica *post-mortem*) e *kāma rūpa* não são suficientes para explicar os princípios aparentemente inteligentes ou espirituais (*bhūtas* ou elementais) que se manifestam por meio dos médiuns.

V. Não é coerente com os fatos e a verdade acusar a mim, "a própria expositora original (?)", de mudar minhas concepções sobre a natureza dos princípios. Eu nunca os modifiquei, nem poderia fazê-lo. Nisso reivindico o meu direito, também, como faz o Sr. Subba Row, de meu testemunho ser "a melhor e mais direta evidência disponível a respeito dos *meus próprios estados de consciência*". Posso ter usado expressões em sânscrito erradas (e até frases em inglês erradas e mal colocadas, no caso) – ao tentar combinar a Doutrina Oculta Arhat com a bramânica. Quanto a essas concepções, meus "quatro princípios" têm de desintegrar-se e desaparecer no ar, antes que qualquer quantidade de críticas possa fazer-me considerar meus dez dedos como apenas quatro; embora *metafisicamente*, eu esteja totalmente preparada para admitir que eles existem apenas em minhas percepções e estados de consciência *mayávicos*.

VI. O Sr. Subba Row, considerando o *Esoteric Buddhism*, o *Elixir da Vida* e *Homem*, tem a satisfação de atribuir a origem de todos os seus pecados de omissão e comissão à "Expositora Original". Isso não é justo. A primeira obra foi escrita totalmente sem o meu conhecimento, e como o autor entendeu aqueles ensinamentos a partir das cartas que ele recebeu, o que eu tenho a ver com eles? O "Elixir da Vida" foi escrito por seu autor sob ditado, ou *revisão*, em sua própria casa, em um país bem distante, no qual eu nunca tinha estado até dois anos atrás. Por fim, *Homem* foi *inteiramente reescrito* por um dos dois "chelas" a partir dos mesmos materiais que aqueles usados pelo Sr. Sinnett para o *Esoteric Buddhism*; os dois tendo entendido os ensinamentos, cada um a seu próprio modo. O que eu teria a ver com os "estados de consciência" dos três autores, dois dos quais escreveram na Inglaterra enquanto eu estava na Índia? Havendo "uma confusão", ele pode atribuí-la à falta de precisão *científica* nos "ensinamentos originais". Ninguém acusaria as palestras do Sr. Subba Row sobre a *Bhagavad-Gitā* de tais defeitos. Contudo, eu já ouvi três ou quatro pessoas inteligentes entre nossos membros apresentando as tais três palestras (aquelas que já apareceram) – *em três modos diferentes e diametralmente opostos.*

Isso basta, eu creio. *A Doutrina Secreta* conterá, sem dúvida, ainda mais afirmações *heterodoxas* da visão bramânica. Ninguém é forçado a aceitar *minhas* opiniões ou ensinamento na Sociedade Teosófica, na qual, uma das regras impõe apenas tolerância mútua em relação às visões religiosas. Nosso corpo é totalmente não sectário e "apenas exige de cada membro aquela tolerância de crença que ele deseja dos outros em relação à sua própria fé."

Muitos de nós não têm seguido essa regra de ouro, bem como todas as outras: é uma pena.

H. P. Blavatsky

Capítulo VI

A Constituição do Microcosmo

Prosseguirei agora com a continuação do meu artigo sobre a constituição do microcosmo. Madame H. P. Blavatsky enviou, para publicação, uma resposta à parte anterior do meu artigo, e para evitar a necessidade de escrever outro artigo sobre o assunto, é preciso acrescentar, também, esta resposta nesta mesma edição.

A verdadeira questão que está em debate entre nós é, enfim, bastante simples, mas tem sido obscurecida e desnecessariamente complicada pela linha de argumentação que Madame H. P. Blavatsky escolheu adotar. Em lugar nenhum eu neguei a importância do número sete no processo de evolução natural ou na interpretação dos fenômenos cósmicos. Por outro lado, vê-se claramente na minha primeira palestra que eu admiti totalmente sua importância ao rejeitar a classificação setenária até então adotada como inconsistente e não científica. Eu nem mesmo neguei a possibilidade de uma classificação setenária no caso dos princípios microcósmicos, ou a existência de uma classificação setenária reconhecida pela antiga ciência oculta. Minhas observações e críticas foram estritamente limitadas à classificação específica que tem sido explicada e comentada, até agora, nas publicações teosóficas. Também se deve notar, em relação a isso, que minha crítica não surgiu da necessidade de preservar qualquer dogma bramânico ortodoxo. Eu acho necessário rejeitar essa classificação por causa de seus defeitos inerentes, e não por ter surgido de uma fonte trans-himalaica. Eu aponto falhas, não em Madame H. P. Blavatsky, nem em seu uso dos termos sânscritos, nem em sua exposição da Filosofia bramânica, mas na classificação incorreta e enganosa que inseriu tantas contradições e tanta confusão nos textos teosóficos. E, tendo em mente esses poucos fatos, descobre-se que uma parte considerável da argumentação de Madame Blavatsky é totalmente irrelevante para a verdadeira questão em debate. A argumentação inteira, do começo da página 452 até o final do segundo parágrafo da página 455, pode apenas comprovar o fato de que o número sete é de grande importância na Natureza e nas combinações da simbologia oculta. Mesmo sendo admitido esse fato, não se infere necessariamente que, em todos os casos, nós somos obrigados a adotar a classificação setenária. A única inferência que se pode fazer corretamente a partir disso é que, com toda probabilidade, há sete princípios que entram na composição de um ser humano. Mas essa inferência não pode, de modo algum, comprovar a correção da classificação específica em exame. Senão, a verdade de qualquer classificação setenária que nós escolhêssemos adotar poderia ser igualmente provada por esse processo de raciocínio. Qualquer pessoa pode indicar quaisquer sete princípios na complexa estrutura do homem e reivindicar a aprovação da Natureza para sua classificação, como agora é feito pela minha crítica.

Aponta-se, na resposta, que a classificação setenária é essencial para a "demonstração prática em Ocultismo", e que a classificação quaternária, apesar de ser "teoricamente" e "metafisicamente" consistente, é incapaz de qualquer aplicação prática aos "fenômenos da vida diária e especialmente da vida após a morte". O mesmo argumento é repetido em várias formas por toda a resposta. Esse é um daqueles argumentos gerais vagos que parecem ter muito significado, e que facilmente tomam posse das mentes das pessoas que geralmente não têm o hábito de examinar ou analisar suas próprias ideias. Eu não consigo entender que tipo de demonstração prática é esse que necessita da adoção dessa classificação. Minha crítica é silente nesse ponto. Eu tenho certeza de que essa classificação setenária será um obstáculo no caminho em um número considerável de processos ocultos que um Iniciado tem que atravessar na busca daquela união final com o *Logos*, que será o resultado final de seu trabalho. Esse inconveniente resulta do fato de que a constituição mística do próprio *Logos*, como representado pela tetragrama sagrado, não tem uma base setenária. Se a afirmativa, no entanto, não significa nada mais do que a classificação setenária ser necessária para explicar os denominados fenômenos espíritas, eu estou completamente preparado para explicar esses fenômenos para todos, do ponto de vista da classificação que adotei. De fato eu tenho lidado com os aspectos gerais do Espiritismo, em minhas palestras, a partir desse mesmo ponto de vista. O próprio fato de que essa classificação quaternária foi considerada suficiente, para todos os propósitos práticos, pelos ocultistas que investigaram esses fenômenos por milhares de anos e examinaram o funcionamento da Natureza em todos os seus planos de atividade, é uma resposta incontestável a esse argumento. Estou bem certo de que os *pishāchas* e *bhūtas* nunca conseguirão refutar minha classificação. Eu penso que esse defeito é o resultado de uma séria má compreensão, que está na mente da pessoa que me critica, a respeito da natureza dessa classificação quaternária. Ao final da página 450, Madame H. P. Blavatsky aponta que os três *upādhis* da classificação do *Rāja Yoga* são *Jagrata*, *Svapna* e *Sushupti*, e continua assim: "Mas então, em estados transcendentais de *samādhi*, o corpo com seu *Linga Sharīra*, o *veículo* do princípio vital, é deixado totalmente fora de consideração: os três estados de consciência apenas se referem aos três (com *Ātmā*, quatro) princípios que permanecem após a morte. E aqui está a verdadeira chave para a divisão setenária do homem: acrescentam-se os três princípios apenas durante sua vida." Essa verdadeira chave infelizmente se quebra em nossas mãos no momento em que começamos a aplicá-la. Todo o erro surge de confundir o *upādhi* com o estado de *prajñā* associado a ele. *Upādhi* é o organismo físico. O primeiro *upādhi* é o próprio corpo físico, e não simplesmente *Jagratha Avasthā*. E, ainda, como *Jagrata* é para ser identificado com o quarto princípio? Se, como minha crítica diz, os três estados de consciência, *Jagrata*, *Svapna* e *Sushupti* referem-se apenas aos três princípios que permanecem, após a morte, somados a *Ātmā*, *Jagrata* necessariamente precisa ser identificado ao quarto princípio. Mas, com certeza, o quarto princípio não é o corpo físico. Os quatro princípios de minha classificação não podem, de modo algum, ser adicionados aos primeiros três princípios da classificação setenária, visto que o corpo físico é o primeiro princípio da classificação quaternária. Mesmo se o *upādhi* for confundido com um estado de consciência, a classificação setenária não pode ser deduzida da classificação do *Rāja Yoga*. *Jagrata Āvastha* não é a condição de *Prajñā* associada ao quarto princípio. Todo o argumento, portanto, termina em nada; e ainda com base nesse argumento, Madame H. P. Blavatsky considerou apropriado, no quarto argumento da sua presente resposta, pronunciar uma opinião no sentido de que os vedantinos negaram a realidade objetiva e a importância do corpo físico, e omitiram sua existência na classificação deles, que foi, assim, tornada imprópria para fins práticos. Minha crítica teria feito melhor se ela tivesse parado para verificar o verdadeiro significado de *upādhi* e de *Jagrata* antes de usar tal argumento sem valor em defesa de sua própria classificação e expressar uma visão tão equivocada a respeito da teoria vedantina.

Toda a discussão sobre os méritos comparativos das duas classificações apoia-se em uma série de más compreensões, ou suposições arbitrárias. O primeiro *upādhi* é identificado a *Jagrata Āvastha*, e então se supõe que o último é o mesmo que o quarto princípio da classificação setenária. Aqui eu devo chamar a atenção do leitor para outro erro curioso na resposta. É afirmado, no segundo parágrafo da página 456, que a classificação quaternária é a "classificação da *Bhagavad-Gitā*", "mas não a da Vedanta". Essa afirmação é feita, aparentemente, com o objetivo de desacreditar, de uma forma ou outra, a classificação quaternária. Ela não tem, no entanto, real fundamento de fato e é totalmente enganosa. Madame H. P. Blavatsky provavelmente se arriscou a fazer essa afirmativa por causa dos títulos dados às classificações quaternária e quintenária em meu comentário sobre *Septenary Division in different Indian Systems*. Eu chamei a classificação vedantina de quintenária e a classificação do *Rāja Yoga* de quaternária, apenas por conveniência da referência e não porque as duas classificações referem-se a dois sistemas de filosofia diferentes. Embora ambas as classificações sejam usadas na Filosofia Vedanta, a classificação quaternária é aquela frequentemente mencionada. O *Tāraka Rāja Yoga* é, por assim dizer, o centro e o coração da Filosofia Vedanta, como certamente é, em seus aspectos mais elevados, a parte mais importante da antiga Religião-Sabedoria. Sabe-se muito pouco sobre ele atualmente na Índia. Geralmente, o que se vê sobre ele nos livros normalmente lidos dá apenas uma ideia bastante inadequada do seu alcance ou importância. Na verdade, entretanto, ele é um dos sete principais ramos nos quais toda ciência oculta é dividida, e é derivado dos "filhos da névoa de fogo" da misteriosa terra de Shambala, conforme todos os relatos.

É necessário afirmar também, em relação a isso, que a classificação quaternária que eu tenho usado não é a única encontrada nesse magnífico sistema de filosofia. Ele também tem uma classificação setenária que será considerada a seguir.

Tem sido chamada a atenção para alguns dos meus artigos anteriores em *The Theosophist*, e argumenta-se que eu já admiti a verdade e a correção da classificação que estou criticando, e que agora, portanto, eu não posso negar. Esse tipo de argumento é totalmente descabido no presente caso. O único artigo no qual eu considerei seriamente a questão é o mencionado como o artigo sobre "O Bramanismo a respeito dos Princípios Setenários no Homem". Eu preciso explicar as circunstâncias sob as quais esse denominado artigo foi escrito. Enquanto ainda era uma completa estranha para mim, Madame H. P. Blavatsky, após ver meu artigo sobre o Zodíaco, apresentou-me certas questões, por carta, sobre a classificação dos diversos poderes e forças reconhecidos pelo Ocultismo, e ainda, chamando minha atenção para os *Fragments of the Occult Truth*, perguntou-me se, *a respeito dos fenômenos espíritas*, minha visão harmonizava-se com aquelas apresentadas em tal artigo. Eu enviei-lhe uma carta em resposta, sem ter a menor noção, no momento de escrevê-la, de que algum dia ela seria publicada como um artigo para a informação do público. Esse fato foi reconhecido pela editora em seu prefácio ao referido artigo, quando foi publicado originalmente nas colunas do *The Theosophist*, e foi o editor que selecionou o título. Pode-se ver, claramente, que o artigo está dividido em duas partes. A primeira parte restringe-se às questões a respeito da classificação dos "poderes da Natureza", enquanto que a segunda parte trata dos fenômenos espíritas. No entanto, Madame H. P. Blavatsky considerou apropriado citar uma passagem da primeira parte, que nada tinha a ver com a classificação dos princípios microcósmicos, ou os fenômenos espíritas, com o propósito de fazer uma inferência injustificada em apoio à sua argumentação, e de fazer uma insinuação desagradável contra a antiga ciência oculta da Índia.

A passagem em questão é a seguinte:

"Como quer que seja, o conhecimento *dos poderes ocultos da Natureza* (o grifo está no original, veja página 155 de *Five Years of Theosophy*) possuído pelos habitantes da Atlântida perdida foi aprendido pelos antigos Adeptos da Índia, e foi acrescentado por eles à doutrina esotérica ensinada pelos residentes da ilha sagrada. Os Adeptos tibetanos, no entanto, não aceitaram esse acréscimo à sua doutrina esotérica. E a respeito disso é que se poderia esperar encontrar uma diferença entre as duas doutrinas."

Não há nada ambíguo nessa passagem. Ela claramente se refere aos *Tantras* e *Āgamas* que foram originalmente cultivados e desenvolvidos pelos atlantes. No decorrer do tempo, suas doutrinas e rituais gradualmente penetraram na doutrina bramânica como as doutrinas Dugpa penetraram no Budismo tibetano antes do tempo de Tsong-ka-pa. E assim que esse Adepto encarregou-se de eliminar essas doutrinas da religião Tibetana, Shankaracharya tentou purificar a fé bramânica. A assertiva feita no artigo não justifica, minimamente, a hipótese de que a antiga ciência oculta bramânica foi derivada dos atlantes. Os *Tantras* e *Āgamas* têm pouco ou nada a ver com a classificação dos princípios microcósmicos, e a afirmação citada não tem a mais remota relação com a classificação setenária ou quaternária. Minha crítica era mais ou menos da mesma opinião quando ela escreveu seu primeiro artigo sobre "Classificação dos Princípios", publicado na edição de abril desta Revista. Após citar, do meu artigo o parágrafo mencionado acima, ela faz a seguinte observação na página 442: "Mas essa diferença entre as duas doutrinas não inclui a divisão setenária..." Mas essa opinião parece ter mudado em seguida. Pois, no presente artigo, após citar a mesma passagem, ela faz a seguinte observação: "Assim, informaram aos leitores de *The Theosophist*, desde o primeiro (de 1882), que eles 'deveriam esperar encontrar uma diferença entre as duas doutrinas'. Uma de tais 'diferenças' encontra-se na *Esoteric Exposition* ou forma de apresentação dos princípios setenários no homem." Como naturalmente se poderia esperar, essa afirmação é um pouco obscura. Essa "Exposição Exotérica" não pode referir-se à classificação setenária, porque, na opinião dela, essa classificação "sempre foi esotérica" (p. 448). Ela deve referir-se, portanto, à classificação quaternária, a qual é considerada como a forma exotérica da classificação setenária esotérica. Essa afirmação significa isto, então. A classificação setenária era esotérica e foi obtida de Shambala pelos Adeptos tibetanos, a classificação quaternária era exotérica e foi obtida dos atlantes pelos antigos Adeptos da Índia. Essa diferença foi observada e admitida no artigo "O Bramanismo a respeito dos Princípios Setenários do Homem."

Esse é o ponto principal da presente argumentação. Essa argumentação é suficientemente refutada pelo que ela mesma escreveu no artigo de abril. Ela então pensou que minha afirmação não se referia às classificações e alegou que ambas as partes obtiveram a classificação setenária dos atlantes (veja página 449). Seria uma mera perda de tempo dissecar esse argumento ainda mais. Eu apenas posso lamentar que minha crítica ceda a esses argumentos e insinuações com o propósito de defender sua posição.

A segunda parte do meu artigo lida com a classificação setenária apenas *casualmente*. Não era necessário discutir os méritos da classificação setenária dos *Fragments* nesse artigo. Eu não considerei apropriado desviar meu rumo e criticar tal classificação. Teria sido tolo de minha parte ter feito isso quando minha correspondente era uma estranha para mim, e quando eu estava certo de que, na opinião dela, essa era a classificação correta. Portanto eu segui a classificação dos *Fragments* até onde era conveniente, introduzindo nela as mudanças que fossem absolutamente necessárias. A seguinte passagem do começo da segunda parte de meu artigo mostra o que eu me propus a estabelecer no artigo e por que adotei a classificação setenária: "Eu examinei-o cuidadosamente (os *Fragments*) e descobri que os resultados a que se chegou não parecem diferir muito das conclusões da nossa Filosofia Ária, embora nosso modo de expor os argumentos possa ser diferente na forma. Agora eu discutirei a questão do meu próprio ponto de vista, *embora seguindo, para facilidade de comparação e conveniência de discussão*, a sequência de classificação das entidades ou princípios *setenários* que constituem o homem, que é adotada nos *Fragments*. As questões levantadas para discussão são: (1) se os *espíritos desencarnados* dos seres humanos aparecem nas salas de sessão espírita e em outro lugar; e (2) se as manifestações que ocorrem são produzidas no todo ou em parte por meio de sua atuação." As conclusões mencionadas aqui não se referem à classificação adotada, mas às visões expressas sobre as questões levantadas. As razões dadas para seguir a classificação setenária são claramente apresentadas e não podem enganar ninguém. A denominada demonstração matemática da evolução de sete entidades a partir de três, se correta, pode apenas estabelecer a probabilidade de uma classificação setenária, mas é totalmente insuficiente para estabelecer a verdade da classificação setenária ali adotada. Ver-se-á, também, que a classificação setenária que eu adotei naquele artigo é diferente, em muitos aspectos importantes, isto é, a posição de *prāna* e a Natureza e importância do quinto e do sexto princípios, da classificação dos *Fragments*, no qual os denominados "ensinamentos originais" foram incorporados. Curiosamente, minhas alterações foram silenciosamente aceitas em exposições subsequentes, a despeito dos "ensinamentos originais", às quais se dá, agora, tanta importância. Eu então não tinha a pretensão, e nunca tive posteriormente, de ensinar sabedoria oculta aos membros da Sociedade Teosófica. Sob tais circunstâncias é totalmente despropositado enfatizar tanto a importância do meu artigo ao discutir a importante questão agora formalmente levantada para decisão final. É bem verdade que me abstive de apontar totalmente os defeitos e a inconsistência da classificação setenária em meu comentário sobre as várias classificações enquanto eu era o editor interino de *The Theosophist*, embora eu tenha afirmado que, em alguns aspectos, seria mais conveniente seguir a classificação quaternária. Então eu não considerei apropriado aos interesses da investigação teosófica levantar uma discussão importante sobre a correção da classificação setenária, pois pensei que seria prematuro fazê-lo. A classificação setenária, embora incorreta, era um passo à frente. Ela serve para algum propósito, a seu próprio modo, para a investigação dos antigos sistemas de psicologia oculta. E não considerei prudente atrapalhar, quando as coisas estavam quase prontas para se dar outro passo na direção certa. O meu artigo sobre *Personal and Impersonal God* não toca, de fato, na questão em debate. Ele fala, sem dúvida, de sete estados de matéria, de sete princípios no homem e sete aspectos de *Prajñā*. Mas o artigo não adota a classificação setenária em questão. É baseado na *Māndūkya Upanishad*, que enumera sete fases de consciência, ao passo que aceita a classificação quaternária. Esses artigos, portanto, não resolvem o ponto em disputa, e não pode haver melhor prova da fragilidade da posição da minha crítica que o fato de que, ao invés de tentar justificar a classificação setenária pelos seus méritos, ela está tentando encontrar um apoio para ela nos artigos acima mencionados.

Madame H. P. Blavatsky diz que está certa de que a classificação em discussão é a classificação setenária esotérica verdadeira. Lamento muito que ela esteja tão confiante em suas afirmações. Em minha humilde opinião essa não é a classificação esotérica verdadeira. Há apenas uma fonte da qual todos os diversos escritores sobre ciência oculta obtiveram suas classificações. Uma das mais antigas orientações da Religião-Sabedoria oculta é que o macrocosmo deveria ser interpretado conforme o plano revelado por *Malkuth*, e que *Shekinah* deveria ser aceita como guia para a interpretação da constituição do microcosmo. Eu uso os nomes cabalísticos, embora não exatamente no sentido cabalístico, já que não tenho liberdade para usar os equivalentes sânscritos. Essa *Shekinah* é um poder andrógino e é a *Turīya Chaitanyam* do Cosmos. Sua forma masculina é a figura do homem visto no misterioso trono na visão de Ezequiel. Sua constituição mística nos dá, por assim dizer, a equação para o microcosmo. A vida universal copia esse modelo em sua obra de construção evolutiva. Essa questão pode ser interpretada de nove maneiras, e tem sido interpretada assim pelos antigos instrutores. Há nove pontos de vista a partir dos quais o microcosmo pode ser visto, e a constituição do microcosmo tem sido explicada de nove maneiras. A classificação setenária esotérica verdadeira é uma das mais importantes, se não a mais importante, a qual recebeu sua disposição a partir da constituição misteriosa desse protótipo eterno.

Também posso mencionar, em relação a isso, que a classificação quaternária alega ter a mesma origem. A luz da vida, por assim dizer, parece ser refratada pelo prisma de três faces de *Prakṛiti*, tendo três *gunas* para suas três faces, e dividida em sete raios, que desenvolvem, no decorrer do tempo, os sete princípios dessa classificação. O curso do desenvolvimento apresenta alguns pontos de semelhança entre o desenvolvimento gradual dos raios do espectro. Enquanto a classificação quaternária é simplesmente suficiente para todos os propósitos práticos, essa classificação setenária verdadeira é de grande importância teórica e científica. Será necessário adotá-la para explicar certas classes de fenômenos observados pelos ocultistas, e talvez ela seja mais adequada para ser a base de um perfeito sistema de psicologia. Ela não é propriedade particular da "doutrina esotérica trans-himalaica". De fato, ela tem uma ligação mais próxima com o *Logos* bramânico do que com o *Logos* budista. Para tornar claro o que eu quero dizer, posso assinalar aqui que o *Logos* tem sete formas. Em outras palavras, há sete tipos de *Logos* no Cosmos. Cada um desses tornou-se a figura central de um dos sete ramos principais da antiga Religião-Sabedoria. Essa classificação não é a classificação setenária que nós temos adotado. Eu faço essa afirmativa sem o menor receio de contradição. A verdadeira classificação tem todos os requisitos de uma classificação científica. Ela tem sete princípios distintos, que correspondem aos sete estados distintos de *Prajñā*, ou consciência. Ela constrói uma ponte sobre o abismo entre o objetivo e o subjetivo, e indica o misterioso circuito através do qual a ideação passa. Os sete princípios estão ligados aos sete estados de matéria e às sete formas de força. Esses princípios estão harmoniosamente dispostos entre os dois polos que definem os limites da consciência *humana*. De tudo o que foi dito nesta controvérsia, é muito claro que a classificação que nós temos adotado não possui esses requisitos. Madame H. P. Blavatsky admite que, em sua classificação, não há *sete sedes distintas* de consciência (veja p. 451). A disposição dos princípios também não é regular. O princípio vital, por exemplo, que se alega que tem o *Linga Sharīra* como veículo, é colocado como anterior a esse último, ao invés de segui-lo. Tais defeitos mostram que a classificação que nós temos usado até agora não é muito consistente e científica.

Foi para abrir caminho para a adoção da verdadeira classificação que eu me atrevi a criticar a classificação antiga, e não esperava que minhas observações levantassem tal controvérsia. Seria uma mera perda de tempo explicar a verdadeira classificação setenária, no momento. Não há a menor chance de eu ser ouvido. O tempo vai mostrar se as minhas críticas eram justificadas ou não. Pessoalmente, não me interessa nem um pouco se os membros da Sociedade Teosófica aderem ou rejeitam a classificação setenária. Não tenho nenhum desejo de ter seguidores na Sociedade, ou de iniciar um ramo separado para impor minhas próprias visões sobre o assunto. Há apenas mais uma afirmação na resposta, sobre a qual eu preciso alertar. Não considero Madame H. P. Blavatsky como responsável pelos erros em *Homem* e no *Esoteric Buddhism*, como ela e alguns de seus amigos parecem pensar. Eu simplesmente agrupei todas as diversas afirmações inconsistentes encontradas em proeminentes publicações teosóficas sobre a classificação sob investigação e, ao fazer as citações, mencionei os vários livros e artigos pelo nome. Em lugar nenhum eu aleguei ou insinuei que Madame H. P. Blavatsky deveria ser responsabilizada pelos erros cometidos por outros.

O escopo da minha argumentação ficará claro se meu artigo for cuidadosamente examinado. Mas antes que o calor da discussão diminua, não há chance de impedir as pessoas de levantarem questões secundárias desnecessárias com a finalidade de disputar. Estou extremamente triste por ter entrado nessa desagradável controvérsia. Espero que Madame H. P. Blavatsky gentilmente me desculpe se de alguma forma eu tiver ferido seus sentimentos com as minhas observações ou críticas.

T. Subba Row

Capítulo VII

A *Bhagavad-Gītā* e os Princípios Microcósmicos

O Sr. Subba Row lançou uma nova luz sobre o estudo da *Bhagavad-Gītā* com as cultas palestras apresentadas por ele no último aniversário da Sociedade. A publicação dessas em *The Theosophist* proporcionou a oportunidade, a muitos estudantes de filosofia, de terem algo como uma introdução clara a alguns dos ensinamentos da Vedanta. Há vários pontos, no entanto, que precisam de alguma explicação adicional antes de estarem completamente explicáveis para o leitor, e como essas dificuldades foram sentidas por um grande número de teósofos e não teósofos, eu tentarei apresentar algumas delas tão brevemente quanto possível, com a esperança de que o Sr. Subba Row tenha a bondade de acrescentar mais alguma informação e assim tornar seus comentários tão úteis e instrutivos quanto possível.

O Sr. Subba Row diz: "Assim, a criação ou evolução começou pela a energia intelectual do *Logos*." "Energia intelectual" é o mesmo que "Luz do *Logos*"? E ainda, "o que brota no *Logos*, a princípio, é simplesmente uma imagem, uma concepção do que está para existir no Cosmos." De onde brota essa imagem?

Os quatro princípios da totalidade do Cosmos infinito são mencionados assim:

1 – O Sistema Solar manifestado em todos os seus princípios e totalidade constitui o *Sthūla Sharīra*.

2 – A Luz do *Logos*, o *Sūkshma Sharīra*.
3 – O *Logos* que é o germe uno a partir do qual todo o Cosmos brota, e que contém a imagem do Universo, fica na posição do *Kārana Sharīra*.
4 – *Parabrahman*.

Os quatro princípios do Cosmos *manifestado* são enumerados assim:
1 – *Vaishvānara* ou a base do mundo objetivo.
2 – *Hiranyagarbha* ou a base do mundo astral.
3 – *Ishvara*, ou melhor, *Sūtrātmā*.
4 – *Parabrahman*.

A respeito desse quarto princípio diz-se que "surgiram diferenças de opinião, e como para esse princípio nós devemos ter, como nós temos para o Cosmos, alguma entidade particular a partir da qual os outros três princípios começam a existir, na qual e por cuja razão existem, nós deveríamos, sem dúvida, aceitar o *Avyaktā* ou *Mūlaprakṛiti* dos *samkhyas* como esse quarto princípio". "Você precisa compreender, sem que eu percorra todo o processo evolutivo, que todo o Sistema Solar manifestado, com todos os seus vários objetos, começa a existir a partir desses três princípios, que têm *Mūlaprakṛiti* como sua base." Assim, diz-se que *Mūlaprakṛiti* é "o *véu de Parabrahman*, considerado do ponto de vista objetivo do *Logos*". E ainda, das passagens acima, diz-se que ela é a base a partir da qual os três primeiros princípios do Sistema Solar manifestado, incluindo o *Logos*, começam a existir. *Parabrahman*, e não *Mūlaprakṛiti*, seria o quarto princípio, a partir do qual o *Logos* não surge e não pode surgir. Essas passagens, portanto, precisam ser explicadas.

"No momento em que nós alcançamos a condição humana, essa luz una (a luz do *Logos*) torna-se diferenciada em certas Mônadas e assim a individualidade é estabelecida."

O termo "Mônada humana" ainda não foi propriamente explicado, e surge uma grande confusão, portanto, ao falarmos sobre ele; e em relação aos quatro princípios que foram enumerados nos comentários, é necessária uma concepção clara sobre a Mônada humana.

Os quatro princípios no homem são mencionados assim:

1. O corpo físico.
2. *Sūkshma Sharīra.*
3. *Kārana Sharīra*, que só pode ser concebido como o centro de *Prajñā* – um centro de força ou energia no qual o terceiro princípio (ou *Sūtrātmā*) do Cosmos foi diferenciado por causa do mesmo impulso que produziu a diferenciação de todos esses princípios cósmicos, e "agora a questão é: o que é que completa essa trindade e a torna um quaternário"?
4. "Essa luz do *Logos*, é claro."[125]

Ainda é dito: "Na opinião dos vedantinos e na opinião de Krishna o homem também é um quaternário. Em primeiro lugar, ele tem o corpo físico, ou *Sthūla Sharīra*; em segundo lugar, o corpo astral ou *Sūkshma Sharīra*; em terceiro, a sede de sua individualidade superior, o *Kārana Sharīra*; e em quarto e último lugar, seu *Ātmā*."[126]

É o *Ātmā* humano, então, a luz do *Logos*? A palavra "*Ātmā*" é usada várias vezes nas palestras, e parece que é aplicada ao *Logos*. O que a palavra "*Ātmā*" significa em relação à classificação quaternária?

A palavra alma humana também é usada em vários lugares, e não está claro o que a palavra "alma" significa, enquanto aplicada à classificação quaternária do homem.

"O *Sūkshma Sharīra*, ou corpo astral, é mencionado, simplesmente, como a sede da natureza inferior do homem. Suas paixões e emoções animais, e aqueles pensamentos comuns que geralmente estão ligados aos desejos físicos do homem, podem, sem dúvida, comunicar-se com o homem astral, mas eles não vão além disso."

"O *Kārana Sharīra* é o que passa como o verdadeiro Ego que subsiste através das encarnações, acrescentando, em cada encar-

[125] *The Theosophist*, vol. VIII, p. 309.
[126] *Ibid.* página 310.

nação, algo à sua base de experiências e desenvolvendo uma individualidade superior como a resultante de todo o processo de assimilação. É por isso que o *Kārana Sharīra* é chamado de Ego do homem, e em certos sistemas de filosofia, é chamado de *Jīva*."

Deve-se ter em mente, de forma clara, que esse *Kārana Sharīra* é, principalmente, o resultado da ação da luz do *Logos*, que é sua vida e energia, e também sua fonte de consciência naquele plano de *Mūlaprakṛiti*, que nós temos chamado de *Sūtrātmā* e que é sua base física."

A palavra *Sūtrātmā* tem sido aplicada a *Ishvara*, ou o *Logos*. Então, o que se entende pelo plano de *Mūlaprakṛiti* chamado de *Sūtrātmā*? O *Logos* certamente não é um plano de *Mūlaprakṛiti*.

Ao se rejeitar a classificação setenária e adotar a classificação quaternária, tem sido dito que essa última classificação divide o homem em tantas entidades quantas são capazes de ter existências separadas, e esses quatro princípios são também associados aos quatro *upādhis*.

Assim, quais são os quatro *upādhis* dos quatro princípios mencionados acima?

Os dois princípios, *Kārana Sharīra* e *Sūkshma Sharīra*, não são, de modo algum, mais inteligíveis que o terceiro, quarto, quinto e sexto princípios da classificação setenária. A descrição dada desses dois terá de ser consideravelmente ampliada e tornada familiar à mente do leitor comum antes que seja reconhecida a existência desses princípios como entidades separadas. Em quais princípios devem ser classificados a mente humana, a vontade, as emoções, as paixões, os desejos, as intuições, etc. e por quais meios ou de que modo esses dois princípios devem ser conhecidos como entidades existindo separadamente no homem? Ainda, quanto a esse quarto princípio chamado de luz do *Logos*, ele simplesmente mostra-se como *Kārana Sharīra* ou, além de atuar como *Kārana Sharīra*, ele atua, separadamente, como quarto princípio, e então qual função ele cumpre e como deve ser reconhecido? De acordo com essa classificação, o *Logos* não forma um dos princípios humanos, mas é algo superior em direção ao qual a Mônada humana, por fim, precisa ir. Nos princípios cósmicos, bem como naqueles do Sistema Solar, o *Logos* constitui o terceiro princípio, enquanto, no homem, o *Logos* não constitui princípio nenhum. A doutrina da correspondência muda muito aqui. O *Logos*, que é o terceiro no Cosmos, torna-se, no homem, algo além do quarto. É necessário explicar essa diferença.

A respeito do *Logos* diz-se que "ele é um centro de energia, mas que tais centros de energia são inumeráveis no seio de *Parabrahman*, e pode até haver diferença mesmo nesse centro uno de energia." *Maha Vishnu* é um representante do *Logos*, mas não se deve inferir que há um *Logos* no Cosmos ou mesmo que apenas uma forma de *Logos* é possível no Cosmos." "*Maha Vishnu* parece ser um *Dhyan Chohan*, que apareceu pela primeira vez neste planeta quando a evolução humana começou durante este *kalpa*". Devido à existência de inumeráveis *Logos* no Cosmos, diz-se que o *Logos* deve ser considerado em abstrato.

Já que a doutrina do *Logos* é a própria base dos ensinamentos da *Bhagavad-Gitā*, e como quase todos os leitores dos "Comentários"[127] surpreenderam-se ao ouvir sobre inumeráveis *Logos*, uma boa dose de explicação é necessária para tornar essa parte do ensinamento tão clara quanto possível. O que são os inumeráveis *Logos* e que relação que eles têm uns com os outros? Eles são o mesmo que os *Dhyan Chohans* como a sugestão a respeito de *Maha Vishnu* levaria a supor?

Na palestra de introdução à *Bhagavad-Gitā*[128], o Sr. Subba Row diz: "Krishna pode ser o *Logos*, mas apenas uma forma específica dele. O número dezoito é para representar essa forma específica." Krishna é o sétimo princípio no homem, e a doação de sua irmã, em casamento, a Arjuna caracteriza a união entre o sexto e o quinto." O que significa a forma do *Logos*? Ainda sobre isso, o Sr. Subba

[127]No original: *Notes*. (Nota da trad.).

[128] *The Theosophist*, vol. VIII, página 285.

Row fala do *Logos* como o sétimo, ou princípio mais elevado no homem; enquanto que, em sua classificação quaternária, o *Logos* não tem lugar. Ainda, o que significam, nos termos da classificação quaternária, as palavras "a união entre o sexto e o quinto?"

Na crítica[129] à *The Virgin of the World*, diz-se que Osíris não é o *Logos*, mas algo mais elevado que o *Logos*. O próprio *Logos* tem uma alma e um espírito, como tudo o mais que é manifestado, e não há nada de irracional em supor que Osíris ou Buda podem representar a alma do *Logos*.

O que significa dizer que o *Logos* tem uma alma e um espírito e, se o *Logos* é a primeira emanação de *Parabrahman*, como Osíris é superior ao *Logos*?

Em outro lugar[130], o Sr. Subba Row diz: "Quando *Videha Kaivalyam* (a união da Mônada desencarnada com o absoluto *Parabrahman*) é alcançado por alguma Mônada, a soma total de seu *Karma* vai enriquecer a Mente universal, em que se encontram os arquétipos de tudo o que é, foi, ou será." Nos comentários, fala-se sobre a união da Mônada com o *Logos*. *Videha Kaivalyam* é o mesmo que a união com o *Logos*, ou é diferente? E ainda, o que é a mente universal? A partir das palavras usadas acima, a mente universal parece corresponder ao *Logos*.

Diz-se que a classificação quaternária é ampla o suficiente para todos os propósitos práticos, e que há uma outra classificação setenária verdadeira (diferente da que tem sido apresentada até agora) que é de grande importância teórica e científica, mais adequada para ser a base de um perfeito sistema de psicologia. Ela tem uma ligação mais próxima com o *Logos* bramânico do que com o *Logos* budista. Há sete tipos de *Logos* no Cosmos. Cada um desses tornou-se a figura central de um dos sete ramos principais da antiga Religião-Sabedoria.

O Sr. Subba Row alega que "era para abrir caminho para a ado-

---

[129] *Ibid*, página 156.

[130] "Observações sobre uma carta dirigida aos membros da Loja de Londres."

ção da verdadeira classificação que ele se atreveu a criticar a classificação antiga, e não esperava que suas observações levantassem tal controvérsia". Ele diz ainda: "Seria uma mera perda de tempo explicar a verdadeira classificação setenária, no momento. Não há a menor chance de eu ser ouvido."

O Sr. Subba Row mostra aqui uma visão bastante pessimista da pequena controvérsia que foi totalmente inevitável quando, por anos, ele manteve silêncio e tacitamente permitiu aos leitores de *The Theosophist* supor que ele concordou com a verdade da classificação setenária que até então tem sido apresentada. No ano retrasado, o Sr. Subba Row deu uma palestra introdutória sobre a *Bhagavad-Gitā*, e nessa palestra, como citado acima, ele falou claramente sobre o sétimo princípio e a união entre o quinto e o sexto. Quando ele começou seus comentários no último aniversário, houve um ataque curto e súbito à classificação setenária, e nenhuma razão foi apresentada para fundamentar o que parecia uma atitude hostil.

Na palestra introdutória à *Bhagavad-Gitā*, ele disse mais ou menos o seguinte: "Ao explicar a Filosofia da *Bhagavad-Gitā*, eu não adotarei a classificação setenária do homem, que até agora tem sido apresentada, já que essa classificação ainda não foi corretamente explicada como tendo uma base científica, nem os sete princípios foram definidos com precisão. Em seguida, adotarei e explicarei a vocês a classificação quaternária vedantina, que é muito mais científica e prática. Eu poderia dizer, aqui, que existe outra verdadeira classificação setenária que é mais adequada para ser a base de uma perfeito sistema de psicologia. Eu demonstrarei e explicarei essa classificação setenária também, então vocês serão capazes de julgar por vocês mesmos qual classificação parece ser a verdadeira."

Alguns desses comentários serenos, com a promessa de explicar claramente o que ele queria dizer, teriam poupado uma grande quantidade de controvérsia inútil.

A partir dos comentários do Sr. Subba Row, pareceu a muitos que ele queria insistir que não havia nenhuma classificação setenária de qualquer tipo, as intuições de muitos estudantes de filosofia os levaram a supor que havia uma classificação setenária em algum lugar, e o Sr. Subba Row enfim confirmou essa crença. Nós estamos quase todos bem cientes de que os princípios setenários como explicados no momento criam uma boa dose de confusão na mente, e somos incapazes de formar uma concepção clara desses princípios. De qualquer modo, nós não supomos, no entanto, que a teoria desses princípios deva ser uma verdade aceita.

Do mesmo modo, com o devido respeito, nós precisamos dizer que até agora ainda não entendemos claramente o que o Sr. Subba Row quer dizer com seus quatro princípios microcósmicos. Parece haver um *Logos* bramânico e um *Logos* budista, e há inumeráveis *Logos*, e assim por diante. Todas as afirmações confundem a mente, não porque nós não podemos compreender o que é dito, mas porque breves afirmações são feitas, aqui e ali, e não são explicadas.

O Sr. Subba Row está muito enganado quando diz: "Seria uma mera perda de tempo explicar a verdadeira classificação setenária, no momento. Não há a menor chance de eu ser ouvido." Tudo o que o Sr. Subba Row tem escrito até agora tem sido lido e estudado com cuidado por quase todos os teósofos instruídos, e por mais que ele possa diferir, em relação a certos pontos da Filosofia Esotérica, de Madame Blavatsky e de outros escritores sobre o mesmo assunto, tudo o mais que ele tiver a dizer será recebido, prontamente e com gratidão, por todos os teósofos instruídos. Hipóteses, teorias e verdades não são estudadas e aceitas porque elas emanam de A ou B, mas por seus próprios méritos intrínsecos, e esse é exatamente o momento em que o Sr. Subba Row encontrará muitos leitores e ouvintes. A carta do Sr. W. Q. Judge da edição de agosto de *The Theosophist* mostrará que nem mesmo no extremo Oeste é provável que ele seja mal compreendido, nem o será aqui.

Já que o Sr. Subba Row corajosamente apontou os defeitos da classificação setenária como apresentada no momento, e também afirma que uma classificação quaternária e também uma setenária em uma base diferente são a verdadeira classificação reconhecida pelo Ocultismo bramânico, e ele as conhece, será uma grande pena recusar explicações adicionais. Os motivos pelos quais o Sr. Subba Row tenta manter silêncio, como eu disse antes, não existem. Ele terá muitos ouvintes justos e imparciais, e agora que a divergência foi anunciada de um modo um tanto amplo, todas as discórdias desnecessárias só poderiam terminar com o Sr. Subba Row explicando claramente os seus quatro princípios, bem como os verdadeiros princípios setenários dos quais ele está ciente. Sem dúvida, não há outra saída para esse problema.

NAVROJI DORABJI KHANDALAVALA

Seção V

Os Mestres e a ST

Capítulo I

Uma carta para Madame H. P. Blavatsky

Para MADAME H. P. BLAVATSKY,

Secretária correspondente da Sociedade Teosófica

Madame,

Após um cuidadoso exame da "carta" particular e confidencial dirigida aos membros da Loja de Londres por sua presidente e um dos vice-presidentes, eu não pude deixar de chegar à conclusão de que os autores da carta compreenderam muito mal as relações entre a Fraternidade Himalaica e a Sociedade Teosófica, e as circunstâncias peculiares sob as quais foi escrito o livro do Sr. Sinnett sobre Budismo esotérico. Além disso, a crítica deles sobre as doutrinas contidas nessa obra parecem-me ilógicas e totalmente desnecessárias, como eu tentei mostrar nas observações anexas.

De acordo com a ordem dos *Mahātmas* e o desejo do Conselho, eu apresentei, em todos os casos, amplas razões para as conclusões a que cheguei. Agora eu tenho a honra de lhe pedir para encaminhar essas observações à Loja de Londres para a consideração dos seus membros, com tais comentários adicionais, conforme a senhora achar adequado.

Atenciosamente,
T. SUBBA ROW, C. T. S.

Encaminhado à Loja de Londres, Sociedade Teosófica, para a consideração de seus Companheiros.

Sede da Sociedade Teosófica,
Adyar (Madras), Índia
27 de janeiro de 1884

Por ordem de
H. P. BLAVATSKY
Secretária Correspondente
da Sociedade Teosófica

Capítulo II

Observações sobre "Uma carta dirigida aos Membros da Loja de Londres da Sociedade Teosófica, pela presidente e pelo vice-presidente da Loja"

Por T. Subba Row

Não há nada mencionado, nas regras da Sociedade Teosófica, tendente a induzir alguém à crença de que a Sociedade, como tal, tem quaisquer doutrinas religiosas, ou deve fidelidade exclusiva a alguma escola ou sistema de filosofia definido, ou a alguma fraternidade de instrutores religiosos. Por outro lado, as regras indicam claramente que a Sociedade tem plena liberdade para investigar qualquer sistema filosófico, antigo ou moderno, a fim de averiguar os princípios fundamentais gerais que formam a base de toda escola de filosofia religiosa propriamente dita, e assim "promover a base de uma Fraternidade universal da humanidade, sem distinção de raça ou credo". Sem dúvida, é esperado que, após examinar cuidadosamente as doutrinas de cada sistema existente, a Sociedade seja capaz de "reconstruir a religião em uma base científica e a ciência em uma base religiosa, e de elaborar um sistema perfeito de pensamento e normas de vida", assim como um corpo de juristas pode construir um sistema de jurisprudência perfeitamente científico após investigar e comparar os vários códigos de legislação que estão vigentes em todos os países civilizados do mundo. Antes que esse grande objetivo possa ser realizado, espera-se que cada membro estude, com o melhor de suas habilidades, *qualquer* sistema de filosofia religiosa de sua escolha, e apresente o resultado de sua investigação a seus colegas, para comparação e discussão. Mas nenhum membro é autorizado, pelas regras da associação, a forçar suas próprias opiniões ou crenças individuais sobre seus colegas, ou insistir que eles as aceitem. A Sociedade não constitui um corpo de instrutores religiosos, mas é simplesmente uma associação de investigadores e pesquisadores.

Esses são os princípios que estão definitivamente estabelecidos para a orientação da Sociedade Teosófica, com a aprovação e o consentimento dos grandes Iniciados do Himalaia, que são seus verdadeiros fundadores. Agora, como nossos *Mahātmas* não se ofereceram como os únicos instrutores dos membros que se uniram à nossa sociedade, nem reivindicaram "monopolizar uma fidelidade exclusiva para eles próprios", portanto, não se pode dizer que existia alguma intenção da parte deles de desviarem-se dos princípios acima, ou interferir, de algum modo, no trabalho de qualquer filial, enquanto ela atuar dentro dos limites prescritos. Uma doutrina, ou fragmentos de uma doutrina, embora declaradamente proveniente dos *Mahātmas*, tem que se apoiar em seus próprios méritos, sem que outras considerações sejam instadas em seu favor. Sob tais circunstâncias, não pode haver qualquer razão válida para supor que o sistema apresentado no livro do Sr. Sinnett "tenha sido concebido, por seus compiladores, para suplantar todos os outros, e que os compiladores queriam monopolizar, exclusivamente para si próprios, a fidelidade da Sociedade Teosófica". Parece, portanto, desnecessário o Sr. E. Maitland reclamar que a "escolha dos instrutores" não envolveu qualquer exercício de julgamento ou que ele foi compelido a aceitar qualquer um como um instrutor, já que ninguém tinha, até o momento e até onde sabemos, se oferecido nessa qualidade. Se o Sr. Sinnett categoricamente proibiu qualquer expressão de divergência, ou crítica, ao seu livro ou "à sua suprema autoridade", como é alegado na carta em exame, ele está, sem dúvida, agindo contra as regras da Sociedade, e a Loja de Londres é plenamente competente para impedi-lo de fazer isso, sem qualquer necessidade de apelar à Sede Central. Mas a posição do Sr. Sinnett é irrepreensível se ele meramente tem-se recusado a aceitar a visão da Sra. Kingsford e do Sr. Maitland sobre as doutrinas contidas em seu livro, já que as razões que ele considerava corretas foram instadas em favor deles. O Sr. Sinnett tem tanto direito de explicar seu Budismo esotérico para os membros da Loja de Londres quanto a Sra. Kingsford e o Sr. Maitland têm de explicar o seu significado esotérico sobre a simbologia cristã. Esses últimos não estão mais autorizados a interpretar o livro do Sr. Sinnett a seu próprio modo, e reivindicar a aprovação da sede central, ou dos *Mahātmas*, para fazê-lo, do que a primeira está para expressar sua própria construção sobre *The Perfect Way* e apelar para uma autoridade da mesma fonte para ser considerada como a apóstola tanto da Teosofia oriental quanto da ocidental. Não obstante, a Sra. Kingsford e o Sr. Maitland sustentam que as doutrinas contidas no livro do Sr. Sinnett são ateístas, ilógicas, não científicas, incongruentes e não budistas – se aceitas como verdades literais; e eles têm a impressão de que essas doutrinas são apresentadas em uma roupagem alegórica ou figurativa, com a intenção de testar os poderes de discernimento dos teósofos ocidentais, entre verdade e falsidade. Além do mais, eles sentem-se indignados pelo Sr. Sinnett ter insistido persistentemente que sua própria interpretação é correta, quando essa interpretação é suscetível de colocar em descrédito a Fraternidade Himalaica e sua filosofia. Esse é o ponto principal da reclamação deles e a parte principal da ofensa feita pelo Sr. Sinnett. A talentosa presidente da Loja de Londres pode, sem dúvida, imaginar que ela descobriu "a verdadeira solução do enigma da Esfinge." A Esfinge em questão, no entanto, não sendo cristã, mas uma Esfinge hindu-budista, pode não estar totalmente preparada para cometer suicídio, da maneira indicada pelos talentosos "escritores do 'Caminho Perfeito'". Rejeitando quatro das cinco diferentes hipóteses propostas pelo Sr. Maitland, nós podemos admitir, com certas restrições, a terceira hipótese (p. 25); isto é, "que o sistema, como apresentado, é apenas uma parte (ou melhor, várias partes selecionadas aleatoriamente) de um sistema que, como um todo, é perfeito; e que, quando aceito, provará sua completude e harmonia."

A Esfinge egípcia propôs enigmas, e Édipo os resolveu, enquanto que hoje a Esfinge budista fala a linguagem sóbria dos fatos e o Édipo do século dezenove está seriamente enganado: talvez porque "a verdade seja mais estranha que a ficção". O livro do Sr. Sinnett tem, de fato, servido ao propósito de "um teste", mas em uma direção bastante inesperada.

Agora me permita examinar, em detalhes, a crítica adversa à qual esse trabalho tem estado submetido. É necessário, no entanto, que eu faça uma introdução às minhas observações com algumas palavras a respeito das circunstâncias sob as quais o Sr. Sinnett escreveu seu livro, e sobre as fontes das quais as doutrinas, ali contidas, foram extraídas.

Depois que os Srs. Hume e Sinnett foram apresentados aos *Mahātmas* e passaram a comunicar-se com eles, começaram colocando-lhes questões sobre vários assuntos, primeiro para satisfazer a própria curiosidade e provavelmente também para avaliar a profundidade do conhecimento possuído por eles a respeito de assuntos religiosos e científicos. Não era, e nem poderia ter sido, a intenção deles, inicialmente, construir um sistema completo de filosofia a partir das escassas respostas obtidas.

As perguntas foram inicialmente apresentadas por intermédio de Madame Blavatsky que, temendo comprometer-se ao pisar em terreno proibido, submeteu-as a nosso guru, o *Mahātma* M., o qual considerou a maior parte das questões propostas como assuntos a serem explicados apenas para *chelas* regulares em iniciações posteriores, e autorizou que muito pouca informação fosse dada sobre a maioria das perguntas. Essa restrição e sigilo provocaram muito descontentamento. Nem o Sr. Sinnett e nem o Sr. Hume puderam entender tal "política do egoísmo" que permitia que eles apenas "distribuíssem, parcimoniosamente, vislumbres do conhecimento oculto mais elevado", seria "um *pecado* os Instrutores não comunicarem ao mundo todo o conhecimento que eles possuem..." o qual "eles eram *obrigados* a dar..." etc, como o Sr. Hume pensava. Tais acusações, expressas publicamente em *The Theosophist* (veja setembro de 1882, p.324-326), produziram, desde o início, um grande descontentamento entre os *chelas* hindus, e geraram um protesto por parte deles, no mesmo número de nossa revista. Depois de muitos pedidos, o *Mahātma* K. H., que nada tinha a ver com as instruções inicialmente recebidas, prometeu fornecer ao Sr. Sinnett informações e explicações que seriam autorizadas pelas normas rigorosas da Fraternidade. Como a ideia de publicação surgiu posteriormente, as questões eram, muitas vezes, colocadas de forma aleatória. Elas certamente não eram tais que provocassem instruções completas e ligadas a algum assunto em particular, nem as respostas eram dadas de forma a habilitar alguém a obter uma impecável, sistemática e completa exposição do departamento da doutrina esotérica, ou do conhecimento detido pelos instrutores esotéricos. Os Adeptos himalaicos nunca declararam instruir qualquer seção particular da Associação Teosófica. A Sociedade Teosófica de Simla foi claramente informada por um deles de que seria altamente desaconselhável, se não de todo impraticável, nomear um dos Adeptos, ou mesmo um *chela* avançado, como o instrutor direto daquela Sociedade Anglo-Indiana. E quando, posteriormente, foi concedida a permissão ao Sr. Sinnett para publicar os *Fragments* (fragmentos, de fato!) das informações obtidas por ele, foi deixado totalmente a seu critério apresentar a filosofia contida ali, do modo que ele achasse adequado. É necessário também dar alguma ideia dos materiais que o Sr. Sinnett possuía para escrever o seu livro, e das dificuldades que ele teve de enfrentar ao decidir sobre o curso correto a ser adotado. Eu posso afirmar aqui que o Sr. Sinnett recebeu, dos *Mahātmas*, além das cartas sobre a evolução planetária, a Lei do *Karma*, a natureza da existência *devachânica*, os sete princípios do homem, e outros assuntos relacionados discutidos por ele tão clara e profundamente quanto ele pôde, algumas cartas ou comunicações a respeito da natureza de *Purusha* e *Prakṛiti*, o começo da evolução cósmica, a constituição setenária do Cosmos manifestado, a natureza e evolução dos germes dos elementos primários da Natureza (*Māhābhūtams*), e alguns assuntos isolados ligados à ciência física. Mas ele nunca recebeu um único assunto entre a classe citada por último, a não ser em linhas gerais. Quanto aos detalhes e sua relação direta com outros assuntos bem mais importantes, intimamente ligados ao resto, eles nunca foram, mesmo remotamente, abordados pelos Mestres – *revelações dessa natureza pertencem estritamente aos mistérios da Iniciação*. Assim, os conteúdos de algumas das cartas, devido à clara proibição, foram apresentados de uma forma muito incompleta, enquanto outros assuntos de vital importância para o correto entendimento do todo não foram nem mesmo mencionados no livro tão severamente criticado pelo Sr. E. Maitland – simplesmente porque não podiam ser dados ao Sr. Sinnett.[131] Com esses materiais escassos,

[131]A especificação implícita na segunda palavra do próprio título, enganosa para todos aqueles que não estão cientes de que o "Budismo", nessa acepção, refere-se inteiramente à Sabedoria secreta universal – significando *iluminação espiritual* – e não, de modo algum, à religião hoje popularmente conhecida como a Filosofia de Gautama Buda. Portanto, colocar o Cristianismo Esotérico em oposição ao Budismo esotérico (no segundo sentido) é simplesmente colocar uma parte do todo contra outra parte – nenhuma religião ou filosofia específica, no mundo todo, tem o direito de alegar que possui *toda* a verdade esotérica. Apenas *Brahmavidya* (que não é Bramanismo ou qualquer de suas

ele incumbiu-se de escrever um livro e dar ao público em geral, e aos teósofos em particular, uma concepção aproximadamente correta do sistema de ciência e Filosofia Esotérica guardado pelos "grandes Instrutores da Cordilheira Nevada". Isso que ele fez tão bem quanto pôde, de modo surpreendente e graças à sua aguçada inteligência. Mas um sistema completo de Filosofia Esotérica que possa ser aceito como "um sistema perfeito de pensamento e normas de vida" deveria não apenas ser capaz de explicar completa e claramente a natureza das causas primeiras no Cosmos e seus efeitos finais no sistema manifestado, e traçar todo o curso da evolução, em todos os seus aspectos, do seu início até o momento do *Pralaya*, mas também de fornecer a cada indivíduo um sistema de treinamento físico, intelectual, moral e espiritual, que o habilitasse a alcançar a mais alta condição de desenvolvimento possível; ele deveria fornecer à humanidade tal código de moral e um sistema de organização política e social que a capacitasse, em massa, a mover-se rápida e suavemente com a corrente da evolução progressiva, e alcançar o objetivo desejado – a condição de perfeição espiritual. Tal sistema, quando alcança o máximo da elaboração, assume a forma de uma ciência dedutiva comum a cada ramo particular de ciência. E como todo ramo de ciência, digno desse nome, tem que adotar o método indutivo em seu início, assim a ciência esotérica

---

numerosas seitas) e *Guptavidya* – a antiga e secreta Religião-Sabedoria, a herança dos Iniciados do Templo *interior* – têm esse direito. Sem dúvida, a Sra. Kingsford, a talentosa autora de *The Perfect Way*, é a pessoa mais competente em toda a Europa – digo isso deliberada e decididamente – para revelar os mistérios ocultos do verdadeiro Cristianismo. Mas, assim como o Sr. Sinnett, ela não é uma iniciada, e não pode, portanto, saber nada do verdadeiro e correto significado sobre uma doutrina, o qual nenhuma quantidade de vidência natural pode revelar, *já que isso se encontra* totalmente além das *regiões acessíveis aos videntes não treinados*. Se revelados, seus segredos permaneceriam, por longos anos, totalmente incompreensíveis até mesmo para as mais elevadas ciências físicas. Eu espero que isso não seja interpretado como um desejo de reivindicar algum grande conhecimento para mim mesmo, pois eu certamente não o possuo. Tudo o que quero afirmar é que tais segredos *existem*, e que, além dos Iniciados, ninguém é competente para provar, muito menos *refutar*, as doutrinas agora apresentadas pelo Sr. Sinnett. – H. P. Blavatsky.

também precisa buscar um método similar nos estágios preliminares de seu progresso, para ser capaz de construir a religião em uma base verdadeiramente científica. Como o Sr. Sinnett não tinha o conhecimento nem os materiais que o habilitassem a construir um sistema completo de Ciência Esotérica e Filosofia, ele teve de contentar-se em simplesmente apresentar, de forma compreensível, aos membros da Sociedade Teosófica e ao público inteligente, um conjunto de informações interessantes e úteis. Ele fez isso em relação à natureza e direção da evolução planetária e à constituição do homem, e assuntos relacionados destinados a jogar alguma luz, pelo menos, em algumas das questões mais profundas da filosofia religiosa, e indicar, em alguma medida, as linhas nas quais investigações adicionais seriam proveitosas. Ele achou prudente abster-se de registrar em seu livro quaisquer opiniões conclusivas a respeito da verdadeira natureza das causas primeiras operantes no Cosmos, do princípio espiritual superior no homem, dos primórdios da evolução cósmica, ou qualquer outro assunto igualmente importante para a metafísica religiosa e a teologia dogmática.

Tais observações isoladas sobre esses assuntos, como são encontradas em seu livro, são destinadas meramente a transmitir, à mente do leitor, alguma ideia, embora imperfeita, que é necessária para um claro entendimento da atuação de leis específicas, ou da natureza de um grupo particular de fenômenos. Mas nenhuma delas pretende proporcionar uma exposição completa da Filosofia Esotérica ligada a esses assuntos, nem equivale a uma negação da possibilidade de qualquer outra concepção, ou da correção de qualquer outra visão que possa ser cogitada a respeito de outras fases do Cosmos. Ao se elucidar a Filosofia Esotérica, não raramente é necessário adotar a mesma estratégia, que é quase sempre adotada, por uma questão de conveniência, por um professor de astronomia, ao explicar ao estudante a relação entre o zênite, o polo, o equador, a eclíptica e o horizonte, as definições de ascensão reta e declinação, latitude e longitude; as causas da mudança das estações, a aplicação da trigonometria esférica para a solução de problemas astronômicos, e vários outros assuntos, em relação ao sistema *geocêntrico*. A hipótese de que a Terra é o centro fixo e todos os corpos celestes giram em torno dela é indubitavelmente errada; mas tal concepção é considerada necessária para uma explicação mais fácil dos assuntos acima enumerados. E ainda, quando o sistema heliocêntrico é exposto em uma etapa posterior do curso, supõe-se que o Sol ocupa uma posição fixa no espaço. Essa suposição é igualmente errônea, já que hoje se verifica que o Sol tem um movimento próprio no espaço. Suponha que um professor de astronomia, levando em consideração todos esses movimentos e verificando a curva complicada e peculiar que um determinado ponto sobre a superfície da Terra traça no espaço, fosse começar a explicar a seus alunos esses fenômenos mais comuns: não é evidente que ele e seus alunos entrariam logo em um terrível estado de confusão? Pode-se afirmar, em tais circunstâncias, que todo professor de astronomia, atualmente, que apresenta o sistema geocêntrico a seus alunos, com o objetivo de dar certas explicações, é ignorante a respeito do sistema heliocêntrico e do movimento próprio das denominadas estrelas fixas no espaço? Ou que ele está dando uma explicação errada sobre os fenômenos abordados; ou que ele está falando por enigmas que requerem um Édipo para sua solução; ou que ele está empregando uma linguagem alegórica com o propósito de enganar intencionalmente seus alunos e testar seus poderes de discernimento entre fatos e fantasias? Admitir-se-á, facilmente, que todas essas suposições são igualmente despropositadas, sendo a concepção preliminar em questão introduzida meramente por conveniência. Essa possibilidade, no entanto, é deixada inteiramente fora de consideração pelos críticos do Sr. Sinnett. Para excluir todas as bases de má interpretação, é necessário afirmar, nesse ponto, que os comentários anteriores são aplicáveis apenas à classe particular de observações do *Esoteric Buddhism*, que já foram mencionadas.

Ainda sobre o assunto, eu também posso apontar que o Sr. Sinnett não deu tantas explicações em seu livro quanto ele poderia ter dado, mesmo com a escassa informação que possuía, a respeito da cosmogonia, da natureza de *Purusha* e *Prakṛiti*, dos germes a partir dos quais os elementos evoluem, e de alguns outros assuntos acima mencionados. Mas, além da razão muito boa de que seu limitado conhecimento determinou, imperativamente, tal política de cautela, as seguintes razões também podem ser atribuídas para o caminho adotado por ele. Elas serão consideradas satisfatórias quando examinadas com cautela e de modo imparcial:

I. Quase toda religião, todo sistema dogmático de teologia e toda doutrina sectária tem algumas opiniões conclusivas a oferecer sobre esses assuntos, e é em relação a essas questões que a casuística e as disputas sectárias têm sempre ocorrido com fúria implacável, por milhares de anos. Nos tempos atuais de pesquisa e investigação, tal controvérsia pode ser acalmada não pelo apelo à autoridade deste ou daquele livro ou instrutor religioso, mas por introduzir na discussão o mesmo método científico que é considerado tão útil em outras áreas da inquirição humana. Para isso, é necessário que todos os fenômenos que podem esclarecer esses assuntos sejam claramente observados e examinados de perto. A natureza desses efeitos deve ser examinada antes que quaisquer inferências válidas possam ser feitas sobre a natureza de suas causas. Essa é a única via aberta ao público em geral. Um Iniciado pode ser capaz de perceber as verdades eternas por meio de seu poder espiritual desenvolvido, e aqueles que confiam em suas afirmações podem tomá-las como verdadeiras. Mas é impossível esperar que os segredos da iniciação sejam tornados públicos, ou se assim forem, que sejam aceitos sem contestação, nos dias atuais, simplesmente com base na autoridade, ainda que seja do mais alto Adepto. Sob tais circunstâncias, quando os preconceitos religiosos ainda são muito fortes, e quando o público não está cientificamente preparado para testar a correção das visões dos *Mahātmas* do Himalaia – não é desejável publicá-los de nenhuma outra forma que não seja fragmentada.

II. Como já foi mencionado, os *Mahātmas* não têm qualquer intenção de assumir a atitude de instrutores do mundo, nem estão eles, de modo algum, ansiosos para que o público, ou qualquer parte dele, ou mesmo quaisquer de nossos próprios membros, renunciem a suas próprias opiniões religiosas estabelecidas, e aceitem a visão deles sem investigação. Como qualquer explicação a respeito dos assuntos em questão é suscetível de entrar diretamente em colisão com as doutrinas religiosas dominantes em várias partes do mundo civilizado, seria prematuro apresentar qualquer explicação até que o público esteja preparado para testar a correção de seus respectivos dogmas religiosos, da mesma maneira em que é testada a validade de uma hipótese científica. Em resumo, eles precisam esperar inclusive que a humanidade tenha evoluído até o plano da intuição espiritual, ou assumir a esmagadora responsabilidade de tentar forçar artificialmente um desenvolvimento psíquico sobrenatural. Uma experiência oculta bem trivial é suficiente para mostrar como essa tarefa seria fútil, quão desastroso seria o fracasso, e quão terrível seria a reação em consequência disso, caso os Mestres adotassem qualquer outra política!

III. É impossível dar explicações completas a respeito da maioria dos assuntos mencionados no *Esoteric Buddhism, sem revelar alguns dos segredos da iniciação.*

IV. É extremamente difícil expressar em inglês as ideias abstratas e metafísicas relacionadas a esses assuntos. Até muitas dessas ideias tornarem-se, gradualmente, familiares à mente do leitor ocidental, qualquer tentativa de uma explicação geral sobre essas questões, na linguagem da vida comum, é suscetível de sofrer abalos, de fracassar e até de levar a alguns equívocos muito perigosos.

V. Deve-se admitir francamente que o próprio Sr. Sinnett não compreendeu completamente muito das informações que lhe foram dadas pelos *Mahātmas* sobre vários assuntos (como, por exemplo, o papel desempenhado pela oitava esfera no esquema da evolução, e a desonra lançada sobre a lua *visível*) – ele não teve tempo para obter as explicações adicionais necessárias durante sua curta estadia na Sede Central em seu caminho para a Inglaterra. Por essas razões, o Sr. Sinnett foi obrigado a abster-se de inserir em seu trabalho algo como uma discussão sistemática sobre mais de um assunto do ponto de vista da Filosofia Esotérica dos *Mahātmas* do Himalaia. No entanto, o plano que ele adotou está em pleno acordo com as intenções dos Mestres, e está bem adaptado ao programa formulado para a orientação da Sociedade Teosófica. *Esoteric Buddhism*, em síntese, não pretende ser uma exposição completa e sistemática da filosofia religiosa da Fraternidade dos Iniciados, ou uma declaração oficial para os teósofos em geral da visão de nossos Instrutores, que devam ser aceitas "como necessariamente conclusivas e sem direito a recurso". Ele apenas pretende ser uma contribuição importante à massa de informações, cujo acúmulo é objetivo da Sociedade Teosófica, para o propósito de conduzir, por fim, à evolução de um sistema de filosofia completo. Se algum membro da Loja de Londres foi levado a antecipar, a partir da publicação do livro do Sr. Sinnett, "uma comunicação formal ao mundo, imerso em grave crise, e, pela primeira vez na história mundial, *de (todos) os mais sagrados mistérios da existência*" – ele estava completamente enganado; e se algum membro esperou que a publicação em questão supriria os requisitos de "um sistema perfeito de pensamento e normas de vida" e agora está desapontado, ninguém é responsável por tal desapontamento. É totalmente injusto condenar o livro do Sr. Sinnett como completamente enganador ou alegórico, e subestimar os importantes serviços prestados por ele à Associação Teosófica, sob o fundamento de que seu trabalho não satisfaz às expectativas injustificadas de alguns teósofos que são mais otimistas que prudentes.

A fim de mostrar a correção de minhas afirmações, eu me esforçarei para apontar até onde as críticas da Sra. Kingsford e do Sr. Maitland justificam-se, e até onde elas são mal orientadas e errôneas.

Por uma questão de conveniência, organizarei as observações da Sra. Kingsford e do Sr. Maitland sobre o *Esoteric Buddhism* conforme os assuntos a que eles se referem. Aquela parte da crítica deles que se refere às visões apresentadas pelo Sr. Sinnett sobre *Purusha* e *Prakrti* requerem nossa atenção em primeiro lugar.

A primeira e mais importante objeção do Sr. Maitland contra o *Esoteric Buddhism* é que sua doutrina é manifestamente ateísta, e que suas afirmações a respeito da Natureza e atributos de *Parabrahman* são incoerentes entre si. Admite-se, no entanto, que um considerável número de passagens, citadas pela crítica, dos textos do Sr. Sinnett, não são ateístas em seu tom, e que a existência de um princípio espiritual universal anterior a "quaisquer entidades derivadas ou organizadas", é manifestamente postulada ali, sob o nome de *Parabrahman*, que é mencionado como "o movimento que anima a matéria cósmica" e como "a energia do Universo". Uma reconhecida regra de interpretação, eu creio, é que quando um grande número de afirmações dispersas sobre um determinado assunto encontra-se em algum livro, as visões do autor sobre tal assunto deveriam ser reunidas a partir de uma comparação cuidadosa de tais afirmações, e de um exame crítico dos contextos em que elas aparecem, e não a partir do significado literal de palavras ou frases específicas. Quando algum assunto envolve problemas filosóficos ou metafísicos, e se considera a fraseologia na qual ele tem sido discutido por vários autores como extremamente vaga e incerta, pelas diferentes conotações associadas às palavras usadas, torna-se absolutamente necessário proceder conforme esse método. E essa necessidade é consideravelmente acentuada no caso do *Esoteric Buddhism* – já que o autor não empreende uma discussão completa sobre os assuntos envolvidos. Mas o crítico do Sr. Sinnett considerou conveniente afastar-se desse princípio, com o propósito não muito gentil de detectar contradições e absurdos onde eles não existem. Agora resta ver até onde ele alcançou seu objetivo mesmo com o falso modelo de crítica adotado. Fomos informados por ele de que a doutrina "abertamente declarada" no *Esoteric Buddhism* é "manifestamente ateísta". Até onde eu posso ver, não há tal "declaração aberta" em qualquer parte do livro; nem fomos informados sobre em que página procurar isso. A afirmação feita pelo crítico é, portanto, uma simples questão de inferência, e um árduo e sinuoso processo de raciocínio é adotado para estabelecer a estranha proposição. Afirma-se que o epíteto "ateísta" é usado "não como censura, mas de forma descritiva". Mas a descrição necessária não é apresentada pelo reclamante, embora seja muito essencial para uma justa apreciação da correção do seu raciocínio e validade de sua *inferência*. Cabe a seus leitores verificar a sustentação de suas conclusões pelo exame das razões atribuídas a elas. Isso não é, de forma alguma, uma tarefa fácil, e as razões a favor e contra suas inferências, são, além disso, deixadas em um labirinto emaranhado de confusão. Quando destrinchadas, as razões que se destinam a sustentar sua posição podem ser enumeradas na seguinte ordem:

I. "O *Parabrahman*, ou espírito da matéria, é movimento", – nos foi dito – a partir do ponto de vista do *Esoteric Buddhism*.
II. "Em outro lugar (p. 153) ele é chamado de Energia."
III. É declarado (p.182) que o fim de toda a existência é a "fu-

são, pelo homem, de sua individualidade glorificada naquela soma total de toda consciência, que os metafísicos esotéricos tratam como consciência absoluta, que é não consciência".

IV. "A existência de Deus é contestada (pelo Sr. Sinnett), com o fundamento de que seria incompatível com o livre-arbítrio por parte do homem."

Eu examinarei essas razões em sequência.

I. A primeira razão para a inferência envolve uma distorção da visão do autor. O Sr. Sinnett diz que a base não manifestada do Cosmos manifestado é "matéria *animada* por movimento, seu *Parabrahman* ou espírito" (p. 183). O movimento que anima a matéria cósmica não é equivalente ao movimento em geral. O movimento de uma bola de críquete, por exemplo, não deve ser considerado como o movimento que *anima* a matéria. O movimento molecular, nas partículas de um corpo em decomposição, é, sem dúvida, movimento, mas não é movimento que anima o corpo morto. O artigo definido é usado pelo Sr. Sinnett com um objetivo definido. *Parabrahman* é frequentemente mencionado como "a Vida Una" pelos filósofos budistas, e é considerado como o *Mahācaitanyam* (uma expressão equivalente) pelos advaitas. E até os cabalistas descreveram *Ein-Soph* como "A vida que é não vida". A palavra *anima* é utilizada para chamar a atenção do leitor para esse aspecto de *Parabrahman.* Eu não consigo ver a incongruência realmente envolvida em investir *Paramātmā* também com os atributos de movimento. Quando o calor, luz e eletricidade são as manifestações, ou efeitos, de determinados tipos de movimento, e o plano material da ação é o mesmo, na opinião da ciência moderna, não há nada de absurdo na afirmação de que a vida que existe em *Mūlaprakṛiti* e manifesta-se de várias formas em *Prakṛiti* organizado e diferenciado, é apenas o efeito de um misterioso tipo de movimento. Talvez o Sr. Maitland nos informe que a *Causa Primeira* não pode ter o atributo essencial de movimento, já que alguma força ou energia preexistente é necessária para produzir esse movimento. Mas não há necessidade de tal suposição. Cada força ou energia na Natureza, quando devidamente examinada, tem em si mesma um tipo ou outro de movimento. Quando corretamente apresentada, a assertiva do autor equivale a dizer que *Parabrahman* permeia a infinita expansão da matéria cósmica – *Mūlaprakṛiti* – e, consequentemente, cada forma diferenciada e organizada nele; que ele tem os atributos essenciais de movimento, e que a característica peculiar desse movimento é que a vida existente em toda a parte por todo o Cosmos, seja em seus aspectos primários ou secundários, é sua manifestação de efeito. Não se pretende que essa seja uma descrição *completa* de *Parabrahman.* Mas sustenta-se que é uma *correta* representação de uma de suas fases. O crítico está convidado a mostrar, se ele puder, que essa descrição está errada; mas por que ele encobriria a questão principal com uma nuvem de assuntos irrelevantes? Se isso significa ateísmo em sua opinião, que assim seja, o Sr. Maitland tem todo o direito de ter sua própria definição dessa palavra.

II. A segunda razão para a inferência também está baseada em uma má interpretação das visões do autor. Na p. 153 de sua obra, o Sr. Sinnett definiu *Parabrahman* do ponto de vista da Filosofia Advaita, com as seguintes palavras: "*Brahman* ou *Parabrahman* é, assim, um princípio passivo, incompreensível e inconsciente, mas é a essência, vida una ou energia do Universo"; e aqui o Sr. Maitland afirma novamente que *Parabrahman* é chamado de energia (em qualquer forma, aparentemente) pelo autor! Ele alega ainda que um princípio, ou entidade, que possui o atributo de movimento, não pode ser considerado como "a energia do Universo", evidentemente esquecendo que aquele movimento "em abstrato" é uma coisa, e que o objeto em movimento é outra completamente diferente. Energia é definida por ele como a causa do movimento, e se o movimento não é energia sob quaisquer circunstâncias, na opinião daquele cavalheiro, um tipo de movimento nunca pode ser a causa de outro tipo de movimento. Por exemplo, seria errado, na opinião dele, dizer que o movimento das partículas que compõem uma certa quantidade de vapor, causado por sua tendência inerente a se expandir, produz o movimento da máquina a vapor! Isso, eu creio, torna claro que a afirmação do Sr. Sinnett não envolve tal absurdo. A energia é apenas o aspecto estático do movimento, e o movimento é apenas o aspecto cinético da energia. *Parabrahman* tem ambos os aspectos. Durante o *Pralaya,* é a soma total de energia do Universo Infinito, e durante o período de atividade cósmica ele manifesta-se como o movimento na matéria cósmica, que é a base da Vida, em todas as suas formas e aspectos. E isso, novamente, é ateísta na opinião do Sr. Maitland.

III. É mais difícil perceber como a terceira razão destina-se a provar a acusação de ateísmo. O autor afirmou que a consciência atingida no *Nirvāna* é "consciência absoluta", que é "não" consciência. Ela é consciência absoluta porque a alma está totalmente em conexão com a mente universal – o Adão Kadmon dos cabalistas, o Adonai dos judeus, – e isso é não consciência, porque não é consciência, de modo algum, similar à consciência percebida por nós em qualquer das condições com as quais nós estamos familiarizados. Mas nós fomos informados, mais uma vez, de que isso também é uma doutrina ateísta. Na opinião do Sr. Maitland, portanto, a doutrina é considerada ateísta quando declara que a consciência atingida no *Nirvāna*, ou no mais alto paraíso[132], não é similar

[132]Infelizmente a língua inglesa não tem uma palavra para indicar um estado de existência

à consciência atingida pelo homem em sua condição objetiva de existência, pois, conforme a Filosofia Esotérica do nosso oponente, o caso é totalmente diferente. Parece que, em suas ideias, mesmo no Céu, nós não seremos privados dos prazeres e divertimentos de nossos piqueniques, teatros e festas de roupa elegante.

IV. A quarta e última razão, em apoio à alegação feita, não tem qualquer fundamento, exceto na imaginação do douto vice-presidente da "Loja de Londres". Na página 185 de sua obra, o autor meramente aponta que as doutrinas ali propostas estão livres dos problemas que geralmente surgem em relação à doutrina do livre-arbítrio e predestinação, no sentido teológico comum. A isso, o oponente do Sr. Sinnett responde que a doutrina do *Esoteric Buddhism* planejou livrar-se da ideia de Deus ("ideia" do Sr. Maitland, provavelmente) com o propósito de evitar esses problemas. Isso é claramente falacioso. Na doutrina esotérica, *Parabrahman* não é uma questão de inferência. Se as necessidades de lógica e metafísica teórica não levaram os estudantes da ciência esotérica a adotar qualquer visão particular a respeito da "causa primeira", é porque seu conhecimento é obtido por um método mais direto, e assim, sendo eles os gnósticos mais declarados, torna-se ridículo suspeitar de seu agnosticismo. Poderes espirituais altamente desenvolvidos e um senso apurado de percepção intuitiva capacitou-os a chegar à verdade sem qualquer referência aos problemas da filosofia religiosa teórica, como concebida pelas mentes ocidentais. O Sr. Maitland está simplesmente tentando desacreditar o *Esoteric Buddhism* por meio de construções forçadas e artificiosas, diretamente relacionadas a essas controvérsias intermináveis e sem sentido a respeito do livre-arbítrio e predestinação, que ocupam um lugar tão proeminente na arena da especulação religiosa oci-

superior ao que é percebido em *Svarga*, ou *Devachan*.

dental, e são felizmente notórias por sua ausência no plano do pensamento religioso hindu e budista.

A partir disso torna-se bem claro que: (a) na opinião do nosso crítico, a negação de um Deus pessoal é sinônimo de completo ateísmo; e (b) que os ensinamentos do *Esoteric Buddhism*, como realmente colocados pelo autor, não são, de modo algum, inconsistentes, ilógicos ou não científicos, mas que simplesmente o Sr. Maitland deixou-se levar por uma ideia muito vaga do que são, na verdade, aqueles ensinamentos. O que quer que possam ser esses ensinamentos, uma coisa é certa: eles não são nem ateístas nem mesmo materialistas no sentido comum das palavras; pois, se forem algo, eles são *panteístas*. A definição de ateísmo do Sr. Maitland parece ser de um caráter bastante complicado. Do seu ponto de vista, um ateísta deve ser definido como aquele que acredita nas doutrinas do *Esoteric Buddhism*, ou acolhe as mesmas opiniões do Sr. Sinnett a respeito de *Parabrahman*; e esse deve ser considerado como o resultado de toda a discussão!

A segunda parte da objeção do Sr. Maitland refere-se ao sentido em que aquelas expressões são usadas no *Esoteric Buddhism*, que implicam em "um ser consciente, inteligente e, portanto, pessoal, que existe previamente a quaisquer entidades derivadas ou organizadas", e são, portanto, incoerentes com as afirmações examinadas acima. As razões atribuídas a essa nova objeção são igualmente insatisfatórias, como eu mostrarei agora.

Expressões tais como "os propósitos da Natureza", "o esforço contínuo feito pela Natureza", e outras, similarmente redigidas, não implicam a existência de um Deus "pessoal". Fiquei surpreso ao descobrir que um argumento dessa natureza é introduzido em uma discussão filosófica séria. Todo homem que acredita na rotação diária da Terra, normalmente fala de nascer e pôr do sol. Pode-se dizer, como um argumento sério contra a existência dessa rotação, que a própria linguagem usada refuta essa teoria? O argumento apresentado é precisamente idêntico às objeções sem base feitas contra a teoria cosmológica de Mill, com fundamento em que a linguagem comum em uso apoia a teoria realista. A língua inglesa é, assim como qualquer outra língua, a criação especial de filósofos contra cuja autoridade não se tem como recorrer. Pois ela é desenvolvida pelo senso comum nacional da Inglaterra e pelos usos da vida cotidiana, e certamente nenhuma grande perspicácia filosófica pode ser reivindicada para ela sob essas circunstâncias. Se a objeção do Sr. Maitland for admitida, toda linguagem figurada terá de ser cuidadosamente evitada nos escritos filosóficos. Se houver, no entanto, qualquer fundamento real nessa objeção, isso equivale a dizer que a existência de um método definido na ordem da evolução cósmica requer a admissão de um Deus pessoal. Essa questão, no entanto, será mais plenamente discutida, mais adiante, com relação às inferências do Sr. Maitland, feitas a partir da existência das leis cósmicas.

Fomos informados pelo crítico de que as afirmações feitas a respeito do sétimo princípio no homem expressam teísmo, e isso mostra a incoerência do Sr. Sinnett.

Agora, as tentativas do Sr. Maitland de perceber o teísmo "ainda que sob outro modo" de expressão são bastante malsucedidas. Contudo, "insiste-se" que o nome (teísmo) é repudiado, mas a ideia é mantida sob o termo "Sétimo Princípio" (p. 179) ou "Espírito universal", que é descrito como "existente em toda parte e operando sobre a matéria, provocando a existência do próprio homem e do mundo em que ele vive, e das condições futuras em direção às quais ele é direcionado". O Sétimo Princípio, indefinível para nós em nosso atual estado de esclarecimento, é, nós também estamos seguros, "o único Deus reconhecido pelo conhecimento esotérico, e nenhuma personificação disso pode ser senão simbólica". Ele é, como dissemos, "o Juiz que tudo permeia, ao qual os homens devem prestar contas". Infelizmente, o Sr. Maitland omitiu a definição do termo teísmo, e assim nos impediu de examinar o processo pelo qual ele deduziu aquela crença das citações acima do *Esoteric Buddhism*. Sob tais circunstâncias, tudo o que nos resta fazer é mostrar que as afirmações do Sr. Sinnett, embora a palavra "Deus" apareça ali, não justificam a aceitação de um Deus pessoal. Certamente não se justifica converter o "Sétimo Princípio" ou "Espírito universal" em um Jeová, a partir do que foi dito dele em um só lugar, totalmente independente das reiterações sobre ele, em outros contextos. Em uma passagem, por exemplo (p. 176), nós encontramos o Sr. Sinnett dizendo: "O único e principal atributo do Princípio Espiritual universal, o inconsciente mas sempre ativo doador da vida, é expandir e verter; o do Princípio universal Material é unir e fecundar." Então, na mesma página e na seguinte, a *criação* é negada totalmente. Sem defender a fraseologia adotada por Sinnett, que é, todavia, aquela de todos os cabalistas e que pode ser encontrada tanto no *Dogme et Rituel de La Haute Magie*, de Eliphas Levi, como no grande livro de *Kiu-ti*, eu posso seguramente afirmar que nenhum teísta estaria superansioso para alegar que o autor do *Esoteric Buddhism* é um colega idólatra. O argumento fundado no uso do Sr. Sinnett de tais palavras como "Deus" e "Juiz" já foi descartado. De fato, tal crítica apenas faz lembrar um amigo de Lamb, do norte britânico, cujo senso de exatidão foi ultrajado pelas figuras de linguagem mais comuns.

O teor de toda a discussão sobre o caráter teísta ou ateísta do *Esoteric Buddhism*, inequivocamente revela uma grande falta de compreensão, por parte do crítico, sobre o Budismo em geral e, especialmente, sobre o Budismo esotérico. Um sistema do qual uma parte parece teísta e outra parte, ateísta, certamente não deveria ser colocado em cada uma das categorias e então condenado como contraditório, enquanto uma terceira opção permanece em aberto. E a menos que ele tenha mostrado que a divisão da filosofia religiosa, como feita acima, em teísmo e ateísmo, é uma divisão pela dicotomia, não é razoável ele falar das totalmente insustentáveis "contradições e incoerências radicais" do Sr. Sinnett; e, ao mesmo tempo, isso mostra que ele tem pouca familiaridade com o monismo sutil da Filosofia Panteísta como ensinado em nossas grandes escolas. O Sr. Maitland parece ter tentado deitar as doutrinas contidas no *Esoteric Buddhism* no leito de Procusto[133] de suas próprias ideias, e, não conseguindo, está tentando desacreditá-las como incoerentes. Também considera Shankaracharya, o maior Ocultista e Adepto de todas as idades, o fundador da Escola Advaita, o mestre cujos seguidores são até hoje conhecidos como *Pracchanna Bauddhas* (budistas disfarçados), de tão idênticos que são os dois ensinamentos – um dia como ateísta, e outro, como teísta.

O próximo argumento que o Sr. Maitland apresenta (p.15) é: uma vez que lei implica uma pessoa, de cuja vontade a lei é a expressão, portanto, o Sr. Sinnett, ao mencionar a "Lei da evolução", admite tacitamente a existência de um Deus pessoal, cuja vontade impressa é a Lei do Universo. Esse é um argumento muito extraordinário. Eu mal podia acreditar que o talentoso vice-presidente da Loja de Londres teria deixado de reconhecer a diferença entre o comando do poder soberano em um órgão político e a sequência de causalidade implícita em uma lei natural, especialmente após uma magistral exposição do assunto por pensadores tais como Mill e Austin. Minha surpresa torna-se maior ainda ao perceber a Sra. Kingsford, com os seus esplêndidos dons naturais, patrocinando tal deformidade intelectual! Agora está claro que as afirmações do Sr. Maitland de que "essas citações implicam teísmo", e de que elas "descrevem precisamente aquilo que o teísta quer dizer por Deus pessoal", são apenas suposições sem fundamento.

Então chegamos à questão da objeção que envolve a apresentação *totalmente* imprecisa das afirmações do Sr. Sinnett. "Esse Algo Eterno", diz o Sr. Maitland, "mais adiante é apresentado, embora

[133] Personagem da mitologia grega, Procusto era um bandido que tinha uma cama do seu próprio tamanho, a qual era oferecida aos hóspedes. Quando o hóspede era maior que a cama, amputava-lhe um pedaço do corpo, quando era menor, esticava-o. O mito é associado à intolerância humana. (Nota da trad.)

não seja nada além de Matéria, Movimento, Espaço e Duração, consiste de dois princípios, o Princípio Espiritual universal e o Princípio Material universal, que, quando separados, são inconscientes e não existentes, e apenas quando unidos (por quem ou de onde não é dito) tornam-se consciência e vida".

Antes de passar a responder as objeções levantadas sobre o que o Sr. Sinnett teria dito, é necessário compará-lo com o que o Sr. Sinnett realmente disse. Na página 176 do *Esoteric Buddhism,* nós lemos: "A única coisa eterna, imortal no Universo, a qual os próprios *Pralayas* Universais atravessam sem destruir, é aquela que pode ser considerada indiferentemente como Espaço, Duração, Matéria e Movimento, não como algo que tenha esses quatro atributos, mas algo que é essas quatro coisas ao mesmo tempo e sempre. E a evolução surge na *polaridade atômica que o movimento gera.* Na Cosmogonia, a *força positiva e a negativa,* ou a *ativa e a passiva* correspondem aos *princípios macho e fêmea.* O efluxo espiritual entra no véu da matéria cósmica; o ativo é atraído pelo princípio passivo; e se aqui nós pudermos ajudar a imaginação recorrendo à velha simbologia oculta – a grande Nag – a serpente, símbolo da eternidade, atrai sua cauda para a boca, formando assim o círculo da eternidade, ou, melhor, ciclos na eternidade. O único e principal atributo do Princípio Espiritual universal, o inconsciente mas sempre ativo doador da vida, é expandir-se e irradiar; e o do Princípio Material universal é agregar e fecundar. Inconscientes e não existentes quando separados, eles tornam-se consciência e vida quando agregados". Se isso, a Cabalística ortodoxa e a Filosofia Hermética à qual a Sra. Kingsford confessa sentir-se "especialmente atraída", não é confiável, então Eliphas Levi escreveu seu *teístico Dogme et Rituel de La Haute Magie* em vão! Deixe os membros da "Loja de Londres" abrirem seu volume I e verem o que esse grande mestre da Doutrina Esotérica Cristã diz sobre o assunto, nas páginas 123-126 e seguintes, e então tirem suas conclusões. A linguagem do Sr. Sinnett é aquela de todo ocultista, que se recusa a substituir sua própria fantasia pessoal pelas teorias aceitas da antiga Filosofia Hermética.[134]

Agora, a partir de uma comparação das citações do Sr. Maitland com o original, especialmente em relação às passagens em itálico, é visível que o que o Sr. Sinnett fala não é que o Eterno Algo "consiste" de dois princípios nomeados, mas que esses últimos são os dois polos emanadores de força gerados por *Parabrahman,* sendo o movimento animador do Universo (*Purusha*) considerado, em si mesmo, a inesgotável fonte de existência material (*Prakṛiti*). Tendo essa explicação em mente, muitos dos problemas do Sr. Maitland desaparecem totalmente. O Princípio Espiritual universal, ou *Purusha,* certamente não existe como uma entidade separada no momento do *Mahāpralaya*, mas está misturado com *Prakṛiti* (o princípio material) e ambos existem em seu estado eterno e inefável de *Parabrahman.*[135]

Quando, pela atuação da cadeia de causação, que está incorporada em *Parabrahman*, o impulso emanador é despertado, os dois princípios brotam no Ser, e por sua ação em comum produzem o Cosmos manifestado. Com alguma reflexão podemos ter um vislumbre do grande fato de que nenhuma dualidade pode existir an-

---

[134]Eu gostaria de chamar a atenção da Sra. Kingsford, do Sr. Maitland, e dos demais membros da Loja de Londres para o capítulo inteiro da obra citada, e lhes pedir para comparar sua linguagem grosseiramente materialista com a explicação oferecida sobre o mesmo assunto pelo Sr. Sinnett. Se o "exemplar da *gnosis*" de Eliphas Levi ... esse "Adão, o tetragrama humano, sintetizado no misterioso *jod*, a imagem do *falo* cabalístico... a inserção do falo vertical no *cteis* horizontal formando o *stauros* dos gnósticos, ou a cruz filosófica dos maçons, na linguagem misteriosa dos cabalistas talmúdicos" – como ele a chama – pode ser preferido às singelas imagens oferecidas pelo Esoterismo oriental, isso é apenas por aqueles que são incapazes de separar de seus pensamentos a ideia de um Deus antropomórfico e sua progênie material, o Adão do Velho Testamento. Ademais, a ideia e a substância, se não a linguagem, são idênticas; para Eliphas Levi expor a verdadeira Filosofia Hermética, na rude linguagem dos profetas judeus e para o proveito de um público cristão de nascença, não diz nem mais nem menos do que foi dado e escrito pelo Sr. Sinnett na fraseologia bem mais filosófica do *Esoteric Buddhism.* H. P. Blavatsky.

[135]No *Rig Veda* é dito que antes do período da evolução no início do célebre *Mantra*, *nāsadāsīt nāsadāsīt* (X. 129) – "nem *asat* ou *Prakṛiti*, nem *sat* ou *Purusha* eram", apenas a Vida una latente no Elemento uno "era respiração sem ar."

tes do momento em que a emanação ocorre. A primeira dualidade, *Prakṛiti* e *Purusha*, são, cada um deles, a condição necessária da existência do outro. Esse fato está suficientemente bem subentendido no que o Sr. Sinnett diz sobre a "polaridade atômica gerada pelo movimento". Um polo não pode existir sem o outro. E agora será ressaltado o que o Sr. Sinnett quer dizer quando afirma: "Inconscientes e não existentes quando separados, eles tornam-se consciência e vida quando agregados" – pela sua essência[136] intrínseca, o *Svabhavat* dos budistas.[137] A próxima objeção do Sr. Maitland é: Se *Purusha* é "inconsciente" e *Prakṛiti* é "inconsciente", como pode a consciência evoluir? A primeira ideia a ser claramente entendida é a natureza de *Prakṛiti* e *Purusha*. Esse assunto, no entanto, não precisa ser longamente discutido, já que ele foi plenamente abordado por mim em um artigo de *The Theosophist* do último mês de julho (Vol. IV, nº 10), ao qual se pode reportar para informações mais aprofundadas.

Voltemos à evolução da existência consciente. Se for sustentado que a grande causa primeira – *Parabrahman* – é inconsciente, no sentido de negação de toda consciência – isso é uma grande falácia. Se, por outro lado, imagina-se que é consciente em nosso sentido de consciência – isso é igualmente falacioso. Se as palavras devem ter algum significado, a existência consciente envolve três elementos – o conhecedor, o conhecimento e o conhecido. Agora, *Parabrahman* é o "Único sem segundo" – *ekamevādvitīyam* – ou, em outras palavras, a unificação dos três elementos da existência

[136]No original consta *guiddity*, mas a palavra é *quiddity*, com "q", que significa quididade, ou qualidade essencial. (Nota da trad.)

[137]Toda a cadeia de raciocínio do Sr. Maitland está viciada por uma falsa premissa. Ele parece pensar que *Prakṛiti* e *Purusha* existiam antes do período da atividade cósmica como entidades separadas e precisariam de algum motor que os unisse para interagir entre si, como o oxigênio e o hidrogênio são combinados quimicamente pela atuação da eletricidade. Mas o verdadeiro fato é que *Prakṛiti* e *Purusha* são entidades separadas para nós ***apenas subjetivamente***. Nós podemos apenas *imaginar* que eles são separados e então tentar compreender sua natureza a partir desse ponto de vista. De fato, nenhum deles pode existir por si mesmo.

consciente, mencionados acima – a dispersão dos três receptáculos como se denomina tecnicamente – *tripuṭi bhaṅgam*. Por isso não pode haver existência consciente em *Parabrahman*. Por outro lado, se *Parabrahman* for considerado como absoluta inconsciência, isso agredirá os primeiros princípios de nossa filosofia. Inconsciência é a negação de toda forma de consciência e, portanto, sem qualquer relação com isso, derivar a última da primeira é estabelecer algum tipo de relação entre as duas, o que, como vimos, é impossível. Por isso, *Parabrahman* não é inconsciência, e como foi mostrado antes, não é consciência no senso comum da palavra. Assim, nós chegamos à conclusão de que *Parabrahman* é consciência *absoluta*, ou *nirupādhikaṃ mahācaitanyam*, como afirma a *Upanishad*. Isso, ainda, é verificado pela experiência prática dos ocultistas. As emanações de *Mūlaprakṛiti* tornam-se conscientes por reflexo dessa consciência absoluta. Pela intervenão dos véus de *māyā*, essa consciência absoluta dá origem à consciência condicionada – *sopādhikam*, ou existência consciente. Aqui não podemos entrar nos detalhes do processo, já que eles tocam em segredos muitos grandes da iniciação.

A próxima observação que eu faço é sobre a crítica do Sr. Maitland a respeito da posição atribuída aos *Dhyan Chohans* no esquema da evolução cósmica. Sua objeção, primeiramente, refere-se à questão de como os primeiros *Dhyan Chohans* puderam evoluir, se não houver Deus pessoal para produzi-los conscientemente. E então insiste: "Se o auxílio dos *Dhyan Chohans* é indispensável à produção do Universo" como chegou "o Universo a alcançar tal perfeição de produzir os primeiros *Dhyan Chohans*, quando não havia *Dhyan Chohans* para ajudá-lo?" Se o Sr. Maitland apresentou essas objeções com o propósito de extrair informações adicionais, tudo o que eu tenho a dizer é que tais informações serão acessíveis quando o terreno estiver preparado pelas doutrinas que ele agora critica. Mas se elas destinam-se a pôr em risco a posição adotada pelo Sr. Sinnett, eu tenho apenas de apontar que o Sr.

Maitland deixa totalmente fora de cogitação a atividade envolvida na ideação da Mente universal, o *Demiurgo* dos místicos ocidentais. No entanto, não se deve entender aqui que a ideação da Mente universal é colocada em movimento por um ato de vontade daquela mente, muito pelo contrário. A ideação do *Demiurgo* é governada por uma cadeia eterna de causação, e é absolutamente involuntária. Um foco de luz será jogado sobre esse assunto por uma carta de um dos *Mahātmas*, atualmente em posse do Sr. Sinnett. Então, mais uma vez, deve-se lembrar que todos os *Dhyan Chohans* não são evoluídos de um único e mesmo modo. Também se pode observar aqui que falar de primeiros *Dhyan Chohans* é um pouco ilógico. A cadeia de *Manvantara* e *Pralaya* – "Noite e Dia Cósmicos" – é infinita. Assim como não pode haver começo da eternidade, também não pode haver primeiros *Dhyan Chohans*.

Vejamos uma questão de grande importância. A talentosa presidente sustenta que a constituição setenária do homem é a mesma que a dos sete *vikāras* produtivos, ou produtos de *Prakṛiti*, como apresentado por Kapila em sua Filosofia *Sānkhya*: apenas invertida e mais materializada. Eu lamento ter que dizer que a talentosa dama está, aqui, inteiramente errada. Se ela considerasse o último dos sete *vikāras* ela descobriria que ele é um elemento sutil tão separado do grosseiro corpo humano exterior, o primeiro princípio na classificação do Sr. Sinnett, quanto é possível imaginar. No sistema de *Kapila*, qualquer relação que ele possa ter com o sistema adotado no *Esoteric Buddhism*, os *tattvas* (ou princípios) certamente não são aqueles mencionados no livro do Sr. Sinnett. A verdadeira relação, em certa medida, foi prenunciada em um artigo sobre o "Princípio Setenário no Esoterismo", publicado em *The Theosophist* do último mês de julho (vol. IV, nº 10). Mas a melhor exposição do assunto será encontrada em outra carta do *Mahātma* para o Sr. Sinnett, onde, se alguém procurar, a ordem é apresentada corretamente, e é chamada atenção especial para a diferença nas duas classificações. A divisão setenária que aparece no *Esoteric*

Buddhism não é dada da mesma forma por Kapila. Eu lamento ter que chegar à conclusão de que a talentosa dama, além de ter compreendido mal Kapila, não prestou o grau necessário de atenção ao livro do Sr. Sinnett, antes de sujeitá-lo à prova de fogo de tal crítica impiedosa.

Prosseguindo, a presidente critica o Sr. Sinnett por haver degradado, segundo seu entendimento, o *Prakṛiti* de Kapila, chamando-o de "matéria molecular", o que, de acordo com ela, tem o efeito de investi-lo de divisibilidade. Eu percorri cuidadosamente o livro do Sr. Sinnett e tenho que confessar minha inabilidade para identificar a passagem onde essa expressão pecaminosa ocorre. Mas, fora isso, é impossível conceber como a palavra "essência", que ela propõe como uma melhor substituta, pode ser liberada da acusação de degradação materialista associada à frase, contra a qual a sua própria crítica é dirigida, ainda mais que o "molecular", portanto, "movimento" último é totalmente desconhecido pela ciência moderna, da qual, somente, a Sra. Kingsford pode derivar sua concepção sobre moléculas. Ela perceberá a força desse argumento ao apenas tentar construir uma definição científica da palavra "essência". Suas censuras ao uso pelo Sr. Sinnett das palavras "matéria" e "movimento" mostram claramente que ela infelizmente não compreendeu a natureza de ambos, e que todas as suas censuras em relação a isso se apoiam, como todos os seus colaboradores, em suas próprias concepções errôneas.

Não há outra parte das objeções da Sra. Kingsford e do Sr. Maitland que esteja tão cheia de noções errôneas quanto aquela relacionada aos *Dhyan Chohans*. A Sra. Kingsford, na página sete do panfleto em consideração, diz: "Não há doutrina em seu (Sr. Sinnett) livro que seja mais incompatível com o senso comum e com a percepção intuitiva da adequação das coisas do que aquela que atribui a criação física dos mundos aos homens aperfeiçoados ou *Dhyan Chohans*. Fomos informados de que eles, e só eles, são os artífices dos planetas e os reconstrutores do Universo." Aqui, se não também em outro lugar, nós encontramos a talentosa presidente incapaz de elevar-se acima das peculiaridades do seu sexo. Isso é, de fato, um exemplo do que Shakespeare chama de "a razão de uma mulher". Antes de lidar com a afirmação dessa senhora, eu vou corrigir uma pequena imprecisão na qual ela caiu. O Sr. Sinnett não atribui a "criação física" aos *Dhyan Chohans*. Suas palavras são perfeitamente inequívocas: "Todas as coisas são explicadas pela lei, que trabalha na matéria em suas diversas formas, *mais* a influência orientadora e modificadora das inteligências superiores associadas ao Sistema Solar, os *Dhyan Chohans*." Isso dota os *Dhyan Chohans* com o privilégio da criação, física ou outra? Mais adiante, o Sr. Sinnett diz: "eles (os *Dhyan Chohans*) só podem trabalhar através do princípio da evolução" etc. Isso certamente mostra que os *Dhyan Chohans* não são criadores, de forma alguma, não no sentido comum dessa palavra.

Entretanto, a primeira objeção que ela levanta contra a doutrina é sua incompatibilidade com o "senso comum". O senso comum é, sem dúvida, um termo muito amplo, tão enganoso quanto o deus grego Proteus, mas até hoje eu nunca ouvi algo sobre apelar a ele como a um árbitro, no plano transcendental, onde notoriamente nossa experiência diária não tem espaço para se afirmar. O único outro argumento contra a posição é que ela é oposta "à concepção intuitiva da adequação das coisas". A doutrina apresenta uma nítida linha de divisão, e eu vou tentar descobrir para qual das divisões é feita a objeção, pelas razões acima referidas. Vai contra a noção de adequação das coisas da Sra. Kingsford os *Dhyan Chohans* poderem interferir na formação dos planetas, e as entidades humanas poderem atingir a estatura dos *Dhyan Chohans*? A primeira dificilmente pode ser contestável. A doutrina considerada ofensiva, então, é aquela que ensina que o estado dos *Dhyan Chohans* não está fora do alcance da humanidade. Mas um pouco de reflexão mostrará a perfeita consonância da doutrina com a razão e a justiça. Se os *Dhyan Chohans* estivessem livres da necessidade de atravessar todos os diferentes estágios do progresso evolutivo e, assim, de aparecer como homens, em um momento ou outro, onde estaria a soberania da justiça absoluta no mundo? Essa doutrina monstruosa, de fato, seria apenas a reafirmação do terrível dogma calvinista da salvação pela eleição e da danação por predestinação. Eu pediria que a talentosa senhora considerasse se a doutrina como apresentada pelo Sr. Sinnett é tão oposta à adequação das coisas como ela imagina. A Sra. Kingsford afirma que a doutrina do *Dhyan Chohan* é comum tanto ao Budismo quanto ao Cristianismo, e então segue explicando-a a partir de seu próprio ponto de vista. "É ensinado", ela diz, "pela primeira dessas religiões [i. e., o Budismo] que sempre que um Buda passa ao *Nirvāna*, seu *Karma* é derramado através dos mundos como uma energia moral viva, por meio da qual um novo influxo de vida espiritual é desenvolvido". Ela propõe, como um paralelo a isso, a doutrina cristã incorporada no dizer de Cristo: "Se eu não for embora, não virá a vós o Paracleto; mas, se eu for, vo-lo enviarei".

Com todo o respeito, alegarei aqui que a Sra. Kingsford adotou uma visão completamente errada sobre a natureza da energia desenvolvida por uma Mônada no estado de *Mukti* (liberação da roda de nascimentos e mortes) e também sobre a condição *nirvânica*. Cada ser humano, ao atingir um determinado estágio em seu desenvolvimento espiritual, começa a espargir sobre o mundo "uma energia moral viva, pela qual um novo influxo de vida espiritual é desenvolvido", e para isso, a entrada no *Nirvāna* (no sentido em que ela o entende) não é necessária. O Paracleto que desce nada tem a ver com os *Dhyan Chohans*, que não são Mônadas na condição *nirvânica* considerada acima. Quando *Videha Kaivalyam* (a união da Mônada desencarnada com o absoluto *Parabrahman*) é alcançado por alguma Mônada, a soma total de seu *Karma* irá enriquecer a Mente universal, onde se encontra o arquétipo de tudo o que é, foi, ou será. O novo influxo de ideias formadas assim trazidas é inundado pela energia cósmica, chamada de *fohat* pelos

Ocultistas budistas e pelos Iniciados. Assim é que é feita a descida do Paracleto (ou o *Buddhi* manifestado) na *verdadeira* doutrina esotérica. Mas os *Dhyan Chohans* não estão naquele estado de *Nirvāna* do qual desce o *Buddhi* ou o *Prajñā* (a Sofia dos gnósticos ou, ainda, o Paracleto cristão). Como todos os Ocultistas orientais sabem, há catorze níveis de *Nirvāna*, além de outros dois (que são apenas um, o manifestado e o imanifestado), alguns dos quais, em verdade nove, são alcançados pelos Adeptos ainda enquanto vivos, e outros são alcançados apenas no estado de *Dhyan Chohan*, e assim por diante. Essa explicação mostrará claramente que a doutrina dos *Dhyan Chohans*, seja ou não incompatível com o "senso comum" da Sra. Kingsford, certamente não é o que ela pensa que é.

Eu passarei agora às objeções do Sr. Maitland sobre esse assunto. A primeira objeção que ele faz é que a presença dos *Dhyan Chohans* interfere na liberdade da vontade humana. O assunto do livre-arbítrio e predestinação é um que tem sido um pomo de discórdia entre teólogos e metafísicos ocidentais, desde tempos remotos, e como tal, sem dúvida, possui um charme peculiar para o intelecto ocidental, mas não se deve esquecer que o problema metafísico do livre-arbítrio e predestinação tem muito pouca importância fora de um sistema religioso que se apoia em um Deus onipotente e onisciente, que traz à existência seres a partir dos reinos do absolutamente nada por um ato de sua volição. Os *Dhyan Chohans*, como já foi mostrado, não são mais criaturas ou criadores do que nós mesmos. Em nosso caso, toda a vontade é livre, porque não há qualquer poder dominante para interferir em sua existência. Ao mesmo tempo, deve-se ter em mente que há uma lei a que toda vontade tem que obedecer, por que a natureza da UNA e única substância no Universo é a incorporação daquela Lei. Eu expus a doutrina de forma muito clara, eu creio, e agora vou deixar que o leitor descubra se ela está ou não de acordo com suas noções sobre livre-arbítrio e predestinação. A objeção em exame parece ter surgido de um entendimento errado sobre natureza dos *Dhyan*

Chohans e, uma vez explicada, a doutrina contida no *Esoteric Buddhism* será descoberta como mais científica do que os contestadores imaginam. As duas passagens daquele livro que, conforme o Sr. Maitland, são conflitantes com o "livre-arbítrio" humano, foram assim, ainda, estranhamente muito mal entendidas. Na página 189 é dito que os *Dhyan Chohans* "reinam, de um modo divino, sobre os destinos do mundo". Aqui, talvez, a palavra "divino" tenha levado o Sr. Maitland a imaginar que o Sr. Sinnett investiu os *Dhyan Chohans* com todos os atributos do Deus das massas. Mas para um leitor comum, naturalmente, parece que a intenção do Sr. Sinnett foi de simplesmente mostrar qual é a abordagem mais próxima, na verdade, da ideia comum sobre Deus. A outra passagem (p. 177) segue assim: "[os *Dhyan Chohans*] exercem uma influência orientadora e modificadora ao longo de todo o curso da evolução, sendo todas as coisas explicadas pela lei que atua sobre a matéria em suas diversas formas, *mais* a influência orientadora e modificadora de... os *Dhyan Chohans*". Nem nessa passagem nem na anterior, não há nada dito que possa apoiar a posição do Sr. Maitland. Tudo o que o Sr. Sinnett afirma aqui é que certa quantia de energia evolutiva do Universo opera através dos esforços de uma hoste de seres elevados, os agentes conscientes da Lei Imutável, inerente à Vida Una, que é *não* consciente, apenas porque a consciência é limitada e condicionada. Isso não mostra, de forma alguma, que os *Dhyan Chohans* podem, como o chamado Deus pessoal, ser acusados de ter criado a cadeia de causação que produz resultados, para alguns, agradáveis, para outros, dolorosos.

O Sr. Maitland não foi mais feliz em sua próxima objeção contra a doutrina dos *Dhyan Chohans*. Em síntese, seu argumento é: a Doutrina Esotérica e o Ocultismo são perfeitamente inúteis, já que "os mais elevados, ou melhor, únicos objetos oferecidos a nós para adoração são os nossos próprios eus perecíveis – em um avançado estado de evolução, é verdade, mas um estágio que está tão distante de acarretar nossa perpetuação, tão longe de nos garantir aquele "dom de Deus que é a vida eterna" – que a obtenção disso é apenas o prelúdio à inevitável extinção – extinção não da mera existência do ser manifestado, mas do ser em si mesmo". Após ler (o trecho) acima, dá vontade de largar a caneta, em desespero! Evidentemente, o Sr. Sinnett escreveu seu livro em vão para os leitores do tipo do seu vice-presidente! A ideia expressa acima é de que o *Nirvāna*, a meta final do homem, não é nada mais que aniquilação, justificada pelos ensinamentos do *Esoteric Buddhism*? Pois se afirma na página 163: "Tudo o que as palavras podem transmitir é que o *Nirvāna* é um *estado sublime de descanso consciente na onisciência.*" Será que o estado de *Nirvāna*, que o Sr. Sinnett tentou esboçar nas palavras acima não é nada além de aniquilação? Se assim for, quanto antes for reconhecido que a linguagem deixou de ser o meio de comunicação entre os homens, melhor. É perfeitamente claro que o Sr. Maitland abriu sua torrente de críticas sobre a devotada cabeça do Sr. Sinnett, sem mesmo se dar o trabalho de familiarizar-se suficientemente com o assunto de sua crítica, e deve, portanto, sujeitar-se à censura que uma conduta tão imprudente merecidamente exige.

Considerando-se a turva névoa que parece circundar o assunto dos *Dhyan Chohans*, não seria descabido acrescentar algumas observações sobre isso a partir do ponto de vista hindu, ou melhor, do advaita – esse último sendo idêntico ao Budismo esotérico. Eu gostaria, entretanto, de deixar claro que as minhas visões não são obrigatórias a qualquer membro da Sociedade Teosófica, nesse país ou no exterior; meu objetivo é simplesmente oferecer material para reflexão, e conduzir nossos irmãos-membros a uma investigação mais ativa e independente.

Nos textos sagrados hindus, os *Dhyan Chohans* são mencionados com uma variedade de nomes. O *Dhyan Chohan*, quando encarnado como homem, no primeiro aparecimento da humanidade em nosso planeta, é mencionado como *Manu* Svayambu (o autoexistente), que gera os sete *Rishis* de modo incorpóreo, sendo eles conhecidos como seus *mānasaputras* – os filhos de *manas*, ou mente – e que, por isso, representam o quinto princípio do planeta. Eles são mencionados como os 7 x 7 nos tratados ocultos; e ensinaram-nos que são eles, ainda, que são designados para manter a guarda da sagrada Religião-Sabedoria para a raça humana nascente. Esses *Rishis* geram, isto é, tomam sob sua responsabilidade, os sete *Pitris*, os primeiros homens desenvolvidos nesse planeta, ancestrais de toda a família humana. Esse é um aspecto da coisa. Como descendentes de *Aditi* ou o "Incomensurável", o Infinito (*Prakṛiti*), os *Dhyan Chohans* são conhecidos como *Adityas*, que se diz serem doze, com referência aos diferentes graus entre eles. Esses *Dhyan Chohans*, como espíritos guardiães desse mundo, são conhecidos também como *Dikpalas* (os guardiães dos diferentes pontos da bússola), um nome sob o qual, descobrir-se-á, eles são constantemente mencionados nos textos budistas primitivos. Como agentes da destruição do nosso Sistema, quando chegar o momento do seu fim, eles são os doze *Rudras* ("queimando com fúria"[138] erroneamente traduzido por Max Müller como "Berrantes"[139]), que reduzem tudo de volta ao seu estado indiferenciado. O Sr. Maitland descreve que o Sr. Sinnett teria dito que os *Dhyan Chohans* perecem como tudo o mais. Mas, como foi mostrado antes, não se pode dizer que nenhuma entidade que tenha uma vez atingido o *Paranirvāna* perece, embora o estado de existência conhecido como *dhyanchohânico*, sem dúvida, funda-se ou assimile-se ao estado de Consciência Absoluta, por um período, quando soa a hora do *Mahāpralaya*, entretanto será impelido, mais uma vez, à existência no alvorecer do *Manvantara* seguinte.[140] Isso não mostra, de forma alguma, que

[138]Isso se refere à consumação pelo fogo que o nosso Sistema deve sofrer ao final do *Mahāpralaya Solar*. Ensina-se *exotericamente* que doze *Suryas* (sóis) surgirão para queimar o Universo Solar – e causar o *Pralaya*. Essa é uma caricatura do ensinamento esotérico, no qual o nosso fim virá da exposição do *verdadeiro* Sol "pela remoção do véu" – a fotosfera e a cromosfera, talvez, sobre a qual a Royal Society acha que aprendeu tanto, H. P. Blavatsky.

[139]No original: *howlers*. (Nota da trad.)

[140]A palavra *Manvantara* literalmente significa um "*Manu* diferente" ou *Dhyan Chohan*

as entidades que existem como *Dhyan Chohans perecem* mais do perece a água convertida em vapor. Os *Dhyan Chohans* são, de fato, os deuses mencionados alegoricamente em nossos *Purānas*. Esses seres elevados, como também todas as outras classes do reino *Deva* (deus), são de dois tipos – um consistindo em aqueles que *foram* homens, e o outro em aqueles que *serão* homens em algum momento futuro. É claramente mencionado em nossos livros que aqueles que agora são deuses viveram outrora nesta Terra como homens. Os *Dhyan Chohans* são os *Elohim* dos cabalistas ocidentais. Eu fui obrigado a fazer essa digressão um tanto longa para mostrar que a doutrina dos *Dhyan Chohans*, como ensinada na doutrina esotérica, e vagamente delineada no *Esoteric Buddhism*, é essencialmente a mesma que a ensinada pelos antigos *Rishis*, por Shankaracharya, e até pelas atuais autoridades bramânicas – embora distorcidas as formas atuais. Aqueles que consideram essa doutrina "como incompatível com o senso comum", e ainda iriam, em face "da urgência da demanda, no Ocidente, por esclarecimentos mais completos do Oriente", "solicitar ensinamentos também de outras escolas de Ciência Oculta" passariam apenas de mal a pior. Não há uma escola na Índia, seja esotérica ou exotérica, que ensine qualquer outra doutrina a respeito dos *Adityas*, ou os *Dhyan Chohans* – a menos que, de fato, ela seja a mundialmente famosa escola *Vallabhacārya* ou "Tântrica Negra", por cujos princípios filosóficos o Sr. Maitland e seus seguidores são totalmente livres para interessarem-se.

Agora tratarei da objeção da Sra. Kingsford a todo o sistema de evolução apresentado pelo Sr. Sinnett. "A precisão matemática", argumenta, "de engrenagem de relógio invocada pelo sistema mecânico do Sr. Sinnett" mostra seu desascordo com "as sugestões do pensamento científico e espiritual".

Quaisquer que sejam os méritos ou deméritos do sistema em questão, é muito difícil ver como algum sistema pode ser condena-

encarnado. Isso se aplica ao período de tempo decorrido entre duas aparições sucessivas do *Manu* nesta Terra, como mostra a palavra "*Manu-antara*".

do como "não científico" meramente por causa de sua precisão matemática. Se tudo no Universo está sujeito a uma rigorosa cadeia de causação, então, não se pode negar que todos os fatos naturais podem ser representados "com a precisão matemática de uma engrenagem de relógio", embora a ciência oficial de hoje possa não ter a capacidade de representá-los assim. Mas não se pode negar, por um único momento, que quanto maior é a precisão que uma ciência alcança, mais ela aproxima-se de seu ideal abstrato – a Lei imutável. A única coisa que me parece não científica em toda essa questão são as objeções da Sra. Kingsford.

O próximo ataque da talentosa dama é contra a existência física dos sete planetas, que formam a cadeia planetária mencionada no livro do Sr. Sinnett. Embasada em alguns dogmas budistas exotéricos, a Sra. Kingsford afirma que os sete planetas em questão são apenas "uma alegoria", e indicam, na verdade, sete "estados espirituais". Mas, em outro lugar, ela admite a realidade de uma diversidade dos estados espirituais e, então, com um estranho esquecimento de um dos axiomas fundamentais da Ciência Oculta – "assim como é em cima, é embaixo" – nega a diversidade das condições materiais de existência. Se há várias condições de *Devachan*, e vários estados de *Nirvāna*, por que então a existência material deveria ser limitada a apenas uma? No entanto, eu penso, a partir de uma nota de rodapé na página seis, que a Sra. Kingsford não questiona o fato da "transmigração e evolução planetária", e eu deduzo daí que suas objeções aplicam-se apenas a questões de detalhe. Mas como não aparecem quais são realmente as suas objeções, elas não podem ser examinadas além disso. A respeito da submersão de Atlântida, a ideia do Sr. Maitland parece ser (p. 22) que, apesar do afundamento dos continentes ser um fato geológico bem comprovado, "o conto de Atlântida é uma alegoria" que tem um significado puramente espiritual. Embora essa não seja uma ideia nova dele, e apenas recentemente tenha sido exposta detalhadamente por outro espírita, o Sr. Gerald Massey, ela é, no entanto, puramente fantasiosa. O autor do *Sūrya Siddhānta* viveu, apesar das tentativas dos sanscritistas ocidentais, para atribuir a ele uma data moderna, na Atlântida perdida, como todas as nossas tradições e crônicas declaram. No sistema geográfico apresentado na obra astronômica acima mencionada, são mencionadas sete ilhas de Atlântida – Plakshadvipa e outras, e sua posição é indicada com precisão científica. A mesma quantidade que na obra em posse dos sanscritistas europeus. Quanto às numerosas obras que tratam do assunto dos continentes perdidos e da terceira e quarta raças que os habitavam, mas que nenhum olho europeu já viu – não há necessidade de mencioná-las, já que elas dariam origem apenas a uma negação bastante descortês. O célebre astrônomo Asura *Māyā* (a quem o Prof. Weber transformou no grego Ptolomeu) era outro, um nativo de Atlântida. Se as pessoas pudessem compreendê-lo, a submersão da ilha também é tratada no *Uttara Rāmāyana* e em várias outras obras de inquestionável autoridade. O fato verdadeiro, portanto, é que o desaparecimento de Atlântida é um fato geográfico e logo se tornará histórico, embora eu não negue que ele também sirva como uma representação alegórica de certas verdades espirituais.

O próximo ponto que eu mencionarei é a mais extraordinária paródia do Sr. Maitland sobre a visão do Sr. Sinnett sobre Buda. Eu não me considero justificado a falar publicamente sobre a verdadeira Doutrina Esotérica do Budado. Assim, tudo o que eu posso dizer aqui é que a apresentação do Sr. Sinnett sobre a doutrina, embora incompleta, é correta até onde ela avança. A primeira coisa que eu tenho que enfatizar é que Cristo e Buda não significam uma e a mesma coisa: Cristo é um princípio e Buda é *um estado*. Não é necessário que toda Mônada passe pelo Budado em sua trajetória em direção ao *Nirvāna*.[141] Todo homem que passa pelo último es-

[141] Deve-se ter em mente que aqui não nos referimos a nenhum homem – Gautama Buda, Cristo, ou qualquer outro. O estado que Sidarta Gautama atingiu por se colocar em conexão direta com um raio particular da Sabedoria Absoluta é chamado de Buda.

tado de iniciação não se torna, necessariamente, um Buda. Por fim, a visão histórica do caso é a correta, e nenhuma confusão foi feita pelo Sr. Sinnett entre "similaridade" e "identidade", como sugerido pelo Sr. Maitland na página 22.

Agora concluirei minha análise sobre a má compreensão e os argumentos levantados contra os ensinamentos contidos no *Esoteric Buddhism*, chamando a atenção à referência sarcástica do Sr. Maitland ao "próprio Adepto chefe inspirador", como ele chama o Mestre. O Sr. Maitland considera "digno de nota que embora a existência de Deus, ou de algum bem absoluto, seja tenazmente negada, aquela do "mal absoluto" é...mantida, sendo a frase usada pelo próprio Adepto chefe inspirador do livro". A frase citada por ele está tão completamente separada do contexto no qual o tal "Adepto" realmente pronuncia-se, que fazer inferências a partir de tal expressão isolada, sem tê-la definido mais claramente, pelo que a precede e a sucede, não está longe de deturpação. Pedindo desculpas ao Sr. Maitland, é claramente afirmado, na página 61, "que quando a sua raça, a quinta, tiver alcançado o zênite de sua intelectualidade física e desenvolvido sua mais alta civilização... incapaz de subir mais alto em seu próprio ciclo, seu progresso em direção ao mal absoluto será detido (como seus antecessores... foram detidos em seu progresso em relação ao mesmo)". Estranha, de fato, deve ser a construção pela qual, a partir da citação acima, pode-se extrair da proposição do vice-presidente "que a existência do 'mal absoluto' é afirmada pelo Adepto"! Pelo contrário, é clara a implicação de que nenhuma coisa como o 'mal absoluto' é alguma vez atingida pela humanidade. Se, contudo, alguma elucidação adicional sobre o assunto ainda for solicitada, eu tenho apenas que apontar outra passagem sobre o mesmo assunto, na página 84, do mesmo "Adepto inspirador", que tornará a (eu prefiro crer, *inconsciente*) má compreensão do Sr. Maitland, para todos, tão clara como a luz do dia. "Há *mais mal aparente e relativo do que real, mesmo na Terra*, e não é possível às massas, todos os dias, alcançar a fatal grandeza e eminência de um Satã" – escreve o venerado Mestre na referida página. De fato, é muito difícil entender como uma pessoa com a imparcialidade e a habilidade inquestionáveis do Sr. Maitland pode ter caído tão irremediavelmente em tal atoleiro de graves erros!

Para coroar a lista de erros e equívocos, voluntários e involuntários, nós temos de mencionar a atribuição que ele fez, de certas afirmações, à Madame Blavatsky, as quais nunca poderiam ter sido e nem foram feitas por ela, considerando-se a relação dela com o santo personagem a quem elas se referem. A evidência interna, na ausência de qualquer assinatura no artigo (Resposta a um M. S. T. inglês), no qual consta a frase (veja *The Theosophist* de outubro de 1883, p. 3), é forte o suficiente para alertar todos os leitores cuidadosos sobre a suposição infundada feita pelo Sr. Maitland. Mas é certamente curioso que o cavalheiro nunca tenha perdido uma única chance de cometer um erro! As "Respostas" – como todos em nossa Sociedade estão cientes – foram escritas por três "Adeptos", como o Sr. Maitland os chama – nenhum dos quais é conhecido na Loja de Londres, com exceção de um – pelo Sr. Sinnett. A frase citada e atribuída à Madame Blavatsky é encontrada no manuscrito enviado por um *Mahātma* que reside no sul da Índia, e que tem, com exclusividade, o direito de falar, como fez, de outro *Mahātma*. Mas mesmo suas palavras não estão corretamente declaradas[142],

[142] Aqui eu nego, o mais enfaticamente, ter publicado, e muito menos ter escrito, eu mesmo, alguma vez, a frase como agora se encontra citada pelo Sr. Maitland em seus "Comentários". *The Theosophist* de outubro está, acredito, disponível em inglês e as duas frases podem ser facilmente comparadas. Quando o escritor da Resposta nº 2, referindo-se a "gregos e romanos", jocosamente comentou que seus ancestrais poderiam ter sido mencionados com algum outro nome, e acrescentou que "apesar da desculpa muito plausível de que os nomes usados foram inseridos em uma *carta privada*, escrita (como muitas cartas sem importância são) com muita pressa, e que" (*essa* carta particular) "não era digna de ser citada *literalmente* com todas as suas imperfeições" – ele certamente nunca quis que suas observações produzissem tal acusação como está implícito na citação incorreta do Sr. Maitland. Deixemos qualquer um da Loja de Londres comparar e decidir se a tal sentença pode levar alguma pessoa a duvidar da "exatidão dos Irmãos Adeptos", ou inferir "que eles frequentemente são dados a escrever, com muita pressa, coisas que

como mostrado na nota de rodapé. Com essa observação, eu posso começar a encerrar essa controvérsia, já longa demais.

Para resumir: nosso exame um tanto longo das críticas contidas nos documentos compartilhados pela presidente e um "vice-presidente da Loja de Londres" mostrará agora, claramente, aos nossos colegas membros e a qualquer leitor imparcial do *Esoteric Buddhism*, que suas doutrinas não são nem não científicas, nem totalmente alegóricas. Se, devido ao seu caráter extremamente obscuro, elas são enganosas, ou melhor, de difícil compreensão – o autor não deveria ser culpado por isso. Ele deu o melhor de si, e como o sistema de filosofia explicado pelo Sr. Sinnett vem, certamente, das mais altas fontes do conhecimento esotérico conhecidas por nós no Oriente, ele merecia, pelo contrário, os maiores agradecimentos, mesmo pelo pouco que ele fez. Seu livro faz parte de um sistema completo de ciência esotérica e filosofia que não é nem hindu e nem budista em sua origem, mas que é idêntico à própria Religião-Sabedoria antiga, e que forma a base ou fundamento de todo sistema religioso concebido pela mente humana desde o momento em que o primeiro *Dhyan Chohan* apareceu neste planeta para plantar a semente da Sabedoria Eterna. Sua forma pode parecer confusa, e as concepções desenvolvidas podem precisar ser ampliadas ou modificadas na apresentação do sistema como um todo. Até então seria extremamente inadequado formar quaisquer ideias precipitadas sobre as metas e objetivos superiores de tal sistema, ou sobre sua insuficiência, para servir como "um sistema perfeito de pensamento e regras de vida". Para realizar tal expectativa, temos que esperar até que ele nos seja apresentado, em sua forma mais perfeita, seguramente não a partir das doutrinas fragmentárias reunidas na obra do Sr. Sinnett; e parece igualmente despropositado criticar as doutrinas, agora, diante do mundo, a partir do isolado

não são dignas de ser citadas, etc." E já que a palavra "frequentemente" não ocorre na citação alegada, e modifica em boa parte o espírito do comentário, eu posso apenas expressar que lamento que, sob as graves circunstâncias atuais, o Sr. Maitland tenha se tornado (inadvertidamente, sem dúvida) culpado por tal *incorreção*. – H. P. Blavatsky.

ponto de vista do Cristianismo Esotérico. Se alguns dos membros da Loja de Londres são da opinião de que há doutrinas superiores e mais puras no Oriente, eles têm total liberdade para investigá-las. Mas a mais plena liberdade de opinião dada a eles nunca poderá justificar as numerosas observações desnecessárias espalhadas nas duas "Cartas" contra os "inspiradores do *Esoteric Buddhism* do Sr. Sinnett". Sugerir longamente, como fez o Sr. Maitland, "que nada seria mais provável do que aquilo que... nós (os membros da Loja de Londres) deveríamos... estar nos comprometendo com uma seita obscura e remota.... com apenas um fragmento da verdade, ... tão pervertida, como representar não mais a verdade, mas o erro" é certamente, na ausência de uma prova conclusiva, nem teosófica, nem budista, nem mesmo *cristã*, mas simplesmente muito pouco caridosa, assim como injusta para a nossa Sociedade como um todo.

Quanto à proposta feita para dividir a filial londrina em duas seções, a serem chamadas de Tibetana e Católica, em nossa humilde opinião, dificilmente irá promover a causa da Teosofia no Ocidente. Pode haver, como os reverenciados *Mahātmas* sugeriram, dois grupos distintos na Loja de Londres da Sociedade Teosófica, mas esses dois grupos devem estar em um pé de *perfeita igualdade*. Adotar as visões da Sra. Kingsford e do Sr. Maitland em sua totalidade – exceto até onde elas coincidam com as visões do Mestre – seria fatal à política da Sociedade Católica, e como tal, a Sociedade-Mãe não daria sua sanção. Conforme as regras da Associação, toda Sociedade Teosófica é "Católica" em seus objetivos e intenções, e nós não consideramos apropriado chamar alguma seção específica de Sociedade Católica ou universal – distinta de qualquer outra seção, para limitá-la, por fim, apenas às visões de uma pessoa em particular. Eu deduzo, ainda, da carta da Sra. Kingsford, que o objeto da seção católica é proclamar o Cristianismo esotérico ao mundo ocidental. Se esse deve ser o seu único objetivo, e o se Cristianismo esotérico deve ser interpretado conforme a autoridade de dois indivíduos, e todo outro sistema de doutrina esotérica deve ser tratado da mesma maneira como foi tratado o livro do Sr. Sinnett, então a seção em questão será tão autorizada à diferente denominação proposta quanto uma obscura seita hindu, à identificação com a antiga Religião-Sabedoria. Quanto a todos os detalhes práticos de administração, o presidente fundador, que estará em Londres dentro de um curto tempo após o recebimento desta, será o mais competente para lidar com eles, conforme as instruções recebidas por ele dos *Mahātmas* – os guias e mestres nossos e dele.

Seção VI

Vedanta e Teosofia

Capítulo I

Um Deus Pessoal e um Impessoal

Vários comentários que eu percebi no *Arya*[143] levaram-me a crer que, como é muito comum, diferenças na interpretação de termos estão levando a antagonismos *aparentes* entre pessoas cujas visões são, na realidade, idênticas.

Aqueles que negam a existência de um Deus pessoal são alvo de ataques, e dizem que tais pessoas, mesmo as que acreditam em um Deus impessoal, são, na realidade, ateus.

Mas, em minha humilde opinião, isso é simplesmente uma confusão resultante das diferenças nos significados atribuídos, por diferentes pessoas, aos termos "Deus pessoal" e "impessoal".

Permitam-me, inicialmente, no entanto, explicar que não estou, aqui, buscando defender o *The Theosophist* ou você mesmo; você é bastante capaz de defender-se, e eu não estou, de modo algum, autorizado ou qualificado para expressar suas visões ou aquelas da Fraternidade do Himalaia, da qual você é representante, a respeito da natureza da Causa Primeira. Eu não desejo entrar em controvérsia com ninguém, desejo viver em paz e amor fraternal com todas as pessoas. Tenho minhas próprias visões, que satisfazem *minha* mente e coração, nas quais eu firmemente acredito, e que espero que todas as outras pessoas respeitem. E não duvido de que os outros que discordam de mim tenham igualmente adotado as visões que satisfazem suas mentes e corações, estando igualmente justi-

143 *Arya Samaj:* movimento hinduísta fundado por Dayananda Saraswati, em 1875, ano da fundação da Sociedade Teosófica. (Nota da trad.)

ficados a mantê-las, possuindo o mesmo direito de ter suas visões respeitadas por mim.

Ao examinar o Universo, nada me impressionou tão fortemente quanto o sistema de divisão do trabalho que o permeia. Resultados práticos nunca surgem de causas solitárias, eles são sempre resultantes de efeitos mais ou menos divergentes de um plexo inextricável de diversas causas. É a partir de contrastes que todas as alegrias e belezas do mundo surgem; é a partir do equilíbrio de forças antagônicas que o Universo subsiste. Todo o progresso brota da diferença; toda a evolução é o resultado da diferenciação; no grande como no espiritual, no Universo visível como no invisível.

Como, então, os homens podem deixar de perceber que diferenças de opinião em assuntos espirituais são partes do mecanismo necessário do organismo espiritual subjacente (como os ossos são subjacentes à carne e à pele) a todo o mundo físico ou visível? Como eles podem censurar os outros por sustentarem visões diferentes das suas próprias? Como não percebem que os outros estão tão sinceramente quanto eles mesmos trabalhando em harmonia com o plano ou lei do Todo que tudo permeia? A noite é tão necessária para a nossa organização mundana quanto o dia; deveria a noite insultar o dia pelo seu brilho, seu barulho, seu calor, ou o dia censurar a noite por seu silêncio sombrio?

Assim, então, não é com o espírito de criticar aqueles que divergem de mim, mas apenas no intuito de superar diferenças imaginárias que, sendo *irreais*, causam mal e não bem, como causam as diferenças *reais,* que eu desejo dizer algumas palavras sobre a crença em um Deus pessoal, em um Deus impessoal e em nenhum Deus.

As três crenças são muito diferentes e, com todo o respeito a nossos irmãos da *Arya*, que parecem pensar de modo diferente: o crente em um Deus impessoal não somente é não ateísta, mas, na realidade, em muitos casos, sustenta exatamente os princípios das *Upanishads*.

É no significado da palavra "pessoa" que o equívoco origina-se. A *Arya* diz: "Por "pessoal" nós entendemos o atributo de ser um indivíduo – a essência da personalidade é consciência – o conhecimento do fato de que EU SOU." Mas essa, se o escritor me perdoar, de fato, não é uma posição sustentável. *Persona*, ou máscara, refere-se apenas à máscara de carne, sangue e ossos, e aos poderes associados que ocultam o espírito, alma, ou como as pessoas quiserem denominar, a parte da entidade humana que sobrevive à dissolução do corpo físico. Para os materialistas, que acreditam que, com esse último, todo o homem perece, *pode* ser correto dizer que a essência da personalidade é consciência, mas certamente nenhum vedantino jamais diria isso se ele realmente entendesse o que "personalidade" significa. A essência da *individualidade* é consciência, é a individualidade que sente "eu sou", não a personalidade, que não sente, por si própria, o "eu sou", mais do que o conjunto de roupas com o qual ela está vestida.

Agora, há muitos homens bons que acreditam em um Deus pessoal, um homem radiante e glorificado, com cabeça, corpo e membros; e eles desenham imagens dele (aqueles que apenas têm frequentado as galerias da Europa sabem quão gloriosas idealizações da "forma divina humana" essa crença tem inspirado), e atribuem a ele sentimentos humanos, como raiva, arrependimento e outros, e o retratam como a eles próprios, e o amam como a um verdadeiro "Pai que está no Céu". Mas há outros (que não conseguem aceitar essas concepções, que lhes parecem depreciativas, de Infinito de Absoluto) que acreditam em um Deus Impessoal. Eles sustentam que Deus não é um mero homem ampliado, que ele não tem forma ou *persona* em alguma medida que nós podemos conceber, que ele é um espírito, onipresente, que tudo sustenta, não suscetível de raiva, arrependimento ou mudança e, portanto, pânico (tendo sempre sabido, por toda a eternidade, o que era certo e, portanto, o que ele queria), sempre trabalhando por meio de leis imutáveis. Muitos desses (mas não todos) sustentam também que ele não é *consciente* ou *inteligente*, em *nosso* sentido da palavra, pois esses dois termos implicam dualidade, uma entidade para conhecer uma coisa e uma coisa para ser conhecida, enquanto Ele é Tudo em Todos, e n'Ele nós e todas as coisas nos movemos, vivemos e temos o nosso ser, mas, ainda, aquele Ele é Todo consciência e inteligência. Os crentes, portanto, em um Deus impessoal são, alguns deles, teístas, alguns panteístas, mas não podem, de modo algum, ser realmente designados ateus.

Por fim, há os denominados ateus, que dizem que não acreditam em nenhum Deus, pessoal ou impessoal; que afirmam que o Universo é um aglomerado infinito de substância, sua condição indiferenciada, nem consciente nem inteligente, que se expande e se contrai por leis inerentes a seu próprio ser, e sujeito, de acordo com elas, a períodos alternados de dia e noite, atividade e repouso; que sustentam que, durante tais períodos de atividade, ainda de acordo com essas leis inerentes, todas as coisas humanas e divinas diferenciam-se e são evoluídas dessa substância primordial que tudo permeia, para se desintegrarem nela, mais uma vez, quando sobrevier a noite de descanso.

Esses se chamam de ateus, e se tais *existem*, eles provavelmente têm o direito de assumir o título, mas eu confesso que duvido se até mesmo esses sejam realmente ateus.

Em primeiro lugar, quando eles falam de leis, eles não se dão conta, me parece o caso, de que uma lei pressupõe um legislador, uma vontade, pelo menos, que tenha imprimido um curso de ação – e assim me parece que, admitindo-se uma lei inerente, eles não podem escapar logicamente de uma vontade que originou tal lei, e essa vontade, nesse caso, *deve* ser o que os homens entendem como Deus.

Mas, em segundo lugar, embora eles neguem essa vontade primeira, eles realmente não negam todos os Deuses. Pois eles dizem que, de acordo com as leis inerentes, desenvolvem-se não apenas tudo o que vemos e sabemos, mas seres espirituais incrivelmente e inconcebivelmente mais elevados, que guiam e dirigem todas as coisas no Universo visível, e a cujo poder e amor são devidas todas as belezas e maravilhas do mundo que tanto nos impressionam pelo senso de *design*.[144]

Assim, embora eles possam chamá-los de *Dhyan Chohans* ou *Elohim*, esses elevados seres espirituais são realmente seus deuses, e eles são mais politeístas que ateus. Só é preciso lembrar que esses, os deuses deles, não são nem infinitos e nem absolutos. Eles são finitos, de bilhões em bilhões de anos, assim como eles subsistem, eles passam à não existência (mas os defensores desses princípios divergem sobre se eles passam ou não à não existência) com a chegada do grande dia, e eles são condicionados pela lei eterna inerente da substância infinita da qual são um dos desenvolvimentos.

O *motivo pelo qual* eles preferem deuses finitos e condicionados a um Deus absoluto e infinito é claro. Na hipótese anterior, a origem do mal, a *existência* do pecado e sofrimento não gera nenhum problema; os deuses fazem o seu melhor, mas existem leis de polaridade oposta, de opostos antagônicos, às quais o Universo deve sua origem, e também eles próprios, que estão acima deles e que eles não têm poder de controlar, embora eles possam, em grande parte, modificar seus resultados. Eles fazem o seu melhor, e se ainda resta miséria e mal, é porque, não sendo onipotentes, eles não podem curar sem remédios, não podem tornar a luz perceptível sem a escuridão.

Também é claro o motivo pelo qual eles negam a Vontade primeira como provedora da vontade das denominadas leis inerentes. Posto que elas são leis cegas, autoexistentes, ninguém é responsável por todo o pecado, tristeza e sofrimento que essas leis acarretam. Mas admitir a vontade, então ela, sendo (por hipótese) onipotente, torna-se responsável por todo o mal que evolui de seus comandos e, portanto, não poderia, aparentemente, ser perfeitamente benéfica. De todos os jeitos, há problemas. Nenhuma solução do problema fundamental do Universo, que em todos es-

[144] Aqui se refere aos *Arhats* tibetanos, nossos Mestres.

ses milhares de anos a mente humana foi capaz de desenvolver, é completamente impecável.

Vamos, então, cada um tomar a solução que se adapte melhor à nossa constituição mental e espiritual, e vamos dar a nossos próximos a mesma liberdade de escolha, nunca hesitemos em afirmar ou defender nossas próprias visões e nos opor àquelas que consideramos erradas, mas vamos fazer tudo isso como nós nos defenderíamos e nos oporíamos a um adversário em um jogo de xadrez, com não mais sentimentos contra nossos oponentes do que teríamos contra um adversário em um jogo nobre.

Acima de tudo, vamos nos lembrar de que, na vida atual, as altas questões teóricas sobre Deus pessoal, impessoal e Deus nenhum são de menos preocupação para nós que a conduta correta em nossa vida diária, na qual não existem problemas semelhantes.

Que todos nós deveríamos tentar amar nossos próximos como a nós mesmos, que nós deveríamos perdoar nossos inimigos, que nós deveríamos fazer o bem para aqueles que nos fazem o mal, que nós deveríamos valorizar a pureza de vida, a verdade e a bondade muito mais que a riqueza ou posição ou prazer pessoal – essas são verdades admitidas em toda a parte, sempre e por todos, e certamente isso forneceria uma base suficientemente ampla na qual todos podemos, sendo brâmanes, cristãos, teósofos, árias ou não, nos reunir e trabalhar em um ser universal: a fraternidade.

H. X.

Uma carta assinada por "H. X." apareceu na edição de dezembro de *The Theosophist* sob o título acima mencionado, contendo algumas observações sobre "Questões Teóricas sobre Deus Pessoal, Impessoal e nenhum Deus." Qualquer coisa parecida com uma discussão inteligente sobre essas questões envolve problemas quase insuperáveis; e não é provável que qualquer um que não tenha definido exatamente para si próprio o que é cognoscível e o que é incognoscível para o homem, por um exame cuidadoso da natureza do homem e de seus poderes latentes, obtenha algum benefício por dedicar alguma parte do seu tempo a especulações a respeito desses assuntos. Jesus declarou que ninguém jamais viu o Pai, Buda ficou em silêncio quando ele foi questionado sobre a natureza do Absoluto e do Infinito, e nosso Shankaracharya disse que tudo o que foi escrito sobre essas questões apenas revelam a profundidade da ignorância humana. Mas o homem nunca cessou de especular sobre essas questões. Milhares de hipóteses conflitantes vieram à existência por causa dessas especulações; debatedores nunca deixaram de discutir sobre elas e a raça humana dividiu-se em centenas de seitas rivais por conta de suas diferenças de opinião sobre Metafísica teórica.

Se, como afirmado por "H. X.", diferenças de opinião sobre assuntos "espirituais" são inevitáveis, deve haver um desejo irresistível no ser humano de agarrar desesperadamente o incognoscível e desconhecido sem saber nada a respeito das reais capacidades de seus próprios poderes. O público em geral (pelo menos nesse país) está acostumado a associar todo movimento religioso e social com alguma crença particular a respeito do assunto em questão. Na opinião deles, todo sistema de filosofia, ciência ou ética que não inculque alguma doutrina específica a respeito dos problemas em questão é necessariamente imperfeito. A importância de cada movimento religioso, a utilidade de cada associação e o valor de cada sistema filosófico são sempre estimados por eles em relação a tal crença ou doutrina. Uma associação, como a Sociedade Teosófica, composta por vários religiosos e estabelecida com o propósito da investigação religiosa e científica é uma novidade para eles. Assim, constantemente estão sendo feitas investigações a respeito das visões dos fundadores da Sociedade Teosófica e dos nossos grandes Instrutores do Himavat sobre as questões em consideração. Algumas pessoas explicam para eles que eles são *nāstikas*[145]. Quando a

[145] Seguidores das escolas heterodoxas do Hinduísmo. (Nota da trad.)

grande massa de pessoas está desacostumada à investigação filosófica e a modos precisos de pensamento, a acusação de ateísmo é suficiente para diminuir sua consideração por algum indivíduo ou associação particular. Quando algum homem é condenado por ateísmo sem ser ouvido, quase nunca se associa alguma conotação particular à palavra, mas ela é associada a uma grande quantidade de vícios e deformidades. É bastante desejável, portanto, declarar ao público, em uma linguagem clara, a doutrina da Filosofia Arhat a respeito do problema em questão e apontar tais mal-entendidos que provavelmente surgirão a partir de uma leitura da carta em exame. Antes de prosseguir, informo a meus leitores que, em sua carta, "H. X." fala da Doutrina Advaita sob o título de Deus impessoal e apresenta a Doutrina Arhat sob a doutrina do ateísmo. Teria sido melhor se ele tivesse se referido a esses dois sistemas de filosofia sob suas denominações próprias. O público em geral ainda não aceitou qualquer definição do denominado Deus impessoal, e a palavra ateísmo, como acima colocada, transmite apenas uma ideia muito vaga. Sem tentar, portanto, averiguar o significado da mesma, eu apresentarei os princípios gerais das Doutrinas Advaita e Arhat sobre o assunto em questão, e deixarei os meus leitores decidirem se elas indicam uma crença em um Deus pessoal ou impessoal ou se elas equivalem ao ateísmo.

Agora pedirei a meus leitores (pelo menos aos que não estão familiarizados com as teorias cosmológicas dos pensadores idealistas da Europa) que examinem a teoria cosmológica de John Stuart Mill, como explicada em seu exame da Filosofia de Sir William Hamilton, antes de tentar entender a Doutrina Advaita, e eu informo-os de antemão que, ao explicar os princípios fundamentais de tal doutrina, eu pretendo usar, tanto quanto for conveniente, a fraseologia adotada pelos psicólogos ingleses da Escola Idealista de pensamento. Ao lidar com os fenômenos do nosso atual plano de existência, John Stuart Mill, por fim, chegou à conclusão de que a matéria ou os denominados fenômenos externos são apenas a criação de nossa mente; eles são meras aparências de uma modificação particular do nosso eu subjetivo, e de nossos pensamentos, volições, sensações e emoções que, em sua totalidade, constituem a base daquele Ego. A matéria, então, é a possibilidade permanente de sensações, a as chamadas leis da matéria são, falando propriamente, as leis que governam a sucessão e a coexistência de nossos estados de consciência. Mill também sustenta que, propriamente falando, não existe Ego numênico. A própria ideia de uma mente existindo separadamente, como uma entidade distinta dos estados de consciência que supostamente são inerentes a ela, é, em sua opinião, ilusória, como a ideia de um objeto externo, que supostamente é percebido por nossos sentidos.

Assim as ideias de mente e matéria, de sujeito e objeto, de Ego e mundo externo são realmente derivadas da agregação de nossos estados mentais, que são as únicas realidades que nos dizem respeito.

A corrente de nossos estados mentais de consciência é um "monstro de duas cabeças", conforme o professor Bain, que tem dois aspectos distintos, um objetivo e outro subjetivo. O Sr. Mill fez uma pausa aqui para admitir que a análise psicológica não foi mais longe, o elo misterioso que conecta o trem dos nossos estados de consciência e dá origem a nosso *Ahamkara* nessa condição de existência ainda permanece um mistério incompreensível para os psicólogos ocidentais, embora sua existência seja apenas vagamente percebida nos fenômenos subjetivos de memória e expectativa.

Por outro lado, os grandes naturalistas da Europa estão gradualmente chegando à conclusão[146] de que a mente é o produto da matéria, ou que ela é um dos atributos da matéria em alguma de suas condições. Pareceria, portanto, a partir das especulações dos psicólogos ocidentais, que a matéria é derivada da mente e a mente é derivada da matéria. Essas duas proposições são aparentemente irreconciliáveis. Mill e Tyndall admitiram que a ciência ocidental é ainda incapaz de ir mais fundo na questão. Nem é provável que resolva o mistério

[146] Veja o "Belfast Adress", de Tyndall – S. R.

posteriormente, a não ser que evoque a ciência oculta oriental em sua ajuda e adote uma visão mais abrangente sobre as capacidades do verdadeiro eu subjetivo do homem e os vários aspectos do grande Universo objetivo. Os grandes filósofos advaitas da antiga Āryāvarta examinaram a relação entre sujeito e objeto em cada condição da existência nesse Sistema Solar no qual essa diferenciação se apresenta. Assim como o ser humano é composto por sete princípios, a matéria diferenciada no Sistema Solar existe em sete condições diferentes. Esses estados diferentes de matéria não estão todos ao alcance da nossa consciência objetiva atual. Mas eles podem ser objetivamente percebidos pelo Ego espiritual no homem. Para a Mônada espiritual humana liberta, ou para os *Dhyan Chohans*, cada coisa que é material em cada condição de matéria é um objeto de percepção. Além disso, *Prajñā*, ou a capacidade de percepção, existe em sete aspectos diferentes, correspondentes às sete condições da matéria. Falando precisamente, há apenas seis estados de matéria, o chamado sétimo estado é o aspecto de matéria cósmica em sua condição indiferenciada original. Similarmente, há seis estados de *Prajñā* diferenciados, o sétimo estado sendo uma condição de perfeita inconsciência. Por *Prajñā* diferenciado, eu quero dizer a condição em que *Prajñā* é dividido em vários estados de consciência.

Assim nós temos seis estados de consciência, objetivos ou subjetivos, por determinado período, conforme o caso, e um estado de perfeita inconsciência, que é o começo e o fim de todos os estados de consciência concebíveis, correspondentes aos estados de matéria diferenciada e sua base indiferenciada original, que é o início e o fim de todas as evoluções cósmicas. Ver-se-á facilmente que a existência de consciência é necessária para a diferenciação entre sujeito e objeto. Por isso esses dois aspectos são apresentados em seis condições diferentes e, no último estado, não havendo consciência como afirmado acima, a diferenciação em questão deixa de existir. O número dessas várias condições é diferente em alguns sistemas de filosofia. Mas seja qual for o número de divisões, todas elas encontram-

-se entre a perfeita inconsciência em um extremo da linha e nosso presente estado de consciência ou *bahirprajñā*, no outro extremo. Para compreender a verdadeira natureza desses diferentes estados de consciência, eu vou pedir a meus leitores que comparem a consciência do homem comum com a consciência do homem astral, e ainda comparem a última com a consciência do Ego espiritual no homem. Nessas três condições o Universo objetivo não é o mesmo. Mas a diferença entre o Ego e o não Ego é comum a essas condições. Consequentemente, admitindo-se a correção do raciocínio de Mill a respeito do sujeito e objeto do nosso presente plano de consciência, os grandes pensadores advaitas da Índia estenderam o mesmo raciocínio a outros estados de consciência e chegaram à conclusão de que as várias condições do Ego e do não Ego eram apenas aparências de uma única e mesma entidade – o estado último de inconsciência. Essa entidade não é nem matéria e nem espírito, não é nem Ego e nem não Ego, e não é nem objeto e nem sujeito.

Na linguagem dos filósofos hindus, ela é a original e eterna combinação de *Purusha* e *Prakṛiti*. Como os advaitas sustentam que um objeto externo é meramente o produto de nosso estado mental, *Prakṛiti* é nada mais que ilusão, e *Purusha* é a única realidade, essa é a existência *una* que permanece eterna no Universo de Ideais. Essa entidade então é o *Parabrahman* dos advaitas. Mesmo se existisse um Deus pessoal com algo como um *upādhi* (base física de qualquer forma) material, do ponto de vista de um advaita, haveria tanto motivo pra duvidar de sua existência nominal quanto haveria no caso de qualquer outro objeto. Na opinião deles, um Deus consciente não pode ser a origem do Universo, já que seu Ego seria o efeito de uma causa anterior, se a palavra "consciente" transmitir apenas o seu significado usual. Eles não podem admitir que a soma geral de todos os estados de consciência do Universo é a deidade deles, já que esses estados estão constantemente mudando e a ideação cósmica cessa durante o *Pralaya*. Há apenas uma condição permanente no Universo que é o estado de perfeita Inconsciência, de fato, *cidākāśam* sem revestimentos.

Quando os meus leitores perceberem o fato de que esse grande Universo, na realidade, é apenas um enorme agregado de vários estados de consciência, eles não se surpreenderão ao descobrir que o último estado de inconsciência é considerado, pelos advaitas, como *Parabrahman*.

A ideia de um Deus, Divindade, *Ishvara*, ou um Deus impessoal (se a consciência for um de seus atributos) implica a ideia de Ego, de uma ou outra forma, e como todo Ego ou não Ego concebível é derivado desse elemento primitivo (eu uso essa palavra pela falta de outra melhor), a existência de um Deus extracósmico, possuindo tais atributos antes dessa condição, é absolutamente inconcebível. Embora eu tenha falado sobre esse elemento como condição de inconsciência, ele é, propriamente falando, o *chidākāsham* ou *chinmātrā* dos filósofos hindus, que contém em si mesmo a potencialidade de toda condição de *Prajñā*, e que resulta como consciência, por um lado, e como Universo objetivo, por outro, pela operação do seu *chitshakti* latente (o poder que gera o pensamento).

Antes de explicar a definição de *Parabrahman*, com a qual meu último artigo encerra, eu informo a meus leitores que, na opinião dos advaitas, as *Upanishads* e os *Brahma Sūtras* sustentam plenamente a visão deles sobre o assunto. É claramente afirmado, nas *Upanishads*, que *Parabrahman*, que é a mera potencialidade de *prajñā*[147], não é um aspecto de *prajñā* ou ego, de alguma forma, e que ele não tem vida nem consciência. "H. X." será capaz de averiguar que esse é realmente o caso ao examinar as *Upanishads Māndūkya* e *Mundaka*. A linguagem às vezes usada nas *Upanishads* é capaz de desorientar alguém para a crença de que ela aponta para a existência de um *Ishvara* consciente. Mas a necessidade dessa linguagem será compreendida no exame das seguintes observações.

A partir de um exame minucioso da teoria cosmológica de Mill, como explicado em meu último artigo, vê-se claramente que é extremamente difícil esclarecer satisfatoriamente a geração de

[147] O poder ou a capacidade que origina a percepção.

estados de consciência em qualquer ser humano do ponto de vista de tal teoria. Em geral, afirma-se que as sensações surgem em nós a partir da ação dos objetos externos que nos cercam: elas são os efeitos das impressões criadas sobre nossos sentidos pelo mundo objetivo em que vivemos. Isso é simples o suficiente para uma mente comum, por mais difícil que possa ser explicar a transformação de uma corrente nervosa cerebral em um estado de consciência.

Mas, do ponto de vista da teoria de Mill, nós não temos provas da existência de qualquer objeto externo, até mesmo a existência objetiva de nossos próprios sentidos não é uma certeza para nós. Como, então, nós esclareceremos e explicaremos a origem de nossos estados mentais, se eles são as únicas entidades existentes nesse mundo? Nenhuma explicação é realmente apresentada ao dizermos que um estado mental dá origem a outro estado mental, como se pode mostrar, em certa medida, pela operação das chamadas "Leis de Associação" psicológica. A psicologia ocidental honestamente admite que a sua análise não foi muito longe. Pode-se inferir, no entanto, a partir de tal teoria, que não haveria razão para dizer que um *upādhi* (base) material é necessário para a existência da mente ou dos estados de consciência.

Como já foi mencionado em meu último artigo, os psicólogos ários rastrearam essa corrente de estados mentais até sua fonte, o eterno *Cinmātrā* existente em toda a parte. Quando chega a hora da evolução, esse germe de *Prajñā* manifesta-se e resulta, por fim, em *ideação cósmica*. Ideias cósmicas são as concepções de todas as condições de existência no Cosmos, que existem no que se pode chamar de mente universal (a mente demiúrgica dos cabalistas ocidentais.)

Esse *cinmātrā* existe como se estivesse em cada ponto geométrico do infinito *cidākāśam*. Esse princípio, então, tem dois aspectos gerais. Considerado como algo objetivo ele é a *matéria cósmica eterna ou indiferenciada*. De um ponto de vista subjetivo, ele pode ser considerado de duas maneiras. Ele é *cidākāśam* quando considerado como o campo da ideação cósmica, e é *cinmātrā* quando considerado como o germe da ideação cósmica. Esses três aspectos constituem a Trindade superior dos filósofos ários advaitas. Ver-se-á facilmente que o último aspecto mencionado do princípio em questão é muito mais importante para nós que os outros dois aspectos, pois, quando considerado nesse aspecto, o princípio em questão parece incorporar em si a grande Lei da Evolução Cósmica. E por isso os filósofos advaitas tem-no considerado principalmente nessa ótica, e explicado sua cosmogonia a partir de um ponto de vista subjetivo. Ao fazer isso, no entanto, eles não podem evitar a necessidade de falar de uma mente universal (e esse é *Brahmā*, o Criador) e sua ideação. Mas não se deve inferir por isso que essa mente universal necessariamente pertença a um Criador vivo consciente e onipresente, simplesmente porque, na linguagem comum, sempre se associa mente a um ser vivo determinado. Não se pode afirmar que um *upādhi* material é indispensável para a existência da mente ou dos estados mentais, quando o próprio Universo objetivo é, até onde nos concerne, o resultado de nossos estados de consciência. Expressões que implicam a existência de um *Ishvara* consciente, encontradas às vezes nas *Upanishads*, não deveriam, portanto, ser interpretadas literalmente.

Ainda resta vermos como os advaitas explicam a origem dos estados mentais em um determinado indivíduo. Aparentemente a mente de um determinado ser humano não é a mente universal. Todavia, a ideação cósmica é a verdadeira fonte dos estados de consciência em cada indivíduo. A ideação cósmica existe em todos os lugares, mas, quando limitada por um *upādhi* material, ela resulta na consciência do indivíduo, inerente a tal *upādhi*. Falando precisamente, um advaita não admitirá a existência objetiva desse *upādhi* material. Do seu ponto de vista, é *māyā* ou ilusão que existe como uma *condição necessária de prajñā*. Mas, para evitar confusão, eu usarei a linguagem comum, e para possibilitar que meus leitores entendam claramente o que eu quero dizer, pode-se adotar a seguinte analogia: suponhamos que uma luz brilhante seja colocada no centro com uma cortina ao seu redor. A natureza da luz que atravessa a cortina e torna-se visível para uma pessoa do lado de fora depende da natureza da cortina. Se várias dessas cortinas forem colocadas sucessivamente ao redor da luz, ela terá que atravessar todas elas, e uma pessoa do lado de fora apenas perceberá a quantidade de luz que não for interceptada por todas as cortinas. A luz central torna-se mais escura; e à medida que as cortinas forem sendo removidas, a luz vai tornando-se mais e mais brilhante até atingir o seu brilho natural. Da mesma forma, a mente universal ou ideação cósmica torna-se mais e mais limitada e modificada pelos vários *upādhis* que compõem o ser humano, e quando a ação ou influência desses diversos *upādhis* é sucessivamente controlada, a mente do ser humano individual é colocada em conexão com a mente universal, e sua ideação é absorvida na ideação cósmica.

[Como já disse, esses *upādhis* são, precisamente falando, as condições do desenvolvimento gradual ou evolução de *Bahiprajñā* – ou consciência no presente plano de nossa existência – a partir do original e eterno *Chinmātra*, que é o sétimo princípio no homem e o *Parabrahman* dos advaitas.

Este, então, é o significado atribuído pela Filosofia Advaita ao assunto em questão e está, na minha humilde opinião, em harmonia com a Doutrina Arhat referente ao mesmo assunto. Essa última doutrina postula a existência da matéria cósmica em uma condição indiferenciada por toda a expansão infinita do espaço. Espaço e tempo são apenas os seus aspectos, e *Purusha*, o sétimo princípio do Universo, tem a sua vida latente nesse oceano de matéria cósmica. A doutrina em questão explica a Cosmogonia a partir de um ponto de vista objetivo. Quando começa o período de atividade, porções do Todo diferenciam-se de acordo com a Lei latente. Quando se inicia essa diferenciação, a Sabedoria oculta, ou *Chichchakti* latente, age na mente universal, e a energia cósmica, ou *Fohat*, forma o Universo manifestado de acordo com as concepções geradas na mente universal, a partir dos princípios diferenciados de matéria cósmica. Esse Universo manifestado constitui um Sistema Solar. Quando chega a hora do

Pralaya, o processo de diferenciação cessa e a ideação cósmica deixa de existir; e no momento do *Brahmapralaya* ou *Mahāpralaya* as partículas de matéria perdem toda a diferenciação, e a matéria que existe no Sistema Solar retorna à sua condição original indiferenciada. O projeto latente existe no átomo uno eterno e não nascido, o centro que existe em toda parte e em lugar nenhum; e essa é a vida una que existe em todos os lugares. Agora, facilmente será visto que a matéria cósmica indiferenciada, o *Purusha* e a VIDA UNA dos filósofos arhat são o *Mūlaprakṛiti*, o *Chidākāsha* e o *Chinmātra* dos filósofos advaitas. No que diz respeito à Cosmogonia, o ponto de vista da Doutrina Arhat é objetivo, e o advaita é subjetivo. A Cosmogonia Arhat explica a evolução do Sistema Solar manifestado a partir da matéria cósmica indiferenciada, e a Cosmogonia Advaita explica a evolução do *Bahiprajñā* a partir do *Chinmātra* inicial. Na medida em que as diferentes condições da matéria cósmica diferenciada são apenas os diferentes aspectos das várias condições de *prajñā*, a Cosmogonia Advaita é apenas o complemento da Cosmogonia Arhat. O princípio eterno é exatamente o mesmo em ambos os sistemas e eles concordam em negar a existência de um Deus extracósmico.

Os *Arhats* denominam-se ateus e eles estão justificados a fazer isso se o teísmo implica a existência de um Deus consciente, que rege o Universo por sua força de vontade. Sob tal circunstância, os advaitas encontram-se sob a mesma denominação. Ateísmo e teísmo são palavras de sentido duvidoso, e até que o seu significado seja definitivamente determinado, seria melhor não usá-las em relação a qualquer sistema de filosofia.][148]

T. SUBBA ROW

[148] Os parágrafos finais em colchetes não constam da edição do livro que traduzimos, mas encontram-se na publicação deste mesmo artigo, "Um Deus Pessoal e um Impessoal", no volume IV de *The Theosophist* e também em *Five Years of Theosophy*, disponível nas páginas 199 a 209, em: http://www.sociedadeteosofica.org.br/biblioteca/ingles/fiveyears.htm. Acesso em jan. 2015. (Nota da trad.)

Capítulo II

Filosofia Advaita

[Como a carta anexa vem de uma fonte tão erudita, não nos sentimos justificados a comentá-la editorialmente, nosso conhecimento pessoal sobre Doutrina Advaita é, inquestionavelmente, muito pobre quando comparado com o de um Paramahamsa. Contudo, nós sentimos uma forte suspeita de que, seja devido a um erro de tradução ou a um "equívoco original" havia um erro a respeito de *tadpada*, chamado ali de oitavo princípio. Daí as notas de rodapé de nosso douto irmão T. Subba Row, ao qual nós encaminhamos o manuscrito para resposta. Nós não conhecemos maior autoridade, na Índia, sobre o Esoterismo da Filosofia Advaita.]

As poucas linhas a seguir são de um eremita indiano dos Himalaias – e elas transmitem uma mera sugestão que pode ajudar a erradicar, por meio de seu valoroso jornal, um *erro* muito grave que tem enganado os filósofos ocidentais nas últimas (aproximadamente) dezenove centenas de anos – ou seja, o sentido histórico no qual a Bíblia tem sido aceita pelos cristãos ortodoxos de hoje. Nós ficamos surpresos ao descobrir que os espiritualistas modernos do Ocidente têm ignorado esse assunto muito importante e se comportado de forma muito apática – enquanto professam terem-se comprometido com o estabelecimento da verdade.

Vemos que o governo britânico faz, de vez em quando, um esforço súbito e espasmódico para revisar e corrigir a versão inglesa da Bíblia, e também que as boas pessoas da cristandade (nós queremos dizer aquela parte que está em busca da verdade, e não os missionários egoístas e generosamente pagos) deixam de colher os frutos a que tanto almejam. De vez em quando, encontramos alguma correspondência sobre esse assunto em *The Theosophist*, mas isso não parece levar a algum resultado tangível. Até hoje, temos lido e ouvido apenas a Bíblia literal, mas não encontramos ali nem uma só palavra do espírito esotérico para animá-la. Se a Bíblia, tal como interpretada pelos missionários fanáticos, é realmente um livro de história, ou mesmo de moralidade, então, não pode ser um livro de inspiração divina; portanto, serve muito pouco para formar a base das religiões do Estado. A não ser que se tenha uma visão completa da Bíblia a partir de diferentes pontos de vista, não se pode decidir se ela é verdadeira ou não. Vamos tentar colocar sua credibilidade em teste com alguns pontos citados do Novo Testamento:

1. Se a Bíblia fala simbolicamente ou literalmente, isto é, se a Bíblia é Teosofia ou História.
2. Se a estrela guia que apareceu aos homens sábios do Oriente era realmente uma estrela ou apenas uma metáfora para algo superior e mais nobre.
3. Se os poderes atribuídos a Cristo na Bíblia eram físicos, metafísicos (supersensíveis), ou espirituais.
4. Se um *jigñāsu* (buscador da verdade e da salvação) pode obter o menor benefício com a história bíblica do Cristo físico e encarnado.
5. Qual é o momento apropriado para praticar os ensinamentos da Bíblia? E quem são as pessoas mais aptas para estudar o Novo Testamento?

Esses são os poucos pontos nos quais a Bíblia deveria ser examinada.

Em nome de nossa irmã Teosofia, damos nossas soluções pessoais sobre as questões acima levantadas. Apelamos a todos os espiritualmente inclinados, homens de reto pensamento, devotos e imparciais e teósofos dos quatro cantos do planeta para julgarem e criticarem nossas respostas e darem seu veredicto sobre a questão. O assunto é da maior importância e, se for necessário, será decidido recorrendo-se até o veredito do próprio Espírito.

1. Como um livro de revelação, a Bíblia não pode e não deve ser um livro de história.
2. Suas declarações são quase totalmente alegóricas, e um comentário espiritual é absolutamente necessário para torná-las aceitáveis aos estudantes de Teosofia. A Vedanta e o Novo Testamente, se corretamente entendidos, em síntese, dizem a mesma coisa.
3. A estrela guia não significa, de modo algum, uma verdadeira estrela objetiva, essa versão é bastante contrária às leis da Natureza, à razão e à Teosofia. Os vedantinos consideram essa estrela como *Pranava*, ou *Jīvātmā*, a alma testemunha ou *sākśi caitanya*. Ela é o sétimo princípio dos teósofos[149], *Yoga Acharyas*, *Tantrikas* e *Shaivas*, chamado *Brahmavidyā* ou *Māhāvidya*[150] Os teósofos muçulmanos acreditam e ensinam sobre a existência dessa estrela anteriormente à Criação, ou antes do *Taus* (pavão) ser gerado. Templos dedicados a essa estrela alegórica ainda serão encontrados em várias nações da Ásia, e alguns grandes teólogos falam dessa estrela como "Espírito". Nós, eremitas – se algum valor for dado às nossas palavras – a consideramos como *kūtastha* e passível de ser fundida no oitavo princípio ou *tatpada.*[151] Nós não en-

[149]Falando precisamente, *Pranava* não é *Jīvātmā* ou o sétimo princípio no homem. Ele representa a condição ou o aspecto do sétimo princípio no estado mais elevado do *Nirvāna*. T. Subba Row.

[150]O sétimo princípio em si nunca pode ser chamado por qualquer um desses nomes, embora possa ser assunto do *Brahmavidyā* ou *Māhāvidya*. T. Subba Row.

[151]A afirmação não está totalmente de acordo com as doutrinas da Filosofia Ad-

tendemos como ela pode aparecer como uma substância material para algumas pessoas em particular (homens sábios), já que ela existe desde tempos desconhecidos e *incognoscíveis*. Como é possível que uma coisa material, a não ser que seja compelida e então atraída por alguma força viva, pararia a si própria como descrito na Bíblia? Nós somos da opinião de que a estrela em questão não é nada além de espírito, e é idêntica à entidade mencionada na Revelação. É como se ela fosse um espírito condensado (isto é, Alma) e essa estrela deveria ser tomada como o verdadeiro Cristo, o Salvador e o guia.

---

vaita. Se a estrela em questão é tomada para indicar o sétimo princípio no homem, como afirmado acima, ela não é *kūtastha* do ponto de vista de um verdadeiro advaita. Como é bem sabido pelos advaitas eruditos, uma clara linha de distinção é traçada entre *kūtastha* e *uttamapurusha* (também chamado de *Paramātmā*), em um bem conhecido *Shloka* da *Bhagavad-Gitā*:

द्वाविमौ पुरुषौ लोके क्षरश्चाक्षर एव च ।
क्षरः सर्वाणि भुतानि कूटस्थोऽक्ष उच्यते ।।
अध्या० १५ श्लो० १६.

"Estes dois *Purushas* (estão) no mundo, e são o Destrutível e o Indestrutível O Destrutível são todas as criaturas. Diz-se que o Indestrutível é o que está no topo." [cap. 15 - verso 16] (Este *Shloka* foi traduzido do sânscrito por Carlos Eduardo G. Barbosa.)

Agora, se *kūtastha* significa o sétimo princípio no homem, a distinção assim traçada será realmente uma distinção entre *Paramātmā* e *Jīvātmā*. Essa distinção ou separação é negada pelos verdadeiros advaitas. Portanto, como está claramente indicado por Shankaracharya em seu hábil comentário sobre o verso citado acima, bem como em outras partes de seu *Bhashyam*, *kūtastha* não é o sétimo princípio no homem. Ele é simplesmente chamado *vijñanātmā* por Shankaracharya e corresponde ao sétimo Ego espiritual ou o sexto princípio dos teósofos.

É absurdo dizer que o *tadpada* é o oitavo princípio. Agora, ou esse *tatpada* é idêntico ao sétimo princípio ou não é. Se ele for realmente idêntico ao *tvampada* do *Mahāvākya*, é impossível entender por que ele deveria ser descrito como o oitavo princípio. Se ele não for, as visões do douto eremita são opostas à doutrina fundamental da Filosofia Advaita e à grande verdade indicada pelo *Sāma Veda Māhāvākyam* mencionado. Eu convido o grande Paramahamsa *Swami* de Almora a explicar o que ele realmente quer dizer. T. Subba Row.

4. Chamar os poderes atribuídos a Cristo de físicos ou metafísicos é pura ignorância e um insulto ao Espírito. Até aqui, tem sido visto e comentado que vários Adeptos possuem poderes extraordinários de vários tipos, mais maravilhosos do que aqueles descritos na Bíblia, e eles eram todos espirituais. As obras sobre *Yoga*, os *Tantras* e outras obras ocultas arianas dizem como eles podem ser adquiridos. Nós já afirmamos que, a não ser que um comentário espiritual seja acrescentado à Bíblia, ela é mais do que inútil a um seguidor da Teosofia, e não pode garantir nenhum benefício espiritual, a não ser, talvez, a ideia de um "Céu e Inferno" externos e imaginários.
5. O Antigo Testamento é o *Karma Kānda*, e o Novo Testamento, o *Jñāna Kānda* da Teosofia. Apenas aqueles que se prepararam após atravessar o curso do Antigo Testamento são autorizados a praticar os ensinamentos do Novo Testamento, e não os estudantes ou os homens de castas inferiores aos quais eles são oferecidos, atualmente, pelos missionários. Os últimos, isto é, os estudantes e as castas inferiores não são pessoas adequadas para isso.

Concluindo, nós sinceramente solicitamos ao Sr. Oxley, que foi tão bom ao gentilmente tomar conhecimento da *Bhagavad-Gitā* e é tão eminentemente qualificado para a tarefa, e também apelamos aos membros da Sociedade Teosófica, que têm gurus espirituais para consultar, e com quem eles devem comunicar-se sobre o assunto, que efetuem essa árdua tarefa de interpretar a Bíblia esotericamente. Pois nada irá auxiliar mais o crescimento da Teosofia, tanto no Oriente como no Ocidente.

Primeiramente, nós fazemos um apelo ao próprio "Consolador" (o Espírito Santo da Bíblia), para decidir se a Bíblia tem um significado alegórico, espiritual ou literal. Também podemos observar aqui que alguns dos Irmãos que nós vemos ocasionalmente mencionados em *The Theosophist* e que temos o prazer de conhecer por outro nome[152], aprovariam nosso plano se isso fosse perguntado a eles. Mas a própria estrela – nosso guia cotidiano – nos orientou a escrever isso. Todos os buscadores da verdade deveriam investigar esse importante assunto, sem o menor preconceito ou predisposição. Milhares de gerações estão interessadas nessa questão, e resolvê-la para o bem da humanidade deveria ser o objetivo de todo verdadeiro teósofo.[153]

ALMORA, PATALDEVI
12 de dezembro de 1882. Paramahamsa *Swami*

[152]Não o de "*Tāntrikas* aprimorados" – nós esperamos, como eles foram uma vez chamados? T. Subba Row.

[153]Aqueles que possuem algum conhecimento sobre os "Irmãos" estão bem cônscios de que eles têm sempre e muito enfaticamente insistido na interpretação esotérica das Escrituras antigas de toda grande religião. *Isis Unveiled*, de H. P. Blavatsky, é repleta do verdadeiro significado – como interpretado pelos cabalistas – da Bíblia judaica e cristã. E agora, recentemente foi publicado aquele livro maravilhosamente esclarecedor, escrito pelos dois videntes ingleses – *The Perfect Way*, uma obra sobre a qual se pode dizer, verdadeiramente, que é mais inspirada do que o livro que interpreta. Mas por que o douto *Swami* de Almora deveria insistir na interpretação esotérica apenas da Bíblia sem qualquer preocupação com os *Vedas*, os *Tripitakas* e as *Upanishads*, todos os três bem mais importantes, é algo que não conseguimos compreender. T. Subba Row.

Capítulo III

"H. X." e o Deus Pessoal e o Impessoal

"H. X.", no artigo mencionado acima, escreve sobre os denominados ateus: "Em primeiro lugar, quando eles falam de leis, eles não se dão conta, me parece o caso, de que uma lei pressupõe um legislador, uma vontade, pelo menos, que tenha imprimido um curso de ação – e assim me parece que, admitindo-se uma lei inerente, eles não podem escapar logicamente de uma vontade que originou tal lei, e essa vontade, nesse caso, *deve* ser o que os homens entendem como Deus."

Se me for permitido parafraseá-lo com liberdade, isso pode ser representado assim:

Uma das leis fundamentais do Universo é que não *pode* haver lei sem um legislador.

Agora, eu encontro essa suposição em Mill e, se não estou enganado, em sua propriamente denominada "Teoria do Universo de Carpenter"[154]. O Sr. Joseph Cook, em suas palestras em Boston e, posteriormente, em Bombaim, usa o mesmo argumento e, sem dúvida, muitos homens tomam isso como um axioma, como eu fazia há apenas pouco tempo. Mas, investigando, eu descobri que isso não é verdade em todos os casos. Sua dedução a partir disso é inconsistente com o axioma; e essa ilusão surge do fato de que as leis humanas *criadas* por seres humanos são confundidas com as

[154]No original: "*Carpenter's theory of the Universe*". (Nota da trad.)

leis universais, e, por analogia, infere-se que essas últimas também devem ter sido criadas por um legislador. Eu prossigo mostrando o que creio que seja uma incoerência daqueles que argumentam dessa maneira. Exatamente por causa dessa incoerência, o argumento não é claro, mas pode ser inteligível ao se refletir sobre ele.

Se "não pode haver lei sem um legislador" for uma Lei *universal*, então, por essa mesma lei, a qual, para evitar confusão de ideias, eu chamarei de Lei das leis, ela própria deve ter um legislador. Esse próprio *criador* da lei implica que houve um tempo em que a lei não existia – i. e., antes que a vontade do criador "imprimisse o curso da ação". Se isso for admitido, então, houve um tempo em que as leis não necessitavam de um legislador; não é *possível* conceber que elas, então, possam ter existido? Elas podem ter existido ou não, mas isso é, no mínimo, uma concepção *possível*. *Se*, por outro lado, alguém disser que esse "criador" não implica algum limite de tempo (o que é uma sugestão muito audaciosa, para dizer o mínimo), ainda assim ele não ganha muito com isso. Pois, se a lei fosse eterna, ela seria coeterna com o criador, ela *não teria nascimento*, de fato, ela *não seria criada* e não haveria *criador*.

Tendo mostrado esse problema para aceitar as hipóteses de "H. X", eu só tenho a comentar que sua ideia de Deus "pessoal" é difícil para mim.

B. J. P.

Capítulo IV

Sobre a Filosofia Advaita

Irá o Editor nos atender provando a afirmação de que "a matéria é tão eterna e indestrutível quanto o espírito?" A afirmação foi feita na nota do Editor para a carta de um correspondente sobre *Karma* (vide a página 89 em *The Theosophist* de janeiro de 1883). Você deveria ter em mente que estamos falando de matéria e espírito além da presente forma desenvolvida, ou no estágio de perfeita *laya*[155], conforme o segundo e o terceiro *sūtras* de Patañjali, ou do ponto de vista da Teosofia Esotérica. Você poderia fazer a gentileza de explicar o significado de *sattā sāmānya* e *paramapadam* dos Adeptos ários, do *Nirvāna* dos budistas, e da pedra filosofal dos partidários de outras filosofias ocultas? Até onde nós entendemos a Teosofia ária, quando ocorre o *Mahāpralaya*, a matéria é absorvida por, ou dissolvida em, *mahat-tattva* e o mesmo novamente em *Prakṛiti*, e *Prakṛiti* finalmente em *Purusha* ou *paramapadam*.

Do mesmo modo que os componentes da misteriosa letra *Om*, o "a" é dissolvido no "u" e a parte *rāja* do "u", em "m", você verá que matéria e força podem ser dissolvidas finalmente no Espírito, que permanece solitário como "Verdade", e deveria ser chamado de Eterno – termo que nem a matéria nem a força merecem – sendo sujeitos à evolução a partir do – e à dissolução no Espírito – ou o Absoluto. Como você está bem familiarizado com as doutrinas da Vedanta Advaita, é desnecessário escrever mais sobre esse assunto.

Nós chamaríamos, no entanto, sua atenção para a página 99

[155] *Laya*, ou um estado de absoluta dissolução, *aniquilação* de toda a substância.

do mesmo número em *The Theosophist*, e pedimos que tire nossa dúvida, provando, cientificamente, um certo ponto. Quem foi que morreu, como afirmado no artigo "Pode o Duplo matar?" Segundo nossa crença, o homem existe de modo triplo: primeiro, externamente; segundo, internamente; e terceiro, espiritualmente.

(1) Por externamente nós queremos dizer o corpo físico ou *Annamaya*. (2) O envoltório interno é o corpo astral formado pelos três *koshas* ou invólucros: *Prānamaya*, *Manomaya* e *Vijñānamaya*. (3) O envoltório espiritual é o estado *Prajñā* ou *Ānandamaya*. Você diz "... que uma lesão mortal pode ser infligida sobre o homem interno etc." Agora, o que você quer dizer, aqui, com homem interno? A questão a ser resolvida é se o duplo matou o duplo ou o triplo. Em nossa opinião, o duplo matou o triplo e não o duplo – e em caso nenhum, o espiritual. Nosso objetivo, ao escrever isso, é pedir sua gentil averiguação sobre qual é a extensão da influência da vontade humana ou, em outras palavras: o *māyāvi rūpa* também pode ser aniquilado pela força mesmérica ou só o nosso corpo material?

ALMORA PATALDEVI *SWAMI* DE ALMORA
20 de janeiro de 1883.

Nota do editor: Para o nosso total espanto, nós somos chamados a provar que a matéria é indestrutível, pelo menos, que "a matéria é tão eterna e indestrutível quanto o espírito"! Embora a questão e as provas quanto à eternidade e indestrutibilidade da matéria, especificamente, poderiam seguramente ser deixadas para a Sociedade Real responder, ainda assim estamos plenamente preparados para atender nosso douto correspondente e, com sua permissão, responderemos todas as suas perguntas.

Somos convidados a considerar que as *entidades* em questão são "matéria e espírito além da atual forma desenvolvida, ou no estágio de perfeita *māyā*.[156]"

[156] Pelo contexto, parece que o autor quis dizer *laya*. (Nota da trad.)

Nós somos incapazes de entender o que realmente significa "espírito além da atual forma desenvolvida". A sentença não tem qualquer sentido para nossa mente, treinada como foi pelos nossos grandes Mestres a pensar em "espírito" como algo sem forma e totalmente além do alcance das nossas percepções sensoriais e que, portanto, não deve ser considerado separado ou independente da existência corpórea. A Inteligência universal e a Vida Una, como nós chamamos, concebida como separada de qualquer organismo físico, torna-se essência vital, uma energia de força, e nós cremos que nenhuma dessas pode ser considerada como uma entidade distinta, uma substância, ou como tendo uma existência ou mesmo uma forma separada da matéria. A definição de Locke, de que "o Espírito é uma *substância*, na qual subsistem pensamento, conhecimento, dúvida e um poder de movimento" – dificilmente seria aceita pelo vedantino comum e seria totalmente rejeitada por todo verdadeiro advaita e ocultista oriental. Esse último responderia que "somente a matéria é uma substância, à qual são *inerentes* o pensamento, o conhecimento, a dúvida e um poder de movimento, seja como uma potencialidade latente ou ativa – e esteja aquela matéria em um estado diferenciado ou indiferenciado."

Assim, em nossa humilde opinião, o algo, ou melhor, o não algo, chamado de Espírito, não tem, por si mesmo, nenhuma forma ou formas nem nos "estados de desenvolvimento" progressivos, nem nos estacionários; e dizemos novamente que a expressão é perfeitamente ininteligível para todo verdadeiro advaita. Mesmo supondo que a restrição[157] refira-se apenas à matéria, o significado transmitido pela expressão "matéria e espírito além da atual forma desenvolvida" é o mesmo que o transmitido por "matéria e espírito em estágio de perfeita *laya*". Nós não conseguimos perceber a observação feita, ou mesmo qualquer sentido em tal sentença como "matéria e espírito em estágio de perfeita *laya*", implicando a possibilidade de o espírito, uma pura abstração, ser dissolvido e aniquilado – não diremos – como matéria, já que ela, em seu estado primordial, cósmico, não pode nem mais ser aniquilada ou mesmo dissolvida do que espírito – mas como um *algo* de matéria que tem substância e forma. Pode um *vácuo* ser aniquilado? E o que é puro, *absoluto*

[157] Entendemos que essa restrição refere-se a: somente a matéria é uma substância, e não o espírito, conforme afirmado no parágrafo anterior. (Nota da trad.)

espírito senão o "vácuo" dos antigos filósofos gregos? Bem, diz Lucrécio, "não pode haver uma terceira coisa além de corpo e vácuo, pois se é tangível, por menor que seja, é corpo, senão, é vácuo." E não deixe que seja induzido, por força dessa citação, que porque citamos as palavras de um grande "ateu", um *materialista*, como uma autoridade, nós somos, por isso, materialistas ou ateus (no sentido comum desses termos).

Opomo-nos ao próprio termo "materialismo" se ele for idêntico a, ou sinônimo de "corporealismo", ou seja, uma antítese do "espiritualismo". À luz do que nós, ocultistas, consideramos matéria, somos todos materialistas. Mas de forma alguma é razoável que, por causa disso, nós deveríamos ser, ao mesmo tempo, "corporealistas", negando em algum sentido ou modo a realidade da denominada existência espiritual, ou de quaisquer ser ou seres, que vivem em outro plano de vida, em mundos mais elevados e bem mais perfeitos que os nossos, tendo sua existência em *estados* sobre os quais a mente não treinada não pode fazer a menor ideia. Daí, a nossa objeção à ideia e possibilidade de "matéria e espírito, nos estágios de perfeita *laya*", a não ser que possa ser demonstrado que nós entendemos mal a última palavra. De acordo com as doutrinas da Filosofia Arhat, há *sete* estados de matéria, sendo o sétimo estado a soma total, a condição ou aspecto de *Mūlaprakṛiti*[158].

Consequentemente, o estado de matéria cósmica além de sua "forma desenvolvida atual" pode significar qualquer um dos outros seis estados em que ela existe, e por isso pode não significar necessariamente "matéria em um estado de perfeita *laya*". Em qual sentido, então, o douto interrogador quer que interpretemos as palavras "matéria" e "espírito"? Pois, embora estejamos cientes de que eles existem, mesmo na atual era de ciência e esclarecimento, pessoas que, sob o pretexto da religião, ensinam às massas ignorantes que havia um tempo em que a matéria *não existia* (já que ela foi *criada*), implicando assim que haverá um momento em que ela será aniquilada, nós nunca conhecemos alguém, seja ateu ou teísta, materialista ou espiritualista, que ousaria dizer que o espírito, quer o chamemos de "vácuo" ou "alento divino" – pode, alguma vez, ser aniquilado, e se a palavra *laya* significa *aniquilação*, a própria expressão usada pelo respeitado *Swami* envolve a suposição de que

[158] Matéria cósmica indiferenciada.

o "espírito" pode ser destruído no decurso do tempo. Nesse caso, nós somos evidentemente convocados a demonstrar que matéria e espírito são eternos na hipótese de que ambos tenham um período de *laya*. Se quisermos evitar essa conclusão extremamente *estranha*, qual é o sentido da pergunta do *Swami*? Na verdade, teria sido melhor se ele tivesse nos permitido o privilégio de interpretar nossas próprias declarações. Além disso, nosso douto oponente não está satisfeito em simplesmente nos dar sua própria – com o seu perdão – incompreensível definição de matéria e espírito, para nos permitir provar nossa "afirmação", mas nós somos requisitados a responder a questão "conforme o segundo e o terceiro *sūtras* de Patañjali, ou, do ponto de vista da Teosofia Esotérica". Como ou por que o *Swami* deveria pensar ou saber que fizemos a declaração em questão sob a autoridade do tratado de Patañjali? Ou a Filosofia de Patañjali é idêntica à Teosofia esotérica, em sua opinião? Se não, por que nossa afirmação deveria ser *necessariamente* provada apenas "conforme" os *segundo e terceiro sūtras* daquele filósofo? Seria bem razoável recorrer a nós para provar a proposição em consideração do ponto de vista dos Salvacionistas. Como nos é quase impossível entender sua definição, ou satisfazer sua curiosidade sob as extraordinárias restrições impostas, nós interpretaremos, com a permissão do venerável *Swami*, a nossa "afirmação" a nosso próprio modo e a demonstraremos conforme a Teosofia esotérica e, esperamos, de acordo com a Filosofia Advaita, que nosso correspondente conhece tão bem.

Nossa "afirmação" então significa o seguinte: a matéria cósmica indiferenciada ou *Mūlaprakṛiti*, como é chamada nos livros hindus, é não criada e eterna. Seria impossível provar essa afirmação a partir de razões *a priori*, mas sua verdade pode ser testada pelo método indutivo comum. Em cada fenômeno objetivo percebido, seja no presente plano de consciência ou em qualquer outro que requeira o exercício das faculdades espirituais, há apenas mudança da matéria cósmica de uma forma para outra. Não há um único exemplo, ou a mais remota suspeita, de aniquilação de um átomo de matéria alguma vez trazido à luz por Adeptos orientais ou por cientistas ocidentais. Quando a experiência comum de gerações de Adeptos, em seu próprio campo de observação espiritual ou psíquico, e de pessoas comuns nos seus (isto é, no domínio da ciência física) apontam para a conclusão de que nunca houve aniquilação total de uma única partícula material, nós acreditamos que estamos justificados a dizer que a matéria é indestrutível, embora ela possa mudar suas formas e propriedades e aparecer em vários graus de diferenciação. Os filósofos hindus e budistas há eras reconheceram o fato de que *Purusha* e *Prakṛiti* são eternos, coexistentes, não apenas correlativos e interdependentes, mas certamente uma e a mesma coisa para aquele que pode ler nas entrelinhas.

Todo sistema de evolução começa com o postulado da existência de *Mūlaprakṛiti* ou *tamas* (trevas primordiais). Deixando de lado a grande autoridade de Kapila sobre o assunto, podemos nos referir ao famoso verso do *Rig Veda* que descreve esse Caos Primordial: *Tama eva purastāt abhāvāt viś varūpam* and *asatvā iti amāgra āsīth*, etc.[159], usando tal expressão espalhada pelos *Vedas* e pelas *Upanishads* em apoio à nossa assertiva. Todos os grandes filósofos da Índia que adicionaram a antiga Religião-Sabedoria de Agasthya, Durvasha e outros *Rishis* à pura Filosofia Advaita de Vasishta, Vyāsa e Shuka, reconheceram esse fato. Gaudapada e Shankaracharya deram expressão às suas visões sobre o assunto em suas obras, e aquelas visões estão em perfeito acordo com suas doutrinas da Filosofia Arhat. A autoridade dos dois últimos grandes filósofos será, acreditamos, suficiente para mostrar ao douto *Swami*, já que ele é um advaita, que nossa afirmação está correta. E matéria cósmica primordial, seja ela chamada de *Asat* ou *Tamas*, ou *Prakṛiti* ou *Shakti*, é sempre a mesma, e considerada eterna tanto pelos filósofos hindus quanto pelos *Arhats*, enquanto *Purusha* é inconcebível, portanto não existente, exceto quando manifestado através de *Prakṛiti*. Em sua condição indiferenciada, alguns advaitas recusam-se a reconhecê-lo como matéria propriamente dita. Contudo, essa entidade é o *Parabrahman* deles, com seu aspecto dual de *Purusha* e *Prakṛiti*. Na opinião deles, ele não pode ser chamado nem de um nem de outro, por isso, em algumas passagens das *Upanishads*, nós encontramos a expressão "*Prakṛiti-layam*", mas em todas essas passagens a palavra *Prakṛiti* significa, como podemos provar – *matéria em um estado de diferenciação*, enquanto que matéria cósmica *indiferenciada* combinada com espírito latente, ou melhor, em seu aspecto de espírito *latente*, é sempre referida como "*Māha-Ishvara*", *Purusha*, e "*Paramapada*".

---

[159] "As trevas primordiais resultaram no Universo manifestado" e "*Asat* ou *Prakṛiti* existiam primeiro".

A descrição dada pelo nosso douto correspondente e as próprias palavras usadas por ele quando diz "quando ocorre o *Mahāpralaya*, a matéria é absorvida por ou dissolvida em *mahat-tattva* e o mesmo novamente em *Prakṛiti*, e *Prakṛiti* finalmente em *Purusha* ou *Paramapadam*." – mostra que ele está travando uma guerra de palavras, ou buscando abalar-nos (seja por propósitos amigáveis, ou o contrário, ele conhece a si mesmo melhor), pois nem as palavras "absorvido por" ou "dissolvido em" podem significar *aniquilada*. Por que ele deveria então usar contra seu próprio argumento o termo *māyā*, já que ele denomina-se um advaita, ele *deve* conhecer a doutrina e, portanto, entender os vários sentidos em que tais termos específicos são usados. Assim, nós agradeceremos a nosso douto correspondente se ele puder citar algumas fontes em apoio à *sua* declaração sobre a dissolução de *Mahat-tattva*[160] e *Prakṛiti* no momento do *Mahāpralaya*. Então poderemos ver o que os filósofos arianos realmente queriam dizer com tal afirmação.

Com relação ao verdadeiro significado de *satta sāmānya* e *paramapada*[161] dos Adeptos ários, do *Nirvāna* dos Budas e da "pedra filosofal", seus significados são idênticos nas Doutrinas Secretas árias e arhats. *Satta sāmānya* às vezes significa *espírito latente*. Isso também significa *guṇa samyapadhi*, ou a condição indiferenciada das gunas *Sattva*, *Rājas* e *Tamas*.[162] Quanto a *Paramapada* e *Nirvāna*, ambos significam a mesma coisa. A partir de um ponto de vista objetivo, é a condição de *Purusha-Prakṛiti* como descrito acima, a partir do subjetivo – é um estado de perfeita inconsciência que resulta em *cidākāś am* sem vestes.

Se o *Swami* deseja aprender mais sobre a "pedra filosofal" dos "seguidores de outras filosofias ocultas", então podemos indicar para ele nossas notas de rodapé dos artigos "Coletânea de Eliphas Levi", publicados na edição de janeiro de *The Theosophist*, e outros artigos diversos. Se as "outras filosofias ocultas" são dignas de seu nome, então as doutrinas ensinadas ne-

---

[160] *Mahat-tattva* corresponde à Luz espiritual, ou *Sephira* dos cabalistas judeus.

[161] Literalmente: "os lugares mais sagrados", significa *Nirvāna* ou a condição de *Moksha*.

[162] *Guna Sattva* – a qualidade de passividade, ou ausência de qualquer causa de perturbação; *Guna Rājas* – a qualidade de atividade, ou a que induz à ação; *Guna Tamas* – a qualidade da ignorância, inatividade das faculdades mentais e espirituais decorrentes daquela ignorância.

las não devem diferir, salvo nos nomes dados a coisas idênticas. A verdade é apenas uma e, de duas versões diferentes, uma deve ser, necessariamente, falsa. Nós não estamos preparados para aceitar a interpretação dada à palavra *Aum*, já que a interpretação acima não é bem consistente com as doutrinas da Filosofia Vedanta Advaita. Ficaremos gratos, entretanto, se o douto *Swami* puder citar algum grande filósofo advaita como uma autoridade em apoio à sua explanação.

Não menos enigmáticas são suas ideias curiosas sobre nosso *suposto* significado e visões sobre as potencialidades e natureza do duplo humano.

A questão não é "se o duplo mata o duplo ou o triplo", pois nem o "duplo" nem o "triplo" superior (se, como supomos, significam o quinto, o sexto e o sétimo princípios) podem ser "mortos" pelo homem vivo ou pelo fantasma. O fato que supomos que ocorreu é que, pela energia concentrada do ódio implacável (da mãe adotiva do príncipe Obrenovitch contra seu assassino), e por meio da atividade do duplo do clarividente, "o cordão de prata" da vida foi rompido e o homem interior *expulso* de seu revestimento físico. A lesão que destruiu a vida, isto é, rompeu a conexão entre o *Sthūla Sharīra* e o *Jīva* que o anima, e aquelas outras partes componentes da pessoa inteira, foi infligida sobre o "triplo" inferior – se o *Swami* de Almora precisa usar o termo desajeitado, mesmo com sarcasmo – sem primeiro ferir o corpo físico. Em um caso de morte natural, a cidadela da vida é capturada, por assim dizer, apenas por aproximações graduais; em mortes violentas, é tirada em um instante. Se o susto, ou a alegria, ou a corrente letal de ódio for a causa, o corpo não apresentará lesão, embora a vida seja extinta assim mesmo. Vítimas de feiticeiros geralmente parecem ter morrido por doença cardíaca ou apoplexia; análise química não fornecerá qualquer pista sobre o método do assassino, nem o cirurgião será capaz de encontrar uma marca suspeita sobre a *superfície* do cadáver.

Capítulo V

O *Swami* de Almora

Sobre a filosofia em geral e nossas faltas em particular

Na nossa edição de fevereiro (veja a p. 118), no prefácio à valorosa, embora um tanto obscura, contribuição do venerável *Swami* de Almora sobre a Filosofia Advaita, nós escrevemos o seguinte no editorial:

"Como a carta anexa vem de uma fonte tão erudita, nós não nos sentimos justificados a comentá-la editorialmente. Nosso conhecimento pessoal da Doutrina Advaita é, inquestionavelmente, muito pobre quando comparado com o de um Paramahamsa – DAÍ AS NOTAS DE RODAPÉ DE NOSSO DOUTO IRMÃO T. SUBBA ROW, A QUEM ENCAMINHAMOS O MANUSCRITO PARA RESPOSTA."

Essa observação, nós cremos, foi clara o suficiente para nos resguardar, por conseguinte, de quaisquer comentários pessoais tais como são agora arremessados em direção a nossas cabeças pelo santo asceta de Almora no texto que segue. Algumas dessas "flores retóricas", tendo sido deixadas junto a nós com o propósito de animar o campo tão monótono de seu tema filosófico, o leitor pode julgar por si próprio. Nós dizemos "algumas", pois, tendo que atender todos os nossos colaboradores, e sendo limitado o nosso espaço, não podemos concordar em diminuir o espaço de matérias mais interessantes para dar lugar a exatamente quinze colunas e meia de citações bastante misturadas com reprimendas e ataques de algum correspondente, mesmo que ele seja como, segundo suas próprias palavras, "um modesto eremita da floresta". Portanto, com todo o nosso profundo respeito por nosso adversário, tivemos que reduzir seu longo texto consideravelmente. Nós propomos, no entanto, mostrar a ele seu principal erro, e assim abrandar algumas das "flechas mais pontudas" destinadas a perfurar os pontos do "escudo editorial".

Se, após a humilde confissão acima citada da nossa edição de fevereiro, a resposta do editorial que se seguiu ao outro texto do mesmo asceta, isto é, "Sobre a Filosofia Advaita", no número de março – ainda foi tomada como vinda de alguém que tinha acabado de confessar sua incompetência para discutir com o douto *swami* sobre princípios advaita – a culpa não é nossa. Esse erro é o mais estranho, já que o *swami* tinha sido claramente avisado de que as suas observações seriam discutidas e as suas questões respondidas, no futuro, por nosso irmão Sr. T. Subba Row, já que ele é um erudito em Filosofia Advaita bem como no Esoterismo dos livros sagrados do Oriente. Por isso, tínhamos o direito de esperar que o *Paramahamsa* tivesse lembrado que ele estava divulgando suas observações não muito gentis sobre a pessoa errada, já que *nós, pessoalmente, nada tínhamos a ver* com as respostas. Portanto, a discordância entre o "*Swami* de Almora" e o Sr. T. Subba Row sobre vários assuntos, em geral, e sobre os obscuros princípios da Filosofia Advaita Esotérica, em especial, não pode, de modo algum ou com qualquer grau de justiça, ser imputada, pelo primeiro, aos "estrangeiros que vieram à Índia por causa do conhecimento", nem à "Teosofia Ocidental", pois, nesse caso particular, ele encontrou um oponente (tão letrado quanto ele mesmo, acreditamos) em alguém de sua própria raça e país – um verdadeiro brâmane advaita. Portanto, incumbir isso à Teosofia ou ao coordenador dessa revista, expressando insatisfação em termos tão fortes, não mostra tampouco aquela equanimidade filosófica, ou o tato e o discernimento que se poderia esperar de alguém que devotou sua vida exclusivamente à meditação e à Filosofia do *Yoga*. Se isso é perdoável em uma pessoa que tem que levar aquele tipo de vida que, nas palavras do Sr. Max Müller, citadas pelo "*Swami* de Almora" – (como uma sugestão adicional e uma *crítica*, supomos) – uma vida "com telegramas, cartas, jornais, revistas, panfletos e livros" – é bastante imperdoável em um santo asceta, que nunca é perturbado com qualquer coisa desse tipo, e recebe de seus empregados e amigos, nós suspeitamos, até mesmo suas apropriadas citações de autores europeus, preparadas para ele. Mas, já que o artigo é enviado na forma de uma carta ao editor, a humilde pessoa que ocupa este cargo antecipa-se em garantir ao venerável *Swami* que, além de sua terrível extensão, suas cartas nunca deram a tal editor um momento de "aborrecimento e problemas", como ele parece imaginar.

Com relação a outro insulto pessoal, nós concordamos com ele. É mais que provável que alguns (não todos, de qualquer forma) vedantinos, tais como os modernos "árias" e alguns *dvaitas* e *vishishtadvaitas* – após "aclamarem a Teosofia Ocidental com alegria" terminaram por compará-la "à montanha que pariu um rato" – sendo o desencanto devido a muitas e diversas razões as quais é desnecessário abordar no momento. Nós podemos apenas esperar e confiar que a elevada montanha almoriana, escolhida por nosso venerável amigo como a sede de sua contemplação, possa não gerar, algum dia, para a Índia, algum animal pior que o humilde "rato preto". É verdade que viemos a este país para *aprender*, e nós já aprendemos bastante. Um fato, entre vários outros, é que os Doutos Ascetas da Índia moderna dispararam para longe da marca original quando comparados aos *Rishis* do passado. Espinoza é citado contra nós nessa definição de métodos de investigação. Nosso santo crítico teme que seus veneráveis amigos tenham seguido o primeiro (ou comum) método. A prova que lhe serve bem para justificar o seu "medo" encontra-se, principalmente, em nossa *falácia e erro* – (felizmente sustentada por nós, assim como por quase todos os homens de ciência na Europa), isto é, nosso argumento *ignorante* – de *que a matéria é indestrutível, portanto, eterna.* Nós não compreenderemos suas ideias, ele diz, porque sendo apreciadores de absurdos, "nossa própria absurdidade seria exposta". Se assim for, nós preferimos, de fato, a nossa crença absurda na indestrutibilidade da matéria a alguma opinião científica que sustente o contrário, submetendo, alegremente, nesse caso, "a fraqueza da nossa compreensão ao riso" – mesmo para um Asceta no "estado de *Nirvikalpa*".

Somos muito gratos ao bom *Swami* por sua explicação de *Pranava* e outras palavras do gênero. O Sr. Subba Row, sem dúvida, vai tirar proveito e respondê-las. Pessoalmente, entretanto, nós respeitosamente nos recusamos a ser ensinados sobre a nobre ciência por algum outro homem, por mais erudito que possa ser, do que por aquele que originalmente empreendeu a tarefa, isto é, nosso próprio Mestre; contudo, como vários dos nossos leitores podem se beneficiar da controvérsia, nós vamos, com sua permissão, deixar a arena, no momento, ao Sr. Subba Row, um debatedor bem mais hábil do que nós podemos esperar ser.

Capítulo VI

O *Swami* de Almora para seus Oponentes

"Nós não travamos guerra de palavras, mas simplesmente falamos e buscamos a verdade."

Lamentamos ver que causamos alguma irritação a vocês, com nossa última carta, que talvez não fosse adequada à modéstia de um eremita. Por isso, pedimos desculpas se houve nela algo de ofensivo e, ao mesmo tempo, pedimos licença para falar a verdade. Nós somos sempre amigáveis com todos, em especial com os estrangeiros, que vieram à Índia para adquirir conhecimento. Somos amigáveis no sentido espiritual da palavra, portanto, devemos ser considerados como um amigo verdadeiro e não como um bajulador, mesmo se dissermos algo desagradável uma vez ou outra....Consideramos aqueles que procuram faltas em nós e nos são hostis como preconceituosos e teimosos, e desejamos que adquiram simplicidade de coração e uma mente imparcial para habilitá-los a compreender-nos plenamente.[163] Nós, eremitas, somos uma classe nômade de pessoas e geralmente passamos nosso tempo em lugares desabitados, e não cultivamos muito a linguagem e os idiomas do mundo, e não nos importamos muito com isso. Atacar nossos modos de expressar nossas ideias é, portanto, apenas infantil. Nossos leitores devem considerar apenas as nossas

[163] Perfeitamente e, portanto, esse gentil desejo é totalmente recíproco.

ideias e não o nosso estilo. Porque não somos nem um M. A., nem um B. A., nem um Addison, nem um Johnson, nem um Macaulay, mas simplesmente um eremita da floresta.

Vamos ver agora qual era o teor de nossa carta. Nossas palavras foram: "Você deveria ter em mente que estamos falando de matéria e espírito além da presente forma desenvolvida, ou no estágio de perfeita *laya,* conforme o segundo e o terceiro *sūtras* de Patañjali ou do ponto de vista da Teosofia Esotérica". Não conseguimos entender como isso pode significar que estamos pedindo que você responda as questões de acordo com o segundo e terceiro *sūtras* de Patañjali. Com as sentenças acima, simplesmente pretendíamos mostrar nosso próprio ponto de vista, de onde nossa investigação começa. Nós nos referimos aos *sūtras* de Patañjali porque queríamos mostrar que o nosso ponto de partida estava em perfeito acordo com o verdadeiro estado de *yoga*, o êxtase *nirvikalpa*, isto é, o estado *Turīya*, e não com os ordinários *Jagrata*, *Svapna* e *Sushupti* (pois o primeiro, isto é, o estado *Turīya* do homem é o verdadeiro despertar, e o último é ilusório), enquanto você optou por entender como se estivéssemos falando dos estados humanos ordinários. Além do mais, por *laya* nós nunca quisemos dizer aniquilação, como você supõe. É sua própria versão a de que a palavra *laya* significa "um estado de absoluta dissolução, aniquilação de toda substância diferenciada, etc." Em alguns dos números anteriores de *The Theosophist*, a palavra *laya* foi explicada por você como fusão, e neste número você dá outro significado a ela.[164] Porque, simplesmente, você precisa de um jeito de nos *ridicularizar.*

[164]Nenhuma "fusão" ou absorção pode ocorrer sem *dissolução* e uma aniquilação total da forma anterior. O torrão de açúcar jogado em um copo de líquido deve ser dissolvido e sua forma aniquilada antes que se possa dizer que foi absorvido pelo líquido. Isso é uma correlação como outra qualquer em Química. Mesmo indestrutível, a matéria pode, como no caso do açúcar ou de qualquer outro elemento químico, ser chamada de volta à vida e até mesmo à sua forma anterior. A molécula que não pode ser dividida por quaisquer meios físicos é dividida pelo solvente universal e decomposta em outra coisa. Assim ela é, por um período, pelo menos, aniquilada em sua forma. Isso é simplesmente um jogo de palavras.

No entanto, nós não nos importamos com isso, e eu peço licença para dizer que, de acordo com os Adeptos ários, por *laya* diz-se e entende-se a "absorção ou transformação de uma coisa em outra", tal como o rio é absorvido ou transformado quando ele se perde no mar." É um processo entre os ocultistas ários, pelo qual eles podem (como os modernos realistas e químicos científicos, assim como você os entende) analisar as diferentes partes componentes de um corpo composto, e reduzi-lo à sua condição primária ou original – e pelo qual eles são capazes não apenas de verificar o que a substância realmente é, mas eles podem também penetrar no mistério de seu passado e futuro, e ter certeza sobre a causa da origem e do término do fenômeno, conhecido como criação ou *dvaita*[165] em sua presente forma manifestada. É estranho que a nossa frase "forma desenvolvida atual" tenha lhe custado mais de uma coluna para comentá-la.[166] Nós gostaríamos de explicar, aqui, o que quisemos dizer. Com ela, nós simplesmente falamos da alma em seus estados *Vishva*, *Taijasa* e *Prajñā*, ou do espírito em sua condição impura, por contato com matéria e força, isto é, em um estado de dualidade. Mas, talvez, os iogues "só no nome", de mente e coração perturbados, que não conseguem acalmar-se e compor-se para o êxtase *Nirvikalpa*[167], não serão capazes de nos compreender, nem também aqueles que confundem *Prakṛiti* com *Purusha*, ou matéria com espírito.[168] Se "cientificamente" pode significar curiosidade,

---

[165] Dualidade. (Nota da trad.)

[166] É ainda mais estranho que algumas notas de rodapé tenham custado ao venerável Paramahamsa mais de quinze colunas de insultos mal disfarçados, excedendo o limite das três ou quatro colunas que são oferecidas. Aquilo que foi suprimido pode ser julgado pelo que permaneceu.

[167] Certamente nosso respeitado correspondente não quer transmitir a ideia de que ao redigir essa resposta *ele* tinha se "composto" no estado de *Nirvikalpa*, a não ser que tomemos a definição do termo de Monier Williams e tenhamos em mente que é um estado "destituído de toda a reflexão". (Veja *Sabedoria Indiana*, p. 122, nota de rodapé 2)

[168] A esse gentil golpe nós respondemos que nunca confundimos *Prakṛiti* com *Purusha* mais do que confundimos o polo norte com o sul. Como ambos os polos pertencem à mesma Terra, assim espírito e matéria, ou *Purusha* e *Prakṛiti* são duas extremidades que se perdem na eternidade do imanifestado e nos ciclos da matéria manifestada. Mas,

então, não apenas nós, mas toda a classe de filósofos, desde Tales a Augusto Comte são apenas caçadores de curiosidades, e nossos respeitados amigos muito mais, visto que eles vieram de outra parte do mundo apenas para esse fim e empenharam suas vidas e seu dinheiro nisso. Mas para ir direto ao ponto, nós não somos atraídos pela curiosidade. Nossos motivos não são superficiais. Tudo o que perguntamos, o fazemos por motivos científicos, e apenas por essa razão rogamos a vocês a gentileza de averiguar a extensão da força mesmérica, e se ela influencia apenas o homem externo, ou o interno também – você disse "... que um golpe mortal poderia ser infligido no homem interno, etc." Agora, de acordo com o nosso conhecimento, o homem interno significa o *duplo*, isto é, o *Taijasa*, sendo *Prajñā* o original ou o primeiro, e o *Annamaya* ou o *Vishva*, o terceiro.[169] A esse terceiro nós aplicamos o termo "triplo", e estamos justificados em fazer isso, do mesmo modo que você aplica o "duplo" a *Taijasa*, - e não vemos nenhum mal em tomar o terceiro como o grosseiro, mas aqueles que gostam de absurdos não entenderão nossas ideias.[170] Porque a absurdidade deles próprios será exposta. Peço desculpas pela franqueza.[171] Como você pode, sendo um teosofista prático, dizer descuidadamente que um gol-

---

assim como alguns de nossos distintos metafísicos ocidentais, nosso oponente parece considerar matéria e energia como duas coisas distintas, enquanto a Doutrina Esotérica reconhece apenas um substrato para tudo o que é visível e para o que é invisível – "*Purusha-Prakṛiti*" e vice-versa. Além disso, podemos lembrar o bom *Swami* de que não é necessário ser um iogue para ser um bom ocultista, nem há muitos iogues na Índia que sabem algo das verdadeiras ciências ocultas.

[169]Em tal caso, nosso respeitado crítico deveria criticar e corrigir o professor Monier Williams e outros sanscritistas, que consideram *Anna-Māyā* como "o revestimento mantido por alimentos, isto é, o corpo físico ou grosseiro" chamando-o de *quarto*, enquanto nós o denominamos como o *primeiro* invólucro ou *kosha*. (veja p. 123 de *Sabedoria Indiana*).

[170]Nós deixamos para os nossos leitores julgarem o que é mais *absurdo* – considerar nosso corpo físico como o *primeiro*, ou chamá-lo, como faz o *Swami*, de *triplo* ou terceiro, embora, é claro, não haja qualquer mal em nenhum deles.

[171]Nós voluntariamente perdoamos a observação descortês sob a aparência de "franqueza". Solicitamos a nosso respeitado correspondente que tenha em mente que uma coisa é ser "franco", e outra bem diferente é ser rude.

pe mortal poderia ser infligido ao homem interno, etc, quando, na realidade, a vítima foi o externo? Você foge da nossa questão sem constrangimentos ao dizer que a questão não é se o *duplo* matou o duplo triplo. Agora, pedimos especialmente para você tirar nossas dúvidas demonstrando o fato cientificamente.[172] Em vez de atender o nosso pedido, você foi gentil o suficiente para fazer disso um assunto de piada, e tenta nos fazer sentir vergonha de nossa questão.

[172] É precisamente porque alegamos conhecer algo do Ocultismo "prático", além de sermos teósofos, que nós respondemos sem, minimamente, "fugir da questão", que um golpe mortal pode ser infligido "não apenas a um, mas também a um" homem interno a outro. Esse é o ABC do mesmerismo esotérico. O golpe não é infligido nem por um punhal de verdade nem por uma mão de carne e osso, mas simplesmente pela Vontade. É a vontade intensa do "Gospoja" que guiou o corpo astral ou interno, o *Mayāvi Rūpa* de Frozya. É a ação passivamente obediente do "duplo" desse último que, explorando o espaço e os obstáculos materiais, seguiu o "rastro" e encontrou os verdadeiros assassinos. É novamente a Vontade forjada pelo pensamento incessante do vingador que infligiu os golpes internos que, embora incapaz de matar ou mesmo de ferir o homem interno, mas, pela reação do corpo *físico* interno, provou ser mortal a ele. Se o fluido do mesmerizador pode curar, ele também pode matar. E agora nós "demonstramos os fatos tão cientificamente" quanto permite a ciência que geralmente desacredita e rejeita tais fenômenos mesméricos. Para aqueles que acreditam e sabem algo sobre mesmerismo, isso será simples. Enquanto que, para aqueles que o negam, a explicação parecerá tão absurda quanto qualquer outra alegação psicológica, assim como as alegações do ioguismo com suas beatitudes de *samādhi* e outros estados.

Quando dizemos "... o duplo matou o triplo, não o duplo, e, em nenhum caso, o espiritual Um", então, nesse sentido, por triplo você deveria entender o *Annamaya*, mas em vez de fazer isso você está aborrecido com a sentença, não apenas com essa sentença, mas também com uma outra, em relação à qual você diz "por que ele deveria então usar, contra seu próprio argumento, o termo *laya*?" Como ele pode apagar a palavra *Kosha* (do dicionário)? Seria melhor nos entender por nossas próprias ideias e não por suas próprias interpretações.

"Há dois métodos de investigação", diz Espinoza, "o vulgar e o científico. Um deles parte de princípios que foram aceitos sem exame, que não são, portanto, claramente compreendidos. O outro parte de princípios claramente definidos e conhecidos com precisão. É somente o último que pode nos levar ao verdadeiro conhecimento". Nós tememos que nossos veneráveis amigos tenham seguido o primeiro método, o que tentaremos provar aos poucos.

Antes de fazer isso, no entanto, pedimos uma resposta a nossa questão – espírito e matéria são a mesma coisa? Ou se *Prakṛiti*, *Shakti* e Espírito são as mesmas coisas? A não ser que *Prakṛiti* seja o mesmo que Espírito, como pode o primeiro ser eterno, já que dois eternos não podem existir ao mesmo tempo, e a crença em dois eternos é contra as verdades fundamentais da Filosofia Advaita,[173] como incorporado no aforismo *ekmevādvitīyam*? E a matéria tem atributos, tais como cor, forma, som, tato, visão, paladar e olfato, mas o espírito não tem. "A matéria é morta (*jaḍa*), o espírito está vivo (*caitanya*); a matéria é temporária e sujeita a mudança, e o espírito é eterno; a matéria é parcial, e o espírito é universal.[174] Mas o que é temporário? Aquilo que aparece e existe por certo período de tempo, ou aquilo que tem começo e fim. E o

[173] Essa é exatamente a questão que nós temos apresentado, e também a razão pela qual, sabendo que a matéria é indestrutível, como também o espírito, ou melhor, a *energia* – nós dizemos com todos os advaitas esotéricos que a matéria e o espírito são UM.

[174] Veja a resposta do Sr. Subba Row. Enquanto nós dizemos matéria indestrutível, cósmica, o *Swami* fala de matéria *objetiva* e *diferenciada*.

que é eterno? Eterno significa aquilo que existe por todo passado, presente e futuro, e também em *Jagrata*, *Svapna* e *Sushupti*. Devido a essas e várias outras causas, a matéria não pode ser o espírito, nem vice-versa. Se você disser, como Vasishtha, que as partículas adormecidas de *Cit* (espírito) são ignorantemente chamadas de matéria, então nós concordamos em certa medida, mas então como elas podem, por essa razão, ser chamadas pelo errôneo e enganador termo "matéria", que é inerte e espiritualmente não existente? Por que você não chama um pedaço de madeira, ou de pedra, de espírito?[175] Você pode provar a existência da matéria em sono profundo?[176] Talvez você responda, como os *Naiyayikas*, que a matéria existe com *Kārana* em sono, se assim, onde ela existe em *Turīya*? Você não pode provar que matéria, ou *Prakṛiti*, existe em *Turīya*. Como, então, pode a matéria, ou *Prakṛiti*, ser chamada de eterna? Se a matéria é meramente uma manifestação do espírito, por que chamá-la pelo falso nome de matéria em vez de seu próprio nome de espírito?[177] Agora, que analisamos o efeito, a *matéria*, chegamos à sua causa, *Mūlaprakṛiti*, que também é chamada de *Avidyā* ou ignorância, a mãe de *Karma* e a causa de *bandha*. Uma vez que *Prakṛiti* não está dissolvido em espírito, dissolvendo-o no *guna sattva*, não há emancipação, *Mukti* com *Prakṛiti* não é *Mukti*, absolutamente. Além de *Prakṛiti* está a emancipação. Essa é a conclusão de todo o nosso Ocultismo ário. Vamos ver agora o que a Mimamsa diz. Nós fazemos algumas citações do *Ṣad-darśana-Cintanika*, ou *Studies of Indian Philosophy*, Vol. V de 1881, nº 11, página 347, editado em Bombaim.[178]

Não é nosso objetivo citar todos os livros ários, mesmo se pu-

[175] Porque não é comum chamá-los por tal nome. No entanto, nós sustentamos que há, num pedaço de madeira ou numa pedra, tanto do espírito latente ou vida quanto há em um feto humano com uma semana de idade.

[176] Veja a resposta do Sr. Subba Row.

[177] Pela mesma boa razão que chamamos uma cadeira por seu "falso" nome de "cadeira" em vez de chamá-la pelo de "carvalho" ou de qualquer outra madeira com a qual ela foi feita.

[178] Remetemos o leitor às páginas da excelente revista mensal citada acima.

déssemos, mas desejaríamos que você e seus leitores lessem, em continuação a nossas citações, todos os números do sexto volume de 1882 do *Ṣad-darśana-Cintanika*, que mostra que não apenas Shankaracharya, mas também quase todos os comentadores e reformadores e outros grandes *Rishis*, sem mencionar as *Upanishads*, rejeitaram a teoria de a matéria ser tão eterna quanto o espírito, pela qual você está enganado.[179] Agora veremos o que outras escolas de filosofia dizem sobre *Prakṛiti*. Por outras escolas nós queremos dizer os sistemas de Patañjali, Buda e Jaina. Lembrem os nossos leitores que estamos falando dos budistas da primeira escola, que concordam com os ários em vários pontos essenciais e, particularmente, a respeito do *Nirvāna*, embora discordem a respeito de *Kriyākānda*. O estimado editor de *The Theosophist* parece seguir a doutrina de Madhyamika, isto é, budistas da escola do Caminho do Meio, ou aqueles que são seguidores das doutrinas de Sugata de quem falaremos mais tarde.[180] Nós chamamos a atenção dos nossos leitores à síntese, Vol. VI (1882), nº 2, página 106, dos *Studies of Indian Philosophy*. Citamos algumas linhas dos *sūtras* 24 e 25... Os jainistas não acreditam no poder independente conhecido pelos vedantinos como ilusão. O espírito é naturalmente conhecedor. Ele é onisciente. Seu conhecimento é encoberto e obscurecido por atividade ou *Karma*. A percepção do espírito é também obscurecida pelo *Karma*, etc. Os budistas acreditam que o puro *Nirvāna* apenas existe. O *Nirvāna* é uma condição transcendental. Ele é infinitude. Ele não está sujeito a influências. Nada o supera. Os grandes *Rishis* que estão livres de todo desejo o des-

[179] Agradecemos ao bom *Swami* por seu conselho. Nós temos lido todos os números mensais do *Ṣad-darśana-Cintanika* com grande atenção até recentemente, e o defendemos zelosamente tanto na América quanto em nossa estadia aqui. Não obstante, tudo o que "possa ter feito" Shankaracharya dizer nos "estudos" acima citados, nós alegamos saber que ele não disse nada do tipo, nem, de forma alguma, no sentido transmitido pelo nosso oponente. Nós deixamos que a questão seja resolvida entre ele e o Sr. Subba Row.

[180] O "estimado editor" segue apenas as doutrinas do *Esoteric Buddhism*, que são quase idênticas àquelas dos advaitas esotéricos – os *verdadeiros* seguidores de Shankaracharya.

crevem assim. Além do *Nirvāna*, o *Karma*, ou atividade, também é eterno.[181] Ajudada pela ignorância, a atividade produz os cinco elementos e desenvolve a mundanidade. Esses cinco elementos são forma ou *Rūpa*, sensação ou *Vedana*, percepção ou *Samjña*, discriminação ou *Samskāra*, e consciência ou *Vijñāna*. Virtude e contemplação destroem o poder da ignorância. A atividade assim se torna impotente e o *Nirvāna* é alcançado em seguida.[182]Todas essas escolas são descritas conjuntamente nesse lugar, pois elas representam o pessimismo indiano, e o leitor pode conhecer seus pontos de semelhança e diferença.

Agora nós chegamos à sua nota de rodapé. "*Asat* ou *Prakṛiti* existiu primeiro, etc." Uma breve resposta a isso é dada em algum lugar em *History of Philosophy*. "Os pagãos disseram *ex nihilo nihil*[183]. Os padres cristãos alteraram isso para *ex nihilo omnia*[184]". Ainda vamos ver o que os nossos *Rishis* ários dizem. Nós chamamos sua atenção para os versos do segundo livro chamado "*Pañca Mahābhūta Viveka*" do *Pañcadaśi*, que fala de acordo com as *Upanishads*.[185] Você vai ficar feliz em entender os versos de acordo com seus comentários, agora muito habilmente traduzidos para o hindi.

A *Māndūkya Upanishad* diz que *Prakṛitis* são de dois tipos, *Aparā* e *Parā*: o primeiro produz *Karma* e o segundo, *Mukti*. Um é *Jaḍa*, o outro, *Caitanya*. Essa também é a opinião da *Bhagavad-*

[181] E se "a atividade *também é eterna*", então como pode o nosso antagonista filosófico sustentar que a matéria não é? Pode a *atividade* (no sentido comum da palavra), seja física ou mental, manifestar-se ou existir sem a, ou fora da *matéria*, ou, para ser mais claro, fora de qualquer um de seus sete estados? E quanto à sua autocontradição? "Atividade também eterna". Então como há, afinal, *dois* eternos? E ele está dizendo exatamente que "dois eternos não podem existir ao mesmo tempo". (Veja acima.).

[182] Nós chamamos a atenção do nosso correspondente ao fato de que ele está novamente se contradizendo. Ou são os "budistas"? Apenas algumas linhas acima ele declara a "atividade... *eterna*" e agora ele a torna "impotente" – em outras palavras, mata e aniquila aquela *que é eterna*!

[183] O nada a partir do nada. (Nota da trad.)

[184] O tudo a partir do nada. (Nota da trad.)

[185] O leitor está convidado a dirigir-se aos versos sânscritos da obra supracitada, já que as citações adicionais iriam, mais uma vez, requerer pelo menos duas colunas. Nossa revista evita o tanto quanto possível a publicação de algo que não seja matéria original.

-*Gitā*, capítulo sétimo. A *Māndūkya Kārika*, terceiro capítulo, e a *Prashna Upanishad* também falam de *Māyā* e *Prakṛiti* – veja a *Upanishad* com o comentário de Shankara. Vasishtha, Vyāsa, Astavakra e todos os grandes sábios recomendaram a separação desse ilusório *Prakṛiti* e em nenhum lugar em suas obras nós encontramos qualquer sentença que diga que esse *Prakṛiti* ilusório será conhecido em Deus. Se *Brahman* pode, em sua opinião, ser conhecido através de *Prakṛiti*, então por que não com todos os outros, mas apenas *Tamasa*? De acordo com a filosofia indiana e a experiência prática dos eremitas, essa *mūla-shakti*, ou *Avidyā*, como você a entende, não pode ser conhecida em *Brahman*. Porque ela é ilusória e falsa, além disso, pode ser dissolvida e tornada inativa. Ela perde-se em *Turīya* quando em estado de *laya*, como o rio no oceano. Mas, enquanto for ignorante desse processo, você tem liberdade para chamá-lo de uma afirmação de religião, mas a classe pensante, que compreende esse processo misterioso, achará graça de sua fragilidade de compreensão. Como você veio para a Índia propositadamente em busca do verdadeiro conhecimento esotérico, nós sempre rezamos pelo seu sucesso e rogamos que você entenda-nos um pouco "hermeticamente".[186] Nós explicamos a você o *Pranava* de acordo com a interpretação do *Rāma-Gitā*, capítulo do *Rāmāyana* esotérico, mas como você não está bem familiarizado com a teoria de *laya*, não poderia aceitá-la. No entanto, isso não importa muito, os vedantinos práticos a aceitaram antes. Nós, com muita satisfação e sem qualquer justificativa, citamos algumas linhas do prefácio muito qualificado de Max Müller a *The Sacred Books of the East*, já que ele tem relação com nosso assunto. "Essa concentração de pensamento, *ekāgrata* ou unidireção, como os hindus a chamam, é algo quase desconhecido para nós – nossas mentes são como caleidoscópios de pensamentos

[186] Veja a resposta do Sr. T. Subba Row. Nós agradecemos novamente a nosso gentil conselheiro pelo interesse que ele mostra em nosso bem-estar espiritual, e recomendamos a ele, se ele deseja saber a causa de nossa recusa, a nossa nota ao final de sua carta. Podemos também garantir que nós nunca e em lugar nenhum chamamos *laya* de "uma afirmação de religião".

em constante movimento, e cerrar nossos olhos mentais para tudo o mais, ao manter apenas um pensamento, torna-se, para muitos, quase tão impossível quanto perceber uma nota musical sem harmonias. Com a vida que levamos hoje, com telegramas, cartas, jornais, revistas, panfletos e livros sempre nos pressionando, tornou-se impossível, ou quase impossível, alguma vez chegar àquela intensidade de pensamento que os hindus entendem por *ekāgrata*, e a obtenção do que era para eles a condição indispensável de toda especulação filosófica e religiosa. O prejuízo pode não estar totalmente no nosso lado, contudo é nosso, e se nós vemos os hindus, mesmo em sua vida relativamente monótona, adotando todos os tipos de artifícios a fim de ajudá-los a retirar seus pensamentos de todas as impressões perturbadoras e a fixá-los em apenas um assunto, nós não devemos nos contentar em rir da simplicidade deles, mas tentar apreciar o objetivo que eles têm em vista."

Abaixo estão os poucos versos sobre o *Laya Prakarana* do *Shiva Samhita*, que se espera que mostre como você entende mal nosso sentido... [187]

Em nenhum lugar do *Yoga Vāsishtha* e do *Bhāgavata* nós encontramos qualquer declaração que recomende o conhecimento desse *Prakṛiti*. Pelo contrário, todo ocultista ário, particularmente Kapila, em suas palestras para *Devahutī*, fala contra isso. Você faria a gentileza de nos indicar os lugares onde Vāsishtha, Vyāsa, Shuka e Shankaracharya expressaram suas visões que concordam com suas doutrinas da Filosofia Arhat? Caso contrário, nós podemos ou não acreditar em sua explicação.

Purusha, conforme as *Upanishads*, é *Svayam Prakāsha*, isto é, automanifesto, por isso não pode ser dependente apenas de *Prakṛiti*, para sua manifestação. *Nenhum* advaita vai tomar *Brahman* por *Prakṛiti*, ou *guna*, ou dualidade. O *Brahman* deles é *Purusha* além de *Prakṛiti* ou, em outras palavras, *Akshara*. O espírito latente nunca é mencionado como *Mahā Ishvara*. Por favor, leia

[187] Leitor encaminhado à obra supracitada.

o verso citado abaixo, que afirma claramente que *Mahā Ishvara* é o espírito além de *Prakṛiti* quando este está em estado de *laya*.[188]

Vácuo é um nome falso, para os *Rishis* ários, que conhecem a onipresença da alma, e esse vácuo eles destruíram preenchendo-o. Além disso, não há vazio na Natureza, vide a máxima "a Natureza odeia o vácuo". Por ora, desistimos de responder a suas outras observações, até recebermos sua resposta a essas. Como o assunto é muito sério e importante, nós pedimos que você discuta os pontos calma e desapaixonadamente: sem esse estado de mente não se pode penetrar na Filosofia Esotérica da Índia. Suas presentes opiniões não são esotéricas, mas bastante exotéricas.

SWAMI DE ALMORA

Almora, 22 de abril de 1883.

Nota do editor: Nós lamentamos sinceramente que essa seja a opinião do *Swami* de Almora. Mas já que nós nem o conhecemos, nem a religião ou escola de filosofia à qual ele pertence, talvez possamos repetir com ele "no entanto, isso não importa muito" se ele concorda conosco ou não, pois os vedantinos práticos (esotéricos e Iniciados) acharam nossas opiniões corretas e em perfeita harmonia com as suas próprias. Há quase tantas interpretações do significado esotérico de certas palavras que temos que usar quanto há iogues e *sanyasis* de várias seitas na Índia. Um iogue *Visishtadvaita* sustentará a cor-

[188]Nós pedimos explicações sobre o significado oculto dessa frase realmente incompreensível. "O espírito latente nunca é mencionado como *Mahā Ishvara*" (um termo que *nós* nunca usamos, de modo algum), enquanto que o verso sânscrito "afirma que *Mahā Ishvara* é o espírito além de *Prakṛiti* quando este último está em estado de *laya*. Agora o douto *Swami* quer dizer que o espírito além da matéria diferenciada está *ativo*? Isso não pode significar outra coisa, pois de outro modo as duas hipóteses iriam contradizer-se absurdamente e seriam suicidas; e se ele quer dizer aquilo que diz, isto é, que *Mahā Ishvara* (se ele é identificado aqui a *Parabrahman*) o espírito *além* de *Prakṛiti* torna-se *ativo* já que é chamado de *Mahā Ishvara*, o que não seria se estivesse *latente* – então, nós sentimos em dizer ao douto Paramahamsa que ele não sabe do que ele está falando. Ele não é um advaita esotérico e nós encerramos a discussão, já que ela está se tornando inútil.

reção do significado dado por um asceta advaita, e um devoto de *Caitanya* ou um *bhakti* iogue nunca aceitarão a interpretação dos Vedas ou da *Bhagavad-Gitā* feita por um brâmane ou um ária. Assim, a verdade está em toda parte e pode-se dizer que não está em parte alguma. Para nós, está absoluta e exclusivamente nas Doutrinas Esotéricas Arhats, e permanecemos firmes em nossas convicções, sendo todos os nossos oponentes tão livres quanto nós mesmos para serem fiéis a suas próprias visões. Nós nos encontramos, em N. W. P., com um *pandita* erudito, um renomado sanscritista, a mais douta autoridade à frente dos *vaishnavas,* e reconhecido como tal por muitos outros, e ele queria que acreditássemos que o ápice do *Rāja Yoga* eram os poderes absolutos e práticos que ele confere ao *rāja* iogue sobre todo o sexo feminino na criação!! Devemos acreditar em cada expoente dos Vedas, os *Shāstras* de cada seita, apenas porque ele pode ser uma autoridade para aqueles que pertencem à mesma denominação que ele, ou devemos fazer uma seleção criteriosa, seguindo os ditames da nossa razão, que nos diz que ele é o mais correto e está mais próximo da verdade, que diverge o menos da lógica e – da ciência? A filosofia oculta que estudamos usa precisamente aquele método de investigação que é denominado por Espinoza de "método científico". Ele começa a partir de "princípios claramente definidos e precisamente conhecidos", e prossegue apenas neles, e é, portanto, o "único" que pode levar ao verdadeiro conhecimento. Portanto, nós sustentaremos essa filosofia, e nenhuma outra. E agora deixamos o venerável *Swami* e suas visões para a lâmina dissecante do Sr. T. Subba Row.

Capítulo VII

Prakriti e *Purusha*

O editorial no início do artigo precedente explicará ao douto eremita de Almora e aos leitores de *The Theosophist* a razão para eu escrever as seguintes linhas em relação à controvérsia levantada pelo *Swami* a respeito de *Prakṛti layam* (dissolução de *Prakṛiti*).

Realmente estou muito satisfeito por ser informado pelo respeitado Asceta de que seus "motivos não são superficiais", e de que ele levantou a presente controvérsia "com um propósito científico". Mas certamente é uma tarefa muito perigosa entrar em controvérsia com um debatedor que, conforme sua própria confissão sincera, é incapaz de dar uma expressão clara a seus pensamentos, mas que, todavia, está disposto a declarar que "aqueles que procuram criticá-lo" "e tornam-se hostis" a ele "são preconceituosos e teimosos". Provavelmente, se entendido "hermeticamente" (somos convidados a interpretar o artigo do *Swami* dessa maneira), eles *podem* revelar algum outro significado, e eu sinceramente espero que revelem. Entretanto, acredito que ele não irá querer considerar-me como "preconceituoso" nem como "teimoso" se eu me arriscar a defender a posição tomada pelo editor dessa revista (que pertence à mesma escola que eu) a respeito do assunto em discussão.

Começarei por informar, respeitosamente, ao douto eremita, que não é infantil "investigar e tentar entender a redação de uma questão antes de tentar respondê-la". Ninguém encontrou defeito em seu estilo, nem pensou em "atacá-lo". Por outro lado, foram feitos todos os esforços para eliminar os erros gramaticais em seu artigo (as notas de rodapé que provocaram sua irritação) antes de ele ser impresso. Mas controvérsias como estas nunca podem chegar a alguma conclusão satisfatória, a não ser que os disputantes entendam-se claramente. Eu reivindico o direito de observar que, na forma em que seus artigos geralmente chegaram ao escritório de *The Theosophist*, tornou-se quase impossível averiguar corretamente o verdadeiro significado da "ideia" que ele tentou transmitir, uma vez que ela encontrava-se escondida, com sucesso, sob o que ele denomina seu "estilo". Descobre-se, muitas vezes, que disputas filosóficas aparentemente formidáveis em sua forma exterior têm sua origem nos vários significados atribuídos a uma única palavra, e não será exagero dizer que inúmeros credos e seitas surgiram de disputas sobre meras palavras.

Sob tais circunstâncias, pode-se humildemente sugerir que é extremamente inadequado da parte do *Swami* perder a calma, apesar de seu *Nirvikalpa Samādhi*, assim que se tenta analisar sua questão e averiguar o seu verdadeiro significado. Mesmo agora, depois de tanta discussão, não é fácil ver o que o editor é chamado a provar. Se o *Swami* apenas pedisse ao editor para explicar mais plenamente a afirmação contida em uma das edições desse jornal, no sentido de que *Prakṛiti* coexiste eternamente com *Purusha*, não haveria qualquer confusão. A partir das explicações dadas em seu artigo, parece, no entanto, que o douto eremita pede que o editor prove que *Prakṛiti* existe em *Turīya Avasthā*.[189] Mesmo assim, a questão ainda permanece vaga e incerta.

Passarei agora a apontar claramente a dificuldade envolvida na questão e a explicar as doutrinas da Teosofia esotérica sobre o assunto em consideração, a fim de permitir que o *Swami* veja que a dificuldade não é apenas imaginária, criada pelo editor com o objetivo de dar "respostas evasivas" a suas questões e ridicularizá-lo por seu inglês ruim, mas que os ensinamentos sobre ciência eso-

---

[189]Condição do mais alto *Samādhi* (ou êxtase), ou como expresso pelo *Swami*, "em sono".

térica não são, eu posso garantir a ele, nem absurdos e ilógicos e nem "não científicos" como ele imaginou – é preciso compreendê-los completamente e assimilá-los antes de criticá-los. Esperamos que isso não se torne uma tarefa impossível no que diz respeito a nosso douto crítico!

Para os objetivos dessa discussão, deve-se explicar que *Prakṛiti* pode ser considerado de dois pontos de vista diferentes. Ele pode ser visto como *Māyā*, quando considerado como o *upādhi* de *Parabrahman*, ou como *Avidyā*, quando considerado como o *upādhi* de *Jīvātmā* (sétimo princípio no homem).[190] *Avidyā* é ignorância ou ilusão que surge de *Māyā*. O termo *Māyā*, embora às vezes usado como um sinônimo para *Avidyā*, é, falando corretamente, aplicável apenas a *Prakṛiti*. Não há diferença entre *Prakṛiti*, *Māyā* e *Shakti*, e os antigos filósofos hindus não fazem qualquer distinção entre matéria e força. Em apoio a essa afirmação eu posso indicar ao douto eremita a *Svetashvatara Upanishad* e seu comentário por Shankaracharya. Se nós adotarmos a divisão quaternária dos filósofos advaitas, ver-se-á claramente que *Jagrata*[191], *Svapna*[192], e *Sushupti Avasthas*[193] são os resultados de *Avidyā*, e que *Vaishvānara*[194], *Hiranyagarbha*[195] e *Sūtrātmā*[196] são manifestações de *Parabrahman* em *Māyā* ou *Prakṛiti*. Agora informo ao douto eremita que a declaração feita em *The Theosophist* a respeito de *Prakṛiti* não tem qualquer ligação com *Avidyā*. A matéria cósmica indiferenciada, ou *Mūlaprakṛiti*, coexiste eternamente com *Purusha*, mas ocorre *Avidyā Layam* em *Turīya Avasthā*. O editor de *The Theosophist* nunca sustentou que *Avidyā*, ilusão ou ignorância, é eterna. Então por que o douto eremita deveria pedir ao editor para provar o que nunca

[190] *Upādhi*: veículo.

[191] *Jagrata*: estado de vigília, ou uma condição de percepção externa.

[192] *Svapna*: estado de sonho, ou uma condição de clarividência no Plano Astral.

[193] *Sushupti*: estado de êxtase; e *Avasthā*: estados ou condições de *Prajñā*.

[194] *Vaishvānara*: o fogo magnético que permeia o Sistema Solar manifestado. Os aspectos mais objetivos da Vida Una.

[195] *Hiranyagarbha*: a Vida Una como manifestada no plano da luz astral.

[196] *Sūtrātmā*: o germe eterno do Universo manifestando existente no campo de *Mūlaprakṛiti*.

foi alegado? Eu não posso deixar de suspeitar que o erudito *Swami* está confundindo *Avidyā* com *Prakṛiti*, o efeito com sua a causa. Ao traçar a distinção entre *Avidyā* e *Prakṛiti*, estou apenas seguindo a autoridade de todos os grandes filósofos advaitas de Āryāvarta. Será suficiente para mim indicar ao *Swami* o seu livro de referência favorito, o primeiro capítulo do *Pañchadasi*. Se, no entanto, o douto *Swami* está preparado para dizer que *Mūlaprakṛiti* em si não é eterno, eu informo-o de que suas visões estão claramente erradas e que seus argumentos e seu *layaprakaraṇa*, do qual ele é bastante orgulhoso, não provam o *layam* de *Mūlaprakṛiti*, qualquer que seja o significado que ele possa atribuir à palavra *laya*.

Antes de prosseguir nas observações a seus argumentos, eu direi algumas palavras sobre o "assassinato pelo duplo", que parece tão ridículo a nosso iogue "prático". O eremita provavelmente está ciente do fato de que, às vezes, um choque mental grave pode causar a morte quando o próprio corpo físico permanece aparentemente ileso. E todo ocultista prático sabe que, em vários casos, quando a morte é causada por "magia negra", o corpo físico da vítima não apresenta qualquer sinal de lesão. Nesses casos, o golpe dado, por assim dizer, em primeiro lugar, ao quarto e ao quinto princípios do homem, que constituem o seu corpo astral, é comunicado imediatamente ao seu *Sthūla Sharīra*. E por isso não é absurdo dizer que uma lesão que se revela mortal para o *Sthūla Sharīra* da vítima pode ser infligida ao seu corpo astral. O *Swami*, no entanto, parece pensar que o próprio corpo astral é a vítima, na opinião do editor. Não há qualquer motivo para tal má interpretação no artigo sobre o assunto em questão, e eu sinto muito que o eremita tenha pensado que isso serviria para caluniar o editor sob o pretexto de franqueza, tendo ele mesmo descuidadamente entendido mal o significado correto. O *Swami* tem plena liberdade para chamar o *Sthūla Sharīra* de "triplo" se ele quiser, mas como os *upādhis* são geralmente chamados de *samhārakrama*[197], o triplo seria normal-

[197] *Samhārakrama:* ordem de involução ou evolução inversa.

mente usado para significar *Kārana Sharīra*[198], e quando o *Swami* quis nomeá-los em uma sequência diferente, ele deveria ter-se expressado de modo menos ambíguo. Nosso correspondente parece ser um grande apreciador de observações obsoletas. Não parecem necessários todos os seus comentários sarcásticos sobre modos de investigação em geral, quando ele não está totalmente preparado para mostrar que o *nosso* método de investigação é não científico.

Agora o *Swami* prossegue com outra questão: se a matéria é idêntica ao espírito. Nosso douto eremita está sempre pronto para levantar novas questões sem qualquer motivo para isso. A verdadeira questão é se *Mūlaprakṛiti* é eterno, e eu não vejo necessidade de examinar a natureza de sua relação com o que é comumente chamado de espírito para decidir se é eterno ou não. Mas se o *Swami* insiste que eu dê uma resposta definitiva à sua questão, eu indico a ele o meu artigo "Deus Pessoal e Impessoal", publicado em *The Theosophist*, e o comentário de Shankaracharya sobre o quarto parágrafo do primeiro capítulo do *Brahma Sūtras*. Na verdade, *Prakṛiti* e *Purusha* são apenas dois aspectos da mesma Realidade Una. Como nosso grande Shankaracharya observa, com precisão, na conclusão de seu comentário sobre o 23º *sūtra* do supramencionado *Pada*, "*Parabrahman* é *kartā* (*Purusha*), como não há outro *adhishtātha*[199] e *Parabrahman* é *Prakṛiti*, não havendo outro *upādānam*". Essa frase indica claramente a relação entre "a Vida Una" e "o Elemento Uno" dos Filósofos Arhat. Depois de nos fazer essa pergunta e citar as doutrinas da Filosofia Advaita *contra* a hipótese de que matéria não é espírito, o douto *Swami* prossegue mostrando, com sua própria autoridade, que a matéria, de fato, não é espírito. Se assim for, a doutrina do *Swami* é coerente com as doutrinas dos filósofos advaitas? Nosso eremita provavelmente acha que a citação não afetará sua própria afirmação, na medida em

[198] *Kāraṇaśarīram*: o germe de *Avidyā* (ignorância) que é a causa do renascimento.

[199] *Adhiṣṭātha:* aquele que é inerente a outro princípio, o agente ativo que funciona em *Prakṛiti*.

que *ele* sustenta que a matéria *não* é eterna. Qual é, então, o significado da afirmação tantas vezes citadas pelos advaitas: "*sarvam khalvidam Brahman*"[200] e o que significa dizer que *Brahman* é o *upādānakāranam* do Universo? Parece-me que o *Swami* entendeu inteiramente mal a Doutrina Advaita a respeito da relação entre *Prakṛiti* e *Purusha*. Se a confusão deve ser evitada, seria muito desejável que o nosso crítico informasse claramente o que ele entende por "matéria". Agora passo a examinar seus argumentos, ou melhor, suas hipóteses, para mostrar que *Prakṛiti* não é eterno, na ordem em que elas são apresentadas.

I. Por certas razões, matéria não é espírito; o espírito é eterno e, portanto, a matéria não é eterna.

Em reposta a esse argumento, eu afirmo que a premissa maior está errada e não afeta *Prakṛiti* indiferenciado, já que os fundamentos em que é baseada não são aplicáveis pelas seguintes razões:

(a) *Mūlaprakṛiti* não tem os atributos enumerados, já que tais atributos implicam diferenciação e *Mūlaprakṛiti* é indiferenciado, de acordo com nossas doutrinas.

(b) *Mūlaprakṛiti* não é morto ou *jaḍam*, já que *Purusha* – a vida una – sempre existe nele. Ele é de fato *caitanya dīpta* (que brilha com a vida) como afirmado na *Uttaratapinī* (veja também *Gauḍapāda Kārika*).

(c) *Mūlaprakṛiti* não é temporário, mas eterno.

(d) Quando sujeito à mudança, ele sempre perde o seu nome, reassumindo-o após retornar à sua condição original indiferenciada.

(e) Ele não é parcial, mas coextensivo com o espaço.

(f) Ele existe eternamente no Universo em qualquer *Avasthā* (estado ou condição) em que um determinado ser humano possa estar.

---

[200] Tudo no Universo é *Brahman*.

E, além disso, eu nego a validade da inferência, mesmo se, para fins de discussão, a verdade das premissas seja admitida.

O segundo argumento do nosso *Swami* é extremamente ridículo. Resumidamente, ele sustenta o seguinte:

II. A existência de matéria não é conhecida seja em *Sushupti* ou *Turīya*[201] *Avasthā*, e por isso a matéria não é eterna.

Isso é suficiente para me convencer de que o *Swami* de Almora sabe tanto sobre *Turīya Avasthā* quanto sobre as características do homem na Lua. O douto cavalheiro está, de fato, confundindo *Avidyā* com *Māyā*. Na verdade, ele diz que *Mūlaprakṛiti* é *Avidyā*; eu ficarei muito feliz se ele puder citar alguma autoridade em apoio à sua proposição. Gostaria de informá-lo novamente de que *avidyā layam* não é necessariamente seguida por *prakṛti layam*. É a diferenciação de *Mūlaprakṛiti* que é a causa de *Avidyā* ou ilusão ignorante, e quando a matéria cósmica diferenciada retorna à sua condição original indiferenciada no momento do *Mahāpralaya*, *Avidyā* é completamente liberada. Consequentemente, *Mūlaprakṛiti*, em vez de ser idêntico a *Avidyā*, implica a ausência de *Avidyā*. Este é o mais alto estado de "não ser" – a condição de *Nirvāna*. *Mukti*, portanto, está além de *Prakṛiti* diferenciado e além de *Avidyā*, mas expressa a condição de *Mūlaprakṛiti* indiferenciado. Ao se referir à *Uttaratapinī* e a seu comentário, o douto eremita será capaz de ver que mesmo *mahācaitanyam* ao final de *śoḍaśāntam* indicado por *avikalpapraṇava* é mencionado como existente, no que é descrito como *guru bījopādhi śakti maṇḍalam*[202] Essa á a abordagem mais próxima ao elemento indiferenciado chamado de *Mūlaprakṛiti*. Também pode ser visto, na passagem acima referida, que *Mūlaprakṛiti* existe mesmo no estágio superior de *Turīya*

[201] Sono sem sonhos, e *Turīya Avasthā*, ou a condição de união íntima com *Parabrahman* – um estágio superior ao êxtase.

[202] Uma condição de *Prakṛiti* quando ele tem apenas os germes dos três gunas *Sattva*, *Rājas* e *Tamas*.

Avasthā. O *Swami* tem o prazer de nos perguntar por que deveríamos chamar esse elemento de matéria se ele é apenas um aspecto de *Purusha*. Somos obrigados a usar a palavra "matéria" já que nós não temos outra palavra em inglês para indicá-lo, mas se o *Swami* pretende contestar sua associação à palavra *Prakṛiti*, será igualmente razoável da minha parte contestar sua associação a esse ente chamado de Deus, Espírito ou *Purusha*.

As longas citações de nosso *Swami* do *Ṣaḍ-darśana Cintanika*, felizmente eliminadas pelo editor, não o ajudam muito. Se o termo "*avyaktā*"[203] for aplicado a *Brahman* ao invés de ser aplicado à "*Prakṛiti* dos *Sānkhyas*", como isso prova que *Prakṛiti* indiferenciado não é eterno? Shankaracharya simplesmente diz que *Avidyā* ou ignorância pode ser exterminada, mas ele nada diz sobre *laya* de *Mūlaprakṛiti*. Para mim é desnecessário dizer algo sobre as visões do *Swami* a respeito de outros sistemas de filosofia. Eu só estou interessado na Filosofia Esotérica Arhat e a Filosofia Advaita como ensinada por Shankaracharya. As restantes citações das obras de vários autores, contidas no artigo do *Swami* são, em minha humilde opinião, irrelevantes. O capítulo sobre *Pañca Mahābhūtaviveka* em ***Pañcadaśi*** não mostra que *asat* não existia com *sat* desde toda a *eternidade*. Essa é a primeira vez que ouço que a *Paravidyā* mencionada na *Māndūkya Upanishad* é um tipo de *Prakṛiti*, como afirmado por nosso douto eremita. Eu tenho razões para pensar que a entidade indicada por tal *Paravidyā* é *Parabrahman*. Juntamente com tal entidade, Shankaracharya fala de *Prakṛiti* indiferenciado como "*ākāśākhya-makṣaram*" permeando todos os lugares. Nosso oponente parecer pensar que, como todo iogue é convidado a elevar-se acima da influência de *Avidyā*, deve-se necessariamente supor que *Prakṛiti* não é eterno em sua condição indiferenciada. Isso é tão ilógico quanto seus outros argumentos. A ilusão surge da diferenciação ou *dvaitabhāvam*, como é tecnicamente chamado, e ausência de diferenciação, seja subjetiva ou objetiva, é o *Nirvāna*

[203] *Avyaktā*: a Causa não revelada.

do advaita. Se o *Swami* apenas parar para considerar a natureza "desse elemento uno" em seu aspecto dual, ele será capaz de ver que esse é apenas um aspecto de *Parabrahman*. Todos os argumentos apresentados por ele parecem mostrar que ele está trabalhando sob a impressão de que nós estamos sustentando a permanência desse mundo ilusório manifestado. Se esse *Mūlaprakṛiti* que eu tentei descrever não é percebido em *Brahman*, conforme as "experiências práticas dos eremitas", tudo o que eu posso dizer é que a experiência deles é diferente da experiência da Shankaracharya, Vyāsa, Gaudapada e vários outros *Rishis*. O eremita pode "rir de nossa fragilidade de entendimento" se isso puder, ao menos, confortá-lo; mas a mera injúria lhe trará muito pouco benefício se ele lançar-se em controvérsias sem entender claramente o assunto em discussão, com argumentos sem valor e citações irrelevantes como suas armas.

Eu penso que o editor dessa revista está perfeitamente justificado a rejeitar a interpretação do *Pranava*, do nosso eremita, já que ela não é totalmente coerente com o que está contido nas *Upanishads Māndūkya*, *Uttaratāpini* e *Nāradaparivrājaka* e em outros tratados reconhecidos sobre o assunto. Eu não entendo que essas três *mātras* no *Pranava* significam matéria, força e espírito, respectivamente, como afirma o *Swami*. Tenho visto várias interpretações do *Pranava* em vários livros, mas essa explicação é totalmente nova para mim, e eu respeitosamente sugiro que ela está errada, na medida em que nenhuma distinção clara é traçada entre matéria e força em nossas antigas obras filosóficas. Se o nosso *Swami* está convencido de que a *Rāma-Gitā* é uma grande fonte autorizada em ciência esotérica, eu não vou tentar privá-lo de sua satisfação; e como a doutrina esotérica ensinada por Shankaracharya e outros grandes escritores vedantinos é quase idêntica à Doutrina Esotérica Arhat até certo ponto, é impossível para mim enumerar todas as semelhanças entre os dois sistemas para o deleite de nosso eremita, mas eu ficarei feliz se ele puder apontar *onde* e em *que* elas diferem.

Gostaria também de informá-lo de que é impossível pensar em *Purusha* a não ser em combinação com *Mūlaprakṛiti*, já que *Purusha* pode atuar *apenas através de Prakṛiti*. Em apoio a essa visão, eu poderia lhe recomendar o *Saundaryalahari* de Shankaracharya, e seu comentário sobre o *Namakam* e a *Shvestāshvatara Upanishad*. É bem claro que um *adhishtātha* jamais pode existir sem *upādānam*. Se, como é afirmado por Shankaracharya, *Purusha* é *adishtātha* ou *karta*, e se *Prakṛiti* é *upādānam*, a coexistência necessária desses dois aspectos torna-se inevitável. Quanto à passagem citada da *Taittirīya Upanishad*, eu tenho que informar ao eremita que a palavra *Prakṛiti* ali mencionada significa *Prakṛiti* diferenciado. Não satisfeito com a linguagem insultante contida no corpo de seu artigo e sua alusão ao "rato negro" (uma passagem dali omitida por uma questão de decoro), nosso douto oponente considerou apropriado registrar uma declaração enfática, ao final de seu artigo, de que as visões do editor são exotéricas e não esotéricas. Sem dúvida, na medida em que elas foram comunicadas a ele por meio de sua revista, elas são exotéricas, pois se elas fossem esotéricas, não teriam sido tornadas públicas. Mas se o *Swami* de Almora as considera esotéricas ou exotéricas é uma questão de muito pouca importância para o progresso da Teosofia, dado que elas são razoáveis e estão em harmonia com as doutrinas dos grandes instrutores da antiga Āryāvarta.

Seção VII

Ensinamentos Esotéricos (não publicados)

Capítulo I

O Primeiro Raio no Budismo

[O profundo conhecimento oculto que o falecido T. Subba Row possuía é atestado repetidamente por HPB. Ela o considerava como tendo mais conhecimento oculto do que ela própria, e enviou-lhe o primeiro rascunho de *A Doutrina Secreta*, para correção e revisão. Após HPB ter partido de Adyar em 1885, as palestras do Sr. Subba Row para um círculo íntimo foram anotadas por alguns deles. Entre seus ouvintes estavam o Dr. S. Subramania Iyer, C. W. Leadbeater, A. J. Cooper-Oakley e o Dr. Neil Cooke. O Dr. Subramania Iyer informou-me de que o Sr. Subba Row era um excelente jogador de tênis, e de que algumas de suas anotações são de conversas no Clube Cosmopolita, em Madras, após o tênis.

Há cinco anos, o Dr. Subramania Iyer autorizou-me a fazer cópias de suas anotações das palestras do Sr. Subba Row, com a intenção de publicá-las algum dia. Em 1923, eu descobri, para minha surpresa, uma segunda cópia das notas entre os arquivos da Seção Galesa em Cardiff. Essa cópia diz "Das notas taquigráficas do que Subba Row disse-nos em 12 de dezembro de 1886." A Seção Galesa da ST cortesmente autorizou-me a trazer o manuscrito a Adyar para colocá-lo entre os registros da ST.

As duas cópias das notas são bastante coincidentes, no entanto, três páginas estão faltando na cópia do Dr. Subramania Iyer. Eu escolhi a melhor redação que encontrei, colocando algumas vírgulas, pontos, etc, para torná-la mais clara. As notas de rodapé também constam nos originais. Até onde eu sei, nenhum manuscrito foi revisado pelo Sr. Subba Row, e é preciso, portanto, confiar que ele esteja fielmente relatado. – C. J. Set., 1925.]

A palavra Buda é usada em dois sentidos. Em um sentido significa qualquer um dos sete tipos de *Logos* – qualquer *Logos* é considerado um Buda. No outro, é o *Logos* de um determinado Raio – ou seja, o Segundo Raio, o Raio de Gautama.

Ideias relacionadas ao primeiro Raio parecem ter surgido no Budismo chinês antes do tempo de Gautama.

No primeiro Raio há dois elementos: (1) o elemento permanente do primeiro Raio, (2) a presença divina interior, que é Christos. Na fraseologia budista, esses dois são chamados de Amitaba e Avalokiteshvara. Amitaba é descrito como um grande Buda que vive no Paraíso Ocidental. A palavra significa "luz infinita". Amitaba localiza-se no Paraíso Ocidental, segundo a tradição de que o último grande Adepto viveu em Shambala e lá fundou "A Fraternidade".

Avalokiteshvara é considerado como Seu filho, mas na verdade não é assim, porque quando Christos surge do *Logos* do Primeiro Raio, ele parece emergir dessa fonte de luz e, portanto, é chamado de Amitaba.

O próprio Buda parecer ter sido questionado sobre Avalokiteshvara por Seus discípulos. Sua resposta dará algumas ideias sobre sua natureza. O poder é versátil, assumindo todos os tipos de formas e fazendo o trabalho de qualquer outra Loja por certo tempo.[204]

Kwan Yin pode ser chamada de forma feminina de Kwan Shi Yin. O resumo mostra as ideias sobre o assunto sustentadas pelos chineses.

Embora cada pessoa pertença a um próprio Raio específico, são apenas os dois primeiros Raios que têm sempre originado as religiões universais. No caso dos outros cinco Raios, uma pessoa está simplesmente ligada a seu próprio Raio específico, mas no caso desses dois, cada Adepto terá de ficar sob a influência de cada um dos outros Raios. Há dois modos pelos quais esses dois Raios atendem às necessidades espirituais da humanidade. Buda é o professor externo, o professor por excelência, e supõe-se que,

[204] Veja *Série de Escrituras Budistas dos Chineses*, de Beale, p. 389, etc; linha 8, a palavra "*fearlessness*", traduzida por "destemor", não está correta.

por meio d'Ele, a luz e a sabedoria espirituais chegam ao neófito ou mesmo ao Adepto. Mas no caso do Christos, sua manifestação é *luz interna e não símbolos externos*. O último grande Adepto daquele Raio, quando entra no *Nirvāna*, deixa o Raio detrás de Dele, até que Seu Sucessor apareça. Esse é o poder misterioso que permeia todo esse planeta na forma da "Voz calma e suave". Ela encontra-se potencialmente no coração de cada ser humano: ela não é um de seus sete princípios e nem sempre existe ali. Em um determinado estágio no progresso espiritual do homem, ela começa a soar no seu coração, como descrito em *Luz no Caminho*[205]. Ela indica a direção suprema que ele tem que receber, abre a senda subsequente do desenvolvimento, aponta o caminho e desaparece. Ela nada tem a ver com a garota do *Idílio do Lótus Branco*[206]. Está no coração de cada homem, embora não esteja. Ela aparece apenas em determinado estágio.

Então não há um único Adepto que possa prescindir do Christos. Há essa entidade misteriosa com a qual ele precisa entrar em contato antes de tornar-se um *Chohan*. Ela está em todos os lugares e em lugar nenhum. Você não pode localizá-la em nenhum plano. Ela parece estar em todos os planos. Quando ela encarna, começa a soar como a voz, permanece no homem e estabelece uma relação com seus princípios, temporariamente. Então você diz que ela encarnou.

É essa presença misteriosa que é tão inexplicável. Ela não pode ser vista nem pelo mais elevado Adepto. Ela parece ser onisciente e onipresente. Parece ser sua função ajudar tantos seres humanos quanto possível, e tem sido considerada como Deus por todos os grandes Iniciados. Ela não é *Parabrahman*. Ela é a *Presença interna do* Logos *do Primeiro Raio, o poder misterioso sempre presente nele*, e aqui deixada, como um substituto dele próprio, pelo último grande Adepto que alcançou o *Nirvāna*. Permanecerá aqui até o

[205] COLLINS, Mabel. Ed. Teosófica: Brasília, 2017. (N.E.)
[206] COLLINS, Mabel. Ed. Teosófica: Brasília, 2018. (N.E.)

próximo Adepto aparecer e então ascenderá para sentar-se, misericordiosamente, sobre o trono. É a própria Trindade cristã completa – Pai, Filho e Espírito Santo. É o que recebeu o nome de Christos.

A palavra "Espírito Santo", usada nos sermões da *Bhagavad-Gitā*, pode ser empregada em dois sentidos. Em um, ele é um membro da trindade do "Christos", no outro, ele é a "mãe" e a "esposa" do "Christos". Ele é a Sophia gnóstica. Ele é mais ou menos comum a todos os Raios, *mas o Primeiro Raio tem um Espírito Santo próprio – a Luz do* Logos *do Primeiro Raio. Essa luz é a emanação dos dois princípios do* Logos *combinados, que é o nosso Espírito Santo.* Esse Espírito Santo é uma questão pouco esclarecida ao público em geral, pois apenas o homem do Primeiro Raio tem algo a ver com ele. O Espírito Santo cristão é um dos elementos que entram em Avalokiteshvara. Ele é um e ainda divisível, e pode desenvolver infinitas variedades de manifestações, pois ele já está no coração de cada homem, qualquer que seja seu Raio. Ele pode ser apropriado apenas por uma pessoa daquele Raio particular, *embora cada pessoa possa pedir a sua ajuda, e cada homem seja compelido a aceitar a sua ajuda antes de passar pela última Iniciação.* Essa é a razão pela qual o Budismo e o primeiro Raio deram origem a credos universais. Os outros cinco Raios, embora certamente importantes, não deram origem a religiões universais, porque não são aplicáveis a todas as pessoas.

Onde quer que o Buda veja progresso e cultura espirituais, ele é compelido a verter sua influência ali.

Essa é uma voz infalível e precisa ser obedecida. Ela chega apenas uma vez e dá instruções, diz-lhe o significado de seu próprio Raio, aponta o caminho para seu próprio *Logos*, e então vai embora. Ela não virá antes que você esteja preparado para isso. Alguns, quando a ouvem, pensam que ela é apenas algum som astral. Alguns entendem esse som astral como *turīyānandam*. Ele é aquilo que as *Upanishads* dizem que será ouvido pelo homem que morrer em Benares. É a canção da vida, e apenas chega quando você está em uma condição como se fosse de torpor, e então começa a zumbir em sua volta até você acordar. Vide *Prashna Upanishad*, "Canção da Vida".

O Sinal da Cruz é tirado de coisas peculiares relacionadas a Adonai.

Sacrifício – Cristo aproveitou a tendência judaica ao sacrifício, modificou-a um pouco, e tornou-a mais ou menos idêntica à transferência de sangue na Iniciação final. Esse é o significado da Iniciação final, o algo misterioso que vai acontecer quando ele unir-se à contraparte permanente do seu Raio, no *Nirvāna*. O sangue de Cristo é a vida espiritual que flui do Cristo – seu *Daivīprakṛiti*.

Mas, no caso do primeiro Raio, há dois elementos que, juntos, formam uma coisa completa: quando um é separado, a corrente vital não flui daquele que ali permanece. Apenas quando eles estão unidos, dali brota o influxo geral de corrente vital, e essa é a "árvore da vida".

Em um sentido bem específico, Krishna é o verdadeiro Cristo. O Cristo de vocês é simplesmente uma frágil imagem, por assim dizer, de Krishna – um mero reflexo. É do ponto de vista daquela Voz misteriosa que Krishna fala na *Bhagavad-Gitā*. É aquela voz que fala. Daí a importância desse livro. Ela contém mais do verdadeiro ensinamento de Cristo do que qualquer outro livro que existe atualmente. Mas é acessível a qualquer pessoa a obtenção do ensinamento do Cristo em si mesma, a partir da "Voz calma e suave".

Capítulo II

Encarnação e Religiões

A nação dos hebreus é algo parecido com aquela dos yadavas, na qual Krishna nasceu, e os dois nomes têm uma estreita semelhança, como o sânscrito "ya" frequentemente transforma-se em "ja", assim, *yama* torna-se *jama*, por exemplo. Os yadavas e os judeus parecem ter sido mais ou menos o mesmo povo. Parece que muitos yadavas migraram. Há muita semelhança entre as histórias dos dois povos. Os judeus, na época do Êxodo, parecem ter estado sob a tirania dos egípcios. Do mesmo modo, os yadavas estavam sob a tirania de um rei estrangeiro. No caso dos judeus a migração ocorreu sob a direção divina, assim como a migração dos yadavas ocorreu sob a direção de Krishna. Krishna era um pastor, e Cristo é frequentemente chamado de o bom pastor. Krishna nasceu em uma prisão e Cristo, em um estábulo. Em ambos os casos foi dado um aviso a um poderoso tirano, e nos dois casos o tirano ordenou o massacre das crianças.

Desde o tempo de Krishna, a filosofia do primeiro Raio tem sofrido uma determinada modificação, principalmente através dos escritos de Vyāsa, há cerca de 5.000 anos.

No decorrer do tempo, uma grande parte de Kathiawar foi inundada e os yadavas dispersaram-se e, muito provavelmente, emigraram. A razão pela qual os judeus tinham certos costumes que os yadavas não tinham deve-se ao fato de que o primeiro povo, pelo longo intercâmbio com os egípcios, adotou algum de seus costumes, como por exemplo, a circuncisão.

Sob essas circunstâncias, eu duvidei, por longo tempo, se alguma vez existiu Cristo como um homem de verdade. Ainda hoje parece possível que tal homem não tenha existido. Mas isso não importa muito. A individualidade de Cristo foi devida ao misterioso poder que atuou através d'Ele. É também possível que ela tenha aparecido através de um determinado homem. Ela poderia ter pertencido a qualquer Raio.

Esse poder guiou os passos de uma grande quantidade de pessoas através de eras, desde o tempo em que o último grande Adepto apareceu, e durante todo esse tempo ele tem feito o trabalho de suprir todas as deficiências do planeta. Se o Buda não aparece, ele deve substituí-lo.

Enquanto existirem sociedades de Adeptos, as coisas podem seguir bem, mas suponha que a espiritualidade da humanidade diminua, o materialismo cresça e a Fraternidade pereça. Então o poder deixado pelo Adepto do Primeiro Raio estará ainda sempre presente e, por um período, poderá desempenhar o papel de algum Deus.

Ao entrar em um determinado homem de um determinado Raio, ele desempenha o papel do *Logos* daquele Raio. O Raio ao qual o Cristo homem pertencia deve permanecer incerto, no momento. Mas o propósito dessas coisas no plano espiritual é evidente, como também são as suas lições.

A Fraternidade do Himalaia tem Buda como seu mais elevado *Chohan* e *Avalokiteshvara* como seu patrono. Isso requeria a existência de dois homens influenciados por esses dois: em um eles conseguiram, porque uma parte do Buda influencia o Teshu Lama. Supõe-se que o Dalai Lama seja influenciado por Avalokiteshvara, mas na verdade não o é. Todos os Iniciados dizem que Avalokiteshvara é o seu patrono e Buda, o seu grande guru. Ele ensina-lhes diretamente. Ele abre-lhes os olhos e auxilia suas mentes, infundindo-lhes uma parte de Sua vida divina.

A Voz chega a você, de repente, quando você não a espera, e lhe dá instruções importantes. É quando o homem está chegando perto do Adeptado que ela surge. Ela lhe informa a natureza interna do seu próprio *Logos*, indicando de qual Raio você surgiu e lhe diz para qual raio você deve seguir.

Se ela situa-se no meio do Primeiro Raio, deve ser em um lugar específico dele próprio, que significa um lugar onde qualquer outro *Logos* é suscetível de ser consumido. É o Sol Central de esplendor ilimitado, poderoso o suficiente para consumir vários Sistemas Solares em um instante. A luz do Sol é *Daivīprakṛiti*. O Sol Central é a Voz calma e suave. A Voz tem dentro de si todo o plano de evolução da vida.

Diz-se que Krishna toca a flauta, isto é, ele toca a Canção da Vida, e a canção tem sete *svaras*[207] que dão vibração à corrente da vida, e a *Daivīprakṛiti* externa capta as vibrações da Canção. Esses sete *svaras* estão na base de tudo o que é setenário no Cosmos. (A isso eu me referi em um artigo recente). Ele é todo canção, ele é o espírito e a alma da canção. Ele tem apenas que dar uma nota errada e a humanidade ... (!!!!)

Todo Iniciado deve descobrir o seu próprio Raio. Até o momento de a Voz soar, o procedimento é comum a todas as pessoas. As instruções especiais para cada Raio específico são dadas pela Voz. Ela não está com pressa para ajudá-lo, a não ser que você esteja com pressa para ser ajudado.

Todo homem tem um outro ser, que é a garota do "Idílio do Lótus Branco", que pode anunciar a Voz, dando informações. Essa é a própria alma do homem.

O estado de consciência em que se ouve a voz está acima da consciência *devachânica*. Esse é aquele ponto de consciência extremamente neutro. Essa é a Voz do Silêncio, que é Christos. Os polos de consciência são: (1) humana atual, (2) consciência do *Logos*.

No sono é possível obter noções e impressões erradas. Um homem de boa moral é propenso a fazer maior progresso na longa jornada do que aquele que corre para o Plano Astral. Todos os

[207] Tons ou notas musicais. (Nota da trad.)

grandes instrutores apresentaram alguns princípios morais gerais, e não maravilhas astrais, como o caminho a ser seguido. Não há posição na qual um homem não possa ser útil. Parece haver menos desigualdade na distribuição da felicidade do que na da riqueza.

Há três correntes principais no Hinduísmo. A primeira, o Bramanismo, é do Primeiro Raio, e nela fundamentam-se os Vedas. A segunda é o Budismo, e a terceira vem dos outros cinco Raios que têm certa semelhança de família. Esse sistema de cinco Raios é caldeu.

A Fraternidade tem um sistema caldeu como sua base, com o Budismo supra-adicionado. Como uma Fraternidade prática, eles têm que produzir Adeptos de todos os Raios. Para religiões populares, a base caldaica não vai servir. Você deve dar essa base à religião quando a maioria dos homens no mundo é de Iniciados, porque então eles devem conhecer a posição relativa dos diferentes Raios. O sistema budista servirá para filósofos, porque sua visão de Deus é a de um grande Instrutor. O primeiro Raio é um Deus para a adoração da humanidade. E por duas razões: ele não apenas desempenha o papel de um instrutor, mas também o de um rei. E, ainda, ele foi, originalmente, o criador. Ele recompensa o justo e pune o perverso. A Presença interior una, que ajuda as pessoas, reside nele, e não é todo homem que pode tornar-se isso.

No caso do Budismo, Buda é o grande Instrutor. Ele cria Adeptos. O sistema caldeu é puro advaitismo, porque aquele *Parabrahman* está em todo homem e assume determinadas formas em diferentes homens. Mas, para uma fé popular, o único modo possível é envolvendo o Primeiro ou o Segundo Raio. O Segundo tem sido um tanto restrito e o Primeiro mais ou menos universal.

AHJH (eu sou o que eu sou) é o verdadeiro Deus dos hebreus, e esse é, precisamente falando, Shekinah. Esse poder misterioso deve fazer o trabalho de AHJH entre os hebreus para o bem deles. Quando a manifestação divina de um *Logos* específico não pode ocorrer, ele assume a tarefa para seu propósito. Shekinah é a "Igreja" dos hebreus – não Adonai. No decorrer do tempo, os hebreus erraram e confundiram AHJH com o Pai, e JHVH (Jeová) com o Filho. Como AHJH não apareceu, eles disseram que JHVH era seu Filho, e pensaram que ambos pertenciam ao mesmo lugar, então confundiram Shekinah com Adonai.

Os outros *Logos* não podem encarnar, uma vez que alcançam o *Nirvāna*: apenas os dois primeiros podem. Buda pode dividir-se em três: um permanece no *Nirvāna* e os outros dois descem para ajudar a humanidade.

Capítulo III

Sacrifício e Raios

O *Gayatri* é o *Daivīprakṛiti* do primeiro Raio – a influência combinada de ambos os elementos naquele Raio. "Transubstanciação" é a ideia específica (de tudo) envolvida na antiga representação dos *Yajñams* (sacrifícios). Eles são representados para realizar esse poder, que é chamado *Yajña Purusha* (isto é, Christos). Mas desde o tempo de Vyāsa e Krishna – cerca de 3.000 a. C. – ocorreu uma mudança. Krishna queria pôr fim a todas as fórmulas sacrificiais, assim ele disse para Arjuna livrar-se da ideia de que o sacrifício de sangue é necessário. (Vide a *Bhagavad-Gitā* sobre as oferendas de flores ou folhas.)

Sacrifícios de sangue eram usados por todos os povos bárbaros para evocar os elementais etc, e eles obtinham manifestações, e esses sacrifícios acabaram entrando em setores superiores porque, como eles não conseguiam efetuar a verdadeira transferência de Vida, usavam tal sacrifício como um substituto. Mas esses sacrifícios frequentemente se tornam meios de evocar elementais, e não influências espirituais, então, no decorrer do tempo, todos os sacrifícios de sangue tiveram de ser proibidos.

O sacrifício final é a transferência da vida espiritual do mais alto *Chohan* para o seu sucessor. Supõe-se que ele transfira a luz do Christos que está dentro dele próprio para o seu sucessor.

Há dois tipos de cruz – a celestial é Adonai, a terrestre é Homem. O homem é chamado de Cruz porque seus quatro princípios são dispostos na forma de uma cruz. Os quatro pontos da cruz representam os quatro princípios no homem – os quatro *avasthas* (*Svapna*, etc. – vigília, sonho, sono, "êxtase"). O mais elevado é *Turīya Avasthā*, o *Jāgrat Avasthā* Iluminado. A ordem é *Jāgrat*, *Svapna*, *Sushupti*, *Turīya*.

Como Christos existe em união com cada homem, na humanidade ele está mais ou menos crucificado, porque, rigorosamente falando, ele deveria estar em seu próprio glorioso lar no *Nirvāna*. Mas ele reside na humanidade para ajudar os seres humanos, e, como ele existe em cada ser humano, ele está mais ou menos crucificado ali. Ainda, os quatro pontos da cruz são descritos como os quatro *padams*, ou pés. O ser humano é, portanto, comparado a uma ovelha (quadrúpede) e a humanidade a um rebanho de ovelhas. Christos é chamado de o bom pastor porque ele cuida desses seres quadrúpedes (vide *Mundaka Upanishad*). *Jīvātmā*, o *Self* individual é considerado como um ser quadrúpede, toda humanidade, como um rebanho de ovelhas, e Christos é o pastor.

Diz-se que Krishna tinha muitos milhares de esposas (*Gopīs*). Cada alma humana é uma menina, que é o anjo da guarda do homem, que é sua alma. Essa menina, por fim, terá de casar-se com o próprio *Logos* do homem. Mas, curiosamente, acontece que, mesmo durante a vida, ela existe no homem junto ao princípio masculino, o Christos, e, a respeito disso, supõe-se que quase todas as almas dos seres humanos são esposas de Christos. Há uma história sobre isso no *Mahābhārata*. Uma vez, alguém disse a Krishna: "Parece que você tem tantas esposas, você não pode me dar uma?" Krishna disse: "Vá a todas as casas delas, e se você achar um lugar onde eu não estou, pegue a mulher que vive ali." (Ele foi a todas as casas e, em todas, encontrou Krishna.) Não há, praticamente, uma alma humana à qual o Christos não esteja conectado.

A Menina ("Idílio do Lótus Branco") é superior a *Kārana Sharīra* e é *Daivīprakṛiti*. O poder proteu[208] é superior a *Daivīprakṛiti*. Mas como *Daivīprakṛiti* é comparado à menina, todas as almas dos se-

[208] Proteu – capaz de mudar de forma e de características. (Nota da trad.)

res humanos são feitas para serem esposas de Krishna. O indivíduo é o reflexo daquela luz no *Kārana Sharīra*. O reflexo é a reflexão do seu próprio *Logos* transmitida por meio da instrumentalidade da luz que emana dele. Assim você tem *Kārana Sharīra*, a imagem ali e a luz pela qual a imagem é produzida: *Kārana Sharīra*, *Jīvātmā* e a menina. Mas a imagem refletida é esse raio de luz, a realidade é a menina e o reflexo desaparece quando o homem torna-se independente do *Kārana Sharīra*.

Se você tomar o reflexo do Sol, ele é diferente da luz do Sol. Existem três coisas: *Kārana Sharīra*, a imagem refletida (*Jīvātmā*) e a luz que emana do Sol, que é a menina. *Kārana Sharīra* é o espelho, o reflexo é *Jīvātmā*, o Ego que você sente. Você vai descobrir que você é a menina. Quando sua alma une-se ao *Logos*, a menina casa-se com o *Logos*. Mas unida a todos esses existe a misteriosa Voz em toda a parte.

A Voz ainda é *subjetiva para a menina, ela não é objetiva.* Ela está em todo lugar e em lugar nenhum e pode manifestar-se em qualquer plano e não é encontrada em plano algum.

O anjo da guarda é e também não é um dos princípios da alma humana, porque ele permeia todo o ser humano. Ele é, *rigorosamente falando, o ser humano*. Isso é diferente da classificação das "sete virtudes" dos cabalistas. Mesmo em uma classificação setenária, a Voz deve permear tudo.

O *Gayatri* é a menina do primeiro Raio.

A oração é dirigida ao "poder proteu" nos *Sandhyas*[209]. Soma representa um tipo de influxo de Vida assimilado por deuses e homens, e é o substituto para o elixir da vida.

A Dama do Lótus (Ísis) tem sido chamada, acima, de menina. Existe uma outra menina que é a própria mente do homem. A menina que brincava com bolas, etc, é diferente da mulher no tanque, e é a mente.

Há uma outra fêmea no próprio *Logos*. No *Logos* há cerca de doze deuses e deusas. Considere *Daivīprakṛiti* separadamente e o

[209] Ritual religioso do Hinduísmo. (Nota da trad.)

Logos como um todo. Então a Dama do Lótus é *Daivīprakṛiti*. Há uma diferença nas idades das meninas (de diferentes Raios). Falando precisamente, a menor é a luz do primeiro Raio. A do Buda é um pouco mais velha. A primeira aparenta cerca de doze anos de idade: quando você prossegue, a idade aparenta aumentar. As idades são 12, 16, 20, 24, 28, 32, 36. *A menor é o Gayatri. É a mais perturbadora e a mais poderosa.* Na aparência do *Logos* há uma boa diferença. A verdadeira aparência do *Logos* do primeiro Raio é peculiar. Ela tem todos os tipos de formas, mas, quando ela aparece com todos os seus poderes, é um menino de doze anos de idade. O Buda sempre aparece como um garoto com não mais de dezesseis anos.

No curso da evolução, o primeiro Raio aparece por último e é considerado como o filho mais novo de *Parabrahman*. Mas isso é a primeira manifestação. O primeiro *Dhyan Chohan* que aparece é um homem desse Raio. Ele coloca a corrente evolutiva em movimento.

Em alguns Raios, a menina é uma moça bem grande, mas ela não tem forma real e frequentemente muda. *Como regra, Daivīprakṛiti aparece como uma mulher, assim como quando você está iluminado.*

Primeiramente, quando a menina aparece, você não percebe seu propósito até muito tempo depois. A Natureza é uma máquina formidável para o progresso da humanidade.

Se a Voz não está aqui, o trabalho da Natureza ainda continua. A Voz existe para o bem da humanidade. Sua contraparte no *Nirvāna* participa da Criação, mas não tem outra função além de ajudar as pessoas. *E você não pode obtê-la fora do ser humano.* Você não pode encontrá-la em nenhum outro lugar na Natureza. O último grande Adepto que a deixou pode recolhê-la se ele assim quiser, e então sua manifestação cessará até que o próximo Adepto daquele Raio apareça. Assim ela faz seu trabalho por pura filantropia. Cada mundo tem alguma provisão como essa. Isso, mais ou menos, entrelaça toda a humanidade. É o elo comum. (Veja a "Série", de Beal.)

A Voz da Consciência é uma expressão metafísica. É a agregação imaginária de toda a experiência humana.

O único *padam* ou pé (de *Purusha*) do *Logos* do primeiro Raio é o que reside na humanidade. Rigorosamente falando, o último Adepto do primeiro Raio está em toda a parte. Três deles apareceram e desapareceram desde que esta humanidade começou a evoluir – há milhões de anos. Provavelmente haverá um quarto Adepto desses.

A Voz tem poder em todas as *Yugas* (idades). Sua ação depende de circunstâncias especiais.

(Dakshinamurti é um tipo de Deus, não um Adepto.) Não é um Avatar, porque ele mesmo é aquele grande poder. Ele será um grande Maharishi – um homem como Buda. Praticamente não importa quando ele virá, porque o antecessor já está praticamente presente.

A grande disposição da Natureza para produzir Adeptos é sempre a mesma. Isso não se interrompe. Essa grande corrente de energia está sempre aqui, deixada pelo último grande Adepto. Ele é mais um Deus do que um Adepto. É esse poder que desempenhará o papel de Guru para o sucessor daquele homem.

Para a "Canção da Vida" (notas 3, 5 e 7) veja a *Chandogya Upanishad.*

Felizes são aqueles cujo sentido astral não está aberto e que não veem todas as coisas terríveis que estão em volta de nós. *Por meio de uma vida santa desenvolve-se um tipo de aura que protege o homem dessas coisas. Todos os elementais e dugpas têm medo do poder Proteu. Sua mera presença parece enchê-los de terror. O Elemento Permanente* tem seguidores, mas o poder Proteu faz todo seu trabalho ele mesmo.

Novo Testamento, (Bíblia) Evangelho de João

I. 1. "A Palavra era Deus". A Palavra = a Voz.
Deus = o Elemento Permanente do primeiro Raio.

4. A Luz = *Daivīprakṛiti*

5. A Escuridão = o próprio Ego que não entende a Luz – veja *Luz no Caminho*.
9. Ele = Christos. Sua própria = humanidade
12. Unir a seus próprios *Logos*. O nome é aquele revelado pela Voz calma e suave.
14. Quando ele encarnou como Jesus.

João XIV, Verso 16. Seu próprio *Logos*.
XV. 1. Os outros *Logos*.

Com relação à função do Elemento Permanente do primeiro Raio, quando chega a hora, direcionando o *Logos* de cada homem para chegar a ele, ele exerce um tipo de controle sobre os outros *Logos*.

Capítulo IV

A Trindade e Centros no Corpo

O "Pai" refere-se ao grande Deus Adonai, o qual é, mais ou menos, sua contraparte essencial. No entanto, pode haver outro sentido: se Cristo é uma encarnação especial, pode não ser a totalidade de JHVH que encarna, mas apenas uma parte dele: qualquer parte pode influenciar um homem, e os cabalistas parecem ter sustentado que foi apenas o "Van", e não todo o JHVH, que se manifestou em Jesus e pode tê-lo influenciado de vez em quando. Se ele estava falando do ponto de vista do "V" (Van), o "I" (Iod) é o Pai, e o Consolador é o "H" (He), que é o elemento principal na Voz. Em Krishna, nós encontramos toda a trindade manifestada.

No *Mahābhārata*, *Drona Parva*, Krishna diz: eu tenho quatro formas, uma está sempre dormindo no *Nirvāna*, e as outras três são: uma constantemente fazendo *tapas* no mundo, isto é, o *Māha-Chohan*; uma está em toda a parte para ajudar as pessoas; a outra segue constantemente reencarnando para o bem das pessoas. É o terceiro elemento que é o Christos de vocês. Essa é a opinião sustentada por um bom número de rabinos judeus. Se for assim, ele está referindo-se àquele "Iod" como seu Pai, que é o mais elevado *Chohan* no planeta, no momento, e o Consolador é o Espírito Santo, que é o elemento mais importante na Voz. A rigor, todos os três existem na Voz, mas ele é identificado principalmente ao Espírito

Santo. A coisa que desce ao plano da humanidade divide-se em três formas, como uma espécie de divisão de trabalho. O *Chohan* superior, no momento, pode ser de qualquer raio. O "Iod" reside nele, enquanto que "Binah" (o *Sephirot* cabalístico = Sabedoria) (He) desempenha o papel do Espírito Santo, e o "Van" segue encarnando para o bem das pessoas. Quando não encarnado, ele está associado ao Espírito Santo, e todos os três unem-se, quando chega o momento da partida, em uma única trindade em seu lar original, quando o sucessor assume o comando.

Pela divisão do "Van" você pode obter um Tetragrama sem o "He" final, que não é necessário.

Esse foi o caso na encarnação de Rama (Iod), com quem seus três irmãos formaram o quarto.

Se o Cristo era apenas "Van", isso foi porque apenas aquela manifestação era necessária no momento.

Quando ele vai desaparecer, o *Māha-Chohan* tomará conta de todo o povo, mesmo após ele ter desaparecido.

Adonai pode gerar um tipo peculiar de *Logos* espúrio. Ele pode desenvolver um para qualquer caso específico. Ele tem cerca de 140 poderes independentes, cada um capaz de dar origem a toda uma série de manifestações. No caso do Raio Buda, há 200.000 poderes diferentes, com nomes distintos. Ao todo, cerca de 7.000 poderes foram catalogados.

Anima Mundi – Luz astral – quarto princípio (classificação setenária) do Sistema Solar. O Ego é *Kāranopādhi* enquanto você for um homem.

Mônada – parte superior do quinto princípio em um homem. Não se pode dizer que é a Mônada até que seja um homem. É a única coisa que permanece constante através das múltiplas personalidades. Às vezes chamada de *Kūtam Chaitanya*.

Kūtam – coleção de *skandhas* ou *tattvas*. É o centro de energia que vai para o *Devachan*. O sexto e o sétimo princípios juntos são o *Logos*. O sexto princípio, sendo seu *upādhi*, é o verdadeiro *shakti*. Você pode considerar o *Logos* como o corpo astral daquele *upādhi*, e *Parabrahman*, como o *Kārana Sharīra* dele. Para todos os propósitos práticos há duas trindades: uma do homem e a outra do *Logos*. No homem há *Sthūla Sharīra*, corpo astral e Mônada; no *Logos* há o sexto e o sétimo princípios e *Parabrahman*. *Parabrahman* desempenha o mesmo papel que o *Kārana Sharīra*. É essa trindade que os cristãos expressam por Pai, Filho e Espírito Santo. O Espírito Santo é o sexto princípio.

Chichchakti, *Chinmātra*, *Chidākāsha*. Quando os três estão unidos, você tem a consciência objetiva, a subjetiva e a não consciência. A consciência objetiva e sua consciência subjetiva da trindade superior e dela própria enquanto ela própria; não consciência quando sua consciência está centrada em *Parabrahman*. Você tem que sair de uma para a outra, ou transformar uma na outra. O único modo de transformá-la é, primeiro, no lugar de sua Mônada, tentar alcançar o *Logos*. Uma vez que você consiga isso, a aura dele, que é o *upādhi* dele, começa a permear o seu corpo astral, e isso começa a elevar-se até o nível do sexto princípio, e quando a transformação está completa, você tem o *Logos*, o sexto princípio e *Parabrahman* estando em toda a parte, então a trindade está completa. Em vez de *Kārana Sharīra*, tente alcançar o *Logos* como o *Kārana Sharīra* e então, como o seu corpo astral é guiado por sua Mônada, o próprio *Logos*, tendo tomado o lugar dela, começará a ter sua aura, que é o sexto princípio, percorrendo, por assim dizer, o seu corpo astral, então a luz do *Logos* o segue. No decorrer do tempo, o corpo astral torna-se mais e mais espiritualizado, sendo todas as suas características transferidas para o sexto princípio. A visão mais simples é a de um centro irradiando energia, o centro sendo seu corpo. Enquanto você tem o centro de energia atuando, o corpo permanecerá eterno. O sétimo princípio é o centro através do qual *Parabrahman* atua como energia externa e, sendo eterno e onipresente, seus recursos são infinitos, e a vida que emana dele constitui seu corpo. Assim, quando você tiver aquele corpo e centro dentro de você e tiver transferido toda a sua experiência para ele, a transformação está completa e você não é homem, mas Deus.

No Sol você tem um exemplo de recursos quase ilimitados, nenhuma teoria moderna pode explicar o modo pelo qual a energia está sendo recuperada. E a totalidade da luz visível e calor, a base para a qual ele sempre pode retornar, é infinita e eterna; e a fonte de energia, sendo eterna, é apenas um ponto através do qual a energia manifesta-se. Essa é a luz visível, ou vida, ou *chaitanya*, que forma seu corpo ou *upādhi*.

Ishvara é o *Logos*.

Afirma-se que apenas quando a Mônada alcança o reino humano é que ela adquire responsabilidade.

Ao dizer que elas adquirem certa individualidade quando alcançam o reino humano, eu simplesmente quero apontar um estágio onde a diferenciação torna-se clara, perceptível. No reino animal, é difícil de ver isso.

A evolução cósmica começa pela primeira manifestação do *Logos*. Ele manifesta-se como a própria consciência ao despertar do sono.

A vontade é meramente um dos atributos da mente e é a Mônada que dá origem a toda a ação. O quarto princípio é, simplesmente, aura.

Em toda a ciência oculta, não há muito benefício prático na divisão dos três princípios inferiores. Você tem que tomar os três como um todo para todos os efeitos práticos e, ainda, o quarto e quinto princípios foram divididos, em vez de o quinto inferior e o quarto terem sido tomados como um só, que é o corpo astral.

Não é possível livrar-se do *Karma* de uma encarnação anterior que ainda não foi esgotado.

Outro *Karma* é obtido nesta encarnação. O *Karma* de um Adepto é de um tipo diferente.

Sendo a existência *devachânica* totalmente subjetiva, são apenas as emoções intelectuais e os propósitos mais elevados que entram em tal existência. Há outras ações que produzem efeitos mais no Plano Físico do que no subjetivo.

No caso de um impulso que esteja exaurido, o colorido dado por esses propósitos não é tão facilmente esgotado se um homem pensar constantemente sobre, por exemplo, arquitetura. Mas junto a esse tipo de ideação há um tipo de colorido dado à mente que o segue até a próxima encarnação. Esse colorido não se esgota no *Devachan*.

Todos os homens têm três tipos de *Karma*: o *Karma* do último nascimento; o desse nascimento até o momento presente; e o que você está produzindo agora.

Buddhi aplica-se mais ao quinto do que ao sexto princípio. O sexto é a semente de *Ātmabodha*. O sexto princípio *Chichchakti* é chamado de Kwan Yin.

Se o Espírito Santo é o sexto princípio, ele emana do Pai através do *Logos*. Mas se ele é a matéria do *Logos*, nesse sentido, ele é *Prakṛiti*. Ele tem, portanto, duas características e a diferença entre essas duas visões é uma das diferenças entre as Igrejas Grega e Latina. O sétimo princípio, a rigor, deve ser denominado *Logos*.

Mesmo a existência de um espaço infinito depende do ego que percebe, assim a existência de *Prakṛiti* depende da existência do *Logos*, que é o ego percebedor entre o sujeito e o objeto.

Quando o *Logos* deixa de existir, todo o espaço objetivo deixa de existir.

Irana é o que é chamado de *Sushupt*i, além disso, há a consciência do sexto princípio.

Seja qual for o *Karma* de um homem, ele estará num plano superior ao de um cão ou gato, considerando a energia intelectual e o desenvolvimento físico necessários, por isso as novas condições assim produzidas nunca reduzirão o indivíduo a um animal.

Caitanyam-viśvahu, isso é *Vishnu*, a vida de *Vishnu* e tudo o que existe. *Sushumnā* tem algo a ver com o canal no centro da coluna vertebral. É um tipo de veia de eletricidade magnética, e a energia que passa através do *Sushumnā* é uma veia de eletricidade vital que o atravessa. O canal está conectado aos ventrículos do cérebro.

Onde ele começa? Começa no *Mūladhāra Chakra* e termina no *Brahmarandra.*

O *Brahmarandra* é localizado em diferentes lugares em diferentes livros, mas eu digo que é no cérebro.

Às vezes a própria *Kundalinī* é chamada de *Sushumnā.*

Como você percebe sua atuação? Porque você a sente na ascensão do fogo ao cérebro – como se uma corrente quente de fogo estivesse sendo soprada através do canal a partir de sua base.

Idā e *Pingalā* devem atuar alternadamente. Se você parar os dois, a corrente quente é forçada através do *Sushumnā.* Só pela prática de *kumbhaka,* o *Sushumnā* entra em atividade, mas um *rāja* iogue tem uma maneira de despertar o *Sushumnā* como ele quiser. Esse meio é um mistério da Iniciação.

Por que se diz que *Sushumnā* é o mais importante dos nervos?

Porque é apenas através dele que o princípio vital e corpo astral saem, no caso de um iogue e, no caso de um Adepto, no momento de sua morte, sua alma atravessa-o, e ele é o local de circulação daquela força chamada de alma ou *Kārana Sharīra.*

Como *Kārana Sharīra* pode agir, estando na condição de sono? Não é aquele tipo de sono, mas o sono do *yoga.* É o descanso após a tempestade, de *Luz no Caminho.*

Quando se diz que o Sistema Solar, etc, está no *Sushumnā,* significa que a consciência está fixada, por um período, no centro circulando no *Sushumnā,* e entra em conexão com a luz astral e a mente universal, e então vê todo o Cosmos.

Capítulo V

Chakras e Raios

Os seis *chakras* estão no *Sthūla Sharīra* e têm centros correspondentes no corpo astral, energias correspondentes no *Kārana Sharīra* e reaparecem no *Logos* como muitas faculdades diversas.

As folhas e pétalas dos *chakras* representam poderes e têm uma existência objetiva. Por exemplo, um é considerado como tendo oito pétalas principais, mas elas não são como pétalas em uma flor, mas a energia magnética do cérebro tem oito polos, como os polos magnéticos.

Nos sete centros (*chakras*) localizam-se sete elementos, e diz-se que, como a *Kundalinī* rompe cada um, isso faz o homem dominar aquele *tattva*. Como a *Kundalinī* vai rompendo cada um dos *chakras*, ela adquire controle sobre muitas forças ligadas aos elementais.

Isso não é minha opinião, mas é mencionado no *Hatha Yoga*.

A localização da mente é entre as sobrancelhas.

Depois que a *Kundalinī* atravessa um *chakra*, ela fica com sua essência ou energia e assim por diante, e então mistura tudo em uma espécie de corrente unificada.

Relação entre *chakras* e planetas:

Mūladhāra	relaciona-se a	Saturno.
Segundo	Júpiter	

Terceiro	Marte
Quarto	Vênus
Quinto	Mercúrio
Sexto	Lua
Sétimo	Sol

A Lua é associada à mente por ser tão mutável, vacilante.

Quando a mente combina-se com a *Kundalinī* e a *Kundalinī* aproxima-se do *Brahmarandra*, o homem torna-se clarividente.

Kundalinī é um poder em *Mūladhāra*, é a serpente astral. Ela tem sua cabeça no umbigo (?). Ela pode ser despertada aumentando-se o fogo de *Mūladhāra.*

Kundalinī é uma força comparada a uma serpente porque ela move-se em curvas. Ela tem o efeito de mover-se em círculos. *Idā* e *Pingalā* alternam-se em condições normais.

Diz-se, nos livros, que a *Kundalinī* tem 3,5 círculos. Isso serve para mostrar que ela percorre as três *mātras* e metade do *Pranava.* Em alguns casos, é representada como tendo oito, porque sua energia percorre *ashtaprakṛiti.* Às vezes, menciona-se quatro.

Ashtaprakṛiti é aquela que é descrita na *Bhagavad-Gitā.*

A adoração de ídolos começou nesse país principalmente na época do *Mahābhārata.* Não são mencionados templos no *Mahābhārata.*

O Jainismo é anterior ao Budismo existente no momento.

As pessoas do *Mahābhārata* existiram.

Provavelmente: glândula pineal – sétimo *chakra*; corpo pituitário – sexto *chakra*; glândula coccígea – primeiro *chakra.*

Shira Lingam – Voz calma e suave, a serpente para isso é a *Kundalinī.* Na *Kundalinī*, soa a Voz calma e suave. Esse é o Linga no microcosmo, no homem. O objeto arredondado é o *Mūladhāra*, a Voz calma e suave parece surgir dele. É o *Shira Lingam* que está no próprio corpo de cada homem.

Cada um dos *chakras* tem uma cor. A ordem está variando constantemente; as sete cores das correntes astrais que formam o corpo astral, a aura correspondente aos *chakras* tem cores diferentes.

O raio AHJH tem mais de 25 poderes. Há um grupo especial de 14, e um centro de misericórdia. Os médicos têm sua contraparte no *Devaloka*.

Há três grandes médicos no Primeiro Raio, um deles pode reanimar cadáveres, mas não se sabe por quanto tempo. Quase todos os poderes prescrevem, mas há alguns especialistas que são muito hábeis nesse ramo – incluindo tudo relacionado à arte de curar, tal como membros quebrados. Um *Rishi* até recuperou sua juventude evocando um desses poderes. O *Rishi* depois se casou. Ele tinha tido lepra. Ele não era um grande Adepto. Há muitos que são chamados de *Rishis* e não são grandes Adeptos, de forma alguma. Há alguns poderes que não prescrevem, mas apenas curam o homem que os evoca. Há vários desse tipo, especialmente dois são muito poderosos. O melhor é elevar-se até seu próprio *Logos* e então obter todos os poderes em conjunto.

O Raio budista é algo gigantesco, ele tem milhões e milhões de poderes e eles têm combinações e permutações.

O Primeiro Raio é o mais simples e seus poderes são um grupo seleto. Nenhum Raio parece ter tantos poderes quanto o Raio budista.

Ele é uma combinação harmoniosa dos três *Logos*.

Cada Raio tem seu próprio exército regular. Os poderes do Raio budista são muito ativos e facilmente evocados, mas o Primeiro Raio é fora do comum. Os poderes do primeiro Raio são todos encobertos. Parece que todas as coisas que matam e destroem em uma escala gigantesca pertencem a ele. O raio AHJH também tem algumas correntes terríveis desse tipo.

O Buda celestial é o mais lindo dos deuses. O Buda deve ter em Sua cabeça todo o plano da Natureza, porque Ele é a essência consagrada da sabedoria da Natureza. Ele é o mais difícil de acessar, considerando o conjunto, embora sua aparência seja aquela de um menino sorridente. Mas ele ajuda os outros que podem não pertencer a seu Raio. Ele coloca-os no caminho e ensina-os ou coloca ideias em suas cabeças e estabiliza suas mentes.

Bidāra – gato preto.

Dançar tem algo a ver com Attik Jommin e Pandarams – a dança de AHJH torna-se bastante útil no Plano Mental, com a música das esferas mantendo o tempo. Há nove variedades no próprio AHJH.

AHJH tem aproximadamente 22.000 e estranhas combinações. *Kāka* é um dos nomes em sânscrito, e significa corvo.

Cada um dos raios tem uma literatura própria, uma nomenclatura própria (diferente), seus poderes (diferentes). Um sistema completo de filosofia pode ser construído apenas a partir de AHJH, assim como templos e uma religião nacional – por exemplo, o templo Chidambaram pertence a esse Raio AHJH. (Parashurama pertence a esse Raio.) Esse Raio tem mais a ver com o Shaivismo do que algum outro ramo do Hinduísmo. Apenas nos últimos tempos o Shaivismo foi associado ao falicismo. Essa é apenas uma ideia imperfeita e não se sabe como isso começou. Parece que isso ocorreu quando ela se ramificou em magia negra. Todas essas religiões voltaram e voltarão por centenas e centenas de vezes, só se alterando a forma. O verdadeiro Ocultismo é como o *Kārana Sharīra*; as várias filosofias são o *Sūkshma Sharīra*; as religiões das massas, templos, etc. são o *Sthūla Sharīra*. AHJH é o raio que governa o planeta, é o gênio planetário. Supõe-se que cada planeta esteja sob a influência de algum regente planetário específico. A Cabala está totalmente no raio AHJH.

Attik Jommim está em algum lugar no distrito de Tanjore, é chamado de Shvetaranyam-Kodakery, mencionado no *Rāmāyana*. Há algo que inspira muita reverência na imagem de Attik Jommin no templo.

Há uma deusa chamada Brahmavidya. A Cabala está totalmente no raio AHJH.

A Natureza tem que trabalhar em uma determinada direção para produzir uma linhagem de *Dhyan Chohans*; pode haver outros meios de produzi-los. Não há limites para as variedades na Natureza.

Agora os *Logos* estão criando o Cosmos, eles adotaram um plano específico, mas ele pode ser melhorado em períodos futuros. Eles têm, até agora, todos os tipos de sistemas, como aqueles com um Sol, com sistemas binários e assim por diante.

Parabrahman sempre existiu, eternamente, e sempre se manifesta como sete Raios, mas suas potencialidades nunca se esgotaram. Os princípios mais importantes do Ocultismo são tão eternos quanto o Cosmos. O espaço é infinito, os Sistemas Solares são infinitos. Em nosso Sistema Solar, nós temos um sol com uma constituição específica, mas a Natureza está testando todos os tipos de experimentos em diferentes lugares. [Quem sabe se, no futuro, espaços distantes não serão sistemas triplos e quádruplos! O maior telescópio penetra em uma pequena quantidade de espaço e ainda existem aglomerados de estrelas e assim por diante, até o infinito.]

O tempo não tem fim, o espaço é infinito, mas combine tempo infinito com espaço infinito!

O Universo parece ter fenômenos ilimitados, sempre há algo mais para explorar. O homem, como indivíduo, é algo muito pequeno, comparado ao Universo.

A não ser que o homem seja feito à imagem de Deus, ele nunca pode encontrar Deus. Em vez de pesquisar o Cosmos infinito você pode, também, pesquisar o microcosmo e encontrar o centro. Escavando dentro de si mesmo, o homem pode encontrar o centro do Universo. Todo esse infinito está em um aspecto do espaço, e há outros aspectos que são tão variados quanto esse.

(Até *Parabrahman* parece cansar-se, mas o Seu dia é bastante longo.)

A questão mais prática é experimentar e expandir suas próprias capacidades. Tempo e espaço são boas coisas para se eliminar a presunção de um homem. Há condições de *Parabrahman* nas quais o tempo e o espaço não existem. Em certo sentido, o primeiro *Logos* está fora do espaço, pois ele é o espaço.

Há sempre sete tipos de *Logos* trabalhando juntos, caso contrário você não pode ter um Sistema Solar.

Parabrahman = consciência imanifestada.

Em vez de investigar manifestações, dirija a consciência para dentro e tente descobrir o centro. Dirigir a consciência para dentro significa transferi-la para *upādhis* superiores, progressivamente.

[Adam Kadmon é o verdadeiro *Logos*. Nós conhecemos apenas dois Adãos, o celeste e o terrestre, Attik Jommin, etc. Todos surgem no celeste. Attik Jommin é como o líder dos 128 deuses do *Logos*.]

O *Logos* tem poderes além de si mesmo. Eles são partes dele mesmo, mas suas partes têm duas divisões: aquelas que são orgânicas e nunca podem ser removidas, e aquelas que são em parte orgânicas e em parte não orgânicas e que podem ser removidas, mas apenas por um período e precisam retornar a ele. Tal poder entra na composição do *Logos*, mas é comunicável. [Attik Jommim é um que permanece no *Logos*, mas ele pode, às vezes, deixá-lo, porém retorna novamente.] Não há princípio além do *Logos*. Contaram-se oito ou nove milhões de *devas*. Você tem mente, imaginação, intelecto, habilidade musical ou dramática, você (JNC) tem habilidade pugilística, mas, em seu caso, elas não podem surgir como poderes independentes do *Logos*, uma grande quantidade de poderes forma um todo, mas eles têm uma existência possível por si mesmos e são transferíveis. Esses poderes nasceram em sua luz.

A Trindade Cristã não foi além de JHVH, nosso *Logos* superior está acima de seu *Parabrahman*, e nosso *Parabrahman* está em lugar nenhum.

Nota: AHJH = Eheir = É o nome oficial associado a Kether? A Suprema Coroa.

JHVH tem sido sempre apresentado para a adoração popular, mas a coisa mais elevada eles nunca revelaram.

Capítulo VI

Uma Carta para V. V. Sivavadhanulu Garu, de 01 de Julho de 1883

...eu chego agora à sua longa carta, que trata de assuntos teosóficos.

Você parece estar em um estado mental caótico no momento, devido a tudo que aconteceu, nos últimos doze meses, em relação aos denominados fenômenos teosóficos e ao ataque missionário. Não me é possível remover *totalmente* todas as suas dúvidas e dificuldades. Eu terei de escrever centenas de folhas para dar-lhe explicações completas de tudo mencionado na sua carta. Eu realmente espero, no entanto, que no decorrer do tempo você consiga, gradualmente, livrar-se da confusão que agora tomou posse de sua mente. No entanto, darei respostas breves e sucintas a suas questões na ordem em que elas foram apresentadas.

1. Você não está correto em afirmar que a Teosofia contradiz-se ao declarar, primeiro, que o desenvolvimento espiritual superior é possível para todo ser humano e, depois, que o *Karma* influencia essa possibilidade. Você precisa admitir que não há contradição nas duas afirmações quando você entende que o próprio *Karma* é um produto do esforço e da ação huma-

nos e pode ser alterado e variado pelo empenho humano. O *Karma* não é uma causa fixa e invariável, que existe de eternidade a eternidade, predeterminando o destino de cada ser humano através de milhares de encarnações. Como você não quer discutir, não vou prosseguir com essa questão.

2. Você não está certo ao contestar a existência de um caminho definido de progresso para o Adeptado. Embora possa haver vários meios de viajar, a estrada e o ponto a ser alcançado são os mesmos para todos. Se sua objeção tem algum peso, você também pode questionar todos os tipos de uniformidade nas operações da Natureza. Para começar, você ainda não sabe quais variedades as regras da Fraternidade admitem. Será mais razoável esperar até você saber algo sobre a Senda. Em toda senda de estudo oculto, há algumas *condições essenciais*, enquanto que as outras são meramente acidentais. As últimas variaram muito com as diversas raças, enquanto que as primeiras permaneceram as mesmas. Isso é como tem que ser.

   Quanto ao impedimento, nenhum ser humano é responsável por ele. Todo gato também poderia reclamar que os professores da faculdade o impediram de estudar o *Principia* de Newton. As paixões perversas da humanidade no presente estágio, não os Adeptos, bloqueiam o caminho. Eles estão dispostos a ajudar todo homem que se adapta a esse tipo de estudo, se ele realmente estiver disposto a ajudar a si mesmo.

3. Você está enganado ao supor que homens indignos ou personalidades depravadas "têm estado sob a proteção especial dos *Mahātmas*". Isso não é verdade. Eu sei a quem você se refere. O envio de um pequeno bilhete de encorajamento não indica uma proteção especial. O outro indivíduo nunca teve nada a ver com os *Mahātmas*. Seus relatos de viagens clarividentes à Fraternidade do Himalaia podem ser verdadeiros ou podem ser um sonho de uma noite de verão. Eu não vejo como a Sociedade ou os *Mahātmas* são responsáveis pelas

declarações de tais pessoas. A respeito do primeiro, você comete um erro ao levar em consideração apenas um aspecto do seu caráter. Ninguém é imaculado e ninguém é totalmente mau. Você tem que levar em consideração todas as suas virtudes e vícios antes de emitir seu julgamento. Tomando-o como um todo, minha opinião é de que ele é melhor que o tipo comum da humanidade. Essa opinião é o resultado de três anos de observação próxima, e você pode ponderar sobre ela. De qualquer forma, ele não é um *chela*, e não há nenhuma "proteção especial" para ser explicada.

4. Por que os Adeptos não podem controlar o magnetismo maléfico do mundo e viver aqui? Essa é sua curiosa questão. Por que eles deveriam? Essa é a minha questão, como resposta. As dificuldades deles são grandes o suficiente como são, por que eles deveriam aumentá-las e desperdiçar sua energia e poder em superá-las, e até mesmo colocar sua existência em risco como propósito de satisfazer a curiosidade da população? Os poucos selecionados podem ir até Eles como eles fazem hoje. Sua influência sobre o progresso da humanidade será a mesma se eles morarem em Seus retiros ou em um lugar como Madras.
5. Você diz que não consegue entender a precipitação de escritos e a expedição de cartas por meios ocultos. Talvez você não consiga, e nenhuma quantidade de explicações teóricas que eu possa dar o satisfará. Você precisa esperar até que consiga aprender algo sobre a dinâmica oculta. Mas primeiro contente-se com a possibilidade de tal coisa ocorrer, embora você não tenha uma concepção clara do *modus operandi* envolvido no fenômeno. Sua incapacidade de compreender o fenômeno, entretanto, não prova que ele é falso.
6. O temperamento de Madame B. é ruim o suficiente, como você diz, em alguns aspectos. No entanto, acontece que ela é a única agente que pode ser empregada pelos *Mahātmas* para

os propósitos da S. T. Não fosse por esse mau temperamento, ela estaria em algum outro lugar nesse momento. Por favor, lembre também que a pessoa que habita o corpo de Madame B., que é um *chela* hindu, tem dificuldades tremendas para lidar com ele, e nem sempre é capaz de manter sob controle a influência das impressões áuricas daquele corpo, deixadas lá pela personalidade anterior com a qual ele estava associado. Agora ela está na Itália. Ela não foi expulsa, como você imagina, mas foi solicitada a ir lá para o bem de sua saúde, como aconselhou a Sra. Scharlieb que a tratou durante a sua última doença. Você diz que, além de fenômenos genuínos, ela pode ter mostrado alguns truques. Bem possível, mas ninguém ainda foi capaz de apontar seu dedo para algum fenômeno específico e dizer "Isso é um truque", e eu também não sou. A questão, no entanto, não tem qualquer importância quando você admite a autenticidade de apenas um fenômeno. A questão em debate entre a Sociedade Teosófica e o público não é se Madame B. é honesta ou desonesta, mas se a ciência oculta é uma realidade ou uma ficção. Mesmo um único fenômeno genuíno deve representar um achado a nosso favor. Minha cliente é a Sociedade Teosófica e não Madame B.

7. O relatório do Comitê foi retirado, é verdade, não porque ele ficou desesperado, mas porque, devido ao descuido e à falsidade do Dr. Hartmann, vários erros graves e deturpações entraram no relatório. Nós não o reeditamos corrigido, visto que decidimos, após consultar o Sr. A. O. Hume e outros, que a Sociedade como tal não deveria assumir a obrigação de defender Madame B. Levará um longo tempo para dar todos os detalhes sobre o assunto. Não suponha que chegamos a essa conclusão porque achamos impossível defender Madame B. Se considerarmos como obrigação da Sociedade reconhecer a existência dos fenômenos e defendê-los, seu tempo e energia serão gastos em responder a mil ataques todo dia.

Também não é conveniente atribuir uma importância indevida aos fenômenos. A Sociedade tem agido de forma errada até hoje ao fazer tanto barulho sobre esses fenômenos cada vez que eles ocorreram. Esse interesse não pode ser mantido por muito tempo. Por isso nós achamos apropriado não tomar mais nenhuma atitude oficial em relação àquele relatório.

8. O relatório do Sr. Hodgson é desfavorável, sem dúvida. No entanto, não somos responsáveis por ele. O resultado deve-se, principalmente, às distorções de alguns homens inescrupulosos em nosso grupo. Eu não posso dizer mais nada sobre isso agora. Mais explicações serão dadas quando nos encontrarmos.

   Você diz que os Coulombs seriam muito cultos se eles pudessem ter forjado todas as cartas. Você tem certeza de que eles não receberam ajuda de homens cultos ao prepararem sua munição para o ataque planejado?

9. O Coronel Olcott poderia ter feito algumas afirmações descuidadas, com um espírito de bravata. As explicações da Sociedade publicadas até agora mostram que tais declarações não representam nada muito sério.

Agora eu tratei de todas as suas questões. Meu caro amigo, não veja a questão com desânimo. Eu posso dar-lhe minha garantia de que a ciência oculta e a Sociedade Teosófica têm alguma base de verdade para apoiarem-se. Fique calmo e sereno, e suas dificuldades desaparecerão no decorrer do tempo. Eu enviei-lhe um pequeno livro pelo correio, hoje, como presente. Ele é ditado, por um Iniciado, para uma senhora inglesa – a filha de um eminente poeta inglês – na Inglaterra. Ele merece um estudo cuidadoso, e você, sem dúvida, tirará proveito dele. O governo da Índia, afinal, decidiu a questão do Serviço Público contra mim, com um fundamento tolo. Segue mais sobre isso em minha próxima carta.

Capítulo VII

Mulheres Adeptas[210]

Há exemplos de mulheres que se tornam as maiores Adeptas. Se uma pessoa é masculina ou feminina, isso depende mais do temperamento do que de qualquer outra coisa. Casamento, no caso de Adeptos, significa simplesmente que o par viveu junto, e, pelo menos em alguns casos, houve uma ligação definitiva entre os dois na forma de certa simpatia.

Há uma mulher que ainda está no rol dos *Māha-Chohans* de um dos maiores Raios – aquele ao qual H... pertence. Ela não é apenas uma grande Adepta daquele Raio, mas tem feito muitas descobertas originais. Também há registros de duas outras grandes Adeptas mulheres, uma delas sendo a mãe de Parashurama.

Há um Raio especialmente apropriado para as mulheres, às vezes é chamado de "corpo de amor". Seu *Logos* é mais feminino do que masculino, ele pertence ao polo magnético do Universo. Eu não creio que algum dia haverá uma mulher Adepta do Primeiro Raio, pois ele pertence totalmente ao polo positivo.

***

[Além do plano do *Sūtrātmā*, estão todas as "meninas", as almas dos homens. Acima desse estão todos os *Logos* reunidos – a Hoste Divina, além deles está *Parabrahman*. Muitos seres humanos identificam-se com esses outros Seres e não com os *Logos*.]

Suponha que alguém possua um *Devata* no plano espiritual,

[210] Das notas taquigráficas do manuscrito da Seção Galesa.

identifique-se com ele e torne-se ele no momento da morte. Talvez ele possa reinar sobre hostes de tais seres por milhões de anos, até o fim desta manifestação. Isso tudo depende do temperamento, aspirações e força da alma.

Alguns elementais podem ensinar-nos toda a ciência médica, e verter em alguém um magnetismo que é curativo.

O Ocultismo verdadeiro é como o *Kārana Sharīra*, as várias filosofias são como *Sūkshma Sharīra*, e as religiões das massas, templos, etc. são o corpo físico.

Kundalinī

Kundalinī é o verdadeiro princípio vital em cada ser humano – o princípio vital individualizado. É um tipo de corrente elétrica em *Hiranyagarbha*, e permeia o mesmo. Ela é eletricidade vital. Não existe aumento ou diminuição nela, ela simplesmente se torna mais ou menos ativa. É um poder que pode ser utilizado. Quando ela desaparece, a conexão entre o *Kārana Sharīra* e o corpo físico é imediatamente rompida. No *Yoga*, ela é colocada em um estado peculiar de atividade. Está situada especialmente no *Mūladhāra Chakra*. É a grande serpente astral. Tem uma ligação com a Mãe Eva. Sem ela haveria pouca ou nenhuma conexão entre *Kārana Sharīra* e o resto do homem. É a primeira serpente que você tem que conquistar. A não ser que você a conquiste, você não pode controlar os elementais. A não ser que você a conquiste, você não conseguirá ascender a seu *Kārana Sharīra*.

Na prática de *Prānāyāma*, tente concentrar sua mente no coração e imagine-se nele como se sua consciência estivesse toda focada ali. A pronúncia da palavra *OM* parece elevar o ar nos pulmões e enviá-lo para a garganta. Se a *Kundalinī* sobe até sua cabeça, ela pode trazer a você o elixir da vida, se ela permanece em baixo, ela nada faz. Ela abre uma passagem no *Sushumnā*, limpa-o e purifica-o. Quando ela entra em sua cabeça, aumenta a sua vitalidade, e isso atrai a eletricidade vital do Sol para sua cabeça.

No caso de alguém dado à irregularidade sexual, ele nunca será capaz de despertá-la. Quando a mente de um homem está distraída por preocupação, excitação, excesso de trabalho, etc, ele nunca será capaz de despertá-la. O maior perigo dos elementais surge quando você despertou a *Kundalinī*. Eles imediatamente percebem o centro de perturbação que foi criado e começam a reunir-se para examinar o indivíduo que o iniciou, e então às vezes você pode vê-los.

Quando um elemental aparece, ele pesquisa sua mente e descobre do que você não gosta e do que tem mais medo, e assume exatamente aquela forma. Um certo zemíndar[211] estava fazendo *Shakti-pūjā*, de acordo com o caminho da mão esquerda, para uma imagem de Durga, desse modo, invocando uma das formas de Kali. O elemental apareceu atrás dele na forma de sua esposa. Ele virou-se para repreendê-la, esquecendo que ela não poderia estar naquele lugar – o elemental colocou a mão em sua cabeça e ele morreu algumas horas depois. Sua invocação era para tornar-se um imperador.

Quando uma pessoa começa a lidar com invocações mágicas, elementais muito poderosos aproximam-se, e eles não são fáceis de espantar. No curso normal, em certo estágio, eles virão para testá-lo. Você entra em contato com poderes perigosos depois de ter feito algum progresso, mas nesse momento você terá que adotar métodos especiais para fortificar-se, porque perigos especiais requerem remédios especiais. Por exemplo, há todos os poderosos elementais deuses e deusas adorados pelos Atlantes, e eles ainda existem. Eles são os mais ferozes, mas não podem ser invocados facilmente. Para nossa sorte, eles não interferem mais do que fazem.

Muitas das armas mágicas têm o efeito de colocar bandos de elementais em movimento. Eles assumem várias formas, e lutam de vários modos. A maioria dos tipos inferiores de elementais apa-

[211] Na Índia, o coletor de impostos para o Governo britânico. (Nota da trad.)

recem em formas animais, mas os superiores chegam com todo tipo imaginável de disfarces fantásticos. Nem todos os elementais são maus. Alguns são ferozes, alguns são alegres, outros são mansos. Eles lutam entre si, e às vezes se destroem uns aos outros, mas o elemento que eles habitam é muito tenaz, e eles não são tão facilmente dissolvidos como os organismos físicos. Eles estão todos no Plano Astral. No plano acima daquele, há outros tipos de seres. Alguns *devas* são maus, assim como alguns *Devatas*. Uma determinada classe desses toma suas características de emoções: amor, alegria, ódio, etc. Isso se aplica a ambos os reinos. Na região do *Logos*, vai-se além dos pares de opostos.

Os Raios

Em JHVH, o "H" final significa a Noiva, Adonai, a nova Jerusalém, a Igreja, a *Mercabah*, a Cruz, o Reino, Belém, o local de nascimento de Cristo. Todos juntos significam o Veda, e representam o elemento permanente do primeiro Raio. JHVH tem sido sempre exposto para a adoração popular, o superior nunca foi revelado. A Trindade Cristã não foi além de JHVH.

AHJH tem cerca de 22 mil combinações. Esse é o Raio que rege o planeta, o gênio planetário. Supõe-se que cada planeta está sob a influência de algum regente planetário específico. A Cabala está totalmente no Raio AHJH. AHJH é o nome de divindade associado a Kether, a coroa celestial. O *Logos* AHJH combina o subjetivo e o objetivo como nenhum outro faz, por isso aqueles que pertencem a esse Raio querem as coisas subjetivas colocadas objetivamente e vice-versa, a fim de entendê-las plenamente.

Cada um dos Raios tem uma literatura própria, nomenclatura própria e poderes próprios. Um sistema completo de filosofia pode ser construído a partir de AHJH, assim também os templos e uma religião nacional podem ser construídos a partir dele, por exemplo, o templo Chidambaram pertence a esse Raio. Esse raio tem mais a ver com o Shaivismo do que qualquer outro ramo do Hinduísmo. Apenas nos últimos tempos, o Shaivismo foi associado ao falicismo, uma ideia imperfeita, cujo começo, hoje, não pode ser explicado. Parece que isso ocorreu quando ele ramificou-se em magia negra. Todas essas religiões devem ter existido e voltarão a existir por centenas de anos, só se alteram as formas.

Não há limites para as variedades na Natureza. A Natureza pode agora estar trabalhando em determinada direção para produzir uma linhagem de *Dhyan Chohans*, mas pode haver outros meios de atingir o mesmo objetivo. Os *Logos* agora estão criando o Cosmos. Eles adotaram um plano específico, mas esse plano pode ser melhorado em períodos futuros. Eles têm, mesmo hoje, todos os tipos de sistemas, sistemas com um único Sol, sistemas com dois Sóis e assim por diante. *Parabrahman* existe eternamente. Ele sempre se manifesta como Sete Raios, mas suas potencialidades nunca se esgotam. Os princípios mais importantes do Ocultismo são tão eternos quanto o Cosmos. O espaço é infinito, Sistemas Solares são infinitos. Nós temos, em nosso Sistema Solar, um Sol com uma constituição específica, mas a Natureza está testando todos os tipos de experimentos em diferentes lugares. O tempo não tem fim. Por algum determinado período de tempo, o espaço é infinito. Mas combine infinitude de tempo com infinitude de espaço! Há sempre algo a mais a explorar no Universo!

A não ser que o homem seja feito à imagem de Deus, ele nunca pode encontrar Deus. Em vez de pesquisar o Cosmos infinito você pode, também, pesquisar o microcosmo e encontrar seu centro. Escavando dentro de si mesmo, o homem pode encontrar o centro do Universo. Todo esse infinito está em um aspecto do espaço, e há outros aspectos que são tão variados como esse. A coisa mais prática é tentar expandir suas próprias capacidades. Tempo e espaço são boas coisas para se eliminar a presunção de um homem. Há condições de *Parabrahman* nas quais o tempo e o espaço não existem. Um indivíduo humano é infinitamente mais complexo que *Parabrahman* – esse último *pode-se* entender!

Todas as formas de *Vak* são *Vaikhari* para o *Logos*. Em certo sentido, o primeiro *Logos* é o espaço externo, porque Ele é espaço. Há sempre sete tipos de *Logos* trabalhando juntos, caso contrário você não pode ter um Sistema Solar. *Parabrahman*, consciência imanifestada. Em vez de investigar manifestações, dirija sua consciência para o interior e tente descobrir o centro. Dirigir a consciência para dentro significa transferi-la para *upādhis* superiores e assim por diante.

O *Logos* tem poderes além de Si mesmo. Ele tem poderes que são partes d'Ele mesmo, mas em suas partes há duas divisões: aquelas que são orgânicas e nunca podem ser removidas, e aquelas que são em parte orgânicas e em parte não orgânicas e que podem ser removidas, mas apenas por um período, e precisam retornar a Ele. Tal poder entra na composição do *Logos*, mas é comunicável. Os poderes fora do *Logos* perecem.

Informações sobre Teosofia e o Caminho Espiritual podem ser obtidas na Sociedade Teosófica no Brasil, no seguinte endereço: SGAS - Quadra 603, Conj. E, S/Nº - (61) 3226-0662, CEP 70200-630. Também podem ser feitos contatos ou pelo e-mail secretaria@sociedadeteosofica.org.br - www.sociedadeteosofica.org.br

gráfika
papel&cores

(61) 3344-3101
papelecores@gmail.com